叢書・ウニベルシタス　828

大英帝国の伝説

アーサー王とロビン・フッド

ステファニー・L. バーチェフスキー
野﨑嘉信／山本洋 訳

法政大学出版局

Stephanie L. Barczewski

Myth and National Identity in Nineteenth-Century Britain
The Legends of King Arthur and Robin Hood

This translation of
Myth and National Identity in Nineteenth-Century Britain
originally published in English in 2000 is published
by arrangement with Oxford University Press.

はしがき

何世紀にもわたって、アーサー王とロビン・フッドの伝説は、英国文化の中で独特の共生的関係を持ち続けてきた。国民にとって最も人気のある重要な神話がそこから生まれ、さまざまな文化の脈絡ないしジャンルの中で、綿々と語り継がれてきている。今日に至っても、英国の児童たちがこれ以上に親しんでいる物語はないといえるし、広く英語圏の人々を見渡しても、この二つの神話の主要登場人物や有名なエピソードを知らないという者を見つけるのは難しい。子供向け、大人向けを問わず、今も引き続き、文学、テレビ、映画の題材となっているし、コンピューター時代であるから、これらの伝説専用のウェブサイトもインターネットにあふれている。

私が学問の対象としてアーサー王とロビン・フッドに引きつけられたのも、こうした人気に触発されたからだった。英文学を四年間専攻したあと、イェール大学の大学院へ進んだ私は、文学の専門知識をこんどはあらたに強まってきた英国史への愛着と結びつけようとしていたが、その大学院の一年目に、アーサー王伝説と出会ったのだった。アーサー王伝説が幾世紀にもわたってどう歴史的に進展してきたか——これについての全般的研究は従来からあったが、私が特に関心を寄せていた時代、つまりフランス革命とヴィクトリア女王の死去に挟まる時代に特に焦点を絞った研究というものは、ついぞ見当たらなかった。じつは、この時代にこそ、アーサー王への絶大な人気が高まっていたのである。そこで、十九世紀におけるアーサー王解釈にあらためて目を向け始めた私は、しかし、アーサー王が一人の意外な分身にたえず付きまとわれているのに気がついた。ヴィクトリア時代にアーサー王への関心が特に強まったことは、すでに諸氏の指摘するところではあったが、しかし同時に、ロビン・フッドへの愛着も色濃くなっていたことを、学者たちは見逃していた。この中世の義賊はアーサー王のイメージには反するものすべてを体現しているように見える。アーサー王伝説とは政治・社会制度の頂点にある国王の物語であり、いっぽう、ロビン・フッドの物語とは、伝統的な権力構造の外にあって、しばしばこれを覆そうとする主人公を描いているからである。

二つの伝説が十九世紀にどう取り上げられたかを調べてゆくうちに、アーサー王とロビン・フッドが、両者ともに国民的ヒーローと呼ばれることがじつに頻繁であることに私はいささか驚かされ、また同時に、これらの伝説が英国民の経験や国家の発展と必ずなんらかの関連性をもっているという主張が、不断に行なわれていることにも驚かされた。この両者のイデオロギー的な方向性はまさに正反対なのであるから、それが似たような扱いを受けるのは、見るものに奇異な印象を与える。そもそも、十九世紀における英国の国民意識というものが、一つの学問的なテーマとして研究され出したのはごく近年のことである。従来は論ずるまでもないと思われていたテーマなのである。すなわち、十九世紀とは英国が四海に君臨し、大英帝国に日は沈まない時代、パーマストン流の砲艦外交と、愛国的に翻るユニオン・ジャックの時代として決着がついていた。国民意識などというものを思い煩うのは、建国途上のドイツかイタリア、あるいは革命に苦しめられているフランス、南北戦争に疲弊したアメリカのすることであって、英国の国民意識というものは、分析や議論の必要のない比較的単純明快なものと見なされていたのである。

ところが、一九九〇年代に至って、現在の英国をとりまく諸問題が、国民意識についての過去の観念に対して影響を及ぼし始めた。最も顕著な問題としては、スコットランド人やウェールズ人がより大きな自立性を要求するという事態が生じたことで、これは、連合王国を作っている各構成部分の歴史的な関係をあらためて想起させずにはおかない。いったい、いわゆる「ケルト的外辺」を含むような諸民族のそれぞれのアイデンティティーが、どのように英国民という単一の国民のアイデンティティーへと糾合されていったのだろうか。それは、たんに、強大な支配力をもつイングランドが他の部分を飲みこんだということなのか、それとも、内部にはもっと複雑な相互交渉があったのか。この問題を突きつめてゆくと、いわゆる「ブリティッシュ」と「イングリッシュ」の区別が、英国の国民意識の歴史的進展を理解するさいに、決定的な重要性をもつのではないかと、私には思えてきた。これは同時に、アーサー王とロビン・フッドの伝説がかかわりをもってくる問題でもあった。というのも、本書の第三章、四章で詳述するように、十九世紀には、この両者を特に明確にイングリッシュのヒーローに作り変えようとする、いわば一致協力した国民の努力が見られるからである。

しかし、英国の過去、現在の国民意識像に関する論点は右の問題だけではない。ポストコロニアルの現代民主世界が、英国を含めて多くの西洋諸国に突きつけた問題は、民族、階級、ジェンダーといった基準に照らして、いったい誰が国民の構成員として全面的な権利をもっているのか、という問題だった。英国においては、英国民であるという資格は、これを国家レベルでの政治に参画しうる権利と解した場合、かつては上層階級の白人男性に限られていたのであるが、過去二世紀の間に、それは大きく拡張されてはるかに広範な構成部分を含むにいたっている。その拡張の経緯は、今日のわれわれの目から見れば当然でもあり不可避とも思えるのだが、しかし、何の論争も対立もなしにそれが実現してきたわけではなかった。この問題が、本書で私が解明しようとした第二のテーマである。すなわち、アーサー王とロビン・フッドの両伝説が伝統的に孕んできた対立が、十九世紀英国における包含と排除をめぐる対立とどのように重なりあってゆくのか、このテーマであった。特にジェンダー論を中心にした第五章と大英帝国を扱った第六章をこの問題の解明に当てたが、もとより、本書の他の章とも密接に関連していることはいうまでもない。学者のなかには、そうした問題は国民意識の形成を探る研究とはなじまないと感じる方もおられようが、私は反対で、これが決定的に重要であると考えている。国民とは、つまるところ「何か」ではなく「誰か」なのであり、そうであれば、国民を構成する種々の集団の姿を確認することなしには、国民像も見えてはこないのである。

この研究は、私が十年にわたって近代英国の文化史研究家として成長してきたその成果である。研究のそもそもの出発点はイェール大学での博士論文であったから、その意味では、イェール大学にまずは感謝せねばならない。大学院生であったこの時期に、大学の財政的援助がなければ、またイェール大学の刺激的な研究環境がなければ、本書が日の目を見ることはなかったのである。当時、大西洋のこちら側で英国史を研究しようとすれば、この大学以上の場所はなかった。じっさい、こうむった恩恵は計り知れない。まずは、博士論文を書き上げるまでの間、支援していただいたマッカーサー、メロン、スミス=リチャードソン、ホワイティングの各財団にお礼を述べねばならない。また、大学院の最終年に幸運にも給付を認められたフォックス研究助成金にも、特別の感謝を申し上げる。この助成金のおかげで、私はケンブリッジ大学のシドニー・サセックス・カレッジという、私の研究にとっては願ってもない環境の中で学位論文の最後の仕上げをすることができたのである。ケンブリッジにいる間にも幾多の著名な学者の方々が、論文の草稿に目を通し、親切な助言や意見を与えてくださった。とりわけ、多大な時間を割き、厳しい批評を加えてくださったジョナサン・パリー教授には感謝申し上げねばならない。

ご恩を受けた方々はほかにも多い。なかでも、私の研究者としての経歴に、学者としてきわめて大きな影響を与えてくださったつぎの四人の方々に感謝せねばならない。この方々なくしては、私は何一つなしとげることはできなかったであろう。まず、ポール・ケネディーには、イェール在学中、財政面、精神面での援助を受けた。こちらの願いを見越したように、彼がしばしば親身な支援をしてくれたことを、私は忘れることができない。彼ほどの輝かしい経歴の方が、私のような若輩の研究者の育成にも心を砕いてくださったというのは、まさに学者の模範と呼ばねばならない。デイヴィッド・ベルは、私が自分の能力に自信を持つよう促し、同時に、誰にも増して、私の著作に対して全面的に学識豊かな批評を加えてくださった。このご恩はいつまでも忘れることはないであろう。だが、最大の感謝を捧げねばならない相手は、デイヴィッド・カナダインとリンダ・コリーである。コロンビア大学の三年生だった私が、カナダイン教授のクラスへ入り込んだとき、私は、よもやそれが自分の人生を変えることになる日だとは夢にも思っていなかった。以来、教授の熱意、寛容、親身な指導は私をつねに勇気づけ、自分の能力ではこの課題は無理ではないのかという、研究者ならば誰しもがぶつかる、あの暗鬱な時期をもの乗り越えさせてくれたのである。リンダ・コリーは学位論文執筆の理想的なアドバイザーである。彼女の最も優れた資質といえば、いかに辛く難しくとも、めいめいの学生たちが自立した研究者になるように教え育てるその能力である。歴史学の研究者で、彼女以上に尊敬できる人を私は知らない。

本書のもとになった学位論文は、イェール大学でスタートしたのだが、本書のために原稿を再吟味し、研究課題を全体として完成できたのは、クレムソン大学で、様子はがらりと変わったが、しかしここも劣らずに快適な研究環境だった。ここクレムソン大学で、学科長ロジャー・グラントのお骨折りのおかげであるが、私は本書を仕上げる時間と機会を提供されたのである。グラント教授は私のもろもろの要請を快く叶えて下さり、かつ、研究の幅をさらに広げることも可能にして下さった。厚くお礼を申し上げたい。クレムソンの他の同僚の方々にも、私が大学院生から助教授へ支障なく転進できるよう力添えをしていただいた。

最後に、学問研究はみなそうであろうが、やはり、家族や友人たちの心の支えがなければ遂行できるものではない。ここでは特に感謝すべき人の名前を三人だけ挙げておきたい。まず私の両親である。これまでの人生を通じて、私がどんな目標を立てようと、それを追求できるチャンスを必ず与えて続けてくれた両親であるが、（彼らの目にはおそらくは唐突で奇妙な選択に見えたに相違ない）英国史家になるという私の決断をも、驚きも見せずに見守ってくれた。私に対する両親の愛情と信頼があったからこそ、過去三一年の間、私は人生の苦難を切り抜けてこられたのである。こうして本書が上梓されたことで、両親にもわずかなりと恩返しができたかと思う。最後に、フィアンセのマイケル・シルヴェストリーである。私と知り合ってからというもの、彼はずっとアーサー王およびロビン・フッドとも付き合わされてきたのだった。同じ英国史の学究にしかできない形で、本書の完成に至る最後の困難な五年間、彼は私を導いてくれたのだった。これからも生涯にわたって、さらに新しい課題に取り組むなかで、再び三度、この同じ感謝の言葉を彼に捧げることを楽しみにしたいのである。

一九九九年　四月　サウスカロライナ州クレムソンにて

目次

序　言

この研究は、アーサー王とロビン・フッドの伝説が、十九世紀に英国民のアイデンティティーを示しそして形成するうえで、どのような役割を演じたかを検証しようとするものである。より特定すれば、英国が独特の幸運な政治的進化を遂げたという考え、またそれと関連して、自分たちは他の国とは異なる国民性を形づくってきたのだという意識、それらを基盤として、皆が合意できる、いわば儀典用の「国民史」を作ろうとする試みに、アーサー王とロビン・フッドがどのように貢献し、また挑戦もしてきたかという局面に焦点を当てるものである。(1)一般に、歴史と国民的アイデンティティーとの間には明白な連関がありそうに見えるが、十九世紀における英国の歴史づくりは、ヨーロッパの規準からすると、例外的であるとしばしば見なされている。フランスやドイツのような国では歴史を書くことは国家というものを創出する（革命後ならば再創出する）さいに、決定的に重要であるとしばしば論じられている。そうした新しい国家の場合は、民衆の支持を引きつけ、政治的安定を増進するために、昔からの来歴を必要とするからである。これとは対照的だが、英国ではおそらく事情が異なっている。見え透いた作り話は必要なかった。というのも、英国の政治制度は長い時の流れによって真正のものと認可されているからである。それゆえ英国の歴史家がしなければならないことは、国家を創出することなどではなく、その長命を称賛することだけであった。(2) しかしながら、この見解を支持した学者たちは、ほぼ排他的に、歴史に関する著作の主要作品にばかり研究の的を絞り、その結果、過去の時代について実像を描こうと試みるさいに、より大衆的なジャンルの作品がそこにいかなる影響を及ぼしていたか、という局面を見逃してきた。学問の世界の外では、じつは、もっと空想的で過度に国家主義的な歴史も現われていたのである。この傾向は英国の文化全般の中に窺えるのだけれども、しかし、その存在が最も強く感じられたのは、文学の分野においてであった。それゆえにこの研究も文学の分野に特に注意を集中するのである。とりわけ、多くの十九世紀の作家が、英国という国家の過去についての概念、つまり、現在の英国の国民的自覚を形成するのに重要な役割を果たしたはずの概念を表現する媒体として、アーサー王とロビン・フッドの伝説をどのように扱ってきたか、この点に焦点を当てることになる。

そのような伝説の材料を使って国の過去を構築する目的は、その国の現在の地位と使命に関して国民の合意を作り上げることであると一般に思われている。実際に、これから見るように、英国の国民的アイデンティティーに欠かせないと思われるいくつかの要素を確認し、増進する文学的努力にアーサー王とロビン・フッドは利用された。しかしながら、同時に、これらの努力は統一のとれた国家像の正面にいくつかの厳しい割れ目をも露呈させた。第一にそれらを利用して構築された過去は、英国諸島のほかの構成部分を無視した狭くイングランドだけの過去であった。そしてさらに、比較的狭い「イングランドらしさ」を作ろうというこの試みの中でさえ、正確にそれが意味しているのは何かをめぐって緊張や対立があったことが示されている。それゆえ、この研究は十九世紀における英国の国民的アイデンティティーの複雑性に焦点を合わせるなかで、そのアイデンティティーが国民合意の中で成立したとはいえ、同時に多くの点で対立の要素をも含んでいたことにも注目してゆくことになろう。

しかしながら、アーサー王とロビン・フッドの伝説に集中的に向き合う前に、わたしは一つの重要な問題に取り組まなくてはならない。いかなる研究であれ、それが英国《ブリテイッシュ》の国民的アイデンティティーについての歴史研究であると称する以上は、まず、その「ブリティッシュ」という用語が、どこの国あるいは国々に関係しているかを正確に確定しておかなくてはなるまい。もし、この場合がそうであるように、ことさら人を惑わすようなその質問の答えはじつは簡単で、要するに「ブリテン」である、というのなら、つぎの段階として、ではその「ブリテン」なる用語が何を意味するかを定義しなくてはならない。それは単一の国を指しているか、あるいは、まぎれのない一つの「連合」を指しているのか。いや、そうではなく、よく言っても互いに信用し合っていない、悪くすると互いに軽蔑し合ってさえいるいくつかの異なった国々の、ごく不安定な政治的混合体を言い表わす用語なのか。「ブリテン」というのは、一連の政治的法令によって生み出されたたんなる行政上の存在物にすぎなかったのではないか。そもそも「ブリティッシュ」であることが何かを意味するとして、いったいそれはどんな意味なのか、またどんな意味だったのか。

これらは、歴史家たちが近年取り組みを強めている問題でもある。目下、英国の政治傾向が、連合をめざすというよりは、むしろ連合から離れつつあるように見えることが、歴史家たちをそのように促す第一の理由であろう。スコットランドとウェールズは近いうちに独自の議会を持つことになる、そのことが、国家としてのグレート・ブリテンの将来について何を意味することになるのか、それは、現時点では誰にも確信の持てない問題なのである。連合がこのように分裂、あるいは少なくとも重要な改変に向かっているように見えるからこそ、そもそもいかなる力がその連合を生み出し、また維持してきたのか、という問題に関心が強まっているわけである(3)。

そこで英国史の文脈の中で、年代順のどの時点で、われわれは国民的アイデンティティーについて話を始めることができるだろうか。この問題について、学界が断然注目するのは十六世紀である。ジェフリー・エルトンのいわゆる「近代的主権国家」の創設が見られたのはチューダー朝時代であることは、歴史家たちが久しく承認してきたところである。この時期に「自己充足した国家という単位が初めて登場したのである。それが必然的な形態であると暗黙のうちに承認されるにはまだすこし時間がかかるが、それが望ましい目標であることははっきり意識されていたのである」。これをさらにもう一歩進めて、ライア・グリーンフェルドは、近年「イングランドにおいて国民感情というものが出現するのは、十六世紀の初めの三〇年くらいの時期である」と主張している。(4) しかしながら、エルトンもグリーンフェルドも、その関心はひたすらイングランドにのみ集中していて、英国諸島の他の場所に自分たちの議論を広げようとはしなかった。それゆえ、一つの形態として国民的アイデンティティーが十六世紀に形づくられたとはいっても、それはもっぱらイングランドに焦点を絞った場合の結論なのである。(5)

しかし、チューダー王朝の興隆が、イングリッシュという新しい形の国民的アイデンティティーを誕生させたのだとすれば、王朝の終わりとともに、この意味での国民像も消失する。すなわち、一六〇三年、スコットランドのジェイムズ六世がイングランドのジェイムズ一世として王位に就くに及んで、あらたに「ブリティッシュ」という国民概念が重要な政治的意味を持つにいたったからである。ジェイムズ一世はこの新しい連合の強力な支持者であった。ジェイムズ一世自身が明言したことだが、「ちょうど小川がいつかは大河に合流してもとの名前を捨てるように、さまざまな王国が一つに結合することによって、個々の差異や問題点はすべて連合の中に吸収されてしまう」はずであった。とはいえ、新しい領地となったイングランドでは特にそうだったが、彼の熱意に同調する者は少なかった。古文書協会での講演の中で、歴史家のヘンリー・スペルマンは、「もしイングランドという栄誉ある名前が、古来からあるアルビオンとかブリタニアとかいう名前の復活に埋もれることにでもなれば、われわれは太陽の黄金の光線を曇り日に変え、世界中で勝ちまくった国家の栄光を水浸しにし、曖昧模糊とした野蛮な民族の記憶を回復することになるだろう」と、不平を唱えている。[6] 当分の間は、このスペルマンの意見を共有する人が優勢であった。じっさい、イングランドとスコットランドの間にはいかなる政治的連合も生まれなかった。十七世紀を通じて、この二つの国は別々の議会を有し、したがって政治的には別個の実体を維持したのである。[7] かくして、一七〇〇年以前には、「ブリティッシュ」という意味での英国の国民的アイデンティティーの意味はきわめて限られたものでしかなかった。これが十八世紀になると、しかし、英国諸島の人々が自分たち国民と自分たちの住む国土を認識するそのやり方に重要な変化が起こってくる。一七〇七年から一八三七年までの三〇年ほどの期間について、英国の愛国心の変遷を研究したリンダ・コリーは「ブリティッシュという意味での国民的アイデンティティーが形成されたのは、まさにこの時期であった」と主張している（傍点筆者）。コリーによれば、「ブリティッシュ的なものの創出」は英国とフランスの間の一世紀半にわたるあいつぐ戦争の直接の産物なのであり、その観念の発展も、この両国の争いを基軸として方向が決定づけられたのである。

それは、何よりも戦争のせいで案出された発明品であった。幾度にもわたるフランスとの戦争は、英国人を明白な敵対者である「他者」との闘争に巻き込み、これに対抗しうる集団として自分たちを定義するよう促した。そして、彼らはみずからを、世界の第一級のカトリック勢力に対して生き残りをかけて戦うプロテスタント、と定義をしたのである。彼らの思い描くフランス人像、つまり、迷信深く、好戦的で、退廃的で、自由を奪われた国民、これに対する対抗勢力としてみずからを規定する必要があったのである(8)。

コリーの仕事は啓発に富んだ重要なものであるが、しかし、英国の国民的合意がなんらかの形で十九世紀の初めまでに達成されたのが事実としても、解決すべき問題はまだたくさん残っている。特に、フランスが主要な軍事的脅威ではなくなった一八一五年以降は事情はどう変わるのであろうか。十九世紀の残りの期間、英国とフランスは敵であるよりも、しばしば同盟国であった。いや、フランスばかりではない。その世紀の終わりにドイツが勃興するまでは、欧州のどの国家にせよ、英国の軍事的・経済的優位に本当に挑戦しようという姿勢を見せた国はなかったのである。コリーが主張するように、国内の何か政治的あるいは文化的合意によってではなく、むしろ海の向こうの他者に反応することで、自分たちを一つのまとまった国民であると定義するようになったのだとすれば、それでは、その「他者」がいなくなったことは、英国の国家像の軌跡にどんな影響を及ぼしたのだろうか。いわば新しい「他者」を探求せねばならなかったのだろうか。そして、もしそうならば、いったいどんな方向へその探求を向けていったのだろうか(9)。

確かに、十九世紀には、それに先んずる時期には英国の国家像の構成要素であったとコリーが確認する個々の要素の多くが、問題視されるにいたる。一八二九年にカトリック解放法が成立し、カトリック教徒が高級官職に就くことが可能になったことは、それまでの、敵意むきだしのプロテスタント防衛意識を土台としていた国民性の実体に、明らかに衝撃を与えた。これとも関連するが、また同時に、独自の一連の難儀を突きつけることになったのは、一八〇〇年にアイルランドが連合王国へ編入されたことであった。十九世紀の間じゅう「アイルランド問題」は英国の自国認識に、またあらたな仲間に対する認識に、強い影響を与え続けることになる。同様な、しかしいくつかの点で一層難しい問題が、大英帝国の着実な拡大、特に非白人が住む地域への拡大によっても、あらたに生まれてきた。

国内では、市民の完全な権利を要求する大衆の比率が大きくなって、ますます声高に諸要求を掲げ始めたことで、また別の一連の問題が表面化した。十八世紀の間じゅうは、フランスの専制と絶対主義に対比された形での「自由」が英国の愛国心の基本的な構成要素であった。しかし、フランス人に比較して相対的に自由であるとは、誰しもが同意できたとしても、では英国人はどこまで完全に自由であってよいかとなると、意見は必ずしも一致しなかった。たとえば、政治面で選挙権として定義されている自由は、すべての階級の人々に広がったか。女性には広がったのか。こうした議論は、結局、第一次世界大戦後になるまで最終的には解決しないであろう。大戦後になって初めて、男性全員と女性の一部の参政権がやっと認可されたのであり、それまでは、事実上まるまる十九世紀の間、激しさを増しつつ論議が荒れ狂ったのであった。

これらのいくつもの新しい社会的・政治的・文化的状況にそのつど直面しながら、英国の国民的アイデンティティーを一貫して維持するというのは、けっして簡単な問題ではなかった。ところが、従来、歴史家たちはこれらの問題はおおむね無視してきた。というのも、十九世紀なる時期は、歴史家によれば、愛国心が偏在し、英国民は共通に合意できる国家像をもっていたから、あらためて問うまでもないというわけで、彼らは、十九世紀を概して議論なしで飛ばしたがったのである。しかし、英国の国家像が十九世紀の間、実質的に変わらないままであったと主張することは、じつは、見方を変えさえすれば分かることであるが、同じ十九世紀の中でも非常に力強く活力のある一時期が、この国民像の発展にきわめて重要な影響を及ぼしていたという事実をあっさり無視することになる。すなわち、十九世紀の初期の何十年かであるが、コリーのタームを採用させてもらえば、より包括的な「ブリティッシュ」性というものが、国民を定義する優先的な手段として存続したのである。このタームは、社会的・政治的変化に応じて、意味を変更したり、拡大したりすることが可能だったので、この時期の新しい民族集団を国民として同化することを比較的容易にさせた、いわば便利な定義であった。しかし、この歴史の新しい、それゆえきわめて脆いところも多い「ブリティッシュ」という概念には、現実の歴史のなかで次第にさまざまな圧力が加わって、どうかすると、その概念がすっかり潰れそうになる危険すら出てきた。「ブリティッシュ」というタームを特徴づけているいくつかの古いカテゴリーが、国内的な諸事情とのからみでも、また国際的な連関のなかでも、新しい十九世紀の秩序を扱うのには不適当になってきたからである。結局、世紀の終わり頃には、この比較的に柔軟ともいえた定義は、はるかに排外性の強い「イングリッシュ」という概念におおむね取って代わられた。それは、この国民の構成員に対し、一見したところは客観的に見えるいくつかの規準を固く守るよう求めるものだった[10]。ブリトン人はこしらえ上げることもできるが、国民たる者は生まれながらにイングリッシュでなければいけなかった。

この変化はたんに中心のイングランドが「周辺のケルト」に対する支配力を強めたためばかりではなかった。確かに十九世紀の末までに、イングランドの人口数は約三四〇〇万で、それはスコットランドとウェールズを合わせたものの約五倍にもたっしていたが、しかし、ブリテン全体をイングヴィッシュ風にすることが、なにか容赦のない統一的な過程であったとか、あるいは、強制的な同化であったと即断すべきではない。国家社会のそのような限定した定義を構築しようという試みは、必然的にそこから排除される人たちの間に不満を生み出したからである。そもそも、英国を今日まで悩ませ続けている多くの政治的緊張――たとえば、いわゆる「ケルト外辺人」の独立を求める運動の高まり――の起源が、十九世紀の終わりにあることは、偶然の一致ではない。すなわち、この新しい、より断定的な「イングリッシュ」風がちょうどその頂点に達した時期だったのである。その提唱者たちは、まさに同じような熱意をもって「スコティッシュ」風、「ウェルシュ」風、「アイリッシュ」風を主張する気構えでいるたくさんの個人および団体の抵抗を受けねばならなかった。「ブリティッシュ」の方も、これらの種々の愛国心と並行し、またときには重なって存在し続けたが、それはもはや愛国の情を盛る有力な器ではなかった。

英国の国民的アイデンティティー構築の過程にこうした変更が加わってくることは、なにか単一の理由だけでは十分に説明ができないだろうが、はっきりいえることは、世紀の初めに登場した「ブリティッシュ」といういかにも脆弱な概念が、その概念を生み出したのとまさに同じ諸条件の変化によって、世紀末までにはすっかり破綻した、ないしは後戻りがきかないほどに修正されてしまった、という事実であろう。それゆえ、コリーが論証したような種類の英国民のアイデンティティーとは、多くの点で、たんに一過性の逸脱現象であり、それはたちまち、連合王国の構成部分どうしの旧来の内部対立――といっても、いまは近代の国家主義的な姿をとった対立ではあるが――これの再来によって疑問視される性質のものだったのかもしれない。

本論の最初の四章は、この発展の跡をより詳細に、アーサー王とロビン・フッドの伝説というプリズムを通して、検討することになる。第一章では、この二つの伝説を文化的な脈絡のなかにおく試みである。本研究が焦点を当てようとしている時期にまで伝わってきていたのがいかなる文化遺産なのか、それを理解するために、アーサー王とロビン・フッドの過去の歴史的発展をまず概観してみる。ついで、同じ章で、アーサー王とロビン・フッドが明確に国民的ヒーローとして構築される様子をあとづける。この過程はほぼ十八世紀の中葉以降に始まり、やがて、フランス革命とナポレオン戦争の時期に完結するプロセスといってよい。この時期というのは、英国を構成するいくつかの民族共同体どうしの関係に激しいせめぎあいの関係が生じた時期であり、その緊張を克服するための道具として、過去の遺産、とりわけ中世の遺産が選別的に呼び出され動員された。中世というのは、もしこれを上手に利用すれば、手本となるような単一国家の肖像を提示してくれるほどの時代である。地理的には隣接していながら始終いがみ合って戦いばかりしている敵対国どうし、というのではなくて、偉大さと栄光へ向かってすべての住民がこぞって行進してゆけるような、そういう単一国家のイメージである。そうした時代の脈絡を念頭におけば、一七九〇年から一八二〇年の時期に、アーサー王とロビン・フッドという最も偉大である中世の英雄の二人が、文学の世界で存分に神格化されてくる事情も不思議ではなくなるのである。

第二章では十九世紀英国におけるあらたな「国民史」の構築を吟味する。この時期、ほかの多くの欧州諸国も同様であったが、英国もまた、現時点での国家・国民の統一性を説明するために、その潜在的な過去の源泉を志向した。また、これも他国と同様、この過程では過去の事実の相当の改竄や、またときには露骨な捏造までもが必要とされた。そして最終的に出来上がった「英国の」歴史とは、もっぱら英国人の活動、英国人の業績にのみ焦点を合わせたものとなった。本稿では、アーサー王とロビン・フッドの伝説が十九世紀に特に大衆的な人気を博したことを実証しつつ、この国民史作りに両者がいかなる役割を果たしたかを検証したい。ここで大衆的人気というのは、文化というものがそうした大衆的広がりを見せないかぎりは、真に文化としての意義を持ちえないからである。この章では、最終的に、二つの伝説がもっとも広義な形でどんな意味を持ちうるのかを、広く解説することになろう。

第三章、第四章では、十九世紀におけるあらたな国民的アイデンティティーの構築過程での、二つの特殊な要素に議論の的を絞る。一八一五年のワーテルローでのナポレオンの敗走以降は、英国が国民のアイデンティティーを定義するさいに、フランスはもはやその対抗相手としての「他者」の位置を容易には占めることができなくなった。英国人には何か別の方法論が必要になるが、そこで基軸として登場するのが言語である。英国の文化に対する愛国的なプライドが成長するのと関連して、英語および英文学の研究が尊重すべき学問分野として盛んになってくる。この流れのなかで、もっとも早期に英語による「国民的才能」が表現された実例として、中世文学への研究熱が、十八世紀後半から十九世紀にかけて着実な隆盛を見るようになる。中世文学といえば、アーサー王とロビン・フッドはその時代の文学的ヒーローの双璧であるから、当然のごとく、中世文学研究はこの両者、ないしはどちらか一方をテーマに据えたのである。第三章はその間の事情を立証することになる。

十九世紀にはまた、民族の概念も国民的アイデンティティーの重要な構成要素としての役目を果たす。さまざまな国民どうしの間には生来固有の差異があるとするロマン派的な観念をはじめ、身体的な特徴と国民性との連関についての人類学者の見解、さらにはダーウィンの進化論、こうした種々の思想の影響を受けて、十九世紀英国人は国民どうしの成功と失敗を説明する主要な根拠として民族の差異という考え方を支持するようになった。端的にいえば、英国人はみずからを、秀でた精神力と体力のおかげで世界に覇を唱えるべく運命づけられたアングロ・サクソン民族と規定したのである。アーサー王とロビン・フッドの伝説の文学表現も、このアングロ・サクソン民族観を一つには反映もし、また同時にそれに寄与するような描き方になってくる。この二人の英雄の民族性にかかわるさまざまな意味合いは第四章で詳述する。

おわりの二章は、この新しい、より「イングリッシュ」として特殊化された十九世紀の国家主義があらたな緊張を生み出した経緯を探る。ここでは、両伝説が互いにきわめて異なった視野を提供してくれるので、十九世紀の文化を全体として俯瞰するにはおあつらえ向きである。両伝説はその思想的位置づけに関してはまさに正反対の立場を代表するというのが、伝統的な扱いになっている。一方は政治・社会の階層秩序の頂点に君臨する王であり、他方は追放されたアウトローであり、したがって、既存の階層秩序からは完全にはじき出された——また、潜在的にはその階層を破壊しようとさえする——人物である。アーサー王は武力と権威の象徴であり、彼の武勲の物語はおおむね国家の安定性の追求を特徴とする。王と彼の騎士たちはキャメロットの牧歌的な政治・社会制度を守護するために戦うのである。これに対して、ロビン・フッドの場合は、彼が権力を手にいれようとすれば、その唯一可能な道は、現在の権力者からそれを強奪することでしかない。エリック・ホブズボームの言葉を借りれば、ロビン・フッドは「社会的反逆者の原型」である。[11]

両伝説に固有のこの二分法的対立概念は、おおむね、十九世紀にもそっくり引き継がれてくる。『ロビン・フッドと愉快な仲間たちの物語』(一九〇五年)を書いたJ・ウォーカー・ムスパデンも、「アーサー王と騎士たちの物語が貴族階級の叙事詩であるのに対して〔ロビン・フッドの〕活躍の物語は一般庶民の叙事詩である」と規定している。[12] アーサー王とロビン・フッドほども異質な人物像が、ともども国民的ヒーローとして機能するということは、十九世紀英国のナショナリズムが単一の価値観や思想体系の結晶だったわけではなく、むしろ、あい争う多様な観点のせめぎあう形態だったことを示唆する。おわりの二章はこのテーマを主軸にすえ、英国という国家が何を抱合し何を排除するかについての議論に、この二つの伝説がどう絡み合っていったかを検証する。

第五章では、まず、両伝説における女性の登場人物の扱い方を検討し、当時の英国国家に女性をどう参入させるかの問題に、それがどうかかわっていたかを見る。最近の学術的研究の多くは、十九世紀のアーサー王伝説の文学的処理が女性嫌いの傾向を見せていることに注目している。たとえばグィネヴィアはキャメロットの衰亡の責任を負わせられる身代わりの山羊のような役割になっている。これに反して、ロビン・フッド伝説は、ヴィクトリア時代の女性観が、じつは、それほど一面的だったわけでもないことを例証している。十九世紀の著作家たちは、メイド・マリアンが因習的な女性の役割からは逸脱しているにもかかわらず、彼女をきわめて前向きの人間像として描いている。彼女はメリー・メンの対等な仲間の一人として、狩りをはじめ伝統的に男のなりわいとされてきた活動にも積極的にかかわってゆく。女性に「ふさわしい」行為の境界線を越えても咎められないばかりか、むしろ、当代の若い女性のロール・モデルとして称賛されてさえいることは注目に値しよう。

第六章および結語では、この抱合と排除という問題を、帝国主義との関連で眺めわたすことにする。アーサー王の場合、その伝説は最も初期のものからすでに大帝国の王の物語であり、広大な版図から吸い上げられる財貨が彼の宮廷をきらびやかに飾ったのだった。この伝説のテーマを継承して、十九世紀の著作家たちは、現代の「大英帝国の騎士」たちを聖杯探求に赴いたキャメロットの騎士たちになぞらえ、インド、アフリカそして極東地域で十九世紀のドラゴンを退治させたのである。これとは対照的に、ロビン・フッドの世界はかなり限定されている。じっさい、ロビン・フッドが、あるいは彼の社会が直面する諸問題とは、しばしば、誤った帝国主義的冒険、つまり、リチャード一世の十字軍遠征という企図が招来した問題なのである。この肝心な点を、ヴィクトリア時代の著作家たちもしっかりと念頭においていて、帝国主義の野望のために国内の安寧を犠牲にする愚に警鐘を鳴らすべくロビン・フッド伝説を活用したのだった。以上のように、この章では、アーサー王のようにきわめて顕著な帝国主義推進役を一方にすえ、またこれと並行して反帝国主義のロビン・フッドをも国民のヒーローとして位置づけることで、ヴィクトリア時代後期の複雑な国民感情をあとづけることにしたい。

いったい、アーサー王とロビン・フッドほども互いに異質な国民的英雄が、どうして十九世紀という時代に共存しえたのであろうか。逆説的ながら、両者は国民統合の象徴としての役割を果たしながらも、同時に、英国民の分裂や対立の根源にもつながっているのである。結局、一つの国家というのは、なにか単一の価値規準なり思想体系なりを表明するような実体に留まることは不可能で、むしろ、せめぎあう多様な態度、視点を一つに束ねて、絶えず進展し続ける、したがってその意味では危ういところのある、コンセンサスをこそ表現しているわけなのであろう。国民は将来のあるべき国家像について、意見を一つにするということはまずないのであるから、国民的英雄の内容ひとつについてもめったに満場一致となることはない。むしろ実態は、個々人なり集団なりがまちまちの姿勢をとり、多様な価値観を奉ずるのであるから、結果的に、国民的な合意よりは競合が生まれるのが普通である。本稿が論ずるとおり、ある特定の時代の特定の社会にあっては、一つとは限らない国民的ヒーローの型が生まれ出る余地がおおいにあるといえよう。

第一章

「この二人の名前は国家的遺産である」

●国民的英雄としてのアーサー王とロビン・フッドの登場

エドワード・ブルワー＝リットンの叙事詩「アーサー王」（一八四九年）の中で、「湖上の麗人」はアーサーを案内して「時の神」を訪れる。神は三つの未来の映像の中から一つ選ぶよう、アーサーに求める。最初の映像は美しい渓谷を描いており、そこでアーサーは、自分が輪になったバラの茂みの真中で平穏にまどろんでいる姿を見る。そのような受け身な生き方に反発して、彼はこの映像を斥ける。そして二つ目の映像を見せられる。これは、こびへつらう崇拝者にかこまれて、飾り立てられた玉座に座っているアーサーを大きく取り上げたものである。最初アーサーは良さそうだと対応するが、彼が、臣下の姿を見たいと頼むと、彼らは貧しく、餓えていることが明らかにされる。王が華美な生活をしているのに国民は苦しんでいることにぞっとして、彼はこの映像も断る。三つ目の映像は、アーサーが草地に息絶えだえによこたわっている生々しい戦場の場面を見せている。アーサーは自分が死んだ大義を知りたいという。それに応えてアーサーはヴィクトリア女王の治世が頂点に達する英国の将来の映像を見せられる。

若き女王の風貌を身につけ、
戴冠した自由の女神は、
すべての力あるものと同様に穏やかに座っている。
彼女の王位の巨大な威光が
もの言わぬ氷山から、燃えるような地域まで
静かに横たわっている。(1)

アーサーは、ためらわずに、この映像を選ぶ。かくして彼は自分の国の偉大な将来のために自分の命を犠牲にする道を選んだのである。一九〇〇年にヴィヴィアン・マシューズとアリック・マンリーは、ロビン・フッドと愉快な男たちの冒険をボーア戦争中の英国陸軍の勲功にたとえる「リトル・レッド・ロビン」という題の「斬新な戯作的な音楽劇」を作曲した。マシューズとマンリーはロビン・フッドとその部下を、次の歌が示すように、自分たちの国の求めに必ず応える勇敢な愛国者として描いている。

国が戦っており、戦闘準備の叫び声が上がっている時、
自分たちは戦う用意があり、忠実な英国人なら当然するように、
必要があれば死ぬ覚悟ができていると
すぐ答える人たちが大勢いる。

だが、悲しいかな、われわれがよく知るように、
あらゆる機会を捉えて、
自分たちは敵方に共感していることを示そうとする人たちもいる。
そんな者どもは森から出ていってくれ。

獅子王リチャードが十字軍の新兵を勧誘するためにシャーウッドの森を訪ねた時、彼らの愛国的な宣言は試される。その言葉に違わずロビン・フッドとその部下たちは熱望して王についていくという。

戦士である王にしたがって馬を進めるとき
陸であれ、海であれ、
指揮官が誰であれ、何が気になるか
われわれは激励の歌を声を合わせて歌う
勇敢で本物の心の持ち主に乾杯
頭上になびいている旗の
赤、白、青に乾杯！(2)

愛国者としての祝福を受けるに値する幾多の英雄が英国に輩出した十九世紀に、これら二つのエピソードは、アーサー王とロビン・フッドの伝説と英国の国民性の密接な関係を示すものである。これらの人物は英国人の優秀さの例を用意しただけでなく、この国が生んだ偉大な個人の英雄的な働きにその源

があることを示すことによってその説明に役立っていた。「わが英国の国民性の種子は、わが国の最良の習慣や制度の始まりを辿る初期イングランドの英雄たちの生涯に求めるべきである」とレイディ・マグナスは、その著『英国をつくった人々』（一九〇一年）の中で明言した。(3) 初期イングランドのこれらの英雄たちの中で最もよく呼びだされるのはアーサー王とロビン・フッドであった。

『過去と未来の王』対『無法者の頭』
●アーサー王とロビン・フッドの伝説の思想的対立

一八四九年、『シャープス・ロンドン・ジャーナル』は、アーサー王を「わが国のすべての最良の特質の見事な化身である」と書いた。実際、十九世紀のあり余る文学作品がアーサーを国家的英雄、自分の国の輝かしい大義のために進んで戦って死のうという男として扱っている。W・J・リントンの「アーサー王の古伝説」（一八六五年）の中で、アーサーは公言する。

私は危険に怯んだことがない、労苦を考えたことがない
どんな不利な優劣の差も、どんな昇るのが難しい階段も
どんな起こりそうな不便も、災難も
私を悩ませたことがなかった。
私はこれしか求めなかった。お役に立っているでしょうか、わが国よ！
それなら大歓迎です。自分の身を気にするのは、

秤のなかの羽毛にすぎず、大空を飛んで行く
一陣の風の痕跡のようなもの、
そなたを救いたいという火のような熱い願い
汝は、わが生け贄の祭壇であった、われは
花婿の捧げ物であった。(4)

同じころ別の中世の英雄、ロビン・フッドも英国の国民的英雄の神殿へと持ち上げられた。ヘンリー・スューエル・ストウクスは彼の詩『アルビオンの歌』の中で書いている。

勇敢なロビン・フッド！　正義の、正直な心の持ち主
そして愛国者、汝は盗賊なれど
そうだ、愛国的盗賊を汝の名前にして
評判の誤った年代記を困らせてやろう。

ロビン・フッドの地位が固まったのは、一八五九年にノッティンガムで、「ロビン・フッド・ライフル銃隊」と呼ばれる義勇連隊が編成されたときだ。F・R・グッドイヤーのパントマイム『昔々』（一八六八年）の中で、彼の連隊の描写は、すでにもつようになっていた愛国的つながりについて何の疑いを残すものではなかった。

彼らは大勢を代表している、
ノッティンガムの誇り、彼らの国の自慢である、
このような大勢の勇敢な人たちが、私が思うに
リンカーンの緑地の下に誇らしげに息づいている
自分の生まれた土地を外敵から守るため
どの胸も愛国的熱情で燃え、
軍のなかではあらゆる階層が混じりあっていて
彼らの唯一の報いはありがとうという国の謝意。
古い森の住民が彼らの保証人だった。
彼らはロビン・フッドのよく知られた名前をつけている。(5)

十九世紀になると、アーサー王もロビン・フッドもともに、かくして英国文化の中で国民的英雄としてその地位を固めていた。一八九二年、F・メアリー・ウィルソンは『テンプル門』の中で、「アーサーとロビン・フッド、この二人の名前は国家的遺産である」と明言した。(6) しかし正確にはどのようにして彼らはそのような高い地位を得たのであろうか。この過程の理解を得るためには、二つの伝説の歴史的進展を調べる必要がある。彼らがそれぞれの過去からどんな種類の遺産を持ち込んだかをまず決めなくては、十九世紀の文化における意味をひもとくことは望めない。

アーサー王とロビン・フッドの伝説に多くの融通性があり、それゆえに永続性があることは、どちらの場合も現実の基盤は、常にかなり疑わしいという事実からきている。初めから、解釈をする人たちは、

その時の状況が求めるまま形を変え、自分たちがふさわしいと思うように勝手に形を作ってきた。アーサー伝説の場合、それが基にするのに、きわめて乏しい歴史的情報しかない。ベーダとかギルダスのような最も重要な中世初期の歴史家たちの著作には、アーサー王の名前は明白には言及されていない。もっとも、古いウェールズの年代記の中の少数のばらばらの文章が、紀元五二〇年頃起こったケルト人と侵略するサクソン人の間の遭遇戦、つまりバードン山の戦いでアーサー王が勝利を収めたと記している。それより前にはほとんど何も記録がない。しかしながら、歴史的記録の隙間はたちまちたくさんの詳しい創作逸話によって埋められた。世紀の初めまでにアーサーはすでに戦場で偉業を挙げられる強力な軍事的指導者として描かれていた。たとえばヨークシャーのガテリックでの戦いを描写したアナイアリンの作とされる詩『ゴドディン』の中で、ある戦士は「アーサーではなかったけれども、砦の城壁の上で黒い大鳥のはらわたを取り出した」と言われている。⑦

何世紀かたつうちに、アーサー伝説は統治階層の要求と願望と密接に結びつくようになった。今日、『マビノーギオン』として知られているものを含む一一のウェールズの散文物語の一つ、十一世紀の「カルイッチとオルウェン」の物語のなかで、アーサーの血縁の男が、美しいオルウェンと恋に落ちる。そして彼が結婚の約束に値する男であることを証明するために、彼女の父親に数十の課題をやらされる。この基本的な話の裏にはウェールズのえり抜きの人々に対する参考になる意見がある。ウェールズのエリートたちはこの話の製作を後援したであろうし、その実行を支援したであろう。「キルフークスとオルウェン」の話は子供を作れなかった一家の失敗を巡って回り、息子が足りないことは、その家族の地位や財産を守る戦士の不足を意味し、そのような失敗は災難と解釈されるような世の中で、あれこれと思い巡らせている。臣下の不忠、農業の不作、部族間の対立を含めて、支配階級に対する脅威が他にもある。物語の最後にこれら難問のすべてがうまく解決したことは、エリートの家族が自分たちの地位を保つために絶えず努力をした、厳しい世の中で一種の緩和剤として機能したのかもしれないことを示している。(8) 十二世紀にジェフリー・オヴ・モンマスの『ブリトン年代記』はアーサーをケルトの軍司令官から強力な王としての、よく見慣れた姿へと変えた。後の伝説に対する衝撃の点できわめて影響力のあったジェフリーの作品はすでに伝説をきわめて明白に政治的に処理したものであった。王家の庇護を求めていた野心的な聖職者であるジェフリーは、アーサーをイングランドのノルマンの支配と家系的につながるような手のこんだ歴史の作品を作り上げた。ヨーロッパの権力闘争の成り上がり者として、ノルマン人はさまざまの文化的媒体を使って自分たちの新しい立場を正当化するのにきわめて熱心であった。(9)『ブリトン年代記』はそうすることに成功したことにたいする永続的な記念碑としてたっている。十二世紀が終わりに近づいた頃、アーサー伝説は宮廷ロマンスという新しく出て来た文学ジャンルに選ばれた。ロマンスの流行はフランスでクレチアン・ド・トロアから始まり、ヨーロッパ中に急速に広まり十五世紀を相当入るまで栄えた。基本的には、騎士道の手引書として機能し、これらのロマンスは彼らの武勇のエネルギーをより社会的に有用な活動へどのように導くかを、貴族に示したものである。もし彼らの火花の散るような風潮が、日常の生活の暴力や残忍性からかなり離れるようであれば、離れるだけ良いのである。それらは得ようと努めるべき理想を描いた。それは真に教訓的な力を彼らに与えた。それらが言い表わした規律は本来エリートのものであったのかもしれない、しかしそれが意図だったのである。それに従う人たちを優秀であると定義し彼らの力を正当化するのに役立った。(10) しかしながら、英国のロマンスの作者たちは、大陸の作者たちに追いつくのに少々時間がかかった。中世のまさに終わりになってやっと一人の英国の作者が本当の傑作を生み出した。一四七〇年ごろ完成したサー・トマス・

マロリーの『アーサーの死』は中世のロマンスの伝統の頂点であったばかりでなく、その描く世界は急速に消えつつあったという暗黙の了解を表わしている。貴族というのは、生得の権利であるだけでなく、人格の描写でもあった理想化された時代をマロリーは描いている。しかしイングランドは、十五世紀中頃まで、百年戦争が悲惨な結果に終わったように国外で負け戦に苦しんでいたし、国内では血なまぐさいバラ戦争のかたちで騒乱状態に苦しんでいた。マロリーはみずからこれらの事件に大いに影響を受けていた。事実、彼は当時の政治的動乱に関係があるらしいという理由で入牢中に『アーサーの死』を書いた。驚くことではなく、彼の作品は同時代の状況に対する批評として働いている。それはたんなるたとえ話ではなく、ある社会が混沌と市民戦争へ着々と崩れてゆくのをマロリーが辿るとき、バラ戦争との関係は直接的で、否定できないものである。[11] 結びの巻の中で、貴族の派閥間の争いから生ずる重大な結果を明らかにしている、というのは結局これがアーサーの王国の破滅をもたらすからである。『アーサーの死』の中で明白な党派的観点が欠けていることは、マロリーは勝利を達成することよりも、むしろその土地に平和と秩序を回復することに関心があったことを示している。それは高貴な大義ではあったが、受け入れられるものではなかった。マロリーは一四七一年、バラ戦争が終わりになる一四年前に死んだ。

しかしながら、アーサー伝説は十六世紀まで生き延び、そこでそれはチューダー王朝に主要な宣伝の武器の一つを与えることになった。ヘンリー七世は王位に対するいくぶん弱い要求権を補強する手段として伝説に飛びつき、自分の血脈にはアーサーの血が流れていること、彼がウェールズの家系であることによって一層もっともらしくされた主張を誇らしく宣した。彼は自分の長男に伝説上の先祖の名前を付けさえした。[12] ヘンリー八世は父親の足取りにならって、表向きはアーサーの円卓なる物（実際には一三世紀に作られた物）をウインチェスターに運ばせ、緑と白のチューダー色に塗り替えさせた。そしてエリザベス一世の治世のあいだにも、王家の催し物でしばしばアーサー伝説を宣伝に使った。たとえば一五七〇年代のケニルワースへの行啓の間にマーリンが「湖上の麗人」によって岩の中に閉じ込められるという手の込んだ芝居が上演された。秩序を回復するためにエリザベスが召喚された[13]。それによって、この種の催し物が政治的通達を伝えるのに、どのように使えるかを実際にやって見せた。エリザベス崇拝はまた視覚的イメージを補うために強力な言語的イメージを広げることを求めた。『妖精の女王』（一五九〇－九六年）のなかでエドマンド・スペンサーは一世紀にわたる宗教的争いからイングランドを救ったことに対して女王を賛美する[14]。スペンサーは、理想の統治者の描写、エリザベスに自分のことだと分からせることを意図した描写を彼女に贈ることによって、王子アーサーの性格を通じて、彼女を称賛している。

十七世紀の初め、アーサー伝説は王家の宣伝に使われ続けた。自分よりも前のヘンリー七世と同様に、王位に対する不確かな権利を強化するためにアーサー伝説を頼りにした。イングランドとスコットランドはアーサーの下でそうであったように、いつか統一されるであろうというマーリンの予言を、彼の即位は実現したものだと、彼の支持者たちは宣言した。そして、このアナグラムは君主国とその国民の将来に対する希望を反映するものであった。

チャールズとジェイムズのスチュアートは
アーサーの地位を要求する。

これらの見解を補強するためジェイムズは宮廷の仮面劇でアーサー伝説を使うことに好意的であった。一五八八年にハントリー侯爵の結婚を祝って、スコットランドの宮廷が魔法のようにアーサーの宮廷に変わるような仮面劇をみずから作った。そしてみずから文学的労作を作るのをやめた後でさえ、彼が委託する仮面劇にアーサー風の要素を含めることを望みつづけた。一六〇九年のクリスマスの祭りのクライマックスとしてベン・ジョンソンが「ヘンリー王子の試合場でのスピーチ」という題の仮面劇を作った、その中にアーサーを含めたことは明らかにジェイムズを称賛することが意図されていた。仮面劇の中でアーサーは、イングランドとスコットランドを再結合して、彼の帝国を再建したことに対して、ジェイムズを褒めたたえる。

美しい婦人よ、私は炎と影響力を使って、あなたの企てを考えている
そのことが、あなたの企てを邪魔することにならないように。
なぜなら時代は今や移ったのである
マーリンの神秘的な予言は、ブリテンの名で、この島の統一で
私の王権と私の生き方の両方で解消されている。[15]

アーサーの伝説とスチュアート王朝との結びつきは大内乱の時代へと続いた。多くの理由でアーサーは議会派よりは王党派の主張を代表する方がよりふさわしかった。チューダー・スチュアート王家の側の、自分たちはアーサーの子孫であると主張する度重なる試みに加えて、それに騎士のロマンスに対する伝統的な清教徒の反感もあった。しかし、とりわけ、伝説自体の内容があった。裏切りや市民の衝突

にあってこなかった英雄的な王の物語はたいていの議会派の人間が無視したがる言外の意味があった。有力な議会派の詩人、ジョン・ミルトンはアーサー伝説を王党派との繋がりゆえに、計画された国民的叙事詩の適切な題材として拒絶した。若いころミルトンは「あの高尚な寓話とロマンス」に心ひかれていた。そしてアーサーの叙事詩を書く意図を表明していた。しかし一六四〇年代の半ばまでにアーサーの行為、権力そしてついに存在そのものを問題にするアーサーの最も熱烈な中傷者のひとりとなっていた。「アーサーとは誰なのか、誰かそんな人が英国を治めていたことがあるのか、このこと自体がこれまで疑われてきた。そして再び十分の理由があって疑われるだろう[16]」。彼が長い間もくろんできた叙事詩を書くときがきたとき、彼は題目としてアーサー伝説よりむしろ「創世記」を選んだ。

アーサー伝説は、その出現から最初の千年かそこいらのあいだはかくしてエリートの所有物であった。というのは、その解説者のほとんどすべてが社会的・政治的階級の最高のレヴェルの人たちとつながっていたからである。しかしながら、古いウェールズの三題歌の中に、アーサー王が初めて現われて五〇〇年以上のち、別の伝説的英雄がまったく違った政治的・社会的背景から生まれてきた。かつて歴史家たちは、ロビン・フッドの初期の話に、農民の愚痴が初めて文字に表わされた中世後期の社会的不満の文学の中で、突出した地位を与えた[17]。この元を辿るという理論は大いに信用を落としたけれども、それでも初期の伝説には何か破壊的なところがあり、あるいは少なくとも反権威主義的なところがある[18]。ロビン・フッドは、最初に世に出て来た時の姿は階級主義と圧政にたいする平等主義的な反応の選択的な形を代表する英雄である。

しかしながら初期の伝説には別の面がある。ならず者ではあるが、名門の人たちの中にいてくつろいでおり、ジェントルマン階級にふさわしい礼儀作法をみせる。そのうえ、彼が援助する犠牲者は身分の低い農奴ではなく不当に貧困に陥ったナイトである。そして肉薄した戦いでは、よりつつましい六尺棒よりむしろ、エリートが好んで使う武器、剣を使うのである。[19]そうなるとどっちのロビン・フッドが本物であるか。彼は満足した農民の怒れる指導者なのか、それとも害の無いスポーツにちょっぴり耽る解任されたジェントルマンなのか。どちらの主張も支持する証拠がある。というのは、ロビン・フッドの性格は常にヤヌスのように二面があった。危険ならず者と人のよい悪漢の間の緊張は、伝説の発端から存在した。そしてお判りになるように、十九世紀へと続いていった。

しかしながら、まず伝説の発展を辿らなくてはならない。十五世紀にロビン・フッドは五月祭の遊戯として知られるイングランドの民衆の祭りと結びつけられるようになった。これらの騒ぎの有名な呼び物は偽の王の載冠であった。しかし所によってはロビン・フッドがとってかわることがあった。[20]小さな行政教区では主人役を務めるだけだったが、より資力のある、より大きい所では、しばしば衣装を着けた人物を主人公とする芝居の上演があった。ロビン・フッドは五月祭の遊戯の中、数多くの、さまざまな、象徴的な役割を演じた。彼の緑の衣装と森との結びつきが、夏の始まりの季節的祝いに、彼を格好の添え物にした。しかしながら彼はまた近代初めの民衆の祭りの特徴であった社会的・政治的階級制度の転換に貢献した理想的な「無法者の頭」であった。[21]一四九八年に、スタフォードシャーのウェンズベリーのロバート・マーシャルは星法院の前で、三位一体主日を祝うために、町の市で「ロビン・フッド」の名のもとに百人以上の男たちを率いていた、という申し立てに自己弁護をしなければならなかった。

男たちはウィレンホールの前述の町で会い、その時その場で暴力的な集団を組み、次のような命令を公然と出した。ウォールソルの誰かが、われわれを襲うために町から出てきて、例の町で例の暴動的な集会を同じ日にずうっと続けたならば、そしてその日ウォールソルの誰かが市で見かけたら命の危険にさらされたであろう。

同様に悪名高いのはロビン・フッドの見世物の多くを復活した男のノッティンガムシャーでの離れ技であった。彼は一五〇二年に反逆罪で検挙された。ロビン・フッドはかくして近代初めのイングランドの象徴的なレパートリーであった[22]。

驚くほどではないが同時代の権威者たちがロビン・フッドの芝居を嘆いていた。一五三六年にリチャード・モリソン卿はヘンリー八世に抗議をした。

夏になると、たいがいは聖日に貴方の領地のたいていの場所で、ロビン・フッド、メイド・マリアン、タック修道士の芝居があるのです。そうした芝居では、卑猥さと下品さが公衆の目にさらされるだけでなく、貴方の役人に対する不服従がそそのかされております。また、この威勢のよい連中は、法を犯したために刑の執行を受けるべしとされた人間を、ノッティンガムの州長官の手から奪おうと機をうかがっているのです。

そのような意見がロビン・フッドに関わる、お祭り騒ぎを抑制しようという努力を強めることとなった。一五〇九年、エクセターの市の有力者たちは、ロビン・フッドの芝居を禁止した、そしてケントとサセックスの五港のウォードン卿は一五二八年に先例にならった[23]。一五五五年スコットランド議会はロビン・フッドの役を演ずることを違法とし、背くものは流刑にした。

しかしながら、最初はこれらの改革者たちはあまり成功しなかった。たとえば、一五四九年、ヒュー・ラティマー司教がロンドンのちかくのある町で説教をしようとしたが、彼は到着するなり、「教区のひとたちはロビン・フッドの集会に出るために外出している」と告げられる始末であった。ラティマーは愚痴をいった。「裏切り者にして盗っ人のロビン・フッドの集まりに出るという口実で、神の言葉に奉仕するよりも、説教者を追い出し、彼の職務を尊重されなくしロビン・フッドを取るのは、友人よ、笑いごとではない、嘆かわしいことであり、重大なことである」。十六世紀の終わりまでに、しかしながら、ロビン・フッドの芝居は下り坂となった。この時期イングランド中でお祭り騒ぎは、それをローマ・カトリックの習慣と結びつけた福音派プロテスタントから攻撃を受けていた。これらの感情は、高まる民衆の圧力と貧困の時代に、社会的無秩序というより一般的な恐怖によって強化された(24)。たとえば一五七九年にランカスターでのあるロビン・フッドの芝居が動乱の原因となり、そしてその結果プロテスタントに熱心であると最も評判の高い州の地区マンチェスターの近くから来た一団の治安判事は地方の判事に命じてお祭り騒ぎを禁止させた。民衆のお祭り騒ぎを排除しようというそのような試みは、かなりの抵抗にあったけれども、十七世紀の半ばまでに五月祭の娯楽は一握りの場所でしか生き残っていなかった。

五月祭の娯楽をつうじたロビン・フッドの破壊的な役割を抑圧しようという政治運動は、彼を社会的、政治的秩序にとって脅威にならないようにしようとする、エリザベス一世、ジェイムズ一世の時代のより幅の広い試みの一部にすぎなかった。この運動は同時代の舞台にも現われた。そこで劇作家は新しいより危険でないロビン・フッドを創作し始めた。この伝説に芝居として言及したもので当代随一といえば、やはりシェイクスピアの『お気に召すまま』である。そのなかでシニアー公爵は、弟の悪公爵フレデリックに追放された後、森の中に隠遁している。「噂では、すでにアーデンの森に多くの朗らかな家来たちとともにお住みだということです。そこでは、まさにかの昔のイギリスのロビン・フッドさながらのお暮らしだそうです」(I・i・一一四－一一六)。

表面上はシェイクスピアの森は因習的な社会の束縛から解放された場所である。そこでは世俗的な財産や社会的な地位はあまり問題にならず、人はその長所の点からのみ判断される。しかしながら、結局はこれらの反逆者たちは革命家ではないことが分かる。彼らは郷愁的に「よき時代」を振り返り、昔気質と今の世の中を対比する。この頃は貧しい人たちが「清らかな鐘の音に、教会にいざなわれもし、よき人の宴に遊んだ」(II・vii・一二〇－一二二)。かくしてシェイクスピアは、無秩序な社会に対して因習的な解決法に頼らざるをえない。すなわち、秩序の回復は、相互責任と敬意に基づいた古い行動の基準に従って、貴族階級の手でなされねばならない。劇が終わりに近づくにつれ公爵と部下たちは外の世界へ戻る準備をする。

その後に、余とともに苦しい日夜を耐えてこられた、
心ほがらかなこの仲間のひとりひとりと、
その領地の大いさにしたがって、
取りもどした幸福のよろこびを頒つことにしよう。(V・iv・一七二－一七五)

最後から二行目の「その領地の大いさにしたがって」には、耳ざわりな調子がある。[25] つまり、因習的な社会的・経済的階級制度が、すぐにも再び主張される兆候を見せている。シェイクスピアは、「無法

者」に対してある程度の若気の放埒を許してはいるものの、その行動が破壊的になる恐れがでてくると、すぐに彼らを抑えこんでしまうのである。

　エリザベス一世とジェイムズ一世時代の演劇に、直接の強力な影響を行使した有力な後援者たちは、より反逆性の少ないロビン・フッドの姿を好んだことを『お気に召すまま』は実証している。後援者の願望を実行に移すために劇作家が追求する二つの戦略があった。まずロビン・フッドの反逆性を認め、次にはそれが断固として鎮圧されるのを見せて、反乱は失敗する運命にあることを示す、という二段構えの戦略であった。劇作家ジョージ・ピールの『エドワード一世』では、エドワードはウェールズの反逆者ルーレンの謀反を負かして、国家の統一を回復せねばならぬ。ピールは明らかにルーレンをロビン・フッドになぞらえている。反乱の首謀者であるピールは、部下に対して「明日はブレコンの町でロビン・フッドの書物を手に入れよう……そして、無法者さながらに荒野を彷徨するのだ。かつてのロビン・フッドそのままに、われこそは酒宴の司会者《マスター・オブ・ミスルール》ならぬ、文字通りの無秩序の支配者」と語る(26)。しかしながら、『お気に召すまま』の場合と同様に、最終結果は因習的な社会的・政治的階級制度の復活である。ルーレンの反乱は失敗する、そして彼は殺され首をはねられる。ピールはかくして、そのような反乱は成功しないことを教えているのである。「無秩序の支配者」は抑えこまれなければならない。

　同じ一五九三年に『緑のジョージ――ウェイクフィールドの家畜役人』なる作者不詳の芝居が現われた。十五世紀後半に舞台をおき、バラ戦争に火花を散らした王朝の争いに焦点を当てている。主人公である緑のジョージはランカスター家のヘンリー六世に反旗を翻してヨーク家のエドワード四世に従うようウェイクフィールドの住民を説得しようと試みる。彼は「自然の摂理が王への務めを教える」と主張する。これはロビン・フッドの生き方とは鋭い対立を見せる。緑林におけるロビン・フッドの厳として独立を守る生活とは、王への忠誠を旨とする生活に対する脅威的な代案である。ロビンとジョージの二人がつかみ合いの戦いで衝突するとき、その戦いは権威と反逆の争いの象徴となる。結局ジョージが勝ちを収め、ロビン・フッドに向かって反逆的な生き方を止め、王に忠誠を誓うよう説得する。エドワードは変装してそこにいたのであるが、ここに至って姿を現わし、ロビン・フッドを含めて全員が彼の前にひざまずく。かくして王家の支配は回復し、挑戦者は忠実な下僕に変えられる。(27)

ロビン・フッドを反逆的でなくするために、エリザベス一世とジェイムズ一世時代の劇作家が用いた第二の戦略は彼を負かすことではなく、彼を変えることであった。アンソニー・マンデイの『ハンティンドン伯爵ロバートの凋落』(一五九八年)は、意識的にロビン・フッドから五月祭の娯楽との結びつきを切り離そうとしている。

　私はロビン・フッドの祝宴などは見ていないと思う。
　タック修道士のモリスダンスも知らないし、
　森じゅうを飛び跳ねまわる愉快な場面も知らぬ。
　鹿狩りも知らぬし、狩の歌も聞いていない。

彼を普通の自由民として描く代わりに、マンデイは主人公にハンティンドン伯爵という擬似歴史的な肩書を与えている。(28)同様に『警戒せよ』(一五九九年頃)という作者不詳の芝居のなかでは、ロビン・フッドは「良い、優れた、公平な伯爵」と描かれている。(29)これらの二つの芝居では、大胆な無法者はいなくなり、上品な貴族に取って代わられた。

しかしながら、忠誠と服従向きのものにするためにロビン・フッドを改革しようとする著者たちにしても、民衆の政治的主張に対してはある程度その発言権を認めざるをえないところもあった。[30]その間の事情を一、二の事例に即して検討してみよう。一五八六年、ウィリアム・ウォーナーは『アルビオンの英国』というタイトルで、英国史を辿った物語詩を出版した。エドワード二世の治世に関する章にロビン・フッドへの言及があり、ロビンは「一団の自作農とともに放浪する……伯爵」と呼ばれている。これを見れば、農民から貴族へのロビン・フッド像の変容を支持し、民間に広く普及している伝説に見られるような階級打破の感情は、その多くを排除したといってよい。ウォーナーはまた、緑林での生活を描くにあたっても、そこに政治的煽動の活動は微塵も交えない。

彼は配下の者には十分に食物を与え、
快適な洞窟や、木陰に安全に住まわせ、
この愉快な男たちに、よくいったものだ
「われわれの暮らしよりまともな暮らしがあろうか[31]」

ウォーナーがロビン・フッド伝説の内蔵する政治的な意味合いを和らげたのは偶然ではなかった。それというのも、『アルビオンの英国』は彼の庇護者である初代のハンズドン卿ヘンリー・ケアリーに献呈されているからである。彼はエリザベス一世の実の従兄弟であり、王家の助言者として重用されていた人物である。自分の庇護者と君主の両者を喜ばせたいと切望して、ウォーナーは忠誠心と服従を強調する愛国的な叙事詩を作ったのであり、ロビン・フッドもこの目的に適うような形で構想されたのである。ところが、たとえそうであっても、ウォーナーはこの構想に不協和音の響が忍び入るのを完全には防げなかった。彼は、ときに、ロビン・フッドとその部下を「不平分子」と呼ぶ。多くの疑問を提起する用語である。彼らはなぜ不満だったのか。エリザベスの治世の最中、ハンズドン卿のような賢人の手にある英国に対して、いったいどんな種類の不満をもったのであろうか。ウォーナーはこれらの疑問には答えようとしていないが、疑問が提起されたという事実だけで意味がある。

ロビン・フッドをその庶民的な出自から完全に分離するのが難しいことを示す、もう一つの実例がある。一六一六年、ロンドン市長の就任式の日のために作られたアンソニー・マンデイの『首都の即位式』という見世物である。服地商の職業組合に委託されたものだったので、見世物は服地業の現状に関して積極的な見解を披露することを意図していた。主たるテーマは金羊毛を求めてコルキス国へ赴いたイアソンの物語であるが、それはまた「かつての貴族ハンティンドン伯爵であるフッドのロバート伯」をも主人公の一人としていた。マンデイはこのように、ロビン・フッドが高貴の生まれであることを舞台を通じても表明してみせたのだが、今度の場合は、ロビン・フッドをロンドンの最初の市長、ヘンリー・フィッツアルウィンの養子であると設定することによって、この無法者の血統にいっそうの潤色をほどこし、また、それによって、ロンドン市政当局の具体的存在へと彼を結びつけたのである。しかしながら、見世物の終わりのところで、ロビン・フッドの市民との提携は難しそうだという暗示が現われる。最後の場面でロビンと部下たちはロンドンの滞在に不満があったらしく、緑の森へ戻る準備をする。

楽しいシャーウッドからは、二度と離れまい、
いかなる地であれ、よそに住まいはない。

（シャーウッドの）半分でも自分たちを好いてくれる大都会も町もないからだ。(32)

ここでも再び、民衆的伝統に根ざすその出自から、彼を完全に切り離そうとする試みに対して、ロビン・フッドは抵抗を見せたのである。こういう事情であるから、伝説を改造しようとした十六、十七世紀の取り組みの影響を、あまり誇大視すべきではあるまい。人格高潔の見せかけを被せようとする試みは、たしかにある程度まで成功はしたのであるが、その一方で、ロビン・フッドは、権威に頭を下げることを頑なに拒む無法者の特質をも、依然としてもち続けていたからである。

六世紀の誕生以来、アーサー王は秩序、権威、安定を代表するエリートたちの英雄であった。これと対照的にロビン・フッドは、少なくとも、外に現われた行動から見るかぎり、生得の破壊的人物であり、アーサーが体現していないすべての要素、すなわち無秩序、煽動、混乱を代表する無法者であった。しかしながら、ときには別の描かれ方をすることもあって、通りかかった騎士に帽子をとって会釈したり、王の前にひざまずく姿など、上品さと礼儀正しさの模範というイメージもあわせもったのである。それでは、二つの伝説のそれぞれの歴史は、彼らの将来の解釈にどんな影響を持ったのであろうか。より具体的にいうと、アーサー王とロビン・フッドを英国文化における国民的英雄として構築する作業は、以下に検討するとおり、十八世紀末に始まり十九世紀にその頂点に達してゆくのであるが、いったいその過程において、両者の伝説の歴史はいかなる影響を与えたのであろうか。

「愛国者はときおり出てくるものである」
●アーサー王とロビン・フッドの国民的英雄としての登場

表面上は、アーサー王やロビン・フッドのような中世の英雄は、十九世紀の英国の蒸気機関や鉄道に囲まれて場違いのように思われるだろう。しかしながら、そうした考えほど真実から遠いものもないのであって、この近代化の時期は過去、ことに中世という過去の魅惑に支配された時代でもあった。十九世紀の英国で中世に対する人気が高かったことは文献によって十分に立証されている。したがって、ここで再びその問題を取り扱う必要はない。(33) もっと当面の問題に関連のあることは、なぜ中世という過去にたいする強い関心が、ますます産業化が進む、進取的な社会で栄えたかを詳細に調べることである。中世の復興はその現われ方が多様であったように、その起源は複雑であった。十九世紀の初め中世趣味はロマン主義を生み出した同じ巨大な文化的変貌と、そしてもっと広くは、急速に変化する世界の中で思想家は中世のロマンス、色彩、英雄的資質、美――彼らが同時代の生活に欠けているとしばしば思った特質に引かれたのである。彼らはまた中世を産業資本家の社会秩序の価値観に代わる価値観の潜在的な源泉と、また道徳的確実性と宗教的敬虔さの時代と見ていた。(34)

ヴィクトリア時代に人々は現代生活のざらざらした平凡な現実を、中世の思いやりのある、空想的に描かれた世界と対比しつづけた。変化によってすべての慣れたものが一掃される恐れが出てくると、英国人は中世の過去に顔をむけた。そこには自分たちの世界が欠いている心休まる安全さと安定性があるように見えた。中世主義は産業主義化の反作用だとしばしば解釈されている。糸屑で喉を詰まらせる工場で恐ろしい条件の下で働き、都会のスラム街の薄汚い小屋に住んでいる現代の賃金の奴隷に比べれば、中世の奴隷は幸せであったと思う英国人はたくさんいた。[35]しかしながら、中世の復興にはたんなるノスタルジア以上のものがあった。中世志向が、一方で、現代性にたいする抗議であったとしても、他方では、ヴィクトリア社会を苦しめている諸問題の解決を探して、いろいろな著作家や思想家が中世に顔を向けことからもわかるように、それは、数多くの同時代のジレンマに取り組もうという試みにもつながっていたのである。[36]

しかしながら、ヴィクトリア朝の英国では中世は社会改革者ばかりでなく、全体としての国にとっても一つの理想像として役立った。共通の過去を持つという見解は階級、地方、思想そして宗教の壁を超越し国民的自覚が形成された坩堝を明らかにするのに役立った。英国の「国民的性格」と題する一八九〇年のロマンス語講義でマンデル・クレイトンは「過去を全体としてこれほど完全に現在に持ちこんだ国はどこにもない。われわれにとっての歴史的連想というものは、たんに過去の大事件に対する修辞的言及にとどまる問題ではなく、英国人の心を、その行動全般にわたって取り巻いている伝統なのである」と述べた。たしかに、いくつかの意味で、中世の復興が国の境界を超越していたのは事実である。英国の旅行者は、自分たちが文化的裏切りを犯しているかのような気持ちにならずにシャルトルやコロンの大聖堂を賛美することができたのである。しかし同時に、英国の中世主義は同様に強力な国家的誇りの潮流を包含していた。そもそも、おおむね十八世紀のヨーロッパ文化は古典時代の歴史を重視してきており、英国人もまた、みずからの拡大する帝国にふさわしい、説得力のあるモデルを求めて、特に古代ローマ帝国に注目していたのであるが、しかし、同じ帝国とはいえ、この比喩には必ずしも満足のいかない側面が常にいくつも存在した。結局のところ、ローマはついには没落してしまった帝国である。それは、当然ながら、英国人としては避けねばならぬ運命である。この結果、英国人はその類似点を指摘したのと同じ程度に、二つの帝国の相違点を強調したのであり、特に、ローマの破壊的な武力による拡張と英国の建設的な貿易による拡張の差を繰り返し主張するにいたった。[37]

そのうえ、急速に成長する国民的自己主張の時代に、英国人は自分たちを生き残らせ、他の人たちが失敗した所で繁栄することを可能にするような独自の特質を強調したがった。これを行なう最良の方法の一つは、輝かしい独自の国家の歴史、英国人がいかに特別であるかを正確に示すような歴史を構築することであった。それに応じて十八世紀の後半に、彼らの国の歴史的基盤を捜し求めたとき中世に頼る英国人が多かった。そこで彼らは自分たちの国民的独自性の欠かせない特徴とみていた多くの特色の根源を見つけることができた。その中には彼らの政治制度の起源、経済的・社会的秩序の基盤、領土的帝国の始まりを含んでいた。[38]

確かに、この過程に関わっている偽作の量はかなりのものであった。十八世紀後半にはジェイムズ・マクファーソンのオシアン詩とかトマス・チャタートンのローリー・バラッドのような疑似中世の偽作の、ますます上手な制作が見られた。きわめて馬鹿馬鹿しいレベルでは、これらの偽作は作者の側の金銭的利益にたいする願望の産物であったが、中世の題目を選んだことは、この種の文化的遺物にたいする熱心な読者がいると考えられていたことを示している。というのは、この時までに英国人は自分たちの目下の野心を支える国家主義的歴史の開拓に着手していた。これらの努力が、中世の先祖の噂される誠実さ、正直、勇気に基づいた国民的独自性の緩やかな構築につながった。

アーサー王とロビン・フッドの伝説はこの構築に顕著な役割を果たした。一六九〇年代という早い時期に、医者であり詩人であったリチャード・ブラックモア卿は「アーサー皇子」（一六九五年）および「アーサー王」（一六九七年）の二つの叙事詩を書いた。両者とも明らかに、アーサー王をウィリアム三世になぞらえている。忠実なホイッグ党員であり敬虔なプロテスタントであったブラックモアはウィリアムの大義の正当性について何の疑いも抱かなかった。彼の詩の中で王座をつかもうというアーサー／ウィリアムの試みは、英国と本当の信仰を救おうとする神聖な十字軍となる。

ついに悩める英国人は自分たちの
権利を主張するために、著名な救助者を招く。
ローマと地獄からおしよせて、英国を脅かす大嵐を
彼の軍備をもって撃退するために。(39)

同時代の批評家たちはブラックモアの圧政的道徳的な教訓主義、グロテスクなイメージ、華麗すぎる散文にほとんど我慢がならなかったが、この二つのアーサーの叙事詩は伝説の国民主義的取り扱いのために存在した可能性を示したという点で意義があった。他の作者がこのように大規模にアーサーの作品を企てるのは、一世紀以上先のことになるだろう。しかし十八世紀を通じて、伝説の可能性がますます明白になりつつあるという兆候があった。

世紀の半ばに七年戦争でアーサーの材料をいくつか愛国的に扱うものが登場してきた。戦争の初期の暗い時代に作られたウィリアム・ヒルトンの詩劇『アーサー――英国の帝王』（一七五九年）は、たるんでいる英国人の士気を引き上げようと、希望の源として伝説を使った。芝居が始まると英国人は敵に圧倒される危険にある。そしてアーサーが唯一の希望である。彼は反逆者のモルドレッドを殺すが、彼はその闘いで致命的な傷を負う。最後の詩は英国の輝かしい未来の映像を提供する。

天の九天使よ、今や降りて来られよ
英国の実り豊かな海辺を守りたまえ
来たれ、おお、来たれ、そして建設せよ
永続的な、誠実な同盟を
そこから芸術と豊饒が育ち、
そこから平和と自由が流れだし
もったいなくも貴方だけがその絆を与えてください
アーサーの輝かしい名前は生きるだろう
彼のように、価値ある崇高な精神に鼓舞されて
愛国者は、ときおり、出てくる。ブリトン人よ
いつまでも幸せであれ、自由であれ
いつまでも幸せであれ、自由であれ。(40)

ヒルトンの楽天主義は十分に根拠があることが分かった。というのは彼の芝居が世に出た年、英国の軍事的な運が劇的に改善されたのである。注目に値する勝利の一つで一七五九年一一月に、エドワード・ホーク提督はキブロン湾でフランス艦隊と遭遇、これを撃破した。この運の良い事件を記念してホレス・ウォルポールはアーサー王伝説を取り上げた。一七六〇年の春、ウォルポールはアーサー王の時代に言及した「フランス海軍の崩壊について」という詩を友人のビーチャム卿に送った。その詩は、その後、失われているが、ビーチャムの反応で詩の性向の多くが明らかになる。

作品の絶対的良さに対しては異議を唱える人は誰もいない。しかし主題に対する相対的良さについては、少々、変更したりつけ加えると、かなり改善されるだろうと思われる。……島国英国の特性に触れているアーサーの演説の中に二、三の詩を入れると良くなるだろう。この問いかけが韻文になるという特殊な展開に心打たれて、マーリンは予言者の瞬時の霊感にいわば火がついて演説の途中に割って入り、英国は世界の女王となる、そして従属国からの貢ぎ物で、川という川は膨れ上がる、と叫ぶことになる。

翌年にはジョーゼフ・ウォートンの詩「ヨーク公殿下へ」が出版されるが、その中では、アーサーの亡霊がフランス人と戦うために志願した人たちを賞賛する。

喜んで、貴方たちの利己心のない労苦を調べてみた
けたたましい武具の響のために
凍てつくような露のなかでの真夜中の見張りのために
貴方たちは、耕した畠や楽しいわが家を後において行く
これで、青ざめたガリアは海辺のいたるところで、震え上がる。(41)

二〇年後、アメリカ独立戦争の最中に、ジョージ・ロドニー提督がカリブ海でフランス艦隊を撃破したのを祝う詩の中で、詩人エドワード・トマスはアーサー伝説をもちいた。この勝利は、その数カ月前に、ヨークタウンでコーンウォーリス将軍がワシントンに降伏したことで、英国の自信が激しく揺さぶ

られていたときだったから、その回復におおいに役立ったのである。トマスはまた「ブリズィン祝祭」(一七八二年)のなかでも、ロドニーの輝かしい偉業に適切な先例をあてがうためにアーサーの比喩を利用した。

昔の気高いアーサーのように　彼の名前は
感謝する者一人ひとりの口からこだますべし。(42)

これらの例が示すように、十八世紀のほとんど絶え間のない軍事的争いは、軍人の剛勇や騎士道の徳目を具現する英雄に対する需要を生み出したが、これこそは、アーサー王にはうってつけの役割だった。それゆえ、彼は同時代の愛国的記事、特に軍事的勝利を祝うため、あるいは戦いの形勢が英国人に不利になったとき、弛んだ士気を押し上げるために作られた詩の中に、しばしば現われ始めた。ほぼ同時期に起こったのであるが、ロビン・フッドの国民的英雄としての出現は、異なった軌道を取った。彼は英国の軍事指導者に明白になぞらえられるのではなく、自由に生まれた英国人の見本、一般の人々の政治的権利を熱心に擁護する者として登場した。この自由の概念というのは、十八世紀英国の愛国心には欠くことのできない部分であった。というのは、自分たちの敵、特にフランス人を向こうにまわしたときに、英国人が自分たちの特性を誇示できる、さらにもう一つの道を、自由という概念が与えてくれたからである。フランス人は専制的・絶対的体制への奴隷と理解されていた。「英国の誇りと栄光、政体の直接の目標は政治的自由である」と、一七五九年、ときの皇太子、後のジョージ三世も語っている。(43)

そして、自由を具現するとなれば、ロビン・フッド以上にその条件を満たす英雄がいただろうか。シャーウッドの森での彼の自由な生活は、すでに何世紀にもわたって人々に祝われてきたのである。一七三〇年の聖バルトロメオ祭で上演された作者不詳のオペラ『ロビン・フッド』の中で、ロビン配下の無法者たちは、「そして自由は微笑み、わが軍に栄誉を与えるべし」と、自分たちの自由への献身を示す誇らしげな歌を捧げる。この主題は伝説の十八世紀におけるロビン・フッド伝説の文学作品化の中で繰り返し起こる。ジョン・オキーフの劇場喜劇『愉快なシャーウッド——ひょうきんな森の住人たち』（一七九五年）の最初の場面で愉快な男たちは歌う。

愉快なシャーウッドで、われわれ愉快な男たちは
鳥たちのように、とても自由な暮らし——(44)

ウィリアム・シールド作曲、ローレンス・マッカナリー作詞の喜劇オペラ『シャーウッドの森のロビン・フッド』（一七八二年）では、ロビン・フッドと自由と同時代の国民的気質という三者の緊密な結びつきは、ロビンと彼の愛するクロリンダが、こう誇らしげに歌うとき、いやがうえにも明白となる。

自由の調べをわれわれは歌う
国家に、女王に、そして国王に(45)

ロビン・フッドと自由の結びつきは、一七六〇年代に「議論する」クラブとして名をあげた「ロビン・フッド会」が、いっそうはっきりと実証していた。この名称は有名な無法者と一体感をもちたいとい

う明白な願望からよりも、むしろ、そのクラブが会合を開いた居酒屋の名前からきたものであったけれども、その会は政治的・社会的問題に関しては、伝説と大いに姿勢を共有するところがあった。ロンドンはブッチャー・ローにあった「ロビン・フッド」や「リトル・ジョン」といった店で、月曜日毎に、大体は中流階級ないし下層階級でもいくらか上の階層の出身であった会員たちは、その時どきの政治的関心のある話題を議論した。彼らの見通しはまったく民主的なものであった。一七六四年に公表された彼らのマニフェストによればこうである。

政府(という船)の水深を測り、政治家がしばしばそこへ乗り上げて分裂する暗礁や、危険な浅瀬を指摘し示すことは、……自由な国家で各人に負うべき義務である。……巨人の肩に乗ったピグミーは巨人自身よりも遠くを見ることができるだろう。それと同じで、国務に精通していない国民が、かえって、栄光や幸福に通じるなんらかの道を発見することもあるだろう。

十八世紀において、多くのロビン・フッド解説者が、彼の反逆的な行動を英国の貴重な自由の擁護と見なしたのとちょうど同じように、このクラブの会員たちは国民に行動を起こさせようとする彼ら自身の試みを、このうえなく愛国的なものと見なしていた。

この自由の国では、女神みずからが輝かしく統治し、各人の胸に女神の喜ばしい影響力を吹きこんでいる。国の水先案内人が、政治という船のその時どきの舵取りをするにあたって、どんな処置をとっているか——その点を、国の美質を心に抱いているもの一人ひとりが、よく見てとり吟味する

ことが、この自由の国にあっては絶対に必要である。(46)

アーサー王とロビン・フッドを英国の国民的英雄の地位に高めた文化的過程は、したがって、十八世紀に遡ることができる。その頃アーサーは国の当時のそして過去の軍の指導者に譬えられ始め、また、ロビン・フッドは自由の見本として見なされ始めた。彼らが国のパンテオンへ辿った異なった軌道は、この章の始めでわれわれが調べた二つの伝説の間の二分法を示している。アーサー伝説は軍事的栄光を強調することによって、忠誠と統一を吹き込む手段として使われた。その目的は、したがって、本質的に保守的である。十八世紀の英国の作家は、他方その伝説が過激な含蓄を持ち続けているので、自由を表わすのにロビン・フッドを使った。この二分法はフランス革命と革命戦争の時期の間にさらに顕著なものとなった。

「彼らと似たような時代をどこで見つけるだろうか」

●フランス革命とナポレオン戦争のアーサー王とロビン・フッドの伝説に対する影響

「騎士道の時代は終わった……そしてヨーロッパの栄光は永久に失われた」と、エドマンド・バークは一七九〇年の『フランス革命の省察』の中で断言した。この有名な一節の中で、バークは過去、特に中世の過去にたいする敬意を表明した。他の何よりも継続状態を高く評価して、バークは権利は本来備わっているものではなく受け継いできたものであると、言葉をついで主張した。「大憲章から権利宣言まで、先祖からわれわれに引きわたされた限定相続財産として、われわれの自由を要求し主張すること、そして、何かより一般的なあるいは優先する権利に関係なく、わが王国の国民に特定的に所属する財産として、それを子孫に伝えること、これはわが政体の不変の政策であった」(47)。

バークの姿勢は、英国の保守主義者がこの時期に中世という時代を想起するやり方の典型であった。彼らの見方からすると、古典の歴史に代わるものの必要性が一七八九年以降はいっそう明らかになった。この年に、ギリシャとローマのお手本はフランス革命と密接に結びついてしまったからである。十八世紀後半と十九世紀の初めに、英国の支配層の選ばれた人たちは、フランスと違って、自分たちは依然として悩まされずにいられることを見せたいがために、盛んに城を築いた。いわば英国独自の形のバスティーユを建てたのである(48)。本質的に保守的なジョージ三世が、この時期にゴシック様式を求めたのも、理由はまったく同じである。以前の王は新古典主義的建築をより好んでいたが、一七八〇年代には、ウインザーの大広間を内も外もゴシック風にするのに一五万ポンドを費やした。それでも満足できなくて、キューーで、動楼、壕、狭間や胸壁をつけた門楼の特色をもつ、まったく新しい城郭の建設に着手した。ジョージにとって、キューーはフランス革命に対する強烈な抗議であった。英国の急進派の人たちは、さすがにこの城のもつ意味を見のがしはしなかった。彼らは新しい宮殿を当てこすって「バスティーユ」とあだなをつけた(49)。

このように、保守主義者たちは英国の政治的・社会的制度の連続性と永続性を証明するために中世という過去を用いた。フランスの新秩序はきわめて抽象的な一般原理と、きわめて幅の広い思索的な理論に基づいてつくられたのに対して、英国で確立された秩序は、実際の経験、健全な常識、そしてとりわけ長い歴史的な進化の産物である、保守主義者はそういってフランスに対して警鐘を鳴らしたのである。一七八〇年代に出たある時事小冊子《パンフレット》は英国人にこう求めた。

英国の名前がいかに不変であるかを
フランスの連中に、理解させること。
われわれ英国人は変わらず同じであることを
無頼漢たちに知らせること……。

英国人の性格は、時代から時代へと完全に
受け継がれているのを、教えてやること。[50]

しかしながら、フランス革命に続く年月の間に中世の過去に注目したのは保守主義者だけではなかった。急進主義者は、昔の憲法の下で英国の人たちは本当の民主主義の恩恵を享受していたという憲法の考えを長い間主張していた。これらの要求は「ノルマンのくびき」理論に基づいていた。それは、一〇六六年以前は、英国に住む住民は代議制によって自治を行なう自由で平等な市民として生活していた、と主張するものであった。ノルマン征服が彼らからこの自由を奪い、外国の王と地主の専制政治を確立したのであるが、しかし国民は自分たちが失った権利を忘れなかったし、それを取り戻すために絶えず戦い、ときには彼らの為政者から大憲章のような譲歩を引き出した。[51]

「ノルマンのくびき」というテーマは、十七、十八世紀の政治的論争にあってはひときわ顕著な題目である。たとえば、一七七一年に『英国の政体に関する歴史的論考』なる著書の無名の筆者によれば、サクソン人はすべての男性納税者の公民権、あるいは毎年の選挙のような民主的な制度を享受していたのであるが、それらが、ノルマンの征服によってすっかり破壊されてしまった、と主張した。それ以降、諸制度の一部は回復もされてきたが、それは文字通りほんの一部にすぎないのであり、この著者は昔のサクソンの状態にすっかり戻すべきであると要求している。しかしながら歴史家の中にはペインの理性論が一七九〇年代のこの種の急進的な議論を絶滅させてしまったと主張する者も多い。なるほどトマス・ペインは『人間の諸権利』(一七九〇年)の中で、公正な社会の先例をもとめて過去をすっかり探索することを断固として否認していた。「どの時代も世代もそれに先行する時代や世代と同様にあらゆる場合に独自に行動する自由がなければいけない」とペインは宣言した。「来世で統治をする虚栄と無遠慮さはあらゆる専制の中で最も馬鹿馬鹿しい、最も無礼なことである」。ペインは中世にたいして格別の軽蔑心をもっていて、中世を「ドン・キホーテ風の無意味な騎士道の時代」と呼び、昔の政治政体など「現代のどの党派にとってもほとんど、いや、まったく意味がない」と断言していた[52]。しかしながら、急進派の中には、非常に長い間自分たちに大いに役に立ってきた神話的歴史を捨てる理由がわからない、という者も大勢いたので、急進的中世主義は『人間の諸権利』の出版後もまだ生き残ってはいた。じっさい、ジョン・カートライト少佐やサー・フランシス・バーデットといった著者が昔のサクソンの政体の理念に賛成して論陣を張っていたし、また、彼らの声は注意を引かずにいなかったのである。一七九四年、「ロンドン通信協会」は、その会の第一の目的が、「政体をもとの汚れのない状態に戻すこと、および、国民に長い間失われていた権利を回復することである」と宣言していた[53]。

このようにフランス革命に続く年月の間、中世という過去を利用しようという熱心で積極的な競争が見られた。保守派も急進派もともに、それが持つであろう宣伝の武器としての力を認めていたからである。中世は国家がどうであったか、どうであるべきかの競い合う展望のぶつかりあう戦場としての役を果たした。この時期に中世の文物、とりわけアーサー王とロビン・フッドの伝説が、論争する人々が統一して結びつくさいの、その中心点となる過去を作り出す手助けとなった。しかしそれはまた、その統一を現在達成するのがいかに難しいものになりうるかを証明することにもなった。

一八〇九年にウォルター・スコットは、イングランド人とスコットランド人の間のフロッデンの戦い（一五一三年）に題材をとった長詩「マーミオン」を発表した。その序文のなかで、スコットは、一見したところ果てしなくも長いフランスとの戦争のため、苦難を被っている大ブリテンの現状を嘆き悲しんでいる。スコットは、特に、ウィリアム・ピットとチャールズ・ジェイムズ・フォックスなしの英国の前途を心配している。二人とも三年前にもう亡くなっていたのである。それ以来、彼らに代わり国を勝利に導く英雄は一人も出て来ていない、とスコットは断言する。

しかし生きている人の世界を探してみよ。
彼らのような人間が、どこで見つかるというのか。

この質問に答えるためにスコットは過去、特に中世の文学に目を向ける、そこには英国人を鼓舞して、軍事的勝利へ向かわせる、偉人や高潔な行為の話が含まれている、と彼は断言する。そして特にその行為を見習わねばならないとスコットが考えたのが、ほかならぬアーサー伝説の英雄たちである。とりわけ、ラーンスロットが「危難の礼拝堂」に入ったこと、および、ガラハドの聖杯探求の旅が成就したことを、スコットは卓越した模範として引用している(54)。

スコットの見方は、十八世紀の終わりから十九世紀の初めにかけて、アーサー伝説を文学的に利用するさいの典型的な形である。ジャコバン主義の勢力との闘争、そして後にはナポレオンとの戦いの中で、ブリトン人たちの多くが、自分たちはこの国の昔からの名前と性格を守って戦っているのだと、自覚していた。それはすなわち、アーサー王のような過去の偉大な英雄たちによって建てられた国である。その詩「英国とスペイン──勇気と愛国心」（一八〇八年）の中で、フェリシア・ドロシア・ブラウンは、ヨーロッパをナポレオンの専制の「鉄の笏」から救うように同国人に説き進める。ブラウンは英国の過去の英雄たち──彼女がうるさく言って当代の英国戦士たちに見習わせようとしている人々──その名簿の中に、アーサー王を入れる価値は十分にあると見ている。

偏見なき年代記の中で輝いて
英国の英雄たちは時代から時代へ生きている！……
ロマンスの英雄、円卓と槍の王である
怪しげなアーサーから
その戦勝記念の品が英国の楯に花を添えている、
ヴィメイローの野の勇敢な勝者たちまで、すべての英雄が、
依然として戦士たちに色褪せない王冠を担わせ、
英国の旗を名声の表象としている。(55)

アーサーに対するそのような敬意は、しかしながら、イングランドの作家によって感じられただけではなかった。この時期に国家の統一は生き残るために必要条件であったから、イングランド、ウェールズ、スコットランド、そして一八〇〇年以降はアイルランドを含めて、英国の構成分子のすべてが一緒

に戦争に進むことが必要であった。スコットランド人のウォルター・スコットが過去の争いにいかに目をつぶろうとしたか、また、近代の英国民を勝利に導くことのできる英雄を探すなかで、いかにアーサー伝説を引き合いに出したか、それは、私たちがすでに見てきた通りである。ウェールズ人も、自分たちの愛国心を宣言する手段として、アーサー王を引き合いに出すのに遅れをとってはいなかった。ランビスターの牧師、デイヴィッド・ロイド師は、その詩「英国人の勇気——聖デイヴィッドの日」（一八一二年）の中で、ローマの支配をウェールズが拒絶したことから始まって、「ウェールズ人が果敢な働きをみせた／かの名高きアジャンクールの戦場」で締めくくられる顕著な軍事史について語っている。合間に彼は誇らしげに書いている。

ウェールズの国土の権利を敢えて維持せんとした、
豪胆にして、無双のアーサー王、ならびに
居並ぶ従者の英雄たち

これらの過去の勝利を描写するさいの自分の意図が見落とされないように、ロイドは結びの詩の連ではっきりとこう述べている。

コルシカの男がその腕前を
自慢しても、無駄である。
わが国の海岸に降り立つと、また、

わが国に隷属させんと脅しても、無駄である。
われらは彼らの脅しを認めもしなければ、
彼らの腕前とて、ものともしない。
われらの命と運命を、喜んで、
より高き運命の神に捧げよう。(56)

「スノードンの吟遊詩人——同郷の人々へ」(一八〇四年)の中で、リチャード・ロイドもまた、ウェールズの国の軍事史を愛国的な物語に仕上げ、現代のウェールズ人に祖先を見習うように説き進めている。デイヴィッド・ロイドと同じく、こちらのロイドもまた、ウェールズの英雄の名簿にアーサー伝説への言及を含めている。

真の自由の聖なる炎にかけて、
竜のかざり冠をつけたアーサーの名にかけて、
サクソン人が逃げ出した時の、デーヴァ砦の波にかけて、
メルヴィンが指揮した時の、モナの息子たちにかけて……
すべての愛国者と戦士たちの名にかけて、
名士録を占めるすべての人にかけて、
旗印を広げよ、空気をつんざく歓呼をあげよ。

誇りも高く、楯をかかげよ。
スノードンの息子たちよ、
ブリトン人らしく生き、ブリトン人にふさわしく血を流せ。
汝らの国を、親たちと、子供らを救え。
さもなくば、一つの巨大な輝かしい墓をみたせ！(57)

ロイドがサクソン人に言及したことは、現在の統一を育てるために中世という過去を引き合いに出すのは問題含みであることを示している。中世では、結局、ウェールズ人とイングランド人はずっと苦々しい敵であったし、ウェールズは繰り返された侵略と、そして最後には征服の惨害を受けたのだ。しかしながら、ここでこの前の数世紀にわたる争いは体裁よく繕われ、ウェールズ人が結合力のある戦争努力の一部として、イングランド人とあい並んで戦うという状態で、統一が強調されている。

アーサー王伝説が、革命戦争とナポレオン戦争の年月の間に、そのような有力な心を動かす力をもっていた一つの理由は、アーサー王は死んだのではなく、英国国民を再結集することが緊急に必要になった時に、ある日戻ってくるだろうという、何世紀も前からの民衆の信仰の存在であった。この神話は十九世紀の初めまでその力をもち続けた。一八〇五年に南ウェールズの旅行の報告を書いたとき、好古家のエドワード・ドノヴァンは、「この神話は、あの中世の暗黒時代と同じく、ウェールズの下層階級の間では、今日もしっかりと信じられている」と所感を述べた。十九世紀の初めに考古学者がキャドベリー城の発掘を始めたときは、近くに住む一人の老人が、王が横になって寝ている場所から王を移しに来たのかと、心配そうに尋ねたくらいである。詩人のルイーザ・スチュアート・コステロが一八一五年に報告したように、アーサー王は「大がらすの形でまだ地上にいる。そして彼らの迷信は非常に強いもので、彼らは一羽といえどもこの鳥を殺すことがない」と信じている人もいた[58]。

国の将来がフランスの軍隊の恐ろしい脅威の下にあった時に、そのような考え方は慰めになるものであった。そして実際に、アーサー・ウェルズリーという名前の小柄な、鉤鼻のアイルランド人という思いもよらない姿で、アーサー王が本当に戻って来ていると、多くの人々が信じたようである。十九世紀の初めには、ウェリントン公の英雄的行為に礼賛が集中したが、その礼賛にはつねに彼のもっている騎士道的な資質への言及がともなっていた。そして彼がアーサーというクリスチャン・ネームを、英国の偉大な中世の英雄と共有しているという事実にも、偶然の一致であると看過できない重みがあるように思われたのである。一八一四年、J・H・メリヴェイルは彼の詩「ロンセヴァーイェスのオーランド」でこう書いた。

アーサーはアヴァロンの島で眠っているのか。
遠く過ぎ去った日々の、夢を実現するため
大いに恵まれたアイルランドはもう一度彼を送りだす。

ウェリントンをアーサー王の再来と描いたのはメリヴェイル一人ではなかった。イベリア半島での一連の軍事行動における英国軍の成功を祝う詩の中で、『ヨーロピアン・マガジン』の無名の著者は、ウェリントンを通して「アーサー王の騎士団が帰ってくる」と断言している。同じように「セント・マイケルズ・マウント」（一八一四年）の中で、アンブローズ・ハーディング・ギファードは、英国軍が戦っているスペインに向かって、マウント湾の彼方の南方を凝視する。

汝の昔の勝利の星、
ルビー色の十字架を、彼らは高く掲げている。
わがアーサーの時代を、彼らは見習い、
そしてアーサー自身を再び見ている。

ウェリントンとの結びつきは、アーサー王を国の最高の軍事指導者になぞらえるという十八世紀の伝統の極点を表わしていた。じっさい、この結びつきは非常に密接なもので、一八一五年以降、アーサー王が誰であれ他の軍事面の人物になぞらえられたことはまずなかったのである。(59)

革命戦争やナポレオン戦争は、このように、アーサー王伝説に大きな影響を与えていた。戦場の内外の英国人を鼓舞するために、この時期に、それは以前よりもずっと頻繁にずっと公然と使われていた。それは勝利を祝したり、暗い場面では恐怖を和らげたり、希望を高めたりした。しかしながら、それが基づいている思想を問題にするのではなく、もっぱら戦争の努力を推進するために利用されたのであった。英国民の保守的見解を支えるために、中世の過去を利用したいと思えば、アーサー王伝説は、依然として一番の伝達手段であった。

十八世紀の終わりから十九世紀初めにかけての政治的・社会的情況の特殊性が、かくして、アーサー王を英国の国民的英雄の一人の位置に持ち上げた。しかし、この時期に「愛国主義」という語が持ちえたであろうさまざまな意味を思い巡らせば、英国人が、自分たちの国民的性格の基本的特徴と見なしているすべての美徳や特質を代表して表わすには、アーサー王という一人の英雄だけでは、この用語のイメージとしては十分ではないだろう。この時期にロビン・フッドが非常に違った形で――愛国的、という点では変わりはないが――描かれているのは、それゆえ、驚くにはあたらない。ロビン・フッドが長い間象徴となってきた自由の理想が、ますます過激主義と改革に結びつくと同様に、彼もそうなっていった。この傾向はフランス革命の前でさえ明白になった。一七八八年にコベント・ガーデンの王立劇場で初演されたレナード・マクナリーの喜歌劇『シャーウッドの森のロビン・フッド』は、この時代の増大している政治的・社会的騒乱を反映している。森の中を進んで行こうとしているエドウィンという服装の良い若者を、無法者たちが捕まえたとき、リトル・ジョンは相手がどんな商売をしているのかとたずねる。

リトル・ジョン　どなたかな、旦那は。
エドウィン　親切なお方、あなたがたの控えめなしもべと思われたいと望んでいる郷紳《ジエントルマン》です。
リトル・ジョン　よくぞ言われた。控えめなしもべとは結構。たいていの召使いが主人より厚かましい態度を取るものなのに、近頃珍しい。だが、ジェントルマンは良くない。それをくっつけて旅をするとか、それで生活をするには便利な肩書きだけれども、今では、財産も職業もない、あまりにも怠け者で働かない連中がジェントルマンの名のもとに物乞いをしたり、略奪をしている(60)。

この一節が暴露しているように、社会の階層の古い範疇の妥当性が、いまや問題にされ始めていたのである。そしてマクナリーはロビン・フッドを問いかけをする側の一人として披露している。しかしながら、この新しい形の過激主義は、じつは、本質的に愛国的であることに気がつくことは重要である、というのは、それは国の破壊を意図しているのではなく、むしろ、国を改善しようと意図しているからである。マクナリーのロビン・フッドは、国の政治的・社会的構造のある面を問題にすることはあっても、国家に対しては不動の忠誠心を持ち、それを防衛するために喜んで戦おうとしている。彼の愛するクロリンダが宮廷での伯父の話として「フランス人の侵略の気配がある」ことをロビンに伝えたとき、彼は、誤った非難に基づいて自分を追放し、「反逆的精神の持ち主」という汚名まで着せた国のためになど、自分は戦わないと宣言して、最初武器を取ることを拒否する。しかしクロリンダは再考するように懇願する。

貴方の王が敵に侮辱されたのですよ、それなのに貴方は、私の愛しいロビンよ、勇気と寛大さという気高い性質を賦与されていながら、貴方が国に負うている義務を無視するのですか。森の隠遁の木陰で一生、名声を浪費するのですか。わが国が危険にある時、すべて不快なことは許すのです。傷つけられた名誉の記憶は忘れるのです。すべての党派が結合するのです。国の名誉と防衛のためにどの心も動悸をうち、どの腕も働かすのです。

ロビン・フッドは納得させられる。「おお、お前は私の不快を和らげてくれた。それを克服させてくれた。お前のおかげで私の忠誠心がかき立てられ、愛国者の炎がいま私の胸の中で燃えている。そうとも、クロリンダ、私はわが国の軍に加わりそして配下の愉快な連中の指揮をとろう(61)」。

その後の数十年の間に、英国の過激派は政府の抑圧に対する彼らの抵抗と、彼らの究極的に愛国的な目標の象徴として、ロビン・フッド風の無法者をしばしば見習ったのである。過激思想家ウィリアム・ゴドウィンの『ケイレブ・ウィリアムズの冒険』（一七九四年）のなかで、この英雄を雇っている男が、英雄が犯してもいない罪で投獄させようとした。彼は森へ逃げ込み、ロビン・フッドとその部下にきわめてよく似た、上機嫌で愉快そのものの一団の盗賊と出会う。彼らの指揮官は彼にいう。

われわれの職業とは正義のそれである……。われわれは公の機関の偏見と不正に対抗する仕事を請け負っている。放縦な行動とは無縁の義賊であるわれわれは、別の一団の連中、つまり、法のもとで盗賊となっている者たちと公然と戦っている。もし誰かがわれわれのやり方に不賛成であっても、少なくともわれわれのためにこれだけはいっておこう。われわれは好んでそうしているのではなく、賢い統治者たちがわれわれにそう仕向けるのだと。いつの日か、われわれと圧政者のどちらが真の愛国者であるかは、時が決めるであろう。今のところは、われわれが非難されているが、それは、彼らのほうが強力な集団であるというだけの理由からである。

ここには、無法者の中心人物についての、英国の伝統的概念の構成要素の多くが見られる。合法的正義と真の正義の間に引かれる区別、正直者は最後の手段としてのみ山賊行為にたよるという考え、そして、とりわけ、無法者の行動がもつ基本的な愛国性である。しかしながら、無法者の革命の情況は、このような話に新しい、そしてもっと強力な意味を与えた。ウィリアム・ワーズワスが一七九〇年代の終わりに過激主義を退ける前に書いた、彼の詩劇『辺境の人々』は、ヘンリー三世の治世時のイングランドとスコットランドの間の国境沿いでの一団の山賊の活動をたどっている。ゴドウィンと同様に、ワーズワスは私的な形の正義を捜し求める人たちを推挙する。そして専制に抵抗するのは人の道徳的義務であると主張する。

それは奴隷制度である――すべてが奴隷制である。
われわれは法律を受け入れるが、その法律がどこから来たのかは問わぬ。(62)

英国の過激派の間では無法者の主人公にたいする偏好があるので、一七九四年に考古学者のジョーゼフ・リトソンがロビン・フッドの民謡のコレクションを出版したのも驚くにはあたらない。彼は若いころジャコバイトの一員であったが、このころまでには、フランス革命の根本方針にしっかりとかかわっていた。一七九一年にパリを訪れた時に友達にこう書きおくっている。「私はかつてないほどフランス人に感心する。彼らは当然自由になる資格がある。そして本当に自由である。彼らの新しい憲法を読んだだろうが、これより見事なものがありうるだろうか。われわれは自由を装ってはいるが、まったく憲法はもっていない」。革命は海峡を超えてすぐに広がるだろう、彼はそう確信して英国に帰ってきた。しかしながら、一七九二年に、ウィリアム・ピットの政府は煽動的な集会や出版物にたいする声明文を出した。そしてリトソンは自分が厳格な監視下にあることを知る。これらの年月中リトソンは検挙され投獄されるのであろうと恐れていた。それにもかかわらず、ウィリアム・ゴドウィンが一八〇三年に彼の死亡記事に書いたように「彼は死ぬまで共和主義の根本方針に強く愛着をもったままであった」。彼はフランス革命暦や温かい「仲間の市民」とか「仲間の民主主義者」という言葉で手紙を結ぶ革命風のやりかたを採用していた。一七九六年と遅くなっても、英国で革命が今にも起こりそうだという信念をもち続け、「ピット氏が今にも来そうな嵐を切り抜けることができるだろうとは、ただの一人として思っていないようだ。今月の三〇日は重大な日になるだろう。それでいいんですか？ それでいいんですか？ それでいいんですか」と書いていた(63)。

意外でないのは、リトソンは、自分の政治的考えを表明するための器として、伝説を使った論争的な序文の付いたロビン・フッドの民謡のコレクションを出したことだ。リトソンのロビン・フッドは、「野蛮な時代に、複雑な専制下で自由と独立の精神を見せた男であった。それで彼のその大義は彼が支持していた民衆に好まれたのである。というのも、専制に対するすべての反対は国民の大義だからである」。金持ちから奪い貧しい人びとに与えるという使命を、誰がロビン・フッドに与えたのかという質問に答えて、リトソンはプリプリして答えた。というのも、ロビン・フッドの権限とは、

なくてはならぬ者から奪い、すこしも必要でない者に与える……それを国王に許すのと、同じ権限なのである。この点でわれわれの主人公は義侠家で正義のそれ以外の使命を望んでいなかった、その大義を求めて戦っていた。その力は、英国王のそれと比べて、同じように強奪されたり、同じように濫用されるものではなかった――一方は主人（すなわち専制君主）として国民（すなわち奴隷）の上に君臨し、他方は彼の支持者の自由な投票によって彼ら全体の利益のために、彼に委任されたもの以外に何の権威も持たなかった。一言で言えば、権力をもつものはまた正義の諸目的を追求する権威をもっている、金持ちのあり余るものを貧しい人の必需品に移すことによって、虐げられた

人々を救い、必要とあれば圧政者を滅ぼしさえして、運命の与えたものを調整する権威をもっている。これらが社会的連合の目的である。個人個人誰でもがそれを促進するために努力することができるし、力の限り努力すべきである。(64)

リトソンのロビン・フッドの過激な内容は、保守的な筋では人気がなかった。『ブリティッシュ・クリティック』誌は、「それは確かにきわめて強力な不平という妥当な問題であり、不注意な、あるいは文学的な読者はロビン・フッドの民謡ないし彼の生涯の話を期待すると、必ず精神的に衝撃を与えるか、主義を腐食させるものと出会う」と述べた。明らかに、リトソンの『ロビン・フッド』は、過激派たちが戦わずして中世という過去の支配を捨てることはあるまい、というメッセージを送っていた。これはバークとは非常に違った中世の見方であった、というのは、リトソンは、彼が中世社会の特徴と見ていた民主的な制度と、農民の抗議の力づよい爆発とを強調したからである。彼はまた、彼が愛国心の発露と考えていたロビン・フッドの行動は反逆的なものではない、と読者に印象づけた。(65)愛国心とは外敵から自分の国を守るためにただ無分別に武器を取る以上の意味があると彼は主張したのである。ときには「真の」愛国心とは、自由と平等の敵である本当の「反逆者」を見抜く者たちでもある。旗を振り、陣太鼓を鳴らすのに最も熱心な連中を見つけ、彼らが促進する圧政や専制に打ち勝つべく、行動を起こす者たちなのである。リトソンによれば、ロビン・フッドはこの後者の類の愛国者であった。アーサー王とは非常に違った種類だとしても、リトソンの作品はロビン・フッドを国民的英雄に変えるのにきわめて影響があった。アーサー王が、英国の過去とウェリントンとの連結を通じて、現在の軍事的成功を有力に思い出させるものであったのに対して、ロビン・フッドが過激なグループの間に存在しているという事実は、国の将来に関するすべてのことが、戦場だけで決まるわけではないことを示していた。

フランス革命と革命戦争の歳月およびその直後の年月は、アーサー王とロビン・フッド二人の神格化を記すことになった。ウォルター・スコットの諷刺詩「トライアメインの婚礼」（一八一三年）は、主要な英国の作家によるアーサー王関連の文学作品の例としては、ほぼ一世紀ぶりのものであった。数多くの文学作品が後に続いたが、その中にはヘンリー・ハート・ミルマンの叙事詩「サモール――輝く都市の王」（一八一八年）とジョン・フッカム・フリアの長い戯作詩「修道僧と巨人」（一八一七―一八年）がある。一八二〇年代なかばまでに、アーサー王は同時代の英国文化の中で非常に傑出した人物となったので、リチャード・ウォーナーはこう明言した。「いかなる英雄も英国のアーサーほど大きな後の名声を得たものはいない。詩人も歴史家も一様に彼の称賛者である。芸術的想像力が彼の墓に花を撒き散らした。学問は多くの労作を彼の栄誉に捧げた(66)」。

ロビン・フッドの驚異の年代をずっと正確に推定することは可能である、というのは、一八一八年という年は伝説の三つの重要な解釈を生み出したからである、それが「ロビン・フッドの名前と結びつくあらゆる状況に対する異常な度合いの強い関心」が起こってくる時代の始まりを予告するものであった。再びウォルター・スコットが進撃の先頭に立った。一八一八年にその伝説に最も影響を及ぼした十九世紀の文学作品である『アイヴァンホー』を書き始めた。その同じ年にトマス・ラブ・ピーコックは彼の大部の小説『メイド・マリアン』を書き上げた。もっとも、これは一八二二年まで世に出ることはなかった。そして最後にジョン・キーツの詩「ロビン・フッド――友へ」が登場する。それは彼のよりよく知られた作品の一つではないが、その伝説のすべての文学的取り扱いの中で最も美しいものとしてきっと評価されるに違いない。

これらの作品がすべてたった一〇年間に世に出たのは偶然の一致ではなかった。アーサー王とロビン・フッドの神格化はフランス革命、革命戦争、ナポレオン戦争によって生み出された独特の政治的・社会的・文化的状況に直接結びついていた。この時期は彼らを、非常に違った意味を持つ英雄であったが、英国文化のなかで国民的英雄としてしっかり定着させた。その地位は、十九世紀とその先にまで維持されることになるのである。

第二章

「全国津々浦々で称賛され——」

●十九世紀におけるアーサー王およびロビン・フッド伝説の人気とその意義

アーサー王とロビン・フッドの伝説が、十九世紀にあって英国の国民的自覚の構築に果たした役割の分析に着手する前に、二つの基本的問題を解決しておかねばならない。第一は、国家主義の問題を扱うのになぜこの伝説という材料を使うのか、という問題であり、第二には、伝説の中でもなぜ特にこの二人の伝説を使うのか、という問題である。

第一の質問はより答えやすい。近年、学者たちは、国民的意識というものが、さまざまな矛盾を消し、逆説を和らげ、広範囲に散らばる隙間を埋めてくれるような物語群の働きを介して形成される、と主張することが多くなってきた。そうした物語の働きによって、しばしば、押し寄せる大津波のように高揚してくるといった印象のある国民的自覚の形成が、じつは、もっと論理的で、一本筋の通った、一見すると必然性をともなった過程に変容してくるのである。(1) 換言すれば、いかなる国家にも、その国の一貫した進化と存在がうまく説明され、正当化されるような「国民史」が必要なのである。歴史が国家を作るだけではなく、国家もまたそれ自身の独自の歴史を作り上げうるのである。(2) アンソニー・スミスは「国家という概念は、みずからにふさわしい過去をもつのでなければ、けっして維持できるものではない……。国家についての、人を納得させるような表象を生み出すためには、しかるべき価値ある、独特の過去を再発見し、わがものとして占有しなくてはならない。そのとき初めて、国家は、市民たちが犠牲を払うことを期待できるだけの、輝かしい命運を希求しうるのである」と主張している。スミスによれば、この「みずからにふさわしい過去」はじつにさまざまな形で機能して「一国の概念」を支えているという。たとえば、この国は大昔から存在したという確信を作り上げることによって、「過去」は「信憑性を求めたいという要求を満足させる」ように働く。また、たとえば、みずからの共同体の起源を、いわば「父祖の地」たる歴史上有名な場所に探し求め、これを定着させることによって、国家に確実な地理的位置を与えることになる。また、いにしえの英雄たちを奉り、現在の国民はいずれもその子孫であると称することによって、幾世代にもわたる連綿たる連続性をそこに示唆する。その国の人々にみずからの過去の偉大さを思い起こさせることによって、彼らの内面に確固たる価値感を吹きこみ、また、集団としての尊厳を付与する働きもする。そして最後に、過去を未来の鏡として顕示することによって、それは共同体を一つの輝かしい運命へと向かわせる、そうした機能を果たすのである。(3)

それゆえ、歴史の創造は国家意識の展開にとっては決定的な重要性をもつのであるが、しかし、国々はそれぞれにとっての過去をどのように創出するのか。いわば建築用のブロックとしてどんな材料を利用するのであろうか。この過程のきわめて重要な要素として、どの国も国の神話を必要とする。神話とは「共同体の構成員に、自分たちはあまねく一つの同じ思考態度を有し、ほぼ同じ精神世界に居住している、と自覚させるだけの手段を与えてくれる。だが、同時に、この神話を介して共同体の中にいくつもの境界線が設定され、また、外部のよその共同体に関しても同じく一つの境界線が確定させられる。その神話を共有しない者たちは、いわば定義上当然のこととして、排除されるのである」(4)。そのような機能をもつ神話のなかでも、特に二つの神話、つまり、アーサー王とロビン・フッドの神話が十九世紀の英国にあって、国民的主体感を構築するためにどう使われたか、本稿はこれを検討するのである。だが、その課題に着手する前に、まず本稿が置かれている歴史上の、ないし史料編纂上の文脈を調べなくてはならない。

完全な連合を作ること

●「ブリテン」の過去の構築

十九世紀には、一民族からなる国家の多くが、自分たちの民族同一性を祝し、明らかにしようとして神話的材料に目を向けた。しかしこの傾向は、従来は主に、新しく生まれた国家か、ないしは自分たちの国を根本から再定義しようとしていた国家、それらに該当する特徴と考えられていた。たとえば、アメリカ独立戦争とフランス革命は、彼らの同国人に以前に起こったことは忘れ、それぞれの国をあらたに作るように促した(5)。その結果、過去はあらたに書き入れなくてはならない白紙となった。このために両国は神話と伝説に目を向けたわけである(6)。合衆国では、アメリカ独立戦争の英雄たちに新国家の「建国の父」の地位を与えるために、数多くの物語が作られ、また脚色された(7)。フランスでは、革命期、ナポレオン時代、そして王政復古の時期に、それぞれ当代の政治的願望を支えるために、伝説的過去が繰り返し請い求められた(8)。一方、もう一つの新興国家であるドイツでは、現在を作りかえ、また未来を築くための手本を求めて、愛国的な学者が伝説的過去を熱心に探していた。一八一五年以降、ドイツ史の再発見は、ナポレオン占領の後に他とは異なった国民性を主張する道としてだけではなく、うち続く分裂に直面していた愛国者たちが、統一の願望を表明するための手段としても役立ったのである。(9)

しかしながら、英国は伝統的にこの傾向の例外と見られてきた。合衆国やドイツのような新国家でもなく、フランスのように定義し直す努力をしている国でもなく、英国は強力な中央政府、中央集権化した経済、そして比較的高い読み・書き能力の率に恵まれていた。最近の研究によれば、これらはいずれも、民族国家の創設にさいしての重要な要因である。独立国家としての地位と国家主義の成長において、英国は——世間一般の考え方にならっていうと——ヨーロッパからは離れ、しかしヨーロッパには先んじていたのである。(10)しかし、われわれはこうした主張を性急に承認すべきではあるまい。ベネディクト・アンダーソンのよく引き合いに出される文句を使うならば、多くの点で、英国はヨーロッパの隣人たちとは違った形ではあるが「想像された共同体」であったし、現在もそうである。独立国家としての地位に対する役に立つ見方は、国境と自己認識を調和させようという努力を調べることであろう。ドイツのような国の場合は、独立国家としての地位についての自己認識がまず先にあって、長引いた難しい争いの後やっと受け入れられるような国境の確立がその後に続いたのである。しかし英国にとっては国境が最初にあって、しかる後に自己認識をめぐる争いが起こった。それは父祖の地というロマンティックな夢から作られた国家ではなく、立法府の実用主義的目標から作られた国家である。国家の安全を容赦なく追求すべく、彼らはまずウェールズを、それからスコットランドを、そして最終的にはアイルランドを合併した。そして英国は今日にいたるまで多国籍の構造体であるから、内的な規律と外的な動員の両方を可能にするような、英国流の独特の国家主義の形態を築き上げねばならなかった。かくして、英国は以前のユーゴスラヴィアやソ連のように、多くの違った民族が行政上の便宜のために無理やり一緒に生活させられた国々とある特徴を共有している。[11] これらの国は、いくつかの違った民族が一緒に押し込まれたときに生まれた緊張を、結局は克服できなかった。英国も同じ問題をいくつか経験したのであるが、しかし、「連合王国」という国家像はおおむね持ちこたえてきたのである。何が英国の成功の秘訣だったであろうか。

その解答の重要な一部は、十九世紀において英国がみずからのための「歴史」を構築するのに成功した点にある。国の構成成分をなす社会の間の大荒れの関係によって、当時引き起こされていた緊張を克服するために、過去の遺産が選択的に動員されて働いた時期であった。国の境界というものが、内部的には国民の身分という観点から、また、外部的には領土の見地から、拡大し続けていたこの時期に、かつてなかったほどに過去に注目することによって、国の統一が維持され、擁護されたのであった。十九世紀は歴史に関する著作が途方もない人気を得た時期である。とどのつまり、十九世紀とは、その『英国史』（一八四九―六一年）がベスト・セラーとなったトマス・バビントン・マコーレーの時代であり、専門的な歴史の学問を新しい格式の高さにまで引き上げたA・E・E・フリーマン、ウィリアム・スタッブズ、S・R・ガードナー、J・A・フルードといったオクスフォードの学者たちの時代であり、そして、その『イギリス国民の歴史』（一八七四年）が、広い読者のために社会史を書く最初の試みの一例となったJ・R・グリーンの時代なのであった。[12]

しかしこれらの著作は、いったいどのような種類の歴史を叙述したのであろうか。一国の現在の成果がどのように成し遂げられてきたか、その舞台裏を説明するという意図を背景にもちつつ、国の過去の物語を語ろうとする、これは明らかに「国家」についての歴史である。しかしながらこれが別の疑問を生む。彼らが主として関わっていたのは、どの国家なのか。これらの作品の大多数は、特にイングランドの歴史として考えられ、書かれ、市場に出されたのである。イングランドの制度を称えイングランドの読者のために書かれた歴史であった。彼らが定義し称揚したのは、英国人特有の国民性であった。偉大な十九世紀の歴史家たちは、価値あるものはすべてイングランドで生まれ育ったと信じていた。イングランドだけをそうして例外ととらえることを、歴史家たちは当然と考え、それを積極的な発展とみることに満足していた。歴史家の役割はたんに描写し拍手することであった[13]。

じっさい、たいていの十九世紀の歴史はきわめてイングランド中心主義であって、英国諸島の他の部分の存在をほとんど認めなかった。そして彼らはスコットランド、ウェールズ、アイルランドが別の主体性と別の過去を持つという意識が完全に欠けていたのである。彼らの語る話はイングランドの戦勝と拡大の話、中心に文明化の使命をもった支配と吸収の容赦のない過程の話であった。イングランドがなければ英国諸島の残りの地方は、田舎の活気のない場所として、周辺的な存在を運命づけられていたことであろう。イングランドがあるからこそ、これらの地方も地球最大の国家の――従属的は部分とはいえ――その一部になるという恩恵を施されたのである。

「ブリテン」としての英国の過去を、このようにイングランド中心に記述する姿勢というのは、当時は非常に優勢だったから、多くの形でそれは現在にまで引き継がれてきているのだが、しかし、これに対して、真の「ブリテン」の歴史を書こうという試みもじつは存在していた。それが近年になって初めて現われた考え方ではなんらないことを、理解しておくのは重要である。十八世紀の大部分の間、「ブリテン」としての英国の真の歴史は容易に入手できた。イングランドの生得の優位性という想定はそれほど絶対的になされたわけではない。たとえば、コリン・キッドの最近の研究によれば、一七五〇年より以前にスコットランド人はイングランド人と同じように、彼らの現在の自由が引き出された独自の「古来の政体」を持っていたと主張する歴史のスコットランド版があった。しかしながら、十八世紀の半ばに、スコットランドの文化はスコットランド史の概念に「破壊的な影響」を及ぼす「根本的な変化」を経験する。スコットランドらしさやスコットランド史の民族の独立した政治的偉業に誇りを持つかわりに、自分たちを社会的に経済的に劣っていると見るようになった。そして彼らは、これらの欠点を直す唯一の方法は、より近代的で、より文明の進んだ南の隣人と密接な統合をすることであると見なした、というのである。かくして、キッドによれば、自分たち自身の過去との感情的な絆を残しながらも、スコットランド人はイングランドの歴史こそが、未来への道を示すものと見るようになった、というのである。(14)

これらの結論は、マリー・G・H・ピトックの著作によって補強された。ピトックの主張によれば、一七六〇年代および七〇年代に、かつてのスチュアート王朝版のスコットランド史――独立と独自性を強調する歴史――がイングランドの利害関係に支配されたブリテンの見地にますます抱合されてゆく過程が始まったという。ピトックの見るところ、ロバート・バーンズやウォルター・スコットといった作家たちは、時代の実用的見地がブリテンという国家への同一化を要求していることを明らかにしつつ、過去のすぐれてスコットランド的な要素をロマンティックな空想物語に変えてしまう作業に参画していたのである。ヴィクトリア朝までには、数多くのスコットランドの伝統――たとえば、十八世紀にはしばしば反逆の連想を含んでもいたキルトとかバグパイプのような伝統――が、真の政治的内実をまったく欠くほどに感傷的に扱われるようになってしまった。王家の人たちでさえハノーバー家の祖先にわずかの不忠の気持ちも持たずにタータンを身につけることができたのである。(15)

十八、十九世紀のウェールズの歴史にも同じシナリオが進行した。スコットランドの場合と同様に、十八世紀以前には、特色のあるウェールズの過去が存在していた。この過去は三つの基本的概念に基づいていた。第一に、ウェールズの住民は英国諸島のもともとの子孫であったこと、第二に、ウェールズ人は英国の最初のクリスチャンであったこと、そして第三には、部族の指導者から系統を引くウェールズの君主の長い系統があったこと、この三つである。しかしながら、一七〇〇年までは、このウェールズの歴史の独特の形は衰微してしまう。多くの局面がまったく信用されなくなり、残ったのは農民の民話形式のみであった。この衰退に応えて、プライス・モーガンはこう論証する。「礼儀正しく正気の現在よりも、より幸せで愉快であったと思われる生き方に対する郷愁」が強くなり、その結果、「ほとんど考えもせずにこっそり逃げていったすべてのものを自意識の強い経過によって」回復させること、それに捧げられた運動が起こった。(16) この運動が、ウェールズ語による書物の印刷、宗教的そして世俗的な学士院や協会の創設、また、「ウェールズ詩人大会」のようなウェールズの文化的伝統の復活につながったのである。

しかしながら、十八世紀の終わりから十九世紀の初めに現われたスコットランド史の新版にもよく似て、ウェールズの過去は歪みといってもよいほどに空想物語化していた。その上、過去に対するこのウェールズ人の誇りの強さが、現在のウェールズの民族主義的運動の発達を邪魔した。第一に、それは、政治的問題よりも文化的問題に集中するようにウェールズの民族主義者を勇気づけた。二番目に、それは、ウェールズの風物を魅力的に古風で趣のあるように見せた。それがウェールズを未来よりはむしろ遠い過去に結びつける影響があった。現代のウェールズは遅れていて古風であると見られるようになった。そしてスコットランドの場合のように、ウェールズの人々のなかには近代社会の模範としてイングランドのほうを向く人が多かった。十九世紀の半ばまでに、ウェールズの人たちは、「自分たちは変わろう……文化を近代化し、イングランドの隣人たちがやってきたように、世界で成功しようという燃えるような願望」を持つにいたった。[17] ちょうど、スコットランドで「スコットランドらしさ」に起きていた現象と同じで、「ウェールズらしさ」はしっかりと過去と結びつくようになった。未来については、イングランドを通して、イングランドのやり方と態度を取り入れることで、まっすぐに道が通じていると思われたのである。

それゆえに十九世紀の半ばまでに出版物として登場するのは、いずれも、きわめてイングランド中心の英国史である。スコットランド史とウェールズ史は両者とも守勢をとり、英国国家の現在の関心事には無関係であるように見せる空想物語の形で、ようやく生き残ったのであった。英国の構成部分は実際に共通の過去を共有するようになりつつあった。しかしその過去はイングランドの歴史に支配されていた。事実の要素と虚構の要素を結合して新しい過去を創造する工程は、この研究の残りの部で立証することになるが、アーサー王とロビン・フッド伝説を含めて神話的材料を使うことを意味した。

その伝説は至るところに広がっている

●アーサー王とロビン・フッドの伝説の人気と歴史的展開

右に提出された二つの問題の二番目に戻る。英国のように神話が豊富で多様な国で、アーサー王とロビン・フッドの神話にもっぱら関心が集中するのはなぜであろうか。この選択の第一の理由は、むろん、その人気にまず関係がある。十九世紀にこれら二つの神話は英国文化の中できわめて広く行きわたっていた。「英国の物語の主人公のなかで、かの名高きアーサー王以上にわれわれの知識になじみ、われわれの心に興味を持たせる人物はいない」と好古家のリチャード・ウォーナーは一八二六年に書いている。ロビン・フッドの人気についても、同様の主張が広範に行なわれている。ロビン・フッドも「全国津々浦々で称賛され」ていたのである[18]。

十八世紀の終わりから十九世紀にかけて、アーサー王とロビン・フッドが英国文化に姿を現わす場面というのはたくさんあるが、ここでは、そのいくつかについて簡単な調査を試みることにする。以降の各章では、しかし、特に一つの分野、つまり文学の分野での彼らの流行が強調されるはずである。現代の電子媒体の発明前には、印刷物が国家主義を創造するさいの最も決定的な拠り所であったことを考えると、アーサー王とロビン・フッドが印刷物として広まったことの意義はきわめて大きい。ベネディクト・アンダーソンのいわゆる「意見の交換や意志の伝達の統一の場」を介して、同じ言語を話す人々が、言語分野を共有する何千人、何百万人もの他者の存在に気づくようになり、また同時に、当の言語に関与しているのがその何千人、何百万人だけであることをも自覚するにいたって、民族的意識の基盤を敷かれたからである。印刷物によって互いに目に見える形で結びつけられた読者仲間が、「民族的に想像された生活共同体の胚」を形成したわけである[19]。

英国の場合、技術的な進歩と社会的変化が、十九世紀に前例のない規模で印刷の普及につながった。多数の読者層の出現の土台となっている最も重要な要因は、読み書き能力の劇的な伸びである。一七五〇年にはイングランドの人口の半分しか字が読めなかったのが、一九〇〇年までには、公式の非識字率は一％以下に下がっていた。この急速に成長する市場を利用しようとして、出版界は安価な印刷物の製作と販売に多大の注目と資金を投入した。そして出版業の営利化がますます進むのにともなって、印刷物がそれまでの口頭の伝達形態に取って代わっていったのである。[20]

しかし、むろんいま問題となるのは、たんに執筆や読書が広まったことだけではなく、その中身として何が読まれ、何が書かれたかである。[21] 人々は十九世紀の英国のいかなる話題についてであれ、好きなだけ読んだり書いたりができたであろうに、なぜ彼らは非常にしばしばアーサー王あるいはロビン・フッドの物語を選んだのであろうか。それは、英国人が民族的共同体の構成員として、この二人の人物に、自分たちの経験に欠かせないと考えられる特質を認めたからにほかならない。この論考では、以下の部分で、そうした特徴を確認し、またそれを援用して、十九世紀英国の民族的独自性に関していくつかのより幅広い結論を引き出してみたい。

しかし、まず最初に、アーサー王とロビン・フッドが見せている文化的卓越さ、またその妥当性を評価するところから始めねばならない。十九世紀に伝説はかつてないほど多くの形で、より多くの英国人の生活の中に侵入した。[22] しかし、彼らの出現の回数を数えるだけでは、なぜ彼らが卓越していたかを説明するのにあまり役に立たないであろう。そこでこの章の最後の部分では、これらの伝説を解釈した十九世紀の人々がそこにいかなる意味を見いだしていたかを探ることにする。

アーサーの伝説の登場人物は「今や非常によく知られているので、騎手たちはいっとき自分の馬に彼らにちなんだ名前をつけていた」、一八七〇年の『ダブリン・レヴュー』誌はそう報じている。この事実はその前の一〇年間の競馬暦の調査によって実証されており、そこには、「キング・アーサー」、「グィネヴィア」、「ヴィヴィアン」、「ヴォールティガーン」といった名の競走馬が特集されている。十九世紀の競走馬には、また、ロビン・フッド伝説の登場人物にちなんだ名前もあった。一八六〇年代だけをとっても、二頭の「ロビン・フッド」をはじめとして、「メイド・マリアン」、「ウィル・スカーレット」、

「フライアー・タック」、「アレン・ア・デイル」といった馬がいた。[23] スピードを競う場面でこれら二つの伝説の登場人物にちなむ名前がつけられる例は、しかし、競走馬だけではなかった。一八五〇年代の半ばにアバディーンのアレクサンダー・ホール造船所は、「ロビン・フッド」ならびに「フライアー・タック」という名の二隻の快速帆船を進水させている。つづいて一八六五年にはクライド造船所のかの有名なスティール兄弟会社が「サー・ラーンスロット」号を進水させた。四年後に中国からロンドンへの最速航海の記録を樹てた船である。[24]

ふたたび陸上に目を転ずると、裕福な英国人たちは二つの伝説に登場する人物の服装をして仮装舞踏会に出席した。『仮装服解説——仮装舞踏会に何を着るか』（一八七九年）という書物の中で、著者アーデン・ホルツは数百の婦人向けの衣装を並べ挙げているが、そこには、エレイン、イーニッド、グィネヴィアといったアーサー王伝説の登場人物も含まれ、また、ロビン・フッドの神話からはメイド・マリアンが入っている。彼女の衣装の特徴はといえば、以下のとおりである。

黒ずんだ毛皮で縁取りをした茶色のサテンの短いスカート。スカートはボディスまでギャザーをつけ、赤いサテンの裏地がつく。袖口は赤と茶色で、袖は長く、毛皮で縁取りしたその下は明るい茶色のサテン地。緑のヴェルヴェットの外套。腰の周りに革のバンドとナイフ。矢筒は背中に。毛皮で縁取りした丸いヴェルヴェットの帽子をかぶり……角笛をわきに持ち、毛皮を巻き付けたブーツをはき、髪を編んでいる。

男たちも二つの神話にちなんだ衣装を身に着けた。一八二七年三月、ウェールズはブレコンでの大仮装舞踏会の客たちの中には、ロビン・フッドとリトル・ジョンの衣装を着けた、王立ウェールズ火打ち銃連隊のロス氏とパウエル氏の名前が見える。一八九七年七月には、ロドニー卿と夫人がデヴォンシャー公爵夫人の有名な舞踏会に、円卓の騎士の従者に囲まれアーサー王とグィネヴィア女王として出席した。[25]

ヴィクトリア朝の家庭の内側では、余裕のある人たちは、二つの伝説に基づいた手の込んだ装飾的な企画にふけっていた。一八六二年にブラッドフォードの商人ウォルター・ダンロップは彼のショークシャーの財産であるハーデン・グレンジの玄関ホールにトリストラムの伝説を描いた一連のステンドグラスの窓をウィリアム・モリス商会に注文した。[26]続いて、一八七〇年、これもモリス商会の仕事だが、著名な建築家アルフレッド・ウォーターハウスが設計してカークビー・ロンズデイルに建てたリューンフィールド館に、エドワード・バーン＝ジョーンズが下絵を描いたラーンスロットとエレインの二枚のパネルが飾られた。バーン＝ジョーンズは、のちに、ロティンディーンの時分の館ノースエンド・ハウスの踊り場に、聖杯探求の旅を説明した四枚のパネルを備えつけた。モリス商会はまた、刺繍品や綴れ織りを含め、織物にもアーサーのモチーフを使っており、一八九〇年には、ミドルセックスのスタンモア館の食堂に、聖杯探求の六枚の綴れ織りのシリーズを掛けた。この館は、採油権の投機で一財産こしらえたオーストラリアの鉱山技師ウィリアム・ノックス・ダーシーの居館であった。[27]綴れ織りの図案にアーサー王のモチーフを利用した図案会社はほかにもあって、一八七九年には、王立ウインザー綴れ織り工作場が、下院議員のコウルリッジ・ケナードからアーサー王の宮廷を描いた綴れ織りシリーズの注文を受けている。[28]

ロビン・フッドの伝説のほうは、装飾的な主題としては、アーサー王ほど頻繁には利用されなかったが、それでも、十九世紀の屋内・屋外のいろいろなデザインに主役として描かれている。一八四二年、ポートランド公爵がシャーウッドの森の一角、クリップストーンに近いあたりに別邸を建て、これを校舎として利用したが、この建物の北側にはリチャード一世、アレン・ア・デイル、フライアー・タックの像を、また、南側にはロビン・フッド、リトル・ジョン、メイド・マリアンの像を配して呼び物にしていた。一八六〇年代には、マンヴァース伯爵がソーズビーの改装した館の中庭にロビン・フッドの像を建てた。屋内には、棚に凝った装飾をほどこした暖炉を書斎にすえ、ロビン・フッドとリトル・ジョンの、ほぼ等身大の立像で両脇を固めた(29)。

もちろん、手彫りの装飾入りの暖炉、あるいは手織りの綴れ織りといったものは、安上がりな事業ではなかった。たとえば、モリス商会によってスタンモア・ホールのために作られた聖杯の綴れ織りは、三五〇〇ポンド以上かかったのである。しかし、財政的資金の乏しい人々の場合も、アーサー王やロビン・フッドを家にもってくる方法は、ほかにもたくさんあった。たとえば、ヴィクトリア時代の子供たちは、シャーウッドの無法者やキャメロットの騎士たちを主人公とする玩具の劇場で遊んだ。十九世紀の半ばには、ロビン・フッドやリトル・ジョンを描いたスタフォードシャーの陶器の小立像がかなり多量に生産され、比較的に安い値で売られていた(30)。

二つの伝説をちらっと見るだけならば、十九世紀の英国ではまったくお金はかからなかった。ほとんどの町という町で、ぶらぶら歩いていれば、旅行者は地元のパブの看板で二つの伝説に出会ったことであろう。『酒場の逸話と言い伝え』(一八八一年)なる書物のなかで、チャールズ・ヒンドレーは、ロビン・フッドのパブが「近年大いに増加している」と報告している。アーサー王も同じくパブの看板に現われた。『ウェールズ再訪』(一七九九年)のなかで、リチャード・ウォーナーは、カーリオンの町で「アーサー王を模した軍人」を掲げる看板に以下のように書いてあったと記している。

アーサー王がこの地を治めたのは、
千二百年余りもまえだが、もう一度、
アーサー王がここへ来てくれても
妙でもない、不思議でもないのさ。

戸口の上からだが、ほんとうだよ、
アーサー王は皆さんを称えてくださって、
うちの極上のエール[31]と、円卓の騎士たちとで、
皆さんを歓迎するのさ。

居酒屋の看板でもう一人の人気のある人物は、アーサー王伝説の名高い魔法使いマーリンである。十九世紀には、ロンドンに何軒かの「マーリン」パブがあったし、ほかにも、ポンティプリーズ、リーズ、エディンバラ、チャーフォント・セントジャイルズ、アンドウヴァーにその名前が見える[32]。じっさい、マーリンは、アーサー王その人を別にすれば、この伝説中最も有名な人物であった。一八二九年には『モンマスシャー・マーリン』なる名称を冠した新聞がニューポートで発刊されている。初期のある号で、一人の寄稿者がこの名前の選択に関し、弁明かたがた解説をほどこしている。

マーリンというのは、古い年代記の中で黒魔術を駆使するとされた、有名な人物の呼称である。……機知のある利口な人が、今後、『モンマスシャー・マーリン』はしかし「魔法などまったく使えない」などと触れ回ったりしないように、その手の冷やかしにあらかじめ釘を差しておくのだが、われわれとしては、この新聞のために、超自然的な予感や魔術といった類のものはすべて放棄するのである。ただ、それを知ることが実直な人間にふさわしい、といった知識ならば別でもあろうが。(33)

マーリンの形体化の中で最も興味をそそるものの一つは、風変わりな発明家ジョン・ジョーゼフ・マーリンが、彼と同名のこの有名人を利用しようとした試みである。一七八〇年代の初め彼はロンドンで機械の博覧会を開いた。展示されたものの中に、「マーリンの魔法の洞窟」と名づけた二つの小規模の真鍮の模型があった。その実物はパディントン近くのある場所に建造するつもりであった。その計画を宣伝するために、彼はメダルと印刷された入場券を委託した。一八〇二年には自分の四輪馬車に古の英国の魔術師のさまざまな象徴的な姿を描かせた。(34)

残念なことにジョン・ジョーゼフ・マーリンは優れた技師ではあったが、商売人ではなかったようで、この魔法の洞窟を作るのに必要な資金を集めるのには失敗した。しかし、アーサー王ゆかりの偉大な魔法使いの本拠を訪れたいと願う英国人には、まだほかにもいくつか方法はあった。たとえば、ルイーザ・スチュアート・コステロは、一八四五年に出版された北ウェールズの風景の旅行案内書の中で、「マーリンの有名な洞窟」がスノードン山の近くにあるというウェールズの伝説を紹介している。そこでは「偉大な師の声が……虚ろな岩の中から、雷鳴となって山並み沿いに……しばしば聞こえるかも知れない」とされた。マーリンの洞窟を、さらに南の方、カマーゼンの近くに位置づけた人々もいる。エドワード・ドノヴァンはその著書『南ウェールズとモンマスシャー漫遊記』のなかでこう記している。

〔カマーゼン〕から見えるところに、われわれがアバーギリーへ向かって戻り旅をたどっているとき目についた高い小山がある……。この小山の上の樹木の群生を、羊飼いの少年はマーリンの森と呼び、その傍らの洞窟は、当然ながら、マーリンの洞窟と名づけられていた。その後の調査で、この羊飼いの少年の主張が正しいことが確かめられた。(35)

マーリンの洞窟は、十九世紀の旅行者の注意を引く、あまたあるアーサー王ゆかりの場所のほんの一つにすぎなかった。証明できる歴史ではほとんど根拠のないこれらの場所は、しばしば伝説に対する熱心すぎる地元の熱狂の結果か、企業家の冒険的な貪欲の結果であったとはいえ、その決定的なうさん臭さも、観光客がティンタジェルやグラストンベリーのような場所へ集まるのを妨げはしなかった。そこへ行けば、人々は「アーサー王ホテル」に泊まり、「アーサー王酒場」で酒が飲めたのである。「アーサーの名前をやたらに使うことは、しばしば想像力の過剰と、また、妥当性というものへの無謀なまでの無頓着ぶりを示している」と、歴史家のアルジャノン・ハーバートは不満を訴えている。ハーバートによれば、「伝説はいたるところに広がっているが、そこには一片の真実性もない」のであった。(36)

以前にはアーサー王とのつながりが全然なかったような土地に、この伝説が結びつくに至った、じつに見事な実例は、北チェシャーの樹木に覆われた険しい山の背、オールダリー・エッジである。一八〇五年に、一人の無名の旅行者が『マンチェスター・メール』紙に一通の手紙を寄せているが、その中で彼は、オールダリー・リッジから二マイルほど離れたモンクス＝ヒースをすこし前に旅行していたとき、

「中で数頭の軍馬が、兵隊や武器などと一緒に寝ている深い洞窟を見せるように、広く開け放した大きな一対の門扉を描いた地元のパブの看板を見た」と報告した。洞窟の入口の近くに中世の衣装をまとい、魔法の杖をもつ魔法使いが立っていた。彼の前には現代の服装をした一人の男がひざまずき、その背後では、灰色の馬が何におびえたか、後ずさりする姿。好奇心をそそられて、旅行者は看板の由来に関していくつかの質問をした。これに答えて、地元の牧師補は「この辺りで長い間流行していた大衆の伝説を、図柄にしたものである」と、説明した。伝説によれば、約八〇年前に、立派な白い馬をバーンビーの共進会で売るために、一人の男がモバリーからマクルズフィールドへ旅をしていた。彼がオールダリー・リッジを越えて行くと、この馬を買いたいという一人の老人と出会った。付け値が不十分と思ってこれを断わり、男は道中を続けるが、しかし目的地まで行っても結局買い手は見つからなかった。戻り道で、彼は再び老人と出会う。老人は、今朝がた付けた値段を今は受けますかと尋ねる。彼が同意すると、その見知らぬ老人は彼を鉄の門のところへ導いた。その門がさっと開くと、その奥は深い洞窟で、すべて熟睡している夥しい数の馬と兵隊の姿が目にはいった。魔法使いは彼を中の大きな宝箱の所に連れて行き、その中から馬の金を払った。洞窟を出るや男は直ちに町へとってかえし、この出来事を住民に話した。しかしずいぶん長いこと探しても、その洞窟の門扉は二度と見つからなかった。にもかかわらず、町民は「この土地が魔法にかけられていると確信」している、というのであった(37)。

じつは、この伝説も十九世紀の初期の形としては、アーサー王との繋がりは全然なかった。ところが、一八三三年、エリザベス・ギャスケルは友人に書簡を送って、「もしあなたが今オールダリー・エッジにいるとすれば、アーサー王の洞窟の、まさにその入口をお見せできるのでしょうが」と書いた。その洞窟では、「黄金の武具をまとったアーサー王や騎士たちが横になって眠り、イングランドの危機が彼らを呼び起こす日を待っている」というのである。また、翌年には、ジェイムズ・ロスコーは『ブラックウッズ・エディンバラ・マガジン』に、この言い伝えを拡大した詩「鉄の門――オールダリーの伝説」を大々的に掲載した。ロスコーの詩は、大切にしていた灰色の馬に乗って、市場へ行く粉屋の話である。途中で一人の僧が突然彼の前に現われ、その馬を買いたいという。粉屋が同意すると、鉄の門を通って、二万人の兵士たちが眠っている洞窟へ案内される。僧は彼に語る。

この者たちこそは、アーサー王の騎士団にして、
この国随一の、気高き人々。
マーリンの魔術をもって、眠りについてはいるが、
しかし、再び出撃の時が来よう。(38)

馬の金を払った後、僧は粉屋を洞窟から外へ導きだす。彼が振り返って見ると、僧と洞窟は両方とも跡形もなく消え二度と見られなかった。この話は一八〇五年に『マンチェスター・メール』紙上で語られたものと、事実上一致する。しかしながら、間に挟まった数十年のうちに一つの重要な潤色があった。すなわち、眠れる騎士たちとアーサー王伝説との合一を確認したことである。

同じような様式はロビン・フッドと結びつく地名と地元の伝説の増加に見られる。一八四七年に『エディンバラ・レヴュー』は、「この有名な英雄との一種の繋がりを、どこかで主張しないイングランドの州、あるいは遺跡はまずない」と明言した。これらの繋がりのうち、少数は何百年も溯るが、大部分は十九世紀より前になることはない。アーサー王の場合と同様に、ロビン・フッド関連の地名が増えて

くる理由の第一は、観光産業の急速な拡大と結びついた金銭的利得に対する欲望であった。たとえば、観光客を呼ぼうとして、ヨークシャー州はリポンの住民たちが、一八八六年八月に市民祭りを催した。リポンの歴史を祝うために、主催者は、「その名前がつねに市と結びつく人物」に期待した。そういう人物の一人がロビン・フッドであった。伝説によれば、ロビン・フッドは近くのファウンテンズ・アビーでフライアー・タックを相手に木棒の戦いをしたとされており、この有名な試合がノッティンガムのオーガスティン・ドートリーによる短い芝居で祝われた、彼はこの作品「ロビン・フッドと修道僧タックの愉快な冒険」のおかげで一二ギニーの賞金を得た。主な役柄は地元の有志が演じた。もっとも、『ヨークシャーマン』誌の批評を信頼すれば、演技はあまり上手ではなかった。

修道士は……時々役柄を忘れ、おふざけに戻った……。ロビン・フッドは乱闘の最中にかつらをなくした。音楽は終始ひどい音を出し、角笛はロビン・フッドが吹いていない時に音を出し、反対にロビンが角笛を吹くときに肝心の音楽が出てこないので無駄になる。森の住人たちは角笛が呼ぶ前に劇場の中へ元気よく飛び込んで来た。そして観客は修道僧が登場する前に途方もない時間待たなければならなかった。(39)

しかしながら、これらの難儀にびくともしないで、観客たちは熱狂的に反応したと報じられたものである。

アーサー王とロビン・フッドの伝説の人気が評価されなければならない英国文化の最後の領域は、視覚芸術の分野である。ここではアーサー王伝説が明らかに支配的であった。十九世紀前半には一〇年につきほんの少数しかアーサー王の作品はなかった。しかし一八六〇年以降、表2・1が示すように、その画題の人気が爆発した。対照的にロビン・フッドはたった二人の十九世紀の画家に画題を与えただけであった。すなわち、一八三九年のダニエル・マクリースの油絵と一八五九年のリチャード・ダッドの水彩画である。アウトロー伝説に関連のある美術作品が不足しているのは、何よりもそれが大衆文化と密接に結びついているからであった。多くの画家の目には、大衆文化は不適切な題材のように見えたのである。しかしながら、十八世紀後半から十九世紀前半には、ロビン・フッドは種々の書物、小冊子の呼び売り本、歌謡本、その他印刷されたテキストの広範な挿絵で描かれたので、視覚的表現形態そのものとしては、ロビン・フッドもなんら不足していなかったのである。この調査は、十八世紀終わりと十九世紀におけるアーサー王とロビン・フッドの人気の大きさについて、ある示唆を与えてくれる。この時期の英国人ならば、その大多数が、よしんば日常の仕事中にこれら伝説中の人物に出くわしたとしても、かくべつ驚きはしなかったであろう、とさえ思われる。しかし、いったい、彼らが競馬新聞やパブの看板でそうした人物を眺めるとき、また、美術展で壁に掛かっているのを眺めるとき、アーサー王やロビン・フッドは、人々の心にいかなる種類の映像を喚

TABLE 2. 1. ***Arthurian artworks exhibited at the Royal Academy, Royal Society of the British Artisits, and Royal Scottish Academy, 1800-1809***

Decade	Number of paintings
1800-9	0
1810-9	1
1820-9	1
1830-9	1
1840-9	1
1850-9	4
1860-9	63
1870-9	32
1880-9	35
1890-9	31

Source: Christine Poulson, 'Arthurian Legend in Fine and Applied Art of the Nineteenth and Early Twentieth Centuries: A Catalogue of Artists', *ArthurianLiterature, IX*; ed. Richard Barber (Cambridge: D. Brewer, 1989), 81-142.

起したのであろうか。言い換えれば、彼らは同時代の英国人にとっていかなる意味をもっていたのであろうか。

生活共同体の保護
●十九世紀におけるアーサー王伝説

一八二〇年『円卓』という表題の作者不明の政治的小冊子がロンドンで出版された。「社会の極端分子の衝突する、人を寄せつけない」衝動を抑制することのできる強力な指導者の必要を強調して、著者は君主制が「富の所有、勤勉の果実、そしてすべての人の個人的安全を守る」のに役立った「体力、精神力」を表わすものであると主張した。続いて著者は貴族階級に視点を移し、「権力を与えられ、大衆の自由を守ることを個人的な興味から誓和された、誇り高い、高潔で立派な人の集まり」であるとこれを称賛する。締めくくりは、君主制や貴族制を廃止しようとする痙攣的な過激急進主義の精神に対する非難である。制度の廃止どころか、支配者と非支配者がそれぞれ相手に一定の義務を果たすような、理想的な共生的関係を持つことこそが必要なのである、と著者は主張する。「臣民の義務はすなわち服従であり、君主のそれは正義を施すこと、そして社会を守ること」なのであった(40)。

領地とその住民を「守る」ことが、王と貴族の第一の役割であると主張することによって、著者は愛国心というものを、一種の父親像に対する忠誠の現われと定義したことになる。すなわち、家族の絆というものを、一民族国家の領域にまで変容させることへの承認を求めたのである。十九世紀の前半の劇的な経済・社会的変化のせいで、社会は権威、財産、地位をもった人たちによって最もうまく動かされるのだ、という観念が生き返って来たのであり、そのような人々こそが、尊敬と信頼の絆によって彼らと結びついた生活共同体に対して、しかるべく彼らの義務を果たすのである。[41] とりわけ、一八三〇年代の終わりから一八四〇年代にかけての厳しい経済的危機は、自由放任主義の考えに疑問を投げかけた。このまま自由放任主義に固執していては、田舎の困窮、都市の貧民の問題を解決できないのではないか、という不安が出てきたのである。場所によっては、より有望な解答は、財産や地位のある人々が義務にもっと注意を向けることであるようにも思えた。[42] こうした議論の根拠となる歴史的先例を過去に求めるとき、上層階級がより慈悲深く、下層階級がより敬意を忘れずにいた結果、社会がもっと調和がとれていたと思えた時代、すなわち中世に多くの保守主義者の目が向くことになった。[43] となれば、弱者を強者から守るのに熱心な身分の高い選ばれた人たちに率いられた共同体、アーサー王のキャメロットよりどんな優れた中世の手本があったろうか。上に引用した小冊子の著者が、自分の作品に『円卓』なる表題を選んだのは、けっして偶然の一致ではなかった。アーサーのイメージを喚起することで、読者に強力な君主制と貴族制の恩恵を思い出させることができたからである。

この同じ目的のためにアーサー王伝説を利用しようとした保守的な著者はほかにもあった。『英国——史詩』（一八三四年）でジョン・ウォーカー・オードは、一八三二年に選挙法改正法が議会を通過したことに反対して、激しい論争を提議する。序文の中でオードは、「フランスの反国家的政治の学校で育った大臣の側の煽動的革命的手段の長い継続によって、英国が陥った不服従と不満の恐ろしい状態」これが、作品を書く動機になったと語っている。「古の英雄的な時代」と現代を対比させて、彼はアーサーと彼の従者を現代の英国からほとんど消えてしまった種類の英雄的な騎士道と愛国心の象徴として称賛している。アーサーの時代には勇敢な騎士たちが「狼や熊を森の木陰に押さえていた」。しかし今は、下賤な反逆者が大広間をだらだらと歩いている。
ススで汚れた顔の裏切り者はそれぞれ楽しく歩いている。
僧院の太った堕落僧の、金色や紫の祭服を飾る花とは
少し毛色のちがった花を、連中も、城壁の上でなよなよと探し求める。

マムシのように彼らは草の中で絡み合い
あらゆる王に関係のあるものに向かってひゅうという音を出す。
山の泉は彼らが通った所で毒され
空気は死臭が満ち、彼らは
われわれの宮殿の中で待ち伏せし、憎悪の叫びを挙げる……(44)

同じように、ジョン・モールトリーも彼の詩「麗しのトリアムール」(一八二三年)のなかで、こちらはもっと気楽な調子ではあるが、強力な保守的支配の利点を読者に思い起こさせるべく、アーサー伝説を使うことを企てる。みずからを反フランス主義者と称し、後にラグビー校の牧師となり、トマス・アーノルドの親友ともなったモールトリーは、昔ながらの信念と習慣への忠誠を奉じている。

そして私はいまだに古い使い古した道を好んで選んでいる
というのはそれらを安全に信用できるから。
自分の国を愛すること、そして約束を守ることは、

立派な昔の処世訓である、また時間はそれを錆びさせることもない
われわれの現代の信条はより賢い、おそらく、
しかし時々ひどく人を迷わす。

そのような生粋の保守主義は、群衆支配の危険に関わるモールトリーの政治的意見によって支持されている。医者が彼は直らないだろうと宣言した病気にアーサーがなったのち、

すべての忠実な人の心の中に、むろん、
あらゆる種類の恐怖が広まった、
そして群衆はだれが彼らに重荷を追わせるかを
解決するために、棍棒、拳骨、ナイフをもって
無理やり集まって来た……(45)

しかしながら、オードとモールトリーは、彼らの議論を特定の政治的計画と結びつけようとはしなかった。一八四〇年になってはじめて、統治する選ばれた人たちに彼らの伝統的な義務を思い起こさせようと努力した熱心な若い保守党員の小グループ、ヤング・イングランド運動によって、そのような努力がなされた。彼らの指導者、ジョン・マナーズ卿は、彼らのけばけばしい温情主義の信条を、彼の詩「英国の信託」（一八四一年）の中で要約した。騎士道的情趣に満ちた英雄詩体二行連句を用いて、彼は中世に戻ることを求める。その当時こそは、

各人が自分の立場を知っていた――王、農民、貴族あるいは牧師が、
最大のものは最小のものを義務として負うていた……

これらの言葉に忠実に、マナーズとその信奉者は、一般に信じられているところでは人間性の前に利益をおく商業側の人間、働く人たちを守るよりもむしろ搾取することによって国を滅ぼしている野心的で、卑しく貪欲な人間を攻撃した。そしてヤング・イングランド運動の人たちは、アーサー王の伝説の中にそのような腐敗に汚れていない新しいイングランドの理想像の手本を見た。一八四三年にヤング・イングランド運動家と保守党の議員アレグザンダー・ジェイムズ・ベリズフォード・ホープは「バビロン幻想」なるその詩の中で、アーサーの帰還を懇願した。

どうか一時間騎士道にふさわしい
義侠の心をよびおこし、そして人々の心を
悪銭と政治の夢中な争いから、
昔の静かな熟考へ、
信義の時代には活発であった
武勇の称賛へと向きを変えてほしい
地上の最も大胆な闘士よ正義の戦いへ！

統治する選ばれた人の側に雅量のある寛大さというふさわしい精神がなければ、英国の経済的・帝国

的力はほとんど意味がない、とベリズフォードは主張する。(46)

しかしながら、政治的目的のためにアーサー伝説に祈願することはトーリーの議員に限られたわけではなく、ホイッグ党もアーサー伝説が人に訴えるものをもっていると見なしていた。一八三一年、エドワード・ジョージ・アール・リットン・ブルワー（一八四三年より後はエドワード・ブルワー＝リットンとして、また、一八六六年以降はネブワースのバロン・リットンの名で知られる）が下院に入ったが、そこで彼は早速ダラム卿の急進派に加わり政治的改革の熱心なスポークスマンになった。しかしながら、彼はけっして民主主義者ではなかった。彼が選挙権の拡大を支持していたのは、下層階級の者たちが、そうした手段によって、上級の人々にその本来的な責務を思い起こさせることができると見なしていたからだった。そのような激しく深い動揺だけが、統治する選ばれた人を自己満足から目を覚まさせるのに必要な衝撃を与えることができると信じていた。

この見解は、彼が議会に到着した年に出版された詩「ラッツとマウス――アーサー王時代の寓話」の中に示されている。時の首相ウェリントン公が伝説の王とクリスチャン・ネームを共有している事実につけこんで、彼はどんな小さな改革にも反対するウェリントンを愚弄するために、アーサーの舞台装置を使った。同時代の政治的情景の薄くヴェールのかかった風刺の中で、大ネズミのラッツ（貴族階級）と小ネズミのマウス（国民）とが、猫のキャッツ（ナポレオン戦争中のフランス人）との争いで協力する。しかし、キャッツが敗れると、彼らの結合はラッツの傲慢によって危険にさらされる。勤勉なマウスが提供する贅沢や生活の楽しみが好きになりすぎてしまったからである。はじめは、マウスもこの不平等に抗議しなかった。しかし人口の増加が食糧不足を作り出し、空腹が不満に通じる。マウスは元老院へ行く。そこで彼らは多量のチーズの蓄積を見てぎょっとする。しかし、ラッツは動ぜず、つまらない苦情を言って政府を倒そうとする「卑しい平等主義者」だといって、マウスを非難する。マウスが道理に従い応答しないのに腹を立て、「幾多の戦争で有名になっていた」年老いた一人のラッツが立ち上がり怒って答える。

無益な空論家よ、反抗的なごろつきよ！
だまされやすい奴——空想家——たわごとを言う奴——馬鹿——煽動家
ラッツは大ぼらを吹くと思っている、それなら名をあげてみなさい
現在の制度の栄誉に逆らって
この幸福な国をその高さまで何があげたのか？
何があのような密集する英雄たちを戦場へ向かわせたのか？
われわれの武勇が楽な帰還を可能にしたとき、なにが
われわれの宝庫をあのような多量のチーズで山積みにしたのか？
何がわれわれをこんなに有名にし、こんなにふとらせたのか？
ラッツの名前で何が国を燃え立たせたのか？
何が徳を支持し、何が悪徳を征服したのか？
マウスを代表に出すという方式以外に——何が？

ブルワー＝リットンは、この痛烈な批評が、ウェリントンが改革反対を公言した一八三〇年一一月の演説のパロディーとなることを明らかに意図していた。脅されてマウスは、おとなしく抗議しながら、

いそいで退場した。

あなたの推理はラッツにとってはまことに十分かもしれないが、
しかし、旦那、あなたはマウスをすっかり忘れています。(47)

ここで、ブルワー＝リットンは過激主義の支持を表明しているわけではない。そうではなくて、彼は国民全般の状況を改善するために何かをしなければいけないということを、選ばれた人たちに承服させるために、革命の脅威を使うつもりである。彼は主張する、上流階級は下の人たちに対する責任感を再発見すべきである。というのは地位は特権だけでなく義務ももたらすものである。この意見は穀物法の廃止を巡って一八四〇年代半ばにホイッグ党と別れた後に、ブルワー＝リットンの後の生涯に一層顕著に出てきた。一八四九年に出版されたブルワー＝リットンの叙事詩『アーサー王』は、「労苦によってすっかり首、腰が曲がり、しなびた顔をして灯のない炉端に」うずくまっている「飢餓の四〇年代」の飢えた困窮者を描いている。この悲惨さと堕落の原因はなにか。ブルワー＝リットンによれば、責められるべきは、自由放任主義経済のやり方と自由市場の無制限の活動である。

これは賢者が最もよく承認する状態だ。
これは人間が文明化されたのである！　商人の王の
完璧な影響——人間を安くする
芸術の爛熟——市場の楽園。

しかしながら、一八三〇年代初めの時点で、人々の苦痛の解決は革命にはなかった。ブルワー＝リットンは一八四八年に続く動乱の時代に『アーサー王』を書いた。そのころヨーロッパ中の政府は不満をもつ国民に脅かされていた。特に彼はフランスのルイ・フィリップを、国民に対する義務を無視した指導者によって招かれた危険のとりわけ重大な実例とみていた。『アーサー王』では、フランスの指導者はヴァンダルの王で狡猾な暴君であるルドヴィックで表わされる。彼は自分のする約束を果たすのを避けるために「魔法使いの技術」を使う。しかしブルワー＝リットンが急いで指摘するように、彼を取り除くことはフランスの人々の生活に何の改善ももたらさない。というのも、民主主義的な統治を始めようという「キング・モブ」の試みは混乱を増すだけだからである。

あわれなヴァンダル人たちよ、敵が来襲せんとするとき、
ただ漫然として、平らな城壁の上に、やぐらがそびえるものなのか。
調和のとれた秩序には、かならず高低の音階があり、
一様の平等はすべての不和のもと。
波は高く低くうねらせよ。山はそびえさせよ。
自然の肯わざるものを、法に求むるなかれ。(48)

その代わりにブルワー＝リットンは国民の声を聞き、国民の世話を見る強い指導者、アーサー王にとてもよく似た指導者を推奨するのである。

トマス・ラブ・ピーコックも、彼の小説『悲運のエルフィン王』（一八三四年）のなかで、慈悲深い貴

族の統率力の手本を提供するためにアーサー伝説に目を向ける。「ラッツとマウス」同様、『悲運のエルフィン王』も、議会の改革を巡る危機から生まれた。ピーコックもまた、トーリー党の強硬派の非妥協的な態度によってもたらされる危険を認め、六世紀のウェールズに舞台を置いた彼の小説が、統治する選ばれた人たちへの警告として役立つことを意図したのである。最初の四章はグウィラッド王国を水浸しにする破壊的な洪水に焦点を合わせている。ここには、明らかに、変化に対する過度の反対姿勢がもたらす結果への言及がある。王国を守るはずの築堤を管理する高等弁務官で酔っ払いのサイエネンは、伝統に目をくらまされた反動的な貴族の非常に明白なパロディーである。「衰退することと、それが危険であることとは同じではない」と彼はいう。

古いものは何であれ衰退する。堤防は古いと言える——部分的に多少腐っていることを完全には否定しない。だが、そのためにどこかおかしくなっていることは断固否定しなければならない……。われわれの祖先はわれわれよりも知恵があった。彼らはそれを自分たちの知恵で作った。もしわれわれがそれを直そうなどしたら、それを痛めるだけだろう……。改革ほど危険なものはない。

洪水から一世代たって政権についた統治者たちは——ピーコックは明らかに、これが英国の時の政府を表わすよう意図しているが——彼らの先人の失敗から何も学ばない。殺人者メルゴンと無慈悲なメルヴァスは強そうに見えるだけで弱い人間である。そして、彼らが君臨している王朝は君主政治の暴力による寓意的な表現となっている。彼らの世界ではまさに力こそが正義であり「力のあるもの」[49]が「その国民や隣国から」奪えるだけのものを奪い、そして「不満」のいかなる兆候も踏み消してしまう。

これらの統治者の重大な欠陥にもかかわらず、ピーコックはブルワー゠リットン同様、革命的変化を主張はしなかった。堤防は、存在する英国の憲法を象徴する建設的な公共施設でグワィラッドの「生活と幸福」の保護者である。そして、これもブルワー゠リットンと同じく、自己の統率力の雛型を彼はアーサー王に求める。そのアーサー王は、小説の終わりに正義を施し秩序を回復するために現われる。ウェールズの野生のままの田舎の「荒涼たる寂しい場所」の中にある文明の稜堡としてのアーサーの宮廷は、すべての政治的権威の源として機能している。(50) かくして、ブルワー゠リットンとピーコックは、理想の統治者の手本としてアーサー王を選ぶ。そして彼ら二人の態度は、ともにある一定の憶測から離れることがない。つまり、両者とも現代生活の腐食性の影響を嘆き悲しみ、階級間の相互的義務と忠誠に基づいた社会に戻ることを提案するのである。

一八五〇年代の初めに、専門職にある中流階級の人々や牧師が、労働者の擁護という問題を取り上げた。J・M・ラドロー、F・D・モーリス、チャールズ・キングスレー、トマス・ヒューズ、E・V・ニールらに率いられたこのグループは、「キリスト教社会主義」という名称を名乗るようになった。もっとも、彼らの思想は、この用語を当時の意味合いでどう定義してみても、とうてい「社会主義」的とはいえなかった。事実そうではなく、キリスト教社会主義者は、国民の悪の解決を労働者階級の教育と道徳的再生にあるとみていた。それは伝統的な兄弟愛と社会的調和の気持ちを取り戻すような一連の協同の事業を通じて実行できる、としたのである。(51)

キリスト教社会主義者には、基本的に社会の構造を変えるという意図はなかった。反対に階級どうしが相互依存しあう、モーリスのいわゆる「本来的で、不朽の」絆を強化したかったのである。もし金持ちが貧しい人を助け、保護し、そして貧しい人が金持ちを尊敬し愛し、彼らができる限り金持ちに仕える用意があれば、その教区は幸せである、とチャールズ・キングスレーは一八四九年の説教の中で語っている。そうした体制が機能していた手本を求めて、キリスト教社会主義者も中世に目を向けることになる。

中世こそは、キングスレーの言葉でいえば、「主人と召使いとが自然な相互依存をしている、家父長制の、そして封建制の精神」の本家であると見なされた。この中世主義的な思考の枠組の中で、キリスト教社会主義者は自分たちを、正すべき悪を求めて地方を捜し回っている改革運動の騎士、と見なしたのである。キングスレーは一八四九年にみずからを「神の武者修行者」と称し、「英国の社会にある昔ながらのもの、洗練されたもの、騎士道華やかなりしころのもの」が、のこらず物質主義や商業主義によって破壊されていると嘆いて見せた[52]。

騎士道の手本となれば、アーサー伝説よりも優れた源泉があっただろうか。なるほど、キリスト教社会主義者たちも、トマス・ヒューズがE・V・ニールを「円卓の騎士」と描写したときのように、自分たちをはっきりアーサーの英雄になぞらえてみせることは、ごくまれにしかしなかった[53]。とはいえ、キリスト教社会主義へのこの伝説の影響は、労働者階級が高等教育の恩恵を受けられる機関を作ろう、という運動の努力にはっきり示されているように、紛れもないことであった。一八五四年に創立されたロンドン労働者大学は、平等主義の雰囲気の中で学生たちに基本的教科課程を与えようと表面的には努力した。しかしながら、真の意図は教育を受けた紳士たちに自分たちより恵まれない人たちに対する義務を果たすことを承服させることであった。

このグループの呼びかけに答えた人物の一人に、若い法廷弁護士で、のちには著名な中世文学の学者となったフレデリック・ファーニヴァルがいた。法律の勉強をしている間に、彼はキリスト教社会主義者のジョン・マルコム・ラドローと出会い、彼を師と仰いだ。みずからの敬虔な宗教的信仰と政治的見解を結びつける手段として、彼はキリスト教社会主義に向かったのである。彼は労働者大学の活動に非常に熱心に打ち込み、植物調査・地質調査旅行に学生を案内し、長距離徒歩旅行を引率し、漕艇会、クリケットの試合、ピクニックを催した(54)。

しかしながら、彼の最も重要な貢献は、英文学を通じて道徳的価値を教えたことであった。そして彼は知識を授けるための理想的な表現手段として、アーサー伝説に目を向けた。たとえば、聖杯を求めての旅の物語はこんなことを教えるものであった。

これらの輝かしい贈り物は、人力や世俗的作りの武器によってではなく、まったくの純潔さ、精神、魂そして肉体の純粋さをもって勝ち得られるものである。これこそは、たしかに、武功、勇敢さ、華麗さをもってはいるが暴力と罪悪に汚れた十二世紀のいわゆるキリスト教騎士団によって必要とされる教訓であったし、また、生まれと土地の誇りをもち、金銭崇拝があり、その社会生活に邪悪な点をあまたもっている現代のいわゆるキリスト教たる英国によっても、必要とされる教訓なのである(55)。

ファーニヴァルにとって、アーサー伝説は、かくして労働階級の道徳的行動を「改善する」努力に使う教訓的道具として機能した。上層階級が下級の人間に対する義務を自覚し、その務めを果たすという社会の姿を、アーサー王伝説が提供してくれるのだと、彼は認めたのである。

キリスト教社会主義は一八五〇年代半ばまでには消散してしまったが、彼らの信仰は十九世紀の残りの期間、いぜん強力な影響を及ぼした。彼らが養い育てた奉仕の騎士道的理想は、貧しい都会の地域にクラブ、会館、ホールや協会といった一連の施設を創設するのに貢献した。そのような活動とは、たとえ裕福な人々がその生活の安楽や、ありきたりの職業の報酬を放棄するといったことにつながるのだとしても、運のよい人は運の悪い人を援助するためにできるだけのことをすべきであるという考えを、強く信じている結果であった。これらの改革者たちは、社会のさまざまの階級の衝突する利害を調停し、もって社会全体の利益を図るべく、統率力を発揮する、という高邁な責務に身を捧げるに至ったのである。(56)

キリスト教社会主義者と同様、これらの人々も民主主義を主張することはなかった。彼らが「生活共同体」という考えを呼びかけたとき、彼らはそれが平等よりはむしろ階層に基づいているものと想定した。彼らにとって、その用語は、相互的ではあるが、上から発する権威によって支配された義務と責任によって結合された一組の縦の関係を意味したのである。しかし、そうした動機にはいくらか疑問もあったとはいえ、彼らの献身の度合いたるや、貶される筋合いはまったくなかった。たんに慈善的な努力をするだけでは、現代社会の諸問題の治療法としては不適切である、と彼らは感じた。それだけでは、間違った種類の依存を助長するのに役立つだけだからである。それにとどまらず、貧しい人たちに道徳的統率力の手本を与えるために、改革者はみずからが貧しい人たちの中に出かけて行き、生活をともにするのが必要だと彼らは考えた。この信念が、英国の最も悪名高い都会の地区のいくつかにセツルメントを立てることにつながった。一八八四年に最初のセツルメントであるトインビー・ホールがロンドンのイーストエンドに創設されるや、続いて数多くの諸施設がすぐに開設された。(57)

これらの熱意ある若者の改革者たちは自分たちの行動を明らかに騎士道的、そして明らかにアーサー流とみていた。J・ロックハート・ヘイグの児童小説『スラム街のサー・ガラハド』（一九〇七年）の中では、ヴァーノン・カラザーズという名前の若い牧師が有名な円卓の騎士に譬えられる。小説の最初の部分でカラザーズは、「一生の仕事として貧しい人たちの中で聖書の説教を」取り上げることに決めたと宣言する。[58] リバプールの最も陰気な、最も難しい地域に送り出された彼は、最初は自分の努力に対して何の反応もないのに失望するが、やがて、彼の理想主義と熱情によって彼は改宗者を得る。都会の貧困によって生まれた社会の諸問題の解決に効果が期待できるのは、このような種類の努力だけである、ヘイグは結論部分でそう述べている。かくして彼は、大学教育を受けた若者に対して、貧しい人たちの中へ入って彼らの道徳的・精神的改善に熱心に打ち込むように激励する、そうした教訓的な機能を『スラム街のサー・ガラハド』にもたせることを意図したのである。

しかし、ヴィクトリア朝後期のスラム街のむさくるしい情況が生み出す邪悪さと闘う現代のガラハドを自認していたのは、こうした熱心な若きプロテスタントだけではなかった。一八八四年、ジェイムズ・ブリトンというローマ・カトリックの植物学者がロンドンを歩いていると、自分の信仰に対する野卑な毒のある攻撃を専門にしている本屋がたくさんあることに気がついた。この状況に対応して彼は「カトリック真正協会」（CTS）を設立する。これには四つの大きな目的があった。「カトリックの信者の間に小さな信仰の著作を広めること」、「教育を受けていない貧しい人々に、自分たちの宗教についてよりよい知識を得るのを助けること」、「プロテスタントの信者の間に、カトリックの信仰と礼拝に関する知識を広めること」、そして「良質の、安価なカトリックの文学の普及を増進させること」、この四つである。[59] 一八九〇年までの間に、CTSはヴァチカンの祝福を受け、司祭と信徒の大集団の協力に恵まれるにいたる。

ＣＴＳの使命の肝要な部分として、貧困に陥った都会の地域に、カトリックについての情報を広めるという使命があった。これには平信徒の志願者が積極的に参加してくれる必要があった。ＣＴＳの宣伝の仕事の多くは、そこで、この目的のために若い人々を募集することに向けられた。そして同じような努力はプロテスタントの側も行なったわけだが、サー・ガラハドの伝説がここで役に立つことになる。一八九五年、ＣＴＳの手で出版されたエイミー・メアリー・グレンジの『現代のガラハド』は、英国国教会で聖職につくことを考えている若いオクスフォードの卒業生、エドマンド・フランクリンの物語である。彼は、その名も象徴的だが、アーサー・ポラックという名の地元の代理牧師のもとへ赴く。この代理牧師は、エドマンドが、「まさに自分の心が渇望するような類の修練士であること、……聖杯を探求するガラハドのような人物であること」を確認する。(60)

貧しい人々を助けるという仕事で、エドマンドはポラックを支えて活動を開始する。ただ、彼としては、本当にどん底の「スラム街での奉仕」を望んでいたので、やがて、望みどおり「ことのほか人口の密集した、汚い、むっとする、煙にすすけた、道徳的に不評判の」ロンドンの近隣のスナグウェルという地で職を得ることに成功する。彼は自分の仕事がきわめてやり甲斐のあるものだと思う。しかしやがて、英国国教会の牧師の間での、教義を巡る果てしない論争にうんざりする。彼はカトリックの修道院を訪ねる。そして、ここでの静謐なる「統一と確信」が彼に改宗を決意させる。エドマンドは聖職者の地位に就くべく勉強を始める。この小説は彼の「生涯最高の出来事」である聖職受任式で最高潮に達することになる。(61)

彼らはそれぞれ別の宗派の代表ではあるが、『スラム街のガラハド』と『現代のガラハド』とは、ともに、十分な教育を受けた若者たちに、都会の貧しい住民を助ける取り組みに参加するよう促すため、アーサー王の騎士の映像の力に頼っている。しかしながら、これらの作品では、自分たちより下の人間を助ける道徳的・宗教的義務をもつ騎士道的十字軍の立場へと、主人公の英雄たちが引き上げられており、そのため、助ける人と助けられる人の間に扱いにくい境界線が生まれ、真の社会的平等というものがまったく実現不可能になっている。彼らが心に抱く「コミュニティー」とは、階級間の溝を埋めるという目的にはまず関係がなく、むしろ、そうした溝を維持することにもっぱら関心を寄せるのである。

アーサー伝説の利用は、その発端から、伝統的な保守主義やエリート志向をにじませてきたのであったが、こうしてみると、それが十九世紀にまで継続していることが分かるのである。さて、今度は、ロビン・フッドの伝説を振り返って、同じ時期の発展のあとを辿ってみるときである。われわれはすでに、このロビン・フッド伝説の二つの版がどのように発展したのかを見てきた。すなわち、因習的な社会・政治的支配層を覆そうと図る危険な反逆者の特徴をもつロビン・フッドと、もう一方は、根っからの無法者というよりは追放貴族であり、破壊的要素のずっと希薄なロビン・フッドである。十九世紀にもロビン・フッドの両版は生き残っていたし、じっさい、両方は共存共栄の状態でもあった。一方では、歴史家が「ホイッグ的な解釈の歴史」と呼ぶような、標準的な保守主義の立場から見た過去へと、すなわち、伝統的な英国の制度を賛美するような歴史へと、ロビン・フッドは組み込まれていたのだし、また一方では、ロビン・フッドは彼のより急進的な特徴の少なくともいくつかは持ち続けて、少なくとも時々は不穏な格好で現われもしたのである。

「権威に対する無分別な反逆精神」

●十九世紀のロビン・フッド伝説

十九世紀に現われた、いわゆる「ホイッグ的な解釈の歴史」の主な構成要素は、英国の政治制度の優越性への信頼であった。そして、過去の歴史の重要な節々に、彼らの誇る制度を守るべく勇敢な英雄たちが登場しては、その優越性を確認してきたのであった。そのような歴史の節目の一つが十三世紀半ばにある。レスター伯、シモン・ド・モンフォートに率いられた一団の貴族がヘンリー三世に反乱を起こしたときである。昔の歴史的記述では、ド・モンフォートは英国の君主制の合法的な権威に挑戦した反逆者として中傷された。しかし、十九世紀の初めには再評価がなされ、王家の圧政に対して、実りはなかったが勇敢な戦いを率い、それによって、英国の統治制度の優秀性を示す、誇るべき実体である議会の力を保持するのに役立った、そのような、英国の自由の英雄的な擁護者と解釈された。一八四〇年に、歴史家のJ・O・ハリウェルはこう書き記した。「彼の闘争は、何も失うもののない人々が、革命によって改善を図ろうと望んで、財産の平等化を求めたような闘争ではなかった。それはまた、長く続いた平和の後で時々出てくるような、ただたんにそれが権威だというだけで権威に反対する無分別な反逆精神でもなく、反対に、それは自由を、正義を、そして正当にして合理的な権利を求める闘争であった」。『貴族たちの戦争』(一八四四年)を書いたウィリアム・ヘンリー・ブローは、より熱意のこめてド・モンフォートを扱っている。すなわち、彼の指導のもとで、「英国の自由は非常に元気な大人に成長し、非常にしっかりした発展をしたので、その原理の精神は推進者が没落しても、さらに生き長らえることが可能になり、今日にいたるまでわれわれはその円熟した効果を享受しているのである」と彼は述べて

いる。(62)

二十世紀の読者には明白ではないかも知れないが、十九世紀におけるシモン・ド・モンフォートの神格化は、ロビン・フッドの伝説にも強い影響を与えた。早くも十五世紀半ばに、スコットランドの年代記作家ウォルター・バウアーは、ロビン・フッドがド・モンフォートの反乱に加わった反体制派の一人だった、という説を立てていた。その主張は、しかし、ヴィクトリア時代の初めに生き返るまで、ほぼ三世紀の間だいたいは忘れられていた。一八四〇年三月に、ド・モンフォートの生涯を辿り、彼の敗北を悼む長文の記事が『ウェストミンスター・レヴュー』に掲載された。「GF」と頭文字しか明かさないこの著者によれば、抵抗の精神はまったく壊滅したわけではなかった。というのも、ド・モンフォートの従者の一人に「古来の立派な大義のために、非常に強い弓を引き、抵抗精神を捨てるはずのないロバード・フッド」という男がいたからである。彼と彼のまわりに集まった一握りの生存者たちは、「卑しい、信義のない専制君主によって差し出された、くだらない施しものの慈悲を受けるよりは、危険と苦難に囲まれ、じっさい家庭的な愛着も奪われた、征服されざる無法者の生活を選んだ」。そんなふうにして、ロビン・フッドはゲリラ戦を戦い続け、これによって「国民の大義」の英雄的指導者であるド・モンフォートの評判の一部を引き継ぎ、永久に続く名声を得たのである。

彼が一兵卒として戦ったということ、そしてまた、あの明敏なる包容力と博大なる精神をもってわれわれにこの立法府の誕生をもたらした人物とともに、彼も追放の憂き目にあったということ、それが分かったからといって、気高い精神をもったこの義賊の運命と名声への、われわれの興味が尽きるわけもない。思えば、その立法府を漸進的に修正することによってのみ、今まで諸国に例のない形で、社会的激動の恐怖と悲惨を通過することもなく、われわれは封建主義の最終段階からついに抜け出す幸運をもつことが望めるのである。(63)

一八四〇年代には、ロビン・フッドがド・モンフォートの随員であったとの想定が、いかにも、彼に下されていた無法者という判定を、うまく説明する理由として受け入れられた。ノッティンガム州の詩人スペンサー・ホールによれば、「立法議会における国民のより広い代表権の基礎を固める、という功績の一方で、その指導者の命を失わせることにもなった、あの忘れがたい運動において、ロビン・フッドの力が国の諸権利を守る側に捧げられていたこと……これには微塵の疑いもない」のであった。(64) 一八四一年一一月には、シャーウッドの森の祭典がノッティンガム州のエドウィンストウで、土地の機械研究所の活動の延長として開かれた。祭典はこの地方の「名声に貢献した著作を著した著名人たちを称える」のが目的だった。最初の晩の夕食のあと、郷士フランシス・フィッシャーがロビン・フッドの永遠の名声に乾杯することを提案し、「現代の寓話作家やロマンス作家が、偉大な英雄の名前を使って書いた物語の性格がたとえどんなものであろうとも、彼が国の自由の芽、マグナ・カルタを守るために、シモン・ド・モンフォートの指揮のもと、貴族たちとともに立ち上がった高貴な愛国者の一人であることは、歴史が証明するところである」と意見を述べた。この所説は非常に浸透性があって、急進的なトーリー主義の小説家G・P・R・ジェイムズなどもそれを受け入れ、歴史のホイッグ的解釈を支持するのはなにもホイッグに限ったわけではないことを示唆した。その『森の日々』（一八四三年）の中でジェイムズは、ロビン・フッドを「非常に優れた心をもったイングランドの郷士」として描いている。「おそらくは、当時の民衆の側に加担したことでならず者にされたにすぎず、また、才芸に長けてはいるが軟弱で専制的な君主ヘンリー三世と、あの偉大な驚異の指導者レスター伯シモン・ド・モンフォートとの重要な争いに一役を担った人物である」[65]。

そうなると、ここに伝統的な英国の制度を守るロビン・フッドがいる。しかしながら、これは彼が十九世紀に現われたときの唯一の服装ではない。というのは、彼はまた、しばしば、もっと急進的な衣装も着けたからである。たとえば、ノッティンガム州で十九世紀初めにラッダイトの暴動が起こったとき、「シャーウッドの森公有地事務所」と署名された公告が張られた。反乱の指導者たちをロビン・フッドと重ねあわせるよう示唆したのである[66]。しかし、ロビン・フッド伝説がこれほどあからさまに過激な政治分子と結びつけられた例は稀である。たとえば、チャーチストであるが、彼らがロビン・フッドの伝説に言及したことは一度もない。その代わり、ロビン・フッドは、もっと焦点のぼやけた類の大衆の急進性を表現するさいの媒体として、むしろ機能したのであり、民衆の権利や自由が何であるかをさほど実質的に定義もせずに、その権利と自由についての言葉だけはいろいろ混ぜてぶち上げるような動きに結びついていたのである。

自由と独立の英雄的な具体化として機能したこの義賊は、十九世紀初期の大衆文学でも人気の主題であった。低いものが高くなり、高いものが低くなるような形で、因習的な社会・政治的階級秩序がひっくり返るテーマ、ロビン・フッドはこれを具現するキャラクターであった[67]。ずいぶん頻繁に登場するところから見て、人々に強く訴えるところがあったテーマだったのである。民謡や呼び売り本では、支配者である君主が扮装し気づかれず民衆の中に入って行くといった場面で、そうしたテーマがごく普通に展開される。『シャーウッドの森の陽気な義賊、名高いロビン・フッドの有名な物語』というタイトルの呼び売り本が、一八三〇年にグラスゴーで印刷されているが、この話では、リチャード一世が、修道士に身をやつし有名な無法者に会うべくシャーウッドの森へ出かける。彼はメリー・メンたちの手に捕えられるが、リチャードが自分は国王の命で旅している途中であると告げると、ロビン・フッドは「国王万歳！　王の敵に呪いあれ！」と叫んで直ちに王を釈放する。さて、晩餐に招かれたリチャード王はこう尋ねる。「勇敢な方々よ、もし私があなたの恩赦とあなたの部下の恩赦を手に入れたら、あなたは王のために忠実な役に立つ臣民になるだろうか」。これはロビン・フッドの「第一の望み」だったので、彼はためらうことなく首を縦にふる。それを聞くや、リチャード王は修道士のマントを脱ぎ捨て、自分がリチャードであると名乗り出る。無法者たちは彼の前に恭しくひざまずき、王は彼らが過去に犯した罪を正式に許す(68)。この場面は社会的逆転の古典的要素をすべてもっている。最初に王は国民の間を自由に動く。そして対等のものとして彼らと親しく語る。その過程で王は、自分に対する真の忠誠心と愛を知る。それゆえ、王が無事に玉座に戻り、正常な秩序が回復されるとき、彼は彼ら民衆に報い、彼らの過ちをも正すことができるのである。

　十九世紀の多くの大衆向け民謡や呼び売り本では、この高低の逆転テーマは、貧富の逆転というさらに特殊に限定された形で、しばしば表現されている。貧しい人々の本物の労苦こそが、適切に機能する社会の根源なのであるとして、貧者は怠惰な金持ちよりも優れた人間として扱われている。この主題は、もう一度、ロビン・フッドの伝説の伝統的テーマと共鳴してくる。この伝説では、金持ちから盗んで貧しい人々に施す考えが主役を演じているからである。ロビン・フッドの財産の再配分計画は、道徳的英雄主義の行為として、そして不公正な社会・経済的な不均衡を正す努力として、扱われている。彼は貧民の味方である。「相手が貧民であれば、彼らを傷つけたり、彼らから盗んだりするのを控えるだけでなく、反対に、彼らに金品を与える。それればかりではない。誰かが病気であるとか困窮していると聞けば、困っている状況にある人々を救済するために、どこであれ必ず援助を送るので、人々は彼の繁栄と長寿を祈ってやまないのである」。彼の敵はすなわち彼ら貧民の敵であった。「彼は非常に裕福な連中、あるいは、その富を善用しようとする精神のない連中、そうした者たち以外の人からは金品を奪うことを潔しとしなかった」(69)。

十九世紀にロビン・フッドの伝説を特集している大衆の民謡や行商本は、こうして、働く人々に訴える人民主義的価値を強調した。伝説の芯には彼ら民衆の抱いているのと事実上同じ願望――正義、平等、そして、とりわけ独立への願望――があった。そうであれば、これらの願望を実現するために働く労働者の努力の中に、ロビン・フッド伝説の存在がうかがわれるとしても驚くにはあたらない。

一八四一年一一月三日、ノッティンガム州の小村、エドウィンストウで、地元の機械研究所の成功を祝うために「シャーウッドの集い」が催された。およそ一〇〇人の「農民、工芸家、きこり、それに農場労働者」の誇らしげな集団がバークランド・アンド・ビラ・ロッジに参集し、そこで豊かな食事の席に着いた。やがて、研究所の創立者であるクリストファー・トムソンが立ち、「情報の広がりのお陰で、もはや知性の太陽はカレッジや寄宿学校のうえにだけ輝くのではない。辺鄙な村にも、ちらりと顔をのぞかせるだけの小さな村にも、いや、じっさいのところ、わが国のすみずみにまでくまなく、輝く知性の光は送りだされている」と語る(70)。そして、これらの改善が働く人々によって、彼ら自身のためになされた努力によるものであり、上流階級の側の発議によるものではないことを、トムソンは明言するのである。この演説の事実上一句一句が、聴衆からの熱狂的な喝采と「謹聴、謹聴」という叫び声を受けたという。

トムソンの言葉に宿っていたのはロビン・フッドの精神であった。トムソンが着席すると、司会者は「勇敢で、親切で、心の温かいロビン・フッド、貧しい人間、困っている人間の変わらぬ味方であるロビン・フッドの永遠の名声」に乾杯することを提案した。ついで、グループ全員がこの機会のために特別に地元の詩人スペンサー・T・ホールが作った歌を歌った。

今や、見えよう、威厳と誇りをもって立つ彼の姿が。
友であり従者でもある、リトル・ジョンを傍らに、
奴隷をいかに解き放ち、暴君をいかに責めようかと、思案する、
立派な英国の愛国者たる、時代を超えたその栄光の姿が。(71)

あきらかに、ホールは、機械研究所が地元の労働者に教えようとしている自由と独立と同じ価値を、この伝説は具体化していると信じていたのである。

この繋がりは一八四二年七月に行なわれた第二回の「シャーウッドの集い」でさらに一層明確にされた。今度の祭典は、昔のシャーウッドの堂々とした樫の樹の見えるところに立てられたテントの中で行なわれた。内側は森のような雰囲気を出すために、樫、ブナ、ツタ、その他の青葉の枝で飾った。出席者はロビン・フッドの記憶と永遠の名声に乾杯し、エリザベス・シェリダン・ケアリーによる詩は、集まりに出席した人々を昔の有名な義賊にたとえた。

あの弓の第一人者、ロビン・フッドと、

彼の勇敢なシャーウッドの男たちの一団
(これほどの仲間を、林間の緑地が迎えることは二度とあるまい)
その彼らの、愉快な新緑の中の集いさえも、
ちかごろ、エドウィンストウがあなたの中に見いだしたほどの、
われらを鼓舞する姿を、
見たためしはなかったのだ(72)。

エドウィンストウ機械研究所は、ロビン・フッドの伝説が、独立を得ようと働く人々の努力と結びついていた一例を表わしている。ほかにも、同じような例はあったのであろうか。この質問に答えるためには、十九世紀の労働階級の自助のまた別の形——互助組合——に目を向けなくてはならない。互助組合は少額の年会費と引き換えに、あまり多くない額の健康・生命保険を働く人たちに与える相互受益会であった。ヴィクトリア朝の英国で最も広く行きわたっていたある互助組合は、一八九一年には四〇〇万人以上の会員を誇っていた(73)。

互助組合には二つのタイプがあった。小さい、地域的な、独立した会と、地方支部をもつ国家的組織からなる提携友愛組合である。最大の提携友愛組合の一つは「古代森林官組合」で、一八八〇年代の初めに五〇万人以上の会員を有していた(74)。「王の森林官」と呼ばれた、実体の定かではない、半ジャコバンの十八世紀の秘密結社から由来する名前をもつくらいであるから、入会儀式や公開の儀式で、この組織がかなりロビン・フッドを利用したとしても驚くにあたらない。

こうした組合の紋章には、ロビン・フッドの肖像が華々しくあしらわれ、伝説の人物が森林官が行進

で使う絵に定期的に出てきた[75]。この伝説が、なぜ、彼らにそれほど魅力的だったのであろうか。この伝説が生活共同体の理想、労働者の独立、互助組合が具体化しようとしていた理想を表わしていたからこそ、森林官たちはそれに目を向けたのである。「古代森林官組合の管理通則」（一八四〇年）によれば、「良き森林官とは、市民としての権利を失うまいと用心し、権利を控えめに、男らしく、礼儀正しく維持する人間である。そして、同時に、彼は自分の義務も知り、上手に任務を果たし、国の法律に喜んで従う。一方では、へつらいもせず、卑屈にもならず、また一方では、放埒でもなく党派性もない」と記されている[76]。

森林官の公式の出版物や声明文が、義務や礼儀正しさに力点をおいているせいで、歴史家の中には、自分たちの価値観をヴィクトリア時代の中流階級が働く人たちに押しつけようと試みる点で、互助組合は共犯であると主張する人もいた[77]。互助組合は「体裁のよいこと」という中流階級の概念を受け入れた。そして倹約、慎重さや道徳的誠実さを受け入れるように会員たちに薦めた、と彼らは主張する。しかしながら、ブルジョワ的な価値観への表面上の傾倒にもかかわらず、中流階級によって擁護されている「自助」の類いとはまったく異なる、本当の独立の探求を、互助組合はけっしてやめたわけではなかった。最近の研究によれば、彼らは中産階級のものとは違った別の定義を出すことによって、中流階級の体裁のよさというお仕着せの強制力には抵抗したことが分かっている。自分たち独自の階級を特定した目標のために、重要な概念のいくつかは自分専用のものに変えたのである。森林官たちがロビン・フッドの伝説に認めたのは、この独立の精神であった。エドウィンストウ機械研究所と「古代森林官組合」の両者において、かくして、ロビン・フッドの伝説は、労働者の願望の象徴的な表現として働いたのである。伝説の伝統的テーマは、この目的のために簡単に改作された。金持ちから奪い、貧しい者たちに与えた庶民の英雄、ロビン・フッドは、国の社会的・経済的不均衡がより平等に調整されてほしいと思っている人々にとって、理想的な手本として役に立ったのであるし、また一方で、ロビン・フッドの森の共同世界のイメージは、そうした平等化の調整が実行されるための、政治的な手本をも与えてくれたのである。敬意や服従の代わりに、緑の森の生活は民主的な選択と、普通の男女が自治を行なう機会を、それは提供していたからである。

第三章
「わが国語への愛」
●アーサー王、ロビン・フッド伝説と英語学の発展

　言語は国家、国民の輪郭を描くさいの一つの基本要素である、ということがよくいわれる。一つの集団を別の集団から区別するさいに、言語の違いはまず不可欠の要件のように見えるからであろう。なるほど、相手の国語を知らないならば、それはコミュニケーションの最大の障害となるし、それゆえ、異なった国民どうしの不和のじつに単純な原因ともなろう。しかし、言語の違いは、本当に国民どうしを分け隔てる働きをするものなのだろうか。

　国語とされるどの言語も、その中身は地域ごとの変種、すなわちいろいろな方言を包摂した複合体であり、その方言のなかには、他の地域の者にはまったく理解不可能な場合もある。そうした方言の枠を縦断して、真に「国語」と呼べるものが登場するのは、かなり最近になってからのことで、全国統一的な初等教育のシステムができてはじめてそれが可能になったのである。ところで、そうした教育制度の確立のためには、まず、それを制定し、維持しうるだけの十分に規模の大きな政治的実体の存在するこ

とが前提となるが、それほどの規模の政治権力となれば、近代的な民族国家の登場を待たねばならない。というわけで、大多数の事例において、「国語」の歴史は国家そのものの歴史よりはずっと浅いのである。(1)

しかし、国語の成立が国家の前ではなく後だからといって、一つの国民性の形成にあたっての言語の貢献をまったく計算に入れないというわけにもゆかない。たしかに、エリック・ホブズボームが指摘するとおり、「言語に関する一種観念的な理解を国民性というものに神秘主義的に重ねあわせる」とすれば、それはたんなる「イデオロギー的構成物」ということになろうが、しかし、そうした観念の意義をまったく除外することもできない。(2) やはり、ある特定の言語にある文化が強力な同一化をみせるということが起こりうるのであって、それは、当の言語がきわめて恣意的に選ばれた場合でもいえることである。ある言語がいったん「標準」として承認されるや、それは一種の固定性、長寿性を感じさせるようになり、実際とは違ってはるかに「永続的」だったように見え、それゆえに、国民的実体のシンボル、トーテム像として立派に機能し始めるからである。

じっさい、十九世紀ヨーロッパの民族主義運動のほとんどすべての事例において、ベネディクト・アンダーソンが「民族のプリント言語」と名づけたものが、非常に重要な役割を果たしている。アンダーソンによれば、比較言語研究の成果によって、従来はギリシャ、ラテンにはるかに劣ると見なされていたその土地ごとの現地語への、愛国的な誇りが強まってきたという。言語学が重要な学問分野として登場すると、それぞれの現地語にも研究し、尊重する価値があることがわかってきて、「ライバルどうしの土地言葉を使う雑多な下層民衆たち」が古典語を使える兄弟たちと同等の存在論的根拠を共有しうる可能性が開かれたのである。この学問的取り組みを裏で支えたのは、同時並行的に識字率がたかまり、また、産業、通商、通信などの分野での発達が進んだという時代の流れであるが、そうした発達はまた、近隣の言語の統一を進めようというあらたな推進力を生み出すことにもなった。これらの条件が重なって、新しい現地語としての「国家の言語」が、ますます重要な位置づけを求められるにいたった。(3)

こうなると、ある特定の現地語を「国語」の地位にまで高めることができた共同体の目には、その言語の生い立ちや発達を説明するような神話や系統図を生み出し、かつそれを洗練された形に磨いてゆくことが望ましい、いや必要でさえある、と見なされるようになった。言語が国民性に連結させられてゆくのは、まさにこうした策略を通じてなのである。この連関を捏造する一つの方法は国民文学というものを認定することだった。ある特定の文学作品を、その作品本来の文学的価値から評価するだけでなく、それが国民文化の発達にいかに貢献したかという観点から選定し、そのテキストを規範的な地位にまで押し上げること、これが、特定の言語を国家の「公用語」たる現地語として認定するための決定的な戦略となった。

「英雄的で、愛国的な手本」

●中世の文学テキストと十九世紀における英学の発展

文学の言語としての英語が公認されてきた経過をたどろうとすれば、まず、十六世紀における英国のナショナリズムの夜明けにまで、さかのぼらねばならない。世俗の文学界にあって、国家像についての意見がきわめて活発に表明されたのがこの時期であり、文筆家、学者の第一の関心が英国と英語についてものを書くことであった。より詳しくいえば、人々はチョーサーをはじめとする「昔の達人たち」の過去の文学業績を称賛するとともに、現在の文学界の成果も褒め称えた。[4] 名を挙げられた作家は、トマス・モア、フィリップ・シドニー、エドマンド・スペンサーたちである。

文学におけるアングロ・サクソン民族主義とあいまって、英語という言語を他の諸言語の上に置こうという試みも活発になった。チューダー朝の論評家の指摘するところでは、かつては卓越した言語の標準と目されていた欧州の諸言語よりも、じつは英語の方が本来的に優秀な言語なのであった。そのように英語の地位を高めるには、しかし、欧州の諸言語を貶めるだけでは十分ではなく、イギリス諸島の他の言語をも壊滅させるか、少なくともその方向へ進まねばならなかった。結果として、ケルト語はチューダー朝、および初期のスチュアート朝によって過酷な弾圧を受けた。支配者たちは、言語の統一ということを、イギリス諸島の周辺部へみずからの権威を押しつける努力に必然的に伴う措置と考えた。たとえば、ウェールズとの合併を定めた一五三六年の「連合法」は、今後は行政ならびに法律の業務はすべて英語で行なうと取り決めた。このため、すべてのウェールズ人とはいわないが、少なくとも社会的地位や職業に関して向上をめざす人々の間では、ウェールズ語は必然的な衰微をみた。翌年には、「英国の秩序、慣習、言語に関する法」がアイルランドを対象にして採択される。これは、すべてのアイルランド人に対して「その能力、才覚、知識を最大限に発揮して、英語を用いるべし」と要求するものだった。同様の法律が、こちらは十七世紀初頭に入ってからであるが、スコットランドにも適用された。この「教区付属の学校設立に関する法」（一六一六年）の主たる目的は「英国の標準英語をあまねく定着させること、また、アイルランド語はイリスおよびハイランドの住民のあいだでの野蛮さ無作法さの主たる原因であることから、これを廃し除去すること」であった。[5]

国語たる英語および英国文学の高揚政策は、つぎの二世紀にも延々と続いてゆくが、こうして民族主義的な文化への傾斜が強まると、昔からの権威ある古典を無批判に受容することがますます戒められるようになり、そうせずとも自国の文学にも古典に匹敵するものがある、いやそれ以上のものがある、とまで考えられるようになった。自国の文化がしっかり承認されるには、ギリシャ、ラテンの古典の限界を見きわめておく必要があったからで、古典文学というのは「自国の文化を求める近代国家にとっては不適切なモデル」だとされた。これに代わるべきは、「どの国民の過去の業績にも匹敵し、また未来においても質的な勝利を得られるようにと、国民が強く望むような、近代英国の規範的作品の創出」であった。そしてこの国産文学をめざす風潮の恩恵を最も明白な形で受けとったのはシェイクスピアであっただろう。シェイクスピアの評判は、一七五六―六三年の七年戦争の期間、つまり、英国の文化を威圧する外国の優勢な文化に対しての抵抗が強まった重要な時期に、あらたな高みにまで達したといってよい。[6] このほかに、英国文学の新しい神殿へ加入してくるのは、チョーサー、スペンサーであり、またミルトンであったが、英文学の成果はむろん過去の作家に限られたわけではなく、ドライデン、ポウプといった当代の作家の業績も古典文学に比肩しうる、あるいはそれを凌駕しうるものと見なされた。これらの作家たちが高く評価されるということは、すなわち、彼らの武器である英語という言語も立派なはずであった。英語がギリシャ、ローマの古典言語と比べても遜色ない、それ以上ではないにしても負けてはいない、と主張する十八世紀の論者はたくさんいる。『古典文学読書論』(一七一三年)の中で、ヘンリー・フェルトンは「私の実体験から、また比較検証の結果からも、すべての洗練された近代言語のなかで、わが英語は、ギリシャ、ラテンの言語がもつ美しさ、力強さ、意味深さを内包できる最高の言語であると考えるのが妥当である」と述べている。[7]

ところで、十八世紀の英語称揚ムードは、十六世紀とは違って、その対極でケルトの言語や文学を貶めるようなことはなかった。むしろ反対に、十八世紀の後半には、ケルト愛好の風潮が強まり、イギリス諸島でも辺境の地方の文化的完成度の高さへの崇拝熱が生まれる。このケルト崇拝が発生する原因はいろいろあって、古文書収集の研究が非古典文学へ広がったことも一因なら、一七四五年にカロデン・ムアで、スチュアート王家の復活を策したジャコバイトが大敗したことも一因であるが、最も重要なのは、これが欧州全体に広がっていた風潮、つまり「原始主義」の隆盛から発していることだ。ジャン・ジャック・ルソーの著作に端を発したものだが、近代世界のいわば洗練されすぎた人工美の対極にある土着文化への礼賛が、徐々に大きなうねりとなって、無垢、素朴、清廉なものへの強い関心、さらには熱烈な崇拝となってきたのである。この流れのなかで、イギリス諸島の場合、古代ケルトの住民がまさにそうしたものの典型として、考察の対象にもなり、さらには賞賛の的ともなった(8)。英国人はこの先祖たちの純朴な生活を、遺憾であるとするどころか、むしろ自慢にさえ思い始めた。従来は厄介な部分と目されていたものが、こんどは国の誇りの一つの源泉になったわけである。

ケルト愛好熱は、英国におけるケルト文化の地位にじつに大きな影響を及ぼした。十八世紀後半から十九世紀初めにかけては、ケルト人は英国文化に対して薬になるような健全なエネルギーをもたらしてきた、という見方が広く行なわれたし、英国の文学はケルトの文学と連携することで活力を得てきたとも考えられるようになった。一八一八年、ウィリアムとロバートのウィスルクラフト兄弟は、『アーサー王と円卓の騎士に関しての最も興味深い事項を含むよう意図された……望ましい国民文学の趣旨と実例』なる一書を著し、古典文学が凝りすぎて硬直しているのと対比させて、ケルト文化の質朴、頑強さを以下のように強調している。

詩神とやらは、あの異邦人たちには役に立ったかもしれぬが、
豪放なブリトン人は、ジョッキでも酒瓶でも、まず一杯ぐいとやり、
酒が終われば、かぎタバコを一つまみ楽しんで、
アリストテレスなどものともせず、おもむろに詩にとりかかる。
あちらの規則は無味乾燥で、独断のしろもの、
生気も情熱も、息詰まらされ、抑えこまれる。
それゆえ、私はいま述べている方法を推薦し、
土着の人々の判断と創案にまかせるのだ。

このケルト愛好熱の高まりは、むろん、ケルトの言語の再評価をも含む。ケルト語は、もはや未開民族の言語としてさげすまれるのではなく、英語の発達に大きな貢献をした言葉として、最高位の栄誉を与えられるまでになった。『言葉の哲学』(一七六九年)の中で、ローランド・ジョーンズは「われわれは、いま持っている言葉の四分の三は打ち捨て、もともとケルト語から発達した残りの四分の一だけを、われらに固有の自然な表現物として、残せば十分なのである。それらは、ギリシャ、ローマからやってきた言葉よりははるかに優れている」と主張している。(9)

ケルト文化へのこのあらたな敬意は、前述した十八世紀における生粋の英国ナショナリズムの全般的隆盛と機を一にするものだ。英国が一つの近代国家として形をなしつつあるまさにその時期に、この王国のあらゆる地域での文学、言語的成果が認知されるようになったのである。

しかし、十九世紀になると、このブリテン全体の文学的成果を強調する視点はむしろ退けられ、好ま

しいものとしてイングリッシュの文化だけに引きこもる傾向が出てくる。これもまた、それ以前に一般の承認を得ていたブリティッシュの多様性から、特殊イングリッシュの民族主義への移行の一つの実例である。そして、この移行を十分に理解するためには、英語すなわちイングリッシュの研究が主要な学問分野として登場してくるという経緯に照らして、それを考察する必要がある。一八〇〇年以前ならば、「英語」という用語が教育との関連で使われるときは、古典語との比較ではるかに劣る雑多な近代言語の一つ、という意味で使われたのである。[10] グラマー・スクールから大学にいたるまで、学生、生徒はギリシャ、ラテン語の厳密な読みを勉強しており、きっちりと境界線を定められたカリキュラムには、現地語の勉強が入りこむ余地などまったくなかった。[11]

皮肉な話だが、英国における英学の発達は欧州大陸、とりわけドイツでの動きに刺激を受けたものだ。ドイツでは、フリードリッヒ・フォン・シュレーゲルやフランツ・ボップのような言語学者が、文明の起源をたどる一つの手段として現地語の検討を始めていた。彼らの取り組みに促されるかたちで、英国でも、国家と文化のルーツを探るためには母国語の研究が重要であるという認識が高まったのである。英学に対する学界の姿勢にも変化が生じた。一八二八年、ロンドン大学のユニヴァーシティー・カレッジはトマス・デイル師を英語学教授として任用、これが英学研究に専門に携わる教授の初の登場となった。これを真似て、続く何十年かのあいだに、地方の大学も同様のポストを設けることになる。[12] オクスフォード、ケンブリッジでは、古典の伝統的な教授を守ろうとするいわば「古典派」が節操を曲げずにいたが、これもついに十九世紀末には時流に屈する。一八九〇年、ケンブリッジの学位取得課程の新しい規定の中で、英語は初めて他の諸言語から独立したコースとなった。四年後には、オクスフォードも英語の専門学部を設置する。こうして、十九世紀末までには、教育界の大多数が、英語を近代的カリキュラムに不可欠の構成要素と考えるにいたったのである。

英学の勃興は、シュテファン・コリーニが論じたように、「国民が自己定義を行なう広範な過程」の一部であった[13]。十九世紀は、欧州全域にわたって、国家の建設者たちが自国の言語や文学にこぞって関心を向け、辞書編纂者や文法学者、言語学者の貢献が、時代の民族国家観の形成にとってなくてはならないものとなった。英国もこの潮流に無縁でいられるわけはなかった。のちに『オクスフォード英語辞典』に集大成される辞書の編纂計画なども、多くの点で、欧州各国の場合と同じ民族主義的衝動にかられた事業であった。

こうした全般的な流れを念頭におけば、英学の研究がすこぶる愛国的な心情を伴っていたのも意外とは思えない。特に顕著なことは、政治制度や法体系の継続性とも並行したそれ自身の継続性をもつという点で、英語という言語が称賛されたことである。『勇者が王であったとき』（一九〇八年）という子供向けの物語を書いたエスコット・リンは、「われわれが今しゃべっているこの雄々しく力強い英語が、アルフレッド大王の時代から途切れなく続いてきたものであることは、何度繰り返しても言い過ぎではない」と述べている[14]。こういう自覚が生まれると、こんどは、その継続性を実証するために、国家の栄光ある過去の文学伝統からしかるべきテキストを探してこなければならない。こうして、中世の英国文学が前代未聞の注目を集めるようになった。十九世紀には、ほこりをかぶったまま幾世紀も書庫の棚にねむり、事実上忘れ去られていた過去の無名の文書が、おびただしく発掘され、再発見され、またおおいに普及させられた。こうした展開は、必然的に、アーサー王とロビン・フッドの伝説の運命にも大きな影響を与える。というのも、当代の出版社の手で日の目を見させられた洪水のような中世の文献の、そのかなりの部分が、この二人の英雄の冒険と手柄話を含んでいたからである。

中世文学への評価の高まりは、それら文献の出版にますます多くの専門家がかかわるようになったことにも反映されていよう。従来は、中世の文献の編集者といえば素人がほとんどだったのが、十九世紀半ばには専門家がこの仕事の大部分を引き継ぐことになる。たとえば、サー・フレデリック・マッデンなどは、アーサー王関連の文献の発掘、出版に生涯を捧げた人であった。その最大の業績は円卓の騎士ガーウェインの伝説にまつわる中世文献の選集（一八三九年出版）、およびラーヤモンの長詩『ブルート』の監修（一八四七年出版）であるが、両者とも、何十年という歳月をかけた労作であった。それまでの中世学者の手になる、断片的で誤りだらけの「精選」、「亀鑑」、「拾遺」といったものに比べると、マッデンのそれは写本を完璧に校閲した非の打ち所のない版で、広範囲にわたる注釈、所見を付し、用語集さえ加えた(15)。

ロビン・フッド伝説の場合も、中世文学研究の専門職化のおかげをこうむっていて、こちらは、一七九五年、ジョーゼフ・リトソンの『ロビン・フッド』の出版がその嚆矢となった。つねに新しい情報を追い求めるリトソンの勤勉さこそは感銘深いものがある。彼の努力は見事に報われたといってよく、その三三巻の労作に洩れていて、それ以降つけ加わった文献はわずかに五編である。ただ、リトソンの場合は、彼自身のかなり急進的な政治思想を打ち出すことに急で、自説の例証として義賊伝説を利用しようという思い入れがすこし強すぎるので、これをもって、初期ロビン・フッド文学の研究におけるあらたな学術的規準と断ずるには無理がある。学問としての規準は、のちの編者たち、たとえば『ロビン・フッド小武勇伝、ならびにその他の古代、近代歌謡』（一八四七年）を著したジョン・マシュー・グッチなどの手に委ねられることになった。グッチは先人の誤りを正し、精確かつ網羅的なテキストの編纂をめざした。グッチ編纂の選集は大きな影響を及ぼし、こうした骨折りの結果、ロビン・フッド歌謡が十九世紀の人々にとってもなじみのバラッドとなったのである。[16]

編集体制が専門化したからといって、それは、中世文学の読者が専門家に限られていたわけではない。たしかに、十九世紀前半にあっては、富裕な書籍収集愛好家からなる学術的な団体が出版を一手に引きうけていた。そうした学会は一般大衆には書物を提供しようとしなかった、ないし、それを望まなかった。一八一二年設立のロクスバラ・クラブの姿勢などは、この点できわだっている。このクラブでは、メンバーの義務は「古くて珍しい小冊子、作品の再版本」をクラブの会員たちだけに提供することであったから、結果として出版部数は五〇部以下であった。[17]

しかし、十九世紀も中頃になると、中世文学を一般読者にも読めるようにしようという動きが出てくる。このために、編集者たちもさまざまに工夫を試みている。価格は明らかに重要な条件であったが、たとえば、リトソンの『ロビン・フッド』は一八五〇年代にはわずか一シリングで購うことができた。挿し絵画家が登用されて、白熱場面には挿し絵をつけて視覚的理解の手助けとしたのも、新しい工夫だったし、編集者によっては、巻末に用語集をつけたり注釈を施すなどして、物語に不慣れな読者の便宜をはかった。

ときには、しかし、そういう便宜を図っても十分ではないこともあった。多くの読者にとって、中世文学のテキストはとにかく長すぎたし、繰り返しも多かった。そこで出版社は、いろいろな形の要約版、改作本を出すことになる。冗長な部分をカットし、最も興味を引きそうな筋立ての部分だけを拡大したのである。この作戦の格好の実例といえるのが、一八六二年のバラッド集『ロビン・フッドの生涯と偉業』である。編者の解説によれば、これは「批評家や古文書愛好家向けの物語ではない。難解、深遠な議論などする暇もないし、その気もないような、多くの読者大衆のための物語である」。したがって、収められた歌謡は、「古風な言い回し、廃れた言葉でいっぱいの原典の形で」印刷するのではなく、むしろ、「現代の用語で着せ替えさせた」という。こんな本でも、さらに付録として、「わが国語の古い方言にはまずなじみがないという読者の便宜を図って」用語集がつけ加えられた。[18]

かつてはメンバーだけのクラブを守って排外的だった学会も、新世代の団体が中世の作品を大部数で印刷しだすのを見て、遅れまいと自分たちも乗り出してきた。一八三八年設立のカムデン・ソサエティーはその種の出版クラブで最大のものだったが、しばしば、一点一〇〇〇部を越す部数の出版をしていた。[19] アーサー王関連のテキストをより専門的に出していたのは、一八六四年にフレデリック・J・ファーニヴァル博士が設立した初期英語テキスト・クラブ（EETS）である。博士は揺るがぬ主義に徹したはなはだ勤勉な中世文学者で、そのキリスト教社会主義者としての活動ぶりは前の章で述べたとおりである。EETS設立の当初の目的は、信頼にたる編集をされた初期英語文献からいろいろ言語学上の材料を集めて、最終的にこれを『オクスフォード英語辞典』をつくる手助けにする、というものだったが、ファーニヴァル博士はEETSの「主要目的」は、「アーサー王と円卓の騎士に関係する英語のあらゆるロマンス物語を、だれもが読める形で」印刷することである、といってはばからなかった。設立当初のわずか二二名の会員の中には、テニソンやラスキンのような、ヴィクトリア朝きっての知識人といってよいお歴々も含まれていたが、会の狙いは最初から完全に大衆志向で、年会費がわずか一ポンドであったから中産階級の者でも入会が可能だった。一八六五年には、会員は早くも二五〇名を超え、さらにその周りに、出版される安価なテキストを楽しみにしている幾千という読者を抱えていた。同年、『ジエントルマンズ・マガジン』誌はファーニヴァルの努力に応援を送って、「これらのテキストが一般大衆に広く読まれうる機会を提供したという事実にかんがみて……大いなる喜びと賛辞をもって……貴下の出版を歓迎するものである」と評価した[20]。

十九世紀なかばには、明らかに、学者や並外れた騎士道愛好家だけでなく、ごく一般の読者にも中世文学が読まれるようになった。この事実をしめす好例は、『サー・ガーウェインと緑の騎士』の流布本の経緯であろう。一八三九年のマッデンの版は、むろん学術的観点からは完璧な内容であるが、かなり値のはる大型本で、バナタイン・クラブの会員専用の限定出版であった。一方、リチャード・モリスは一八六四年にこの簡略版をEETSのために編集、出来上がったものはマッデン版に比べれば、はるかに精緻さを欠いてはいたが、わずか一シリングと安価で部数もはるかに多かった。モリスはまた、「サー・ガーウェインの愉快な冒険物語を、読者がいくらかでも骨折らずに読めるように」と、傍注をほどこした。英語自体は原典の中期英語を残したが、近代英語の要約をあらたに付け、また用語集も加えて、理解の手助けとした[21]。さらに万人向きになったのは、一八九八年のジェシー・ウェストンの『サー・ガーウェイン』である。ウェストンは中期英語はすっかり捨てて近代英語の散文訳に変えた。彼女はこう言明している。「周到で学問的な編集にもかかわらず、詩行による原典の物語が専門的学究の徒以外にはなかなか読まれないのは、ひとえに、言葉の難しさ、曖昧さによるのである。この一事が、より読みやすい形式によって一般大衆向けの物語にしようという試みへと、私を促したのである[22]」。

中世文学をこのように大衆化する方向へ関心が向かったのはなぜだったのか。そこに利潤追求の動機があったのは、まず、当然のことである。編集者も出版者も、中世の文物全般への時代の興味を利用して投資しようという熱意があった。と同時に、これは、当時の英国社会のいろいろな専門職部門からの要請に応えるものでもあった。というのは、一八七〇年代には、公務員、軍人をはじめさまざまな職業が、その採用試験に英語を課すようになり、これから試験を受けようとする者への勉強の道具として、各種の中世文献の現代版が用意されたからである。これに加えて、初期の英語文学に触れることによって、広範な読者層が道徳的、知的な恩恵を得ることの必要性、これを編集者、出版界が感じていたという事情もある。一八三〇年代に、トマス・デイルが明言したとおり、「われわれの理性の最も価値ある機能面であり、かつ、われらが将来の命運をも左右する真の道徳、その試練にわれわれを備えさせてくれるのは、まさに、文学をおいてほかにはない」からであった。[23]

そして、アーサー王やロビン・フッドの伝説には、そうした「真の道徳」がこめられていると信じられた。両者とも、読者の品行を改善するさまざまな教訓を与えるものとして活用できるはずであった。J・T・ノウルズがマロリーの『アーサー王の死』を改作した彼自身の作品（一八六二年）の中で述べたとおり、「アーサー王への関心がますます高まっていることは、まちがいなく、時代の健全な兆候」だったのである。「それ以外の価値もさることながら、アーサー王の物語が、このあまりに商業的になりすぎた世の中のさもしい利己的な側面に対して……たゆまぬ抵抗を見せているのは心地よいことである。自己犠牲に立った騎士道的献身、神と自己の義務についての不断の勇気ある自覚、何であれ粗野で無作法なものに対する高邁な超俗の姿勢、これらが、物語の本質なのである」。ロビン・フッドの道徳的価値の方は、これはすこし議論の余地があった。結局のところ、この男は盗賊であり、不逞の法外者だったからであるが、しかし、違法のふるまいがあったとはいえ、ロビン・フッドもやはり志操の高い道徳の士である、というのが大方の評価だった。小説の連続ものを書いていたピアス・イーガンはこう述べている。

ロビン・フッドが登場するあらゆる詩、歌謡、歌曲、伝承、寓意劇、物語に彼の性格をたどれば、精神高潔にして、勇気は比類なく、力強く、大胆にして果敢、思慮、忍耐に優れ、褒賞を授けるにあたっては公正無私、分け前の分配にさいしては思いやりにあふれて物惜しみせず、慈善の心は無量無辺、あらゆる美点をそなえた有徳の士であったから、配下の者はのこらず献身的な愛着を見せて彼に仕えた。じっさい、現存する歌謡や伝承のなかに、彼に対する不忠、裏切りを働いた者の例は一つだに見いだせない。いや、配下の者には限らない。飢餓、不正、抑圧、そうしたものの前に敢然と立ちはだかってくれる、信頼にたる真の友として、ロビン・フッドは広く民衆の尊敬を集めていた。(24)

道徳の向上を目的とした英文学研究を唱導する人々は、しばしば、その取り組みを英国の生活および文化を若返らせるという目的に結びつけた。ヴィクトリア朝の著名な言語学者であるリチャード・シュネヴィクス・トレンチはその名著『英語の過去と現在』(一八五五年)でこう書いている。

わが国語に対する愛着、これはつまるところ、言語という一つの特定の方向へ表出された国土愛にほかならないのではないか。もしも、われわれの住むこの英国の偉大な歩みがわれわれの大切な財産であるとすれば、また、われわれがそうした過去の偉大な歩みのおかげで、自分たちも立派になってきたと感じ、先人の高貴な生き方を見習って自分たちも立派な生き方をせねばならないと感じるとすれば、……われわれの故郷である国土が、そうした偉大な過去を成就し、また未来の栄光を約束する国であることを最も明確に示してくれるのは、英国人が自分たち自身のため、また子孫のために、一つの明瞭で、調和のとれた、気高い言語――英語という言語――を獲得してきた、というまさにこの事実なのではなかろうか。

トレンチをはじめとして、同時代の幾多の論者が、人間を教化する英文学の力こそが、分裂的な階級間の葛藤から人々を遠ざけ、国民の統一を回復させるように導くために必要である、と説いている。キリスト教社会主義者であるF・D・モーリスが主張するように、文学を研究することによって、「階級と階級が、たんに必然性によってだけでなく、国民全体の義務感、共通の心情によって、互いに結びつけられる」さいの、包括的な国民性の実体が創生されるというのである。ヴィクトリア時代中期の人々の多くが、産業革命期の物理的・心情的なさまざまな条件が、国民を過去の伝統から切り離すことで、英国人の生活文化を貧しいものにしていると感じ、それゆえに、国民の文化伝統との再結合を図るためのあらたな手段が必要であると感じていたのである。マシュー・アーノルドの説明を借りれば、「無秩序へと落ち込む」危険が差し迫っている社会に「統一の真の絆」をもたらしうるいわば万能薬として、文学研究が位置づけられたのである(25)。

英文学研究の、この国家主義的な気配が十九世紀末期にはいっそう顕著になる。一八八〇年以降の時代的特徴として、英国では「効率的な国家」への要請が高まってくる。世界中で、経済、通商、軍事面での英国の覇権に対する挑戦が始まり、このため、国内外での国家の利権を守る課題のために、国の指導者たちは、英国の大衆を教育しかつまた統治する、より効率のよいプログラムを策定しようと試みた。つまり、英語という言語の学術面からの地位確立が急がれたのも、この脈絡で理解されなければならない。つまり、先祖、伝統、臣民といった概念について国民的な意識を形成し、それを普及させるために、教育界でも言語を含むさまざまな分野で新しい、より効率的な方法が模索されていたのである。一八九四年、プレイフェア卿は「大学教育普及ロンドン協会」で講演して、英文学を読む「主たる目的はたんなる大衆の教育ではなく、彼らに知性の改善への欲求を起こさせることである。……学問への愛好心が生まれると、人は誰しもがさらに学問を深めたいと願う気になるのであり、そうやって彼らが知性を高め、理解力を深めるならば、結局それは、国家の臣民としてより有益な人間をつくることになるのである」と語っている。[26] 国家主義的政策との共同歩調、これが英文学研究の進路として採用されたのであり、国家の目標を達成するための人材教育に、欠かせぬ支援材料として英文学作品が呼び出されたのである。[27]

国民的な伝説のヒーローたちは、まさしくこの目的に適うものと考えられた。オクスフォードの英文学科創設に尽力したジョン・チャートン・コリンズは、その『英文学研究』（一八九一年）の中で、人々が「伝説上で、あるいは実際の歴史の中で登場する英雄的、愛国的な実例を、眼前に生き生きと提示してもらうことを必要としている」と述べた。こうした見解の持ち主は彼一人ではない。W・ケアリー・ハズリットはその編著『英国の伝記と物語』（一八九二年）の中で、「こうした物語に盛りこまれた偉業とそこに流れる情操は、……当然ながらいや増す魅力や価値をわれわれの目に焼きつけ、かくして、われわれは……それらの物語を、わが国家と民族の発展をたどるさいの資料としてつけ加えるのである」と述べている。[28] そして、「わが国家と民族の発展をたどる」ための実例となれば、アーサー王とロビン・フッドにまさる適役はいなかった。『古代ブリテンの伝説』（一八六四年）の中で、ルイーザ・L・J・メンジースは、「〔アーサー王物語のなかの〕男らしい質朴さ、豪胆さは何気なくこれを読む読者の目にも強烈な印象を残す。それらは……自由の擁護者であり、諸国家の女王であるこの小さな島国の国民性に不思議と調和する」と述べている。ロビン・フッド伝説もまた、同様に、これを生み出した国家の栄光を読者に想起させるものと見なされた。一八九七年の『リンカーン・グリーン』でハーロー校の教員であったエドワード・ギリアットは、ロビン・フッドこそは「英国人ならば愛と称賛、そして尊敬の念なしにはその名を口にできない偉人」であるとしている(29)。

しかし、アーサー王とロビン・フッドの本質的な「英国風」を語るさいの、この快活なまでの自信に満ちた口調とは対照的に、じつは、両者が英国の文学規範のなかに収まるにはそれなりの困難さも伴ったのである。ロビン・フッドの場合でいえば、彼の伝説がもともと語られていた形式であるバラッドというジャンルは、十九世紀後半に至るまでは、専門家たちから白い目で見られていた。バラッドの場合は、それが当代の文学趣味に合致するように「改良」されるのでなければ、その出版はなかなか賛成を得られなかった。それが世紀の後半になって認められだすのは、バラッド形式がいわゆる「メリー・イングランド」のイメージに巧く結びつくと考えられたからである。この「メリー・イングランド」という擬似歴史的な概念は、当時、国家の主要な問題の一つだと大方が感じていたもの、つまり、都市化の有害な影響という問題に解決を与えると思われたのである。こういう経緯を経て、バラッドはようやく国家主義的な文学規範の列にまで地位を上げられた。

一方、アーサー王伝説の場合は、英国の文学規範として正式に受容されるにあたって、いささか異なった格闘を経験する。こちらは、英国の伝説所有権に対して諸国からの挑戦状が届いた。まず最初は十八世紀のフランス、ついで十九世紀にはウェールズ人からも所有権の主張が出された。一八五〇年に、サー・トマス・マロリーの『アーサー王の死』が登場、これがテキストとして最も有力な伝説の典拠と見なされるに及んで、ようやく、英国人はこの伝説が自分の国のものだと、勝手な思い込みだとはしても、安堵できたわけであった。

「国民の真の歌」

●ロビン・フッド歌謡と英国の国家像の建設

現存するロビン・フッド歌謡《バラッド》は四〇篇かそこらであるが、そのうちまちがいなく中世の作であると認定されているのは以下の五篇で、おそらくは十三世紀後半から十四世紀初頭に起源がさかのぼる。すなわち、「ロビン・フッドと修道僧」、「ロビン・フッドの小冒険」、「ロビン・フッドと陶工」、「ロビン・フッドの死」、「ロビン・フッドとガイ・オブ・ギズボン」、この五篇のバラッドである。残りはいずれも十六、十七世紀のもので、バラッド形式というものが次第に貶められて「民衆《フォーク》」の所有物だと見なされた時代の産物である。この「フォーク」という用語はいわば蔑称で、もっと洗練された伝達手段で情報を吸収したり、高級な文芸を享受したりできないような人々を意味した。

十八世紀というのは、一見すると、バラッドへの関心が急激に高まった時期とは考えにくいところがある。この時代の文学スタイルを特徴づけていたのは機知、都会的洗練、人工美であり、これらは伝統的バラッドの無骨な質朴さとは、むしろ対極に位置するものであろう。しかし事実として、このジャンルへのあらたな情熱が、微かなものではあれ、たとえばこの世紀の初頭にオクスフォード伯ロバート・ハーレーが、数百点にのぼるドイツ飾り文字体の印刷物を収集していたといった努力の中に、最初に認められるのは確かである。むろん、こうした仕事は純然たるアマチュアの好古家の、まったく個人的な趣味の域を出ない。では、もっと広範な形で、世間一般が伝統のバラッドというジャンルを初めて意識しだしたのはいつかといえば、それは、一七一一年、ジョーゼフ・アディソンが、『スペクテイター』誌上で、最も有名なバラッドの実例として「チェヴィーの狩り場」、「チェヴィオット」、「森の子どもたち」の三篇にまじめな検討を加えた、その頃からであろう。アディソンは、こんな歌謡で恐縮だが皆様のお引き立てを、といった弁明と尻押しの姿勢を入り混ぜているが、しかし、その背後には、彼が「きわめて自然な感情」のこもった、「壮麗なまでの純一さ」と評したこれらのバラッドへの、彼の称賛の念がはっきりと窺える。(30) これに対して、最初のうちは、批評家たちもアディソンの見解を一笑に付していた。技巧をまったく意識していない、詩行が荒っぽい、理に適わないことを平気で書く——こういった理由で、バラッドは相変わらず酷評され続けた。ところが、やがて最初の大々的なバラッド集である『古謡バラッド選集』(一七二三―二五年)が出版されるに至って、アディソンがいくらか躊躇《ため》いがちに示していた関心の正当性が追認されることになった。この三巻本に順次付けられた序文を読むと、バラッドというジャンルへの軽蔑の度合いが、着実に小さくなってゆくのがわかる。おそらく、アンブローズ・フィリップスであろうと考えられるが、この選集の編者は、世間にこうした選集を提供するのは馬鹿げたことではないのかという不安を、巻を追うごとに徐々に拭い去っているのである。加えて、編者は、バラッドの一篇一篇について冒頭に長い解説を施し、筋立てを要約するほか、評価なり批判なりを加え、場合によっては古文書に残る断片的な伝承なども紹介した。こうして、この選集は学問的手法でバラッドを集成するという初の成功した試みとなったのである。

『古謡バラッド』の力で、このジャンルへのあらたな関心が呼び覚まされ、デイヴィッド・ヒュームやエドマンド・バークといった著名人たちもバラッドを称賛し始めた。評価の機運は学界のエリート層の中ばかりではなく、一般大衆の中でも高まった。もっと低級の大衆向け読み物を提供していた出版社も、『古謡バラッド』の意識的な好古趣味を模倣しだしたが、彼らは、自分たちの出版物への歴史的興味をかきたてるために、種々戦略を凝らした。たとえば、一七九〇年代であるが、ロンドン東部ホワイトチャペルに印刷所を構えていたラーキン・ハウはシリーズものでロビン・フッドのバラッドを出版し始めたが、これを全巻ことさら古めかしい片面刷りの大判紙印刷とし、十七世紀の木版画からとった挿し絵を添えて仕上げた[31]。

この商業面での進展は、文化面における十八世紀全般の横溢する国家主義に照らして理解せねばならない。一七四〇年から一七八九年という時期は、ジェラルド・ニューマンの説明を借りれば、「国家の文化的遺産としてふさわしいものは何であれ、前代未聞の熱心さで収集し、研究し、奨励する動きが盛り上がった途方もない時期」であった。昔の「文学の名残」を注意深く保存し、詳しく研究することも、こうした動きの大きな部分を占めていた。とりわけ、過去の時代にあって生粋の英国人の声を表現している、と目される作品は重視された。初期の民衆詩コレクションであるアラン・ラムジーの『ときわ木』(一七二四年)にもそうした力点のおき方がはっきり出ていて、その序文で編者は、「どこかから盗んできた」わけでもなく、「外国製の刺繡」で飾ってあるわけでもなく、「海外から流れ着くうちに台無しになった」わけでもない、生粋の文学としての民衆詩を推奨している[32]。しかし、こうした編集の視点をはっきり前面に出したのは、やはり、一七六五年、トマス・パーシーの『英国古詩拾遺』の刊行である。『古詩拾遺』はロビン・フッドのバラッドを二四篇も採録しており、なかには、印刷された初のテキストとして、紛れもない中世の作品である「ロビン・フッドとガイ・オブ・ギズボン」も入っている。これから十九世紀末に至るまで、パーシーのこの選集は二五版を超えて出版され、数世代にわたっていろいろな作家が、この義賊のヒーローを解釈する基礎材料を提供したのだった。

パーシー自身は、しかし、自分の作品がそれほど大きな注目を集めるとはつゆ思っていなかったようだ。一七六〇年代というのは、民衆詩を編んでも、まだ、その文学的価値を信じない批評家たちから相当に軽蔑されるのを覚悟せねばならない時期だった。『拾遺』への序文でパーシーはやや弁解がましく、こう述べている。

現代のような優雅に洗練された時代には、大昔の遺物の多くが、大目に見てやろうという人々の寛大さを、ずいぶんと当てにしなければならないことは、私も承知している……。たいていの古詩はきわめて単純で、一般庶民を対象として書かれたにすぎないようなので、はたして、今日のような進歩した文学趣味の時代に、これらが世人の注目を集めるに値すると見なされうるかどうか、その点が長いこと私の疑問であった。

では、そんなにも世間受けの悪そうな企画を、それでも思い切って実行したというのはなぜだったのか。パーシーの動機を理解するには、彼の選集編纂の方法を解剖してみる必要がある。彼は『拾遺』には外国の詩は一篇も収めず、その目的を「もっぱら、わが国のロマンス歌曲を、また吟遊詩人のものに限定した」という。これは、ウェールズの古文書収集家エヴァン・エヴァンスに一七六四年に書き送った書簡の中に見える説明である。(33) これは何も偶然そうなったというものではない。パーシーは、英国の民衆詩を調査するにあたって、きわめて意識的に民族主義的な姿勢をとっているからである。かつては、古代中国、あるいはスペインの文学を編纂、翻訳してきたパーシーは、今度は自国の言語による初期の文化的所産に視点を移し、英語という言語およびそれを話す民族の向上の足跡を示そうと試みたのである。パーシーが『拾遺』第一巻の序文に述べるところでは、「古詩の実例として選んだのは、わが国語の漸次の発展を示すもの、民衆の所信の向上を表わすもの、昔の時代に特有の流儀、慣習を描き出してくれるもの、また、わが国の初期の古典的詩人に光を当ててくれるもの、そのような古詩であった」。民衆詩をこのような文脈において考察するとなれば、それらの詩の欠陥への弁明なども不要である。かくして、パーシーも、自分の選択したテキストをより積極的に擁護する姿勢を見せ始め、「編者としては、みずからの余暇をこうした自国の古い時代の文学研究に費やしたこと、また、……自国民の趣味、才能、情緒、風習に鮮明な光を当てるような作品を、忘却から救い上げる仕事に費やしたこと、それを恥じるいわれはないと思うのである」と断言するにいたる(34)。

しかし、初期の英詩作品に対するパーシーの愛国心から発する誇りも、それらの詩を純粋にオリジナルな形で出版しようと決意するところまで徹底してはいなかった。むしろ彼は積極的に原作に介入し、十八世紀の読者層が受け入れやすいように詩篇の改変を試みた。彼の改変の仕方は、文の構造をいじるとか古めかしい単語、語句をうまく言い換えるとかの、比較的小さな変更にとどまらず、テキスト全体に、当代の文学趣味になじむような形へと大胆な改訂さえ施すものだった。彼のこの方針は、素材をみだりに改変するものだとして、しばしば批判も受けたのであるが、しかし、パーシーの手によるこの「改良」が加わらない原作のままであったとしたら、『拾遺』がそれでも同じだけの英国民の人気を勝ちえたかどうかは疑わしい。たとえば、「オシアン」伝説を例にとると、当時の英国の一般大衆は、荒唐無稽な空想を乱暴な韻律で不細工に構成した、と見なされていた原典の詩よりは、ジェイムズ・マクファーソン版の「オシアン」詩、つまり擬似中世的な模造作品の方を、断然好んだのである。パーシーは、まともな学究の徒のために、大衆的イギリス文学の歴史に関しても、ある程度の論考を行なっているが、この選集は基本的には、中世のテキストについてそれを直に読んで知識を得たいなどとは考えないような、非専門家の読者に向けたものだった。パーシーにとって、そうした読者をうまく取り込めるかどうかは、彼らの目にはいまだ困惑の世界でしかない過去と、その同じ過去の中に優秀な民族文化のルーツを確定したいという要請とを、いかにして巧く橋渡ししてやるかにかかっていた。かくして、『拾遺』は学問的厳密さによってではなく、国民の歴史についての心地よい肖像画――読者の先入観や偏見にもうまく適合する情景――を提示してみせることで、幅広い読者層を獲得したのである。[35]

パーシーの成功に刺激されて、模倣版もたくさん登場した。一七七七年にはトマス・エヴァンスが『歴史的、物語的な古いバラッド』というタイトルの選集を出版、ここにはロビン・フッドが主人公のバラッドが二〇篇以上含まれている。パーシーと同じく、エヴァンスも自分の集めた断片的な文献のいたらなさをまず詫びている。「洗練された時代の人々は、先祖のこうした粗野な作品を、どうか大目に見てやっていただきたい」。しかし、これもパーシー同様、そうした作品の至らなさも、世紀を経た民衆詩が本来的にもっている民族主義的な関心の強さによって、やすやすと克服されてしまうことを、エヴァンスも指摘している。「バラッドはわが国に固有の詩の種類であると考えてよいかもしれず、この形式のなかには、われらの国民性が鮮明な色彩で描きとられているのである」と、彼も主張する。[36] エヴァンスもまた、パーシーに倣って、テキストの改変、修正を行なっている。それらのバラッドの中に国民文化の源泉を見いだしたいと望む読者の期待に応えんがためである。こちらの企画も商業的には成功をもって報われた。三巻本という扱いづらさをものともせず、『古いバラッド』は一八一〇年までに三版を出している。

パーシー、エヴァンスといった編者の功績により、バラッド文学、とりわけロビン・フッドのバラッドを愛国的視点から評価する道が拓かれ、国民の文化の進展にこうしたバラッドがしっかりと関連を主張できるような場が生みだされたといえよう。反対に、これらバラッドがかえって果たしえなかった仕事もある。それは、時代の趣味に投ずるような改変めざして編集者が介入する、といったいわば余計な配慮をせずに、バラッドそれ自身のありのままの価値を評価するという課題で、こちらは犠牲となったわけである。ロビン・フッドのバラッド選集を初めて純粋に原典のまま提供したのは、ジョーゼフ・リトソンの『名高き英国の義賊ロビン・フッドにまつわる詩、歌、バラッドの選集』(一七九五年)で、これが真に学問的な初の選集として役立つこととなった。リトソンの政治的な先入観やそれがロビン・フッド伝説の解釈に及ぼした影響についてはすでに論じたとおりであるが、いまここで見ておきたいのは彼の編集の手腕で、いささか特異なところはあるにせよ、これは注目に値する。写本の原典にあくまでも忠実であること、これを金科玉条としていたリトソンは、原文の内容をたとえわずかでも改変するなどということは、まさに、テキストに対する冒瀆であると考えていた。

無学な転写人の明らかな間違いを正すこと、修復のきかない欠損箇所を補うこと、まったく無意味な部分を意味が通るようにすること、これらはいずれも、名誉にかけて真正な仕事をしようとする古詩の編纂者にとっては、間違いなく必須の義務といってよい。しかし、原文のどこかを密かに削除したり、あるいは、読者の趣味と才能をより洗練された楽しみで満足させんとして、みずからの手でテキストを捏造する、といったことは、公正、誠実、完璧の証とはまったくならないのである。(37)

こうして、典拠となる精確な資料をリトソンが提供したおかげで、後に続く著作家たちは、今度はそれをもとに、各々の想像力でロビン・フッド像を再創造する可能性を与えられた。また、テキスト表面上の欠点を消し去ることに汲々とする編纂者が勝手に手を加えた版ではなく、原状を回復した姿でバラッドを楽しめることを喜んだ読者も、とても多かったのである。彼の選集は十九世紀全般にわたって何十回と版を重ね、社会の多様な階層の人々の需要を満たしたのだった。リトソンの『ロビン・フッド』が出版されてほぼ百年後にも、コーネリアス・ブラウンはその『ノッティンガム偉人伝』（一八八二年）のなかで、「現存するバラッドが世間に知られるようになったのは、……ひとえにリトソンの功績である」と評した(38)。

長い目でみればそうであるが、出版当時は、やはり、原典のままのバラッドは文学ジャンルとしては劣る、と批評家たちは見なしていた。『ブリティッシュ・クリティック』などはパーシーの編纂方針に軍配を上げ、リトソンが形にしたバラッドは「嘆かわしくも不純な部分を含み、まったく読むに耐えない」と酷評するありさまだった。

じっさい、われわれが望むのは、優雅にかつ古典的に編集された民衆歌曲であり、子供たちにとっての喜びであり、多くの人々にとっての楽しみとなりうるようなテキストなのである。その意味では、種々の古い写本を照合し、必要な箇所では独創的な推断によって校訂をほどこしたような版こそが、最も受容されやすい。そういう版であってこそ、読んで楽しく、優雅な図書の列に加えることもできるわけである。その適例が……『古詩拾遺』であろう(39)。

おそらくは、リトソンの急進的な政治思想への批評家たちの反発が、このように、彼の学問業績に対しても悪感情を抱かせているのであろうが、もう一つ、ここには、依然として残るバラッド自体への偏見も確認できる。人々はバラッドを子供の楽しみにこそ適したものと見なしていて、これが、大人にとっても教育的であること、あるいは学問的関心を払うに値するとは、あまり考えていないのである。

いずれにせよ、パーシーやリトソン、ならびにその他大勢の熱心な編纂者のおかげで、こうして十八世紀末には、バラッドは学界でも一定の声価を高めたし、また、読書界の関心も引きつけることができた。バラッドには、のちのち花開くはずの独特の「英国的」気質がそなわっていたから、国家の文化・言語的起源を中世にまでたどろうとする試みにとっては、バラッドこそは重要なテキストであることが徐々に認識されだすのである。とはいえ、そうした関心の高まりも、全体として、原典の形式そのままのバラッドを、それだけを純粋に評価するという動きにまでは、なかなか移行しなかった。編者の大多数は、あいかわらずテキストに改変を加えて時流に迎合していたし、リトソンのように、それを拒否した少数の編者たちは、批評家たちの激しい非難にさらされた。そのように文化的に「劣った」産物を、世人の目の前にそのまま持ち出すなど、じつにけしからぬ所業なのであった。

十九世紀になると、しかし、民衆のバラッドに対する敵意は跡形もなく消えうせてしまう。英文学の源泉としてのバラッドの役割が前面に出て、質にかかわる諸々の疑問は払拭されてしまったのである。「われわれ英国人の個性の源泉をサクソンの先祖たちに求めるように、卓越した栄光の文学の源泉を、過去の歌い手たちが作り上げた、人の血をわかす活力あるバラッド群のなかに、われわれは認めるのである」、こう書いたのは、『今昔英国バラッド図説』(一八八一年)を著したジョージ・バーネット・スミスだった。こういう流れになると、このジャンルの弱みはご容赦願うといった配慮は、もはや無用となったばかりか、十八世紀とは対照的に、原文にいささかでも手を加えるような編者は、かえって強い反発を浴びるようにさえなった。ロビン・フッドものを四篇収めている『バラッド読本——英国バラッド精選』(一八六四年)で、編者のウィリアム・アリンガムは、素材に対する「改善」趣味が過ぎるとして、パーシーその他の編纂者を手厳しく批判している。

これらの物語唄は……その後拾い集められて文学収集家の手かごに放り込まれ、編集者の実験室へ運び込まれた。ここでふるいにかけられ、調合され、振り混ぜられ、分類され、改良（逆かも知れない）される。どの程度までそうしたかなど、誰にもわからない。最後にしかつめらしい形に仕上がって「読書界」に仲間入りすべく出版される時には、平凡だった原文は骨董趣味でいかめしく重みをつけられ、しかも、このような「野蛮な作品」を「今日のような洗練された時代」に提供することについてのしかるべき弁明も添え、また、文学界の大御所と目され、その詩作品が正当かつ……（今読んだが筆者もここの文句は忘れた）……云々、と称される「独創的な」誰それ、「高雅な」誰それも、この企画にはお墨付きを下さっている、などと保証書まで添付したものである。(40)

十八世紀にはまだ細々とした流れだったバラッド出版は、十九世紀にはいわば奔流となる。特にロビン・フッド伝説を中心としたバラッドものへの時代の渇望を満たそうと、出版社が先を争って選集を世に送ったからである。著名な古文書研究家で『疑問と注解』誌の創刊者であるウィリアム・ジョン・トムズは一八二八年にこう書いている。「ロビン・フッドの名前は英国のロマンス物語の歴史にきわめて密接に組みこまれているので、わが国で古い物語の選集を編もうとすれば、この名高い義賊の話を省くわけにはゆかず、かりに省いたりすれば、それでもなおかつ賢明かつ完全な選集であると主張するのは無理だっただろう」。ロビン・フッドがそれほどまでにバラッドに不可欠の存在だったのは、たんに彼のキャラクターが長い人気を誇っていたためばかりではなく、ロビン・フッドぬきでは選集が本当の意味で「国民的」にならなかったからでもある。これは、十九世紀中葉の最も包括的なロビン・フッドのバラッド選集を編んだジョン・マシュー・グーチも認めるところである。彼によれば、「過去の時代の人気ある人物の振る舞い、手柄を例証する国民的な歌謡としては、ロビン・フッドに関するものが社会の大きな部分に多大の影響を与えたことを疑うわけにはゆかないし、また、その影響が今日にいたるまで、民衆の精神と記憶をとらえて離さないのも事実である(41)」。

ヴィクトリア時代中期には、バラッドのような民衆文学の形式は、国家の文化ルーツをたどる過程ではその検討が欠かせない、という考えが常識になってきた。そして、国民の文化と連動する以上、バラッドの編者たちは、パーシーがすでに実行したことだが、外国の作者を除外するばかりか、「外国の主題」にかかわるもの、さらには「場面が外国に置かれている」作品まで除外するようになった(42)。これほど愛国の度が強まるのは、十八世紀末から十九世紀初頭にかけてのロマン主義的民族観の影響が大きい。ロマン主義は民族の発展との関係でとりわけ伝統、神話、伝説を重視したからである。そうした思想は、まずドイツのJ・G・ヘルダーの著作に起源を発する。ヘルダーは、土着の文化基盤の上に国家を建設することが、望ましいばかりでなく、必須でもあると主張した人だった。ヘルダーの論考に従えば、国家というものはどれも一つの独立した文化的実体としてスタートし、そういう実体が徐々に進展をとげて明確な輪郭をもつ民族の統一体を形成してゆき、そしてその統一体の有機的な構造が「国民性」に反映されてくることになる(43)。したがって、一つの国家がみずからのものではない文化基盤に立って建設されるとすれば、それは民族の過去と現在の分断を、つまりは、本質をなすべき有機的統一体の分断を意味し、結果として、土着の文化形式の窒息、ひいては国家そのものの死をもたらすことになる。それゆえヘルダーは、国家というものはすべからく、その力と統一性を保つために、国民性の表現形態である国語、美術、文学、宗教、慣習、法律これらを確立せねばならないと考えた。ドイツ民族も自分たち自身の文化を再発見しなければならないが、それは、ヘルダーの力説するところでは、土着文化の伝統を捨てるのではなく、むしろ、父祖の時代から受け継いだ生活様式を大事にする形で確立すべきものであった。それを実現するために彼が唱導したのは、中世へ立ち戻ること、つまり、ドイツ固有の文化が外国の悪影響により堕落させられる以前の状態へ帰ることであった。中世の文化形式を研究し、これを模倣することで、ドイツ国民は自分たちの土地本来の基盤の上に、健全、堅固な民族文化を建設できるはずであった。

とはいえ、中世と現在という幾世紀もの隔たりに、いったいどう架橋すればよいのだろうか。ヘルダーの答えはただ一つ、民衆詩に頼ることであった。これこそは、「その国民性のもつ思考様式、感性の言語」を学ぶことのできるいわば「国民性の古文書館」だからである。(44) それらの歌謡には、ドイツ語の清純・素朴な姿、つまり、ほとんど意味もわからないような外国語の表現によって損なわれる以前の原初のドイツ語が残っている、とヘルダーは信じた。ヘルダーの取り組みはやがて一七七八―七九年の『歌謡に現われた民族の声』に結実するが、これは、相変わらず一般庶民の唄など軽蔑していた懐疑派を納得させるだけの働きをした。これに刺激された幾多の模倣作も登場した。十八世紀末から十九世紀にかけて、ドイツでは、口承の、あるいは文字で残された民話、民謡の素材が熱心に収集され、ついには、ヤーコプとヴィルヘルムのグリム兄弟によるかの有名な『子供と家庭の童話』(一八一二―一五年)へと集大成されることになった。

各国がそれぞれ自分自身の文化をもたねばならない、というヘルダーの考えは、ヨーロッパのさまざまな民族集団によって追認されたが、ただ、英国については、その思想の影響力はごく小さかったと一般には考えられてきた。英国民話の初期の研究者たちには、さほど民族主義的な関心は強くなく、むしろ、純粋に古文書を収集するのが目的だった、という説がしばしば行なわれてきた。[45] しかし、民話と民族主義との連関説へとヘルダーを走らせた、その同じ文化条件が、当時の英国にも存在したであろうことは否定できない。すでに見たとおり、英国もまた、この時期に、長く続いた外国の文化支配への強い反発が起こっており、これが、中世の民衆詩を含む土着の文化形式の復活を促した。じっさい、ヘルダーの着想の多くが、パーシーの『古詩拾遺』を含めて英国の民謡復活を示すいろいろな文献を、彼が実際に読んでそこから刺激を受けた結果生まれたのである。英国における中世の民謡への学問上の、また大衆文化上の再生を、当時の欧州全域で、その民族主義的な意義を自覚しながら始められていた民話復活運動からすっかり切り離して、別個の文化的・政治的現象であると考えるのはやはり誤りではないか。

この仮説の正しさを裏づけてくれる事例の一つとして、十九世紀英国における民衆バラッドの出版にまつわる議論を検討してみたい。一八四〇年代であるが、グーチがこう書いている。

どの国の場合も、歌謡というのはその国の詩全体のなかでも、最も親しみやすく、また最も楽しい部分であるにちがいない。歌謡とは、いつも変わらず、原始的な社会において民衆の空想と感興が最初に結実してくる産物であるが、これが、最も文明化された時代にあっても、なお、多数の人々にとって詩の中心であり、お気に入りなのである。それゆえ、一国の国民性にたいする歌謡の影響というものも、あまねく感得されまた承認されてきたところである。

ヘルダー同様に、英国のバラッド収集家もまた、国の文化の基礎としての民衆詩の役割を強調しているのである。「揺籃期にある国家にとってのバラッドが、国民性の形成の重要な要素であると同時に、未来の国民の精神を形作る手助けになること、これは疑いのないところである」と、一八八〇年にパーシーの『拾遺』の新版を編集したエドワード・ウォルフォードもその序文で述べている。また、これもヘルダーと符丁を合わせるように、バラッド収集家たちは、英国の文化がその純粋さ、強靭さを保持してゆくためには、民衆詩というものを大切にしなければならない、と説いている。大著『イギリス文書大成』(一八七七年)を著したエドワード・アーバーはその序文でこう書いている。

われらが先祖から受け継いできた文学の巨大さを、人はなかなか理解しきってはいない。世代はつぎつぎと生まれては消えてゆくが、それぞれが、みずからの世代の思想体系のなかで、また、過去から受け継いだり、みずからが獲得した経験の助けを借りて、幾多の美しく、思慮深く、輝かしい文物を生み出してきた。それらは、その世代の短い日々の間に役目を果たし終わると、直ちに忘れ去られ、永遠に忘却の淵へ押し流されてしまうのだが、ただ、今の仕事のような努力をすればそれが救われ、復活させられた作品群が、英語を話す国民の知識と楽しみになるのである。(46)

こうした論述の中で、ロビン・フッドのバラッドはしばしば例として引き合いに出され、この独特の美しい詩形式の作品のなかでも、最も「民族的」と評されている。一八三八年、アラン・カニンガムは『ペニー・マガジン』の中で、ロビン・フッドのバラッドは「古典的詩人の歌や、才気ある哲学者の理論をすべて合わせたものよりも、もっと豊かに国民性の要素をもっている」と述べている。彼がいわんとしたのは、それらバラッドが「英国人の趣味と精神をまぎれもなく、たっぷりと」見せているということだった。同様に、一八八〇年代に『疑問と注解』誌に一文を寄せたE・ストレッダーは「ロビン・フッドのバラッドのあらゆる詩篇に刻印されている、完璧な英国人の国民性」に言及している。F・メアリー・ウィルソンは、一八九二年、『テンプル門』誌に、さらに熱っぽい口調で、こう書いた。「ロビン・フッドのバラッドにはよいものもあるが、悪いものものも多い。退屈なだけのものもある。……が、全体としてみれば、国民的ヒーローを歌った国民的伝説の、これは収穫された一束の麦のようであり、……きわめて英国的で、リアルで、迫力がある(47)」。

英国のバラッド復興の風潮は、十九世紀末まで、民族主義的な意味合いをもったまま続いてゆくが、世紀末の特色でいえば、この時期に、田園牧歌的な理想に基づいた英国固有の国民性という観念が生じてきて、これにバラッドが結びつくようになった。むろん、英国文化における田園趣味の傾向はこの頃突然に始まったものではない。レイモンド・ウィリアムズはその起源を中世後期に求め、ウィリアム・ラングランドの『農夫ピアズの夢』その他の作品にあらわれたのが最初としている。だが、十九世紀末に田園風景と国民性とのあらたな結びつきが生まれてくるのは、この時期に特有の諸条件による。一八七〇年以降、英国の中・上流階級の人々は、この国の住民が大挙して都市部へ流入してくることに伴う、もろもろの弊害を次第に不安視するようになった。都市部の人口過密、不衛生、長引く失業、常態化する貧困の結果、社会秩序が分解するという差し迫る危険を覚えたのである。同時代の幾人もの論者が警告を発していることだが、都市部における階級どうしの分離は、伝統的な社会関係を、また社会統制の方法すらも崩壊に追い込むしかないのである(48)。

では、いかにしてこの都市化の否定的側面を克服し、国家を差し迫る凋落の運命から救えばよいのか。有力な解決策として相当の支持を得たのは、田園へ戻る必要性を英国人全体に確信させる、いや必要とあればそれを強制する、この基本命題を徹底させることだった。この時期、「田園生活」とは、秩序、安定性、自然といった都市生活からは急速に失われつつあった諸価値を、一口に表現するタームとなった。そして、田園的なものを理想化することの必然の帰結として、歴史的に遠いものが同様に高く再評価されるようになる。同じ過去でもごく最近の時代というのは、現に見るとおり、英国民にとっては自然とはいえない一連の価値観に支配されており、本質的に非英国的になってしまっているからである。そうした加速する「進歩」の価値観に惑わされる迷夢から目覚める手段として、遠い過去が代替の価値観として機能し始めたのである。英国はもともと「古い」伝統をもつ国家であり、いまやその貴重な歴史的遺産が抹消されんとする危機に立ち至っている、こういった議論が広く行なわれるようになった。[49]

田園の価値と歴史の価値、この結びつきを最も明快に表現したものが、いわゆる「メリー・イングランド」、つまり楽しく心地よい英国を建設するというヴィジョンであろう。これは、近代社会の害悪に対する治療の処方箋を、どこか中世後期ないしチューダー王朝あたりの黄金時代に求める、という一種の文化的理想を言い表わす言葉である。当時の英国社会は、上から下まで、完全無欠で、富み栄え、かつ健全であった、と人々は想定した。もっぱら現在の時代の観念、イメージで一種の理想を描き、それを中世などの過去へと移植するわけであるから、この「メリー・イングランド」なる概念は歴史的事実に立脚したようなものでは断じてなかったが、しかし、この本質的誤謬も「メリー・イングランド」という理想の響きをなんら弱めるものではなかった。コミュニティーというものが消失し、個々人の間の絆も分断されてしまったと思われる世界にあって、人々は、思想信条の違いを超えて、農耕時代のはるかな昔に思いをはせるのである。そこには荘園、あるいは教区ごとの村落といった制度が厳然として存在し、人々を共通の利害、相互の愛着により強められた人間関係のなかにしっかりと結びつけていたはずなのである。ロバート・ブラッチフォードの『メリー・イングランド』（一八九四年）は社会主義的な論争の書で、農業を健全な国民生活の基本と位置づけ、工場制度がはびこるのを手厳しく批判したものであるが、出版から何年かで百万部以上を売った。

産業の現在よりは田園の過去が勝っているという考えが、ほとんど遍くといってよいほど人々に受容される、この流れの中では、当然ながら、最も魅力を放つ文化的伝統の形象とは、田園生活に密接に結びつきながら長命を誇ってきた人物像ということになろう。W・ケアリー・ハズリットは一八九二年にこう書いている。「社会の日常生活がますます人工的で、無味乾燥になってくると、……現在の時代の情勢や可能性と鮮烈な対象を示すがゆえに魅力を増すような、伝統的な物語への共感が、社会に広く浸透してくれることを、われわれは期待するのである」。この目論見にぴったりなのがロビン・フッドのバラッドであった。底抜けの陽気さ、騒々しいくらいの浮かれ騒ぎ、客人への手荒いもてなし、健康そのものの男らしさ、そういう特色がそなわっているこのバラッドは、まさに「メリー・イングランド」のヴィジョンを最も旺盛な姿で提供するものだった。文芸批評家ウィリアム・ウィンターは一八九二年につぎのように記している。

ロビン・フッドが表現しているのは、鉱山や作業場のイングランドではない。……それは封建時代のイングランドだ。灰色の石造りの城郭、甲冑に身をかためた騎士、太鼓腹の修道僧、放浪の吟遊詩人、十字軍、馬上武術試合が登場するイングランドであり、茅葺きのあずまやの中、緑陰の中にあるイングランドだ。……この世界へ足を踏みいれることは、すなわち、不毛で単調な現実を逃れ出ることであり、芳しい夏の涼風を若返った額に感ずることである。陽光に輝く森の緑地に、ちらちらと鮮緑色のリンカーン・グリーンのラシャ服姿をかいま見ることであり、どこかはるか遠くに、妖精の国のかすかな角笛の音と混ざり合った狩人たちの陽気な歌声を耳にすることなのである。(50)

都会に住む中産階級の人々が、子供を観察していて、いかにも体軀が貧弱であるとか、屋内にばかり閉じこもった暮らしの悪影響か、とか考えているときに、こちら、バラッドのロビン・フッドは「筋肉隆々たる腕」を見せつけ、メイド・マリアンは健康に「日焼けした」肌を誇る。都市のスラムでは職もない幾千人もの人々が飢餓の危機に瀕しているというのに、こちら、バラッドの世界は、「王侯貴族の食卓をまかないきるほどに、豊かな狩りの獲物があふれている」緑林である。工業化された暮らしの強圧のもとで、社会の秩序が今にも崩壊しかねない危険な状況になっている近代とはちがって、バラッドの世界には、素朴な友情、やかましいくらいの上機嫌、そして仲間どうしの「一体感、同胞の絆意識」が横溢している。端的にいって、後期ヴィクトリア朝とはじつに鮮明な対照をみせる国民像を、バラッドは提示していたのである。近代の読者たちは、それらバラッドの中に、「緑林の生活を見いだし、木陰を駆け抜けてゆく鹿の姿を追い、ラーダー・オークの大枝にぶら下がった鹿肉を眺め、暮らしと日々の食事とに満足し、互いに信じあっている愉快な仲間たちのことを思い、そして、ぴゅーっと放たれる矢音を聞くような気がする(51)」。

「メリー・イングランド」の観念もまた、それとロビン・フッドのバラッドとの連関も、十九世紀後半に初めて登場するわけではない。同様の概念が一八三〇年代、四〇年代にも現われていることを歴史家たちは確認している。いずれも産業化に伴う危機感がつのり、また、急速な都市化が進んだ時期(52)だった。しかし、英国を目前の難局から救うための明確な民族主義的なヴィジョンとしてこの概念が取り沙汰されるのは、十九世紀末が最初である。つまり、田園生活およびそれと結びついたロビン・フッド伝説のような文化的形象が、この時期には、たんに欲求不満になった都市生活者に安逸を与えるという、逃避趣味を満たす働きをしたにとどまらず、さらに重要な役目として、英国人の国民性の本体を再定義する手段としても機能したのである。一九〇五年、フォークダンスの先生だったメアリー・ニールが、こうした民衆伝統の復活は「都市から田舎への回帰であり、都市生活にあって人を混乱させるあらゆる要素への反動であり、つまりは、大規模な国民的再生の一部分なのである。完全性、冷静な論理性、健全なる愉悦をめざす国民的意識の一環として、この復活、覚醒を見なければならない」と述べている(53)。

英国の文学伝統の中に肝要な一要素として受容されることを求め続けてきたロビン・フッドのバラッドの格闘も、こうしてついに、十九世紀末にいたって終局を迎え、英国の文化的愛国主義を建設するための決定的資料として高い地位を得ることになった。そして、もう一歩踏み込んでいえば、このバラッド群が、そうした建設にさいしてのいわば歴史的青写真たる「メリー・イングランド」という観念を支える資料となって生きたことが、とりわけ重要なのであった。もはや品質の劣悪さを懸念する編纂者の「改良」の手直しをこうむることもなく、バラッドは、無傷の純粋な姿で、「国民の天賦の才」が表現されたものとして推奨されることになった。だが、ここで認識しておかねばならないのは、この「国民の天賦の才」はイングリッシュの才能という意味に限定された。人々は、自分たちが熱烈に称賛する国民、あるいは国民文化の範疇に、イギリス諸島の他の地方をも加える気はさらさらなかった。十九世紀英国におけるアーサー王テキストをこの後で検証してみるが、そこでもやはり、アングロ・サクソンの視点がふたたび前面に出てくるのがわかるであろう。

「英国精神の叙事詩」

●英文学の正典に組み入れられるトマス・マロリー

一八五八年、著名な古文書収集家であるトマス・ライトは、「アーサー王とその円卓の騎士たちの冒険を主題とした一連のロマンス物語の……その起源は、解明不可能な謎に包まれている」ことをはっきりと認めた。(54) じっさい、今日にいたるまで、正確にいってどこの国がアーサー王伝説を生み出したのかは、まったくもって不明である。にもかかわらず、いや、だからこそというべきか、数多くの国がこの伝説の所有権を主張してきた。フランス、そしてウェールズもまた自己の財産たることを主張したから、これを英国の文学の正典として組み入れるのは生やさしい話ではなかった。英国人としては、そうした国々の挑戦を迎えてこれを打ち破るまでは、アーサー王文学を国民の持ち物として自慢するわけにはゆかなかった。換言すれば、この伝説を最もその起源に近い形で再現したと認められるだけの、有力な英国人作家が登場せねばならなかった。そして、サー・トマス・マロリーの『アーサー王の死』が、およそ執筆されたアーサー王文献の中では最大のものと見なされるにいたったのが十九世紀の中葉であり、ここにいたって初めてアーサー王伝説は英国の遺産となったのだった。

十八世紀前半の英国の学者は、古来の著作で考慮に値するのはギリシャ、ローマの古典だけであると信じて、アーサー王伝説に対してはごくわずかの注意しか払わなかったが、これは結局、よその国がアーサー王伝説を自分のものだと主張しても一向に構わない、ということだった。したがって、たとえばフランスの学者たちが、いま諸国に広がっているアーサー王物語はすべてフランスにおける先人たちの遺産を翻訳したものだ、と主張しても、特にそれに異議を唱えるものでもなかった。一七五〇年以降は、しかし、様子が変わってくる。フランスの「文化のくびき」をかなぐり捨てて、もっと明白な英国国民の文化的実体を代わりにすえようという意識が、急速に強まったからである。こうした流れになると、英国の文学者たちも、もはや、アーサー王に対するフランスの所有権を黙認してはいられない。古代ウェールズ文学の権威であるエヴァン・エヴァンズは、一七六四年にトマス・パーシーに宛てた書簡のなかで、「[フランス人]をはじめとする諸国民は、アーサー王と騎士の物語を、そもそもは英国のロマンス物語から借りていったということを、私は疑いません」と書いた。のちに、パーシーは自分が『古詩拾遺』を編纂するにあたって、この意見を採用し、第三巻の序文で「アーサー王に関するいにしえの物語のすべてが、英国にその起源を発するということ、また、フランスおよびその他の南方の諸国が有している類似の話は、当初は英国から移出されたのだということ、この可能性がきわめて高い」と書いた(55)。

十八世紀末から十九世紀初頭にかけては、英国人の中でも極端なフランスびいきは、相変わらず、アーサー王伝説のフランス起源説を支持していたが、大方の学者はこれがイギリス諸島の産物であるという考えに傾いていた。たとえば、古文書研究家のグレゴリー・ルイス・ウェイは、「フランスの吟遊詩人《トルヴェール》がブリテンの吟遊詩人《バード》から多くの主題を借用した」と断言している。この間のいきさつをもっと詳しく調べると、いちばん有力な説は、ノルマンの宮廷に侍っていたウェールズ人の楽人がまずアーサー王の物語を創始し、のちにこれをフランスの吟遊詩人《ミンストレル》に贈呈、それが英仏海峡を越えてフランスへ渡ったというものである。一八〇五年に『初期イギリス韻文ロマンス選集』を著したジョージ・エリスも、この伝説のフランス起源説を退け、「フランスの王ではなく、わがノルマンの君主から、これらのロマンス文学が生まれた」と主張し、その仮説をつぎのように補強している。エリスはまず、ケルト文化がサクソン人によって根絶させられたとする見解を「途方もなく馬鹿げた」ものとして一蹴、そうではなく、二つの文化は融合させられたのだと説く。そうやってサクソンのいわば文化的猛攻をしのいだあと、一〇六六年以降はウェールズの吟遊詩人たちが征服王ウィリアムの宮廷を訪れるようになった。こうして、両民族がそれぞれの先祖から伝えられた伝統の寓意物語などを比較しあう機会が生まれ、ウェールズ人から知り合いとなったフランスの吟遊詩人へと、アーサー王伝説が伝えられたのだという[56]。

エリスの所説は、英国文化へのケルトの影響を肯定的に見ようとする時代の風潮にうまく適合したが、しかし、十九世紀も先へ進むと、英国人がケルト文化を見る目に変化が生じてきて、アーサー王伝説をケルト起源とする考えもいささか問題含みとなってくる。一例がマシュー・アーノルドである。アーノルドは、一八六〇年代後半に、オクスフォード大学で一連の講義を行なって、そのなかでケルトの作家たちの英国文学への貢献度を確定しようと試みている。そして、一見すると、アーノルドは英文学の「不活発な退屈さ」と比較する形で、ケルト文学の「生き生きとした」性質に賛辞を送っているように見える。「ケルトの詩神」は繊細な技巧と精神性に特徴づけられていて、十分に洗練されるならば、ヴィクトリア時代の俗物趣味から英国を救いうるものだと、アーノルドは理解した。こうした見解は、うわべだけを見れば、ケルトの作家が健全かつ純粋な活力を英文学に注入したとみる、十九世紀初期の考え方に一致するようである。反アイルランドの偏見が広まっていた時期であることを考えれば、ケルト文化の価値を認めた功績をアーノルドに与えねばならないことになる。じっさい、ケルト文化への好感を包み隠さず表明するものだから、ある方面からは批判を浴びたほどで、たとえば、『タイムズ』紙は、彼らのみるところ「英国の文明と繁栄の過程に愚かしくも水をさす」と思われたチェスターのウェールズ芸術祭へ、アーノルドが参加を承諾したというので、その「無責任さ」を強くなじっている[57]。

しかし、アーノルドの立論にはもう一つ別の局面が隠されているのであって、世紀初頭に広まっていた考え方とのずれが認められるのも、その局面においてである。アーノルドによれば、ケルト人はその活力を、じつは高い代価を支払って初めて手に入れたのだとされる。というのも、ケルト人にはもともと「着実、穏健、忍耐」といった美徳が嘆かわしいほどに欠けていたからである。したがって、ケルト人の貢献が英国の文化のなかにしかるべき位置を占めるのは認めるとしても、それは、まちがいなく英国人作家の貢献度に比べれば従属的、副次的なものである、というのがアーノルドの見解である。彼の見るところ、スコットランド、ウェールズ、アイルランドの文化的生命はイングランドに対する衛星的な形でしか存在できない。端的にいって、英国の文化に対しての潜在的な貢献以外にはケルト文学の存在価値を認めないということであるから、これは文化帝国主義の態度である。アーノルドが思い描く英国とは、「イギリス諸島の住民のすべて」が融合させられた「英語という言語を話す、一個の同質な全体像」であり、「諸民族間の垣根を打ち壊し、いくつかある地域的な民族性をすっかり呑み込んでしまうことが、自然の道理としてわれわれが進むべき最終的な完成形態なのであり、それが、いわゆる近代文明というものの必然性である」。アーノルドのこの主張は十九世紀後期の英国文化論に広くゆきわたった。英国人の観点から見て、ケルト文学をいわば植民地化し、従属させることは不可避的であり、かつ、道理にかなったことだった。優秀な文化は劣等な文化に対して支配権を主張せねばならないのである。(58)

一個の独立し、完成されたケルト文化というものの存在がますます貶められるような風潮のなかでは、アーサー王伝説をケルト起源のものとして認定する考え方も次第に人気がなくなった。変化の兆しは早くも一八四〇年代に現われてくる。文学研究者ジョン・ロブソンは、一八四二年、ウェールズ人が「彼らのサクソン人との抗争に関するいくつかの伝承を、おそらくは詩の形態で」所有していたのは確かであるとして、ここではエリスなどの意見に同調しつつも、しかし、それらの物語が、ウェールズ人の楽人によってノルマン人にじかに贈られたという説には反対した。ロブソンによれば、そうした「典拠を活用した」のはサクソン人であり、サクソン人がそれをノルマン人に伝えたのだという。「ノルマン・コンクェストの後に、先住のサクソン人が骨折って収集してあったそれらの伝承を、ノルマン人がいわば収穫物として刈り取った、こう考えるほうが、古代ブリテンの伝承というなかなかノルマン人には近づきがたい困難な領域を彼らが自分たちだけで開拓した、という考え方よりは、よほど説得力がある」とロブソンは述べている。(59)

ロブソンの説明では、「手ごわいケルトの伝承」を文化的に通訳したとしてサクソン人の地位が高められていよう。こうなると、アーサー王伝説伝播の方程式からケルト人というファクターをきれいに除去するまでは、あとほんの一歩である。そして、じっさいに、十九世紀末にはそれが実行される。一八九七年、文芸批評家ジョージ・セインツベリーは、伝説の起源国決定というこの大問題を、『ロマンスの隆盛とアレゴリーの勃興』のなかで取り上げた。セインツベリーは、アーサー王伝説の起源として、ウェールズ、フランス、イギリスの三つの仮説があるとして、それぞれを検討してみせる。まずウェールズ説については、「いにしえのウェールズの文献の中にはアーサー王に関する言及が見える」のは事実としても、「それら文献は量的に乏しく……現存のアーサー王物語とは関連性がほとんどない」としてこれを退けている。(60) セインツベリーは続いてフランス説に挑む。フランス説が有力視される一番の根拠は、「アーサー王の物語が完全な形で登場する最古のテキスト群は、すべて、フランス語で書かれている」ことであるが、しかし、この事実だけでは、作者の国籍までも特定する根拠とはならない、とセインツベリーはいう。なぜなら、おそらくアーサー王物語の主要な読者であったはずのヨーロッパの上流人士が、当時話していた言葉はフランス語だったからである。すると、残りはイギリス説だけになるが、セインツベリーはこれを全面的に支持する。「伝説の栄光の所有を主張できるのは、ウェールズ、フランスのどちらでもなく、イングリッシュ、つまりアングロ・ノルマンであるとするのが、私には妥当であると思われるが、しかし、それは、英国の欲得ずくの民族主義の立場からそういうのではなく、この件にかかわるあらゆる事実を厳粛に考慮したうえでの結論である」とセインツベリーは述べる。では、どのようにして、英国の占有権が立証されるのか。セインツベリーによれば、この伝説が英国のものとなるのは、諸国の国民的伝承から採取された異種の要素を、英国の作家が一つにまとめ上げることに成功したからである。それも、たんに部分部分を合計したというのではなく、首尾一貫した全体像へとまとめ上げることができたからである。完成されたアーサー王伝説には、「古典的なレトリック、フランス流の優美さ、サクソン人の信心深さや来世の鮮烈なイメージづくり、多少の東洋的放埒、曖昧模糊としたケルト趣味——こうした要素のすべてが、存在する」。しかも、それらが「もともとは彼らにはなかったもの、つまり、英国人の才能によって、一まとめに掌握され、統合され、あらたに編成し直されている」というのである。(61)

しかし、そうであるとすれば、フランスおよびウェールズの所有権を完全に否定しさるためには、セインツベリーにせよ、その他の学者にせよ、英国独自の文献を特定して見せねばならない。多様な要素をそのように統合して、見事なオリジナル作品へと仕上げたほどの「英国人の才能」を、余すところなく表現しているような典拠となる文献を探さねばならない。だが、この捜索は容易ではなかった。現存した中世のアーサー王物語で、英語で書かれた全二三作品の大多数は、それに対応する大陸作品に比べると、いかにも平凡な模倣作品であることが多かった。著名なアーサー王研究者であるジェシー・ウェストンは、一八九七年、つぎのように書いている。「これほど英国的な精神にあふれた主題を、いざ研究しようとすると、情報源として頼りになる英国の文献はひどく少なく、……また、それらは外国の文献と比較して価値が乏しい。こういう事情なので、英国の研究者としては、まったく釈然としない気持ちである」[62]。

一八九五年、文芸批評家のS・ハンフリーズ・ガーティーンもこの問題に取り組んだ。セインツベリー同様、ガーティーンも、アーサー王伝説が英国の「国民的財産」であることを強調しながらも、では英国人が最も初期の物語群を所有すると自信を持っていえるかとなると、必ずしもそうではなかった、と認めざるをえない。それどころか、伝説のルーツをたどれば、われわれは「英国文学の薄明の夜明け、つまり……その昔、ウェールズ人の豪胆な行為、英雄的な勇猛心が、ウェールズの歌の曙光となって現われ始めた頃に、行き着いてしまう」という。では、それでもアーサー王伝説を英国の「財産」と称しうる根拠は何かといえば、それは、十五世紀後半にサー・トマス・マロリーが『アーサー王の死』という作品をもって、アーサー王伝説の真の傑作を生み出したからである。ガーティーンによれば、ノルマン・コンクェスト以降数世紀にわたって「抑圧」され、「追放」され、「侮辱」されてきた「古きよきサクソンの言葉」が、マロリーの手で復活させられたのである。「ロマンス物語は次々と生み出されたが、その言葉はといえばフランス語だった」。しかし、その間にも、サクソン人の言語は「遠からず抑圧者を打倒する運命となる……力量」を蓄えていた。やがて、「決定的な瞬間が訪れ」、マロリーの著作が中世英語によって登場することになる。中世英語こそはこの著作に「霊妙にして、抗い難いまでに人を魅了する」魔力を授けたのである。「芸術的な仕上げを欠いていることさえ明らかだったが、それとて、人の心に訴えかける力をむしろ強めるものだった。近代のあたかも閉めきった客間のような雰囲気の流行り小説にならされていた人々の目に、マロリーの世界が開示して見せたのは、混雑した都会に代わる自由の風と緑の野、そして、理想の田園風景がもつ物憂いまでの完璧な安逸だった」[63]。ガーティーンはこうして、かつてはケルト人に与えられていた英文学史上の地位をマロリーに託し、かつてはぎこちなく、弱々しく、不純だったものに清新の気と力強さを吹き込んだのである。

さて、ヴィクトリア時代の評者のなかで、マロリーをこうした高みに押し上げたのはガーティーン一人というわけではない[64]。「この偉大な王の生涯を知るためなら、マロリーの書以外のものを求める必要はない」と、B・モンゴメリー・ランキングも一八七一年に語っている。批評家の中には、マロリーをホメロスやウェルギリウスになぞらえる者すらあった。『ブリタニカ』百科事典の第九版（一八七九年）では、『アーサー王の死』は、「『イーリアス』がギリシャ精神の真の叙事詩であるように、英国精神の真実、唯一の叙事詩である」と記述された。しかも、これは英語という特定の言語による文化的所産なのであった。『英国詩人の特性』（一八七四年）を著したウィリアム・ミントーによれば、『アーサー王の死』は、単音節の単語を主流とした、また外国の言葉の悪習に染まっていない「古風で純朴な英語」が特徴である。『ブラックウッズ』誌も同意見で、『アーサー王の死』がもつ「簡潔にしてこなれた用語法」は「現存する最も純粋な英語」であると評している[65]。文学研究者のなかには、こうした主張をさらに推し進めて、マロリーの功績は「英語」で書いたことにとどまらず、その執筆がノルマン・コンクエストから四世紀も経った後だったにもかかわらず、「ノルマン」によって汚されていない明確な「サクソン」の文体で書いた点にある、と評するものもあった。ジョージ・マーシュは好評を博した言語学書『英語の起源と歴史』（一八六二年）の著者であったが、やはり、マロリーの「サクソン英語」を褒めているし、オクスフォードの英語教授ウォルター・ローレイも、マロリーを「サクソンの話し言葉を効果的に駆使

する巨匠」と解説していた。(66)

このようにマロリーに固有の「英国風」が承認されることで、『アーサー王の死』はこの伝説を英国人が解釈するための最大の典拠となった。アルフレッド・テニソンは四つもの異なった版の『アーサー王の死』を所有していて、これを『王の牧歌』執筆にさいして活用した。マシュー・アーノルドは彼の詩「トリスタンとイゾルデ」(一八五二年)の主要な典拠として用いたし、ウィリアム・モリスもその『グィネヴィア擁護その他の詩』(一八五八年)に収めたアーサー王関係の四篇の詩で、また、アルジャノン・チャールズ・スウィンバーンは「ライオネスのトリストラム」(一八八二年)および「バレンの物語」(一八九六年)の中で、それぞれ『アーサー王の死』を典拠とした。(67)

一八〇〇年以前には、その著作がほとんど人に知られず、また評価されることもまれだったという事実を考えれば、マロリーが十九世紀後半にかくも高い地位を与えられたことは瞠目に値する。ウィリアム・スタンズビーの手で一六三四年に出版された版以降は、『アーサー王の死』はほぼ二世紀もの間、一度も印刷されなかった。ようやく、一八一六年になって二つの異なった版が出る。一つはウィリアム・チャルマー、もう一つはジョーゼフ・ハスルウッドの編集であった。(68) しかし、両者とも間違いだらけの一六三四年のスタンズビー版をもとにしていたから、本格的に中世ロマンスを研究しようという学者には役に立たなかったのである。いくらか目的に叶いそうな版が出たのは翌年ロングマンが出版したもので、これはロバート・サウジーの編集だった。これがよかったのは、欠陥のめだつスタンズビー版を避けて、初版の『アーサー王の死』を「入念な厳格さをもって」再刊した点であった。サウジーの版は以後半世紀にわたって最も正統的なテキストとして重用されるのであるが、しかし、このサウジー版も完全無欠ではなかった。というのは、サウジーの用いた初版本は九枚分のページが欠けていて、仕方なく、サウジーはあれこれほかの典拠をあさって、欠損部分をつぎはぎして補ったのである。修復部分のできばえは玉石混交である。加えて、二五〇部刷った標準版の値段が一部八ポンド八シリングと高額であったため、この版を買い求めることができたのは、中世文学愛好家でもよほど裕福な者たちばかりであった。(69)

マロリーに取り組んだつぎなる編集者はトマス・ライトである。ライトは中世のたくさんの文献をじつに精力的に——正確さは欠いていたとしても——収集し、これをシェイクスピア協会、カクストン協会、ロクスバラ・クラブ向けに出版していた。彼の『アーサー王の死』(一八五八年)が好評だったらしいことは否定できない。世紀の終わりまでに、五版が出ているからである。しかし、ライトのテキストもチャルマーやハスルウッドと同じく、初版本ではなくスタンズビー版をもとにしていたから、やはり同じ間違いを残したままだった。サー・エドワード・ストレイチーの一八六八年の版にもまた欠点があった。ストレイチーはオリジナルなテキストの残存する二つの版本を参照したが、編集の方法として、「文字の綴りを現代風に直すこととし、また古すぎて読者に理解できそうにない単語は、今使われているような別の単語と入れ替えた。ただ、曲がりなりにも読めるという場合は、なるべく古い形式もそのまま残した」。しかし遺憾ながら、その「現代風に直す」作業の過程で、「現代の習俗からして不快ともわれる部分」を原文から除去することにした。この結果、オリジナル版の中の四〇〇カ所が削除されてしまった。(70)

このように、十九世紀の英国人はいまだ『アーサー王の死』の正確な完全版テキストを持てないでいたが、その並々でない校訂作業を引き受けたのは、皮肉なことに、英国人ではなくドイツ人の学者であった。一八八七年、ハインリッヒ・オスカー・ゾンマーという学者が、勤め先の王立プロイセン公教育省から六カ月の休暇をもらい、マロリーのオリジナル版テキストの復刻を試みたのである。ゾンマーは勤勉な学者で、転写も校正も一行一行自分の目で確かめて正確を期した。こうして記念碑的な版本が三巻本となって一八八九年から九一年にかけて出版されたが、ゾンマーのこの版本が、この先四分の三世紀にわたって、アーサー王伝説に関する学問の共通の基準とされることになる。この版本によって『アーサー王の死』という作品についての本格的な学問研究が初めて可能になったのである。さらに意義深いことは、マロリーを英国文学の正典の列にくわえようという、七〇年前に始まった取り組みが、ようやくここで完了したことだった。

外国人であるがゆえに、ゾンマーはマロリーを愛国的感情を支える柱に仕立てるなどという関心はなかった。ところが、彼の学者肌の勤勉さは、それまでマロリーが英文学の正典に加わるのを邪魔してきた種々の難題をも克服した。たとえば、何世紀にもわたって、『アーサー王の死』の作者たる騎士サー・トマス・マロリーはウェールズ人であると考えられていた。むろん、当代英国の文化へのケルト人の貢献はできる限り小さく見積もっておきたい面々にすれば、これは都合の悪い話であった。[71]ゾンマーは、しかし、『アカデミー』誌に「マロリーがウェールズ人であったと考えうる根拠は一つもない」と書くなど、マロリーがイングリッシュである、と自信をもって断定している。これ以降の学者たちもこの意見に同調、一八九〇年代半ばには、マロリーが英国生まれだという説は確定的な事実と見なされるにいたった。[72]

マロリーにとって不都合な第二の難関は、彼にはオリジナリティーが欠けているという指摘だった。結局のところ、他国の作家の作品を——ある十九世紀初頭の批評家の言葉でいえば——「たんに編集したもの」としか見なせないとなれば、誇りをもってこれが国民文学であると承認しがたいのではないか、この問題である。しかし、ゾンマーが『アーサー王の死』の元になった基礎資料を正確に突きとめたことで、学者たちは、マロリーの書と先人のテキストを詳細に比較することが可能になり、その結果、マロリーの芸術的完成度がさらに評価を高めることになったのである。ゾンマー自身も、マロリーはけっして「たんなる翻訳者」ではなく、「フランスの膨大なロマンス物語群を一つの調和ある全体像へと融合する努力をまちがいなく見せており、そして、小さからぬ成功を収めている」と評価し、さらに、「彼が参照した基礎資料と比較すると、マロリーの作品は、卑屈な態度で原典を模写したものではなく、……その作品全体に彼自身の個性を鮮明に刻印して見せた」とも指摘している。ゾンマー版が出版されて以降は、ほとんどの批評家がこぞってマロリーのオリジナリティーをほめ称えるようになったのである。一八九六年、『テンプル門』にフレデリック・ディクソンはこう書いている。

あたかも職工が糸束を扱うように、……マロリーは現存する幾多の書物を手にとり、まるで糸巻きを使うようにペンを操って、「円卓の騎士」の物語を紡ぎだした。それは、ちょうど、ウィリアム征服王の妃マティルダがノルマン・コンクェストの物語を刺繍した巨大な絵巻、バイユー・タペストリーを刺し上げたのにも似ている。彼はたんに文学素材を大工のように組み立てたわけではない。シェイクスピアのように手に入る材料を自由に駆使したマロリーは、これもシェイクスピア同様、それらの素材にまったく彼独自の類まれな個性を吹き込んだのである。(73)

ゾンマーは、こうして、英国の読者に『アーサー王の死』の権威ある定本を与えたのみならず、何世紀にもわたってマロリーが英文学の正典となるのを妨げてきた問題点を解決するに足る学識をも、あわせて提供したわけである。しかし、正典への参入を完成させるには、最後にもう一つの問題点が残っていた。それは、『アーサー王の死』の道徳性という問題である。これも久しく疑問視されてきた点で、もし、この作品が時代の大衆教育のめざす道徳的「向上・改善」にそぐわないものであるとすれば、とても真の「国民的」文学とはなりえないはずであった。マロリーの作品は、それゆえ、ヴィクトリア時代の道徳的姿勢、教育上の目的に合致させられねばならない。

この時代の学者、編集者、出版社のみるところ、道徳に合致させる唯一の手段は、いかがわしく見える要素をテキストから削除することだった。こうして、一八六〇年代以降、人々はやっきになって、『アーサー王の死』の不穏当箇所の削除にとりかかった。一八六二年にはジェイムズ・T・ノウルズの短縮版が好評をもって迎えられるが、これに付した序文で、ノウルズは「子供たちにふさわしくない」という理由で原典のいろいろな部分の削除を正当化している。原典の欠点を正すために、ノウルズは「現代の慣習、道徳に鑑みて、作品の高邁な理想を残し伝えるためにどうしても必要であると思われる箇所では、原典の表現を削除したり、修正したりした」と述べている。特に彼が意を用いたのは、グィネヴィアとラーンスロットの細部にわたる姦通の場面であった。アーサー王の出生のいきさつも不倫の結果ではなく、正統的な嫡出子と思わせるように変え、また、モルドレッドがアーサー王とその腹違いの姉との間にできた非嫡出子であることを示すすべての記述を除去した。かくして、マロリーの原作を「たんに短縮し、簡略化した」だけと彼が主張するにもかかわらず、じっさいは、彼の改変は大掛かりなもので、物語をいちじるしく変容させる結果になった。(74)

短縮版を出したその他の編集者も、やり方は大体同じである。一八六八年、エドワード・コニビア師は、マロリーには「時々下品なところ」があり、それが不人気の一因であるとして、「自由にテキストをいじくる」ことでこの不備を正そうとした。そして、「下品な部分を削った結果、作品は全体としてかなり短くなった」。アーサー王の非嫡出の経緯の詳細は削除、グィネヴィアとラーンスロットの愛は、ごく用心深い言い回しで触れるにとどめた。ヘンリー・フリスの一八八四年の短縮版はさらに一歩進んで姦通に関するものは残らず削除した。フリスは序文でこう述べている。

昔のロマンスに語られたままの登場人物の関係については、不穏当な部分を削ったり、……書き直したりする必要があった。こうした改変が若者向けの書物を編むさいに必要であることは、『アーサー王の死』を研究対象とする学究の徒にも、明確にわかっていただけよう。……われわれは物語の一貫性は保持しながらも、……疑問と思われる事柄は省こうと努めた。また、ありのままの色彩で描いたならば不快になりそうな振る舞いや、その動機は「トーンを和らげた(75)」。

この削除の風潮は、おびただしい短縮版、改作版を生み出すことになっただけでなく、完全版のテキストと称されるものへも影響を与えた。たとえば、エドワード・ストレイチーは、マロリーの原作に可能なかぎり忠実なテキストを再現するというふれこみにもかかわらず、その一八六八年のグローブ版で、「現代の風習にそぐわない章句」は削除してしまった。このため、何百もの単語や言い回しを除去する結果になったが、その中心は、性的な連想をさそう言葉(「ベッド」、「夜」、「添い寝」などの単語)、神やキリストの名を持ち出して「こん畜生」といったりする不敬な言い回し、粗野な言葉(「下っ腹」、「はらわた」、「けつ」、「卑猥」といった単語)だった。モルドレッドがアーサーの近親相姦の子であることはごく漠然と示唆されているのみであるし、およそ性交をうかがわせるような描写は、どんなに控えめな表現も回避された。たとえば、マロリーの原典では、マーリンがアーサーの父ウーゼル・ペンドラゴンに「陛下がイグレーヌと添い寝する最初の夜に、彼女の身に子を授かることでしょう」と予言するが、ストレイチーのテキストでは、「陛下がイグレーヌを妻にしたのち、彼女によって子を授かるでしょう」と変わる。(76)

書評界は、道徳性の向上という観点から、マロリーの改作を大体は支持していた。一八六八年、ロンドンのアセニーアム・クラブは、ストレイチーが「健全な判断力の証拠を見せてくれた」と明言した。「いくつか不快な部分を除去するために、彼はテキストに少々の削除を加えたが、その結果、この書物は、失われたものを補って余りある利点を持つにいたった」からである。同じく、『疑問と注解』もストレイチーが「われわれの時代に適合するように」マロリーの原本に「分別ある校訂」を加えた、と評した。こうして、ヴィクトリア時代のたくさんの削除請負人が尽力したおかげで、マロリーのテキストは道徳的に妥当な行為への指針として使えるまでになった。一八八〇年代の後期、『イングリッシュ・イラストレイテッド・マガジン』誌上で、フレデリック・ライランドは、読者がお手本として真似してもよさそうな、数々の有徳の行ないが『アーサー王の死』にはそなわっていることを指摘して見せた。

さらに顕著な美徳としては、……勇気、正義への愛と不正への憎しみ、忠誠心、誓いへの誠実さ、また、口には出さずとも友情や同志愛が無言のうちに求める信義への誠実さ、克己心、そして肉体の安楽への無頓着ぶりがあろう。寛容の精神は最も高い評価を受けるに値する。……名誉を尊ぶ心はしばしば行動の動機となるし、最高の騎士たちはその謙虚ぶりも有名である。高邁な自尊心はほとんど子供のような純真さと結びついている。上品さ、気前のよさ、恭しさ、これらも、ジェントルマンの精神を形づくるその他のもうすこし小さな美質ともども、この書物にはそなわっている。と同時に、見逃せないのは、全編にただよう神と人類に対する心底からの崇敬の念であろう。これが欠如していたことが、われわれの近代社会が犯した数々の愚行、失敗の原因だったのである。堕落したものへの憐憫や弱者への情愛という美徳、これらに高い地位が与えられていることは、紛れもないキリスト教徒の心情の表われであるが、また、純潔、貞節に対して至上の重みが与えられているところにも、やはり、キリスト教徒の心情を見てとることができよう。肉体の純潔がほとんど盲信的ともいえるまでに称揚されているのは、純潔な者たちの目には神の顕現が約束されるという至福が、そこに鮮明に自覚されているからである。なるほど、そうした高い理想をかかげながらも、なお、騎士たちの純潔面での至らなさが遺憾とされることもしばしばなのではあるが、しかし、われわれとて、今の時代の行動がそこから大きく進歩したなどとは、まちがってもいえない。そうしてみれば、純潔への敬意をかかげた『アーサー王の死』の先見性こそは、今日の時代の通俗的な虚構の物語をはるかに凌ぐといわねばならない。

このように、マロリーの削除・改訂版からは、有益な教訓の数々を、まるで落穂拾いのように集めてくることができた。B・モンゴメリー・ランキングが一八七一年にいったように、「立派な生活のお手本ならば、何も遠くまで探しに行かずともよい」のである。(77)

『アーサー王の死』は、道徳的な振る舞いの指南書として変容させられたことで、ようやく、長い道程の最終段階を経て、英文学の正典の仲間入りをすることになった。同時に、それはアーサー王伝説の所有権主張の最終段階でもあった。一八九〇年代、中世文献の編纂者として有名だったウィリアム・ウエルズ・ニューウェルは、「アーサー王の物語に対しては、自分たちが所有しているものだと思うからこそ生まれる愛着を、英国人読者はみな抱く傾向がある」と明快に語っている。それもこれも、マロリーの『アーサー王の死』がなかったら不可能だったことである。一八九七年にはまた別の新しい版が出たが、その序文で、イズレイル・ゴランツは、「アーサー王と円卓の騎士たちのいにしえの物語を国民の財産とするために」マロリーのこの著作が他の何にも勝る働きをしたと書いている(78)。

ただ、十九世紀にマロリーがこうして圧倒的な力をもったからといって、中世に存在したその他すべてのアーサー王文献が、完全に無視されてしまったわけではない。引き続きあらたな文献も発掘、出版されていた。たとえば、一八四九年、レディー・シャーロット・ゲストはウェールズの中世騎士の伝説を集めた物語集『マビノーギオン』を出版したが、ここにはアーサー王を主人公にする物語もいくつか含まれている。年代としては、マロリーより数世紀も古いものであることは否定できないので、こうした物語群は、アーサー王伝説のウェールズ所有権に信用状を与えるところもあったであろう。ゲストは序文の中で、「中世ロマンス物語のじつに大量の収蔵品がウェールズからもたらされるようである」と書いている(79)。

だが、彼女の所説を仔細に検討してみると、表向き親ケルト的ではあるが、その底流には、ウェールズとイングリッシュの両方の文化の緊張関係がさまざまな形で見てとれる。まず、だれの目にも明白な事実であるが、そもそも『マビノーギオン』はウェールズ語の物語を英語に翻訳したものである。ウェールズ語の原文も巻末に収められてはいたが、これではどうしても、ウェールズ語は副次的な付録という印象をまぬかれなかった。さらに一八七七年の第二版になると、彼女はウェールズ語のテキストをすべて削除、また、注釈からもウェールズ語の引用をすべて消し去った。この結果、物語の起源がウェールズであるという印象はますます弱まった（ちなみに、すべてがウェールズ語の完全版『マビノーギオン』も一八八〇年にリバプールで出版される運びとなる）[80]。ゲストはまた、みずからの親ウェールズ的心情を、英国にとって脅威とならないような、ウェールズの民族主義を強くは出さないようなやりかたで表明するよう意を用いている。すなわち、ウェールズの文化的偉業を称えるにしても、ことさらにロマンティックな表現を用い、それが、ウェールズの独立をめざすようなこの時代の政治的希求とは、けっして結びつかないように配慮している。この意味で、『マビノーギオン』は十九世紀当時のウェールズの民族文化主義、つまりこの国の神秘的でロマンティックな過去を創造しようという試みの一環と見ることができる。そのようにして追認される過去とは、すなわち、ウェールズ人の誇りの源泉とはなりうるが、同時に、ウェールズを一風変わった面白みのある古めかしい国、として印象づけるものでしかなかった[81]。換言すれば、このテキストは、アーサー王伝説への英国人の所有権主張に反駁するものではなく、また、マロリーの『アーサー王の死』の優勢な力に歯向かうものでもなかった。

しかし、ゲストとは異なり、戦わずして陣地を明け渡すのを拒否した作家もなかったわけではなく、アーサー王伝説のウェールズ起源説にあくまでもこだわる主張も、いぜん、十九世紀後半にいたるまで続いてはいたのである。たとえば、一八九一年、ジョン・リースは、この伝説がウェールズ人によって生み出され、しかる後にノルマン人の手で変形させられた、というなじみの説を再燃させている。リースはまた、英文学へのケルトの影響はサクソンの影響をはるかに凌ぐものだったとも主張している。

英文学におけるケルトの血脈は、中世以降、シェイクスピア、スペンサー、テニソン、スウィンバーンといった巨匠たちによって、折に触れて喚起させられてきている。それゆえ、英国国民の系図

については あれこれいわれる余地があるとしても、こと英文学の血統となれば、これは争うまでもなく、すでに確定済みなのである。英国の文学はいささかもゲルマン的ではなく、すでに見たとおり、非常にケルト的といわねばならない。であるからこそ、アーサー王伝説の創生と歴史に光を当てようとする試みが、ひとり、ケルトへ強い関心を寄せる者のみならず、ケルト的なものの最も美しい特色が反映されている英語および偉大な英文学全般に関心を寄せる者に対しても、訴えかける力をもつのだと考えられる。

リース自身はウェールズ人である。したがって、右に見てきたアングロ・サクソン系の批評家とは対極的な意味でだが、同じくきわめて愛国主義的な動機からその所説は発している。ところで当時のケルトの民族的文化主義というのは、すでに見てきたアーノルドとその支持者のいくつかの言い分に対しては、これに挑戦するよりむしろそれを是認するという姿勢を前提にさせられてしまうところがある。アーノルドといえば、優秀な英国の文化に対して、ケルト文化をそのマイナーな貢献者という地位に格下げするわけであるから、すると、ケルトの民族文化主義者の取りうる最良の代案は、その英国文化の影響からの独立を激しく叫ぶ、という図式にならざるをえないが、これはからずも、アーノルドの民族差別的な信条、つまり、民族はそれぞれが独自の本質的特徴をもたざるをえないという信条を、抵抗なく受け入れることにもつながった。そして、英国文化にまったく影響されておらず、また本質的にそれよりも優秀で、「純粋な」文化的実体を探し求める、という多くのウェールズ人民族主義者の努力は、結局、実在しないケルトだけの「本質」を追い求めることにつながった。これはこれで、ケルトの文化諸制度の保存に役立ったのではあろうが、ケルトとイングリッシュの間の亀裂意識も一層増幅されたのである。[82] そして、支配的勢力たる英国の側から見れば、リースのような批評家がアーサー王のケルト起源をいかに強調しようとも、それはたんなる一民族主義の感傷として退ければすむことだった。よく見積もっても、それは悲しいほど偏向した心情であるし、悪くすると、将来的にイギリス諸島の文化的統一（つまり、イングリッシュの側からの文化支配）を破壊させかねない有害な心情でもあった。

十九世紀末には、英国の批評家はアーサー王伝説をすっかりわが物にしてしまって、そのケルト起源を支持する論陣を張るのは、もはやウェールズ人の学者ばかりになった。これは十八世紀末ないし十九世紀初頭とは大きな違いだった。当時ならば、外国を意識しながら、これが「英国の」文化的所産であると指摘するのに急で、ウェルシュかイングリッシュかの区別立ては特に重要ではなかったからである。英国の評者がもはやアーサー王をウェールズの同胞とは共有したくない、と言い出したことは、英国にあって、アングロ・サクソン中心の文化的民族主義が一層勢力を強めたことを意味し、また同時に、イギリス諸島全体の内部での民族主義の背反する軌跡をもあらわにしたのである。

ロビン・フッドのバラッドおよびマロリーの『アーサー王の死』が、十九世紀にそれぞれ英国文化との関係を進展させたのは、時代の民族・国家主義にとって、英国の文学の伝統を確立することがそれだけ重要であったことを実証するものだった。また、英語学という学問分野が自立して登場したという現象も、一つにはそれがこの国の言語と文学へのいや増す誇りの反映だったわけだが、それに加えて、こんどは逆にその学問の進展が誇りをさらに増幅させるという働きもした。その誇りが大きなうねりとなって中世の文献発掘へ関心を向けたのである。ロビン・フッド、アーサー王の伝説も、この動向から大きな恩恵を受けたといえる。ロビン・フッドのバラッドは国家の幼年期の「国民的才知」を表現したものとして高い地位を与えられるにいたったのだし、一方、サー・トマス・マロリーは、この国の最も偉大な作家たちの列に加わるに十分な、価値ある散文作家の巨匠として認められ、このおかげをもって、アーサー王伝説がほかでもないこの英国文化の成果であると、堂々と主張されるようになった。両者とも、形は異なるが、国民の文学伝統の誇るにたる産物として称賛されたし、また両者とも、道筋はちがっても、イングリッシュという——ブリティッシュとは対立した——特定の輪郭を持った文化民族主義の成長におおきく貢献したのだった。

第四章
「われらが先祖はサクソン族」
●ロビン・フッド、アーサー王とアングロ・サクソン的人種主義の台頭

「民族性」なる用語は、伝統的には、人種上の近親性からくる根本的な特徴を共有するような一定の集団の、その起源や血統を指して使われる。したがって、字義どおりにいえば、この定義は「国民性」というものの検証には適当ではない。ある国家の国民とはつねに異質の人種が混在していて、そこに一定の共通した生物学上の継承性を見いだすのは難しいからである。とはいえ、やはり「血のつながり」に訴えるというのは、部外者を排して自分たちの集団のメンバーをまとめるさいの有力な武器であることは明らかである。それゆえ、厳密に生物学的な意味ではそれは国民性の構成要素にはなかなかなりえないが、この民族性という要素は考慮から外すわけにはゆかない。一つの国家が、国家としてのその主体性を確立するために「血の絆」なるものを創出することもしばしばだったのである(1)。

十九世紀の英国はこの格好の実例といえる。この時期にアングロ・サクソン民族を頂点に置いた精緻な階層がうち立てられたのであるが、当時の英国が占めていた政治・経済・軍事面での卓越した地位の

おかげで、理論的には粗雑といえるこの生物学的な決定論がいわば追認されたのである。しかし、この新しい民族的基盤の上に、英国の国民性の実体を構築しきれたかというと、ことはそう簡単ではなかっただろう。民族色がもつ排他性を強調しすぎると、十八世紀を通じて営々と構築されてきていた「英国風」を損なってしまい、それを民族的にはもっと包括力の弱い「サクソン風」で置き換えてしまうことになったからだ。英国のように国民の構成が多様で、遺伝的に共通の起源など求めるべくもない国家にあっては、民族色におけるこの変更は結局のところおおいに問題含みであった。

本章ではこの新しい民族的一体性が生まれてくる仕組みを検証し、それがアーサー王とロビン・フッドの歴史的実像を際立たせるのにどう影響していったかを見てゆくことにする。この過程で、十九世紀の民族観を記述するために「科学的民族主義」という用語をたびたび用いることになるが、しかし、議論は自然科学の領域にとどまるわけではない。民族に関する理論となれば、いくつものレベルで英国の文化全般に広がらざるをえず、自然科学はもとより、文化人類学、考古学、古典文学、地理学、地質学、民間伝承研究、歴史、文学、法律、神学といった分野にまで踏み込むことになろう。のちに英国の首相となるベンジャミン・ディズレイリが一八四七年に語るように、「すべては民族であり、真実はこれのみである」(2)。とりわけ、アーサー王とロビン・フッドの伝説に関しては、この両者の歴史現実の中にもっている基盤――ないし、そうした基盤の欠如――を解明する試みは、このアングロ・サクソンの民族神話の創出に深くかかわらざるをえない。アーサー王とロビン・フッドが真の国民的英雄として動き出すためには、彼らのイメージが民族や国民的一体性についての支配的概念とうまく同化させられる必要があった。

「ノルマンの血の痕跡もなし」

●十九世紀英国におけるサクソン人の英雄としてのロビン・フッド

「ロビン・フッドとは何者なのか」――W・F・プリドーは一八八六年の『疑問と注解』の中でそう問いかけている。(3) じっさい、これは十九世紀の英国で激論の対象となった問題であった。一方には、ロビン・フッドは徹頭徹尾虚構の産物であると考える一派があり、たとえば、一八四〇年代の後半であるが、『エディンバラ・レヴュー』誌はロビン・フッドを疑問視して、「当代英国の年代記作者は彼についていかなる記述を残しているか。皆無である。当代の著作家がいかなる証拠を提示しているか。皆無である。端的にいって、この人物がそもそも実在したという証拠、また、この人物に帰せられるべき功績が一つにせよあったという証拠はどこにも見当たらないのである」と断じている。十九世紀末、サー・シドニー・リーは逆説的にロビン・フッドに独自の栄誉を授けて『英国人名辞典』の項目に加え、ただし、実在はせずと記述した。しかし、ヴィクトリア朝の評者の多数はロビン・フッドの歴史的実在説の味方である。たとえば一八七五年にシャーウッドの森に関する史書を著したJ・スティシー師は、こう書いている。「昨今は、人々にロビン・フッドの存在そのものを疑わせ、永きにわたって育まれてきたロビン・フッドの伝統の数々を、あたかもただの神話にすぎないと貶めるような説が行なわれているが、われわれはこうした懐疑的風潮には反対するものである」。同調する者は多く、たとえば古文書収集家として名高いジョン・W・ヘイルズとフレデリック・J・ファーニヴァルも、一八六七年に、「われわれはロビン・フッドの実在性を否定する気にはなれない」と明言している。(4)

この議論は、古文書収集家のあいだでのたんなる口げんかを示すものではない。国民的ヒーローであるロビン・フッドの実在性を否定するとなると、それは国家の歴史そのものへの挑戦にもなりかねず、ひいては、ある意味で国家そのものまで否定しかねないところがあったのである。公立記録保管所の副所長であったジョーゼフ・ハンターなどは、ロビン・フッドの実在性を否定する学者たちに対して強硬な反駁を加えている。

わが同胞の素朴な良識を信ずる私としては、こうした空論家は虚栄のリンボ界へ追放してやりたいのである。彼らは、遠い歴史をのこらず寓話に変えたがる輩の仲間であり、英国のよきものはすべてどこか東方の国々に起源をもつものの模写にすぎないと言いくるめたがる輩の仲間であり、ひいては、英国が有する文学、工芸、建築面でのありとあらゆる過去の技術や進歩を、英国から奪ってしまおうとする輩と同類なのである。

一八五〇年代の初頭に、ハンターはこれぞ真のロビン・フッドと目される実在の人物を特定している。十四世紀の人物であるが、その伝記的事実はロビン・フッドの伝説の細部にじつにうまく符合している。ハンターは「ロビン・フッド小武勇伝」のようなバラッドは「歴史の記録として粗略にはできない」としたうえで、「エドワード王」のランカシャー行幸のくだりに注目している。ハンターによれば、じっさい、エドワード二世には一三二三年にそうした行幸の記録があり、そのさい、王はノッティンガムに二週間逗留したとされる。(5)「武勇伝」の記述に従うと、エドワード王はこの地で法の保護を奪われたアウトローたちと出会い、彼らの罪を許し、ロビン・フッドを従者に加えているが、ハンターはここでも、この物語を史実に結びつける証拠を見つけ出している。すなわち、一三二四年の三月から一一月の間に、

「ロビン・フッド」なる人物が王の近習として仕え、日当三ペンスという俸禄を受け取っていたというのである。その後の記録が消えて見つからないが、ハンターによればそれはむしろ「武勇伝」の筋立てに合致している。つまり、物語によれば、ロビン・フッドは宮廷暮らしにたちまち飽いてしまってそそくさと森へ帰還したからである。「このバラッドと歴史の記録の間に、歴然たる符合があるのはまちがいなく、同一の名前の二人の人物がたまたま別個に存在した、という解釈ではまず説明できないのである」とハンターは述べている(6)。

しかし、権威ある古文書に依拠していたにもかかわらず、ハンターの論証はヴィクトリア朝の人々の想像力を捉えきることはできなかった。ロビン・フッドを扱った十九世紀のフィクションで、ハンターのこの論証に基づいた作品は皆無である。日給をあてがわれながら王の従者として仕えていたという説は、この時代の国民的英雄像には似つかわしくなかったからである。歴史上のロビン・フッド像としてじっさいにこの時代を制したのは、ハンターのイメージとはがらりと変わって、ノルマン人の圧制と闘う自由の戦士である英雄的サクソン人のイメージだった。ハンターの説とはちがって、その仮説はなんら客観的証拠に裏付けられたものではなかったが、それでもこちらのロビン・フッドが人気を博したのは、当代の英国人の愛国心にしっくりくるところがあったからだ。ブリトン人の多くは、彼らの国民性がもっている最良の資質の源泉を、ほかならぬサクソンの伝統に求めていたからである。

明確な形でサクソン人としてのロビン・フッドに言及した最初の実例は、十八世紀の後半にあらわれる。広汎に流布した『英国古詩拾遺』(一七六五年)の中でトマス・パーシーはこう書いている。「ノルマン人の王たちによって発布された、かの圧制的な林野法がじつに過酷なものであったこと、しかし、そうした王室御料林の近辺に居住するものにとっては、法を破ってでも森の狩猟地へ踏み込まざるをえなかったこと……これが、幾多の法益喪失者（アウトロー）を恒常的に生む要因となった」。そして、そうしたアウトローのなかにロビン・フッドを数え上げている。十八世紀の最も著名なロビン・フッド関連のバラッド集の編者であるジョーゼフ・リストンもまた、ノルマン・コンクェストへのサクソン人の抵抗と、ロビン・フッド伝説とを結びつけている(7)。

この時期には、しかし、サクソン人の優秀性にかかわる観念というのは、彼らが生来もつ血統の優越性を前面にだすというよりはむしろ、彼らの有するもろもろの制度の独自性を強調していた。サクソン「民族」の優秀さ、顕著さは、歴史上の二つの神話にとりわけ大きく依拠していた。その一つは宗教上の神話で、一五三〇年代から設立が始まり、ヘンリー八世のローマとの断絶を正当化する助けにもなった純粋サクソン教会という制度にまつわる神話である。これによると、ヘンリー八世の宗教改革の結果、英国の教会はノルマン・コンクェスト以前の慣習へと復帰し、また、幾世紀にもわたって染みついてきたローマ・カトリックの悪弊をも除去しえたというのである。もう一つの神話は政治制度にかかわるものである。十七世紀にはサー・エドワード・クックのような議会政治家は、増大する王室の権力に抵抗するための論理的根拠を歴史に求めるべく、サクソン時代の慣例を典拠としている。彼らの主張は以下のようなものだ。曰く、サクソンの時代には、英国の住民は真正なる法律による庇護を受け、代議制の統治形態が広く行なわれていた。名誉革命以降は、そうした観念が「ホイッグ」的な時代意識へと進化してゆくことになるが、その歴史観の眼目は、真正なる統治が行なわれた黄金時代というものが、ノルマン・コンクェストによって破壊される以前の英国にこそ存在していた、とする点にあった。ノルマン・コンクェスト以降は、永きにわたってもろもろの政治権力の回復をめざす闘いが続くことになるが、それは一二一五年のマグナ・カルタに始まって、ごく近年のスチュアート王家による王位の簒奪によって完成をみたのである。こうした勝利によって――と、この神話は力説するのであるが――英国はその法規と統治の諸制度に関して、サクソン人の遺産に直接につながるような独自の継承性を付与されたわけである。(8)

ただ、この二つの神話はともにサクソン人の制度の優秀性を主張してはいるものの、その優秀性の起源を人種そのものの優秀性に求めようという試みにまでは達していない。そうした人種に基盤をおいた新しいサクソン主義といったものの萌芽が見られるのはやっと十九世紀初頭になってからである。こうしたあらたな展開にとって決定的な力をもったのがロマン主義の勃興であった。ドイツでは、いかなる国民もすべてそれ自身のフォルクスガイスト、つまり、特別の国民精神を有している、という考えがロマン主義運動の中心的主張となった。それと同時に、伸張するドイツ・ナショナリズムはドイツ民族、ドイツ文化の持続性、独自性、優越性を誇示し始める。ヨハン・G・フィヒテ、フリードリッヒ・シュライエルマッヒャーといったロマン主義の思想家たちは、人類の統一性を想定する啓蒙主義的なヴィジョンを打破しようと企てるなかで、ドイツ国家、ドイツ国民をひたすら称揚するにいたった。こうした思想が、また、欧州の別の場所では、ゲルマン民族というものを西欧の歴史のなかで絶えず拡張を続ける原動力として描き出す、そうした議論に合流していった。こうして、古代ドイツの深き森から出現して、近代ドイツ人、アングロ・サクソン人、スカンジナビア人の先祖となった、自由にして高貴、純朴なる種族というものの観念が拡大、浸透し始めたのである。(9)

人種についてのこの新しい思想はまもなく英国へも影響を及ぼし始める。シャロン・ターナーの『アングロ・サクソン史』(一七九九―一八〇五年)はサクソン人の歴史を初めて全面的にとりあげた史書で、サクソン人を強靭にして自由を愛する民族と表現している。だが、英国におけるサクソン民族意識の初期の発達をわれわれに眺めさせてくれる最良のテキストは、やはり、サー・ウォルター・スコットの『アイヴァンホー』(一八二〇年)であろう。この作品は、征服王ウィリアムが英国の海岸に上陸してから一〇〇年の後にもまだ続いていたノルマン人とサクソン人の争いに焦点をあてている。その第一章で、スコットは「四世代を費やしても、なお、ノルマンとアングロ・サクソンの反目しあう血の融合は果たせなかったし、この二つの敵対民族を、共通の言語、共通の利害関係によって統合することもかなわなかった」と書いている。(10) ここでロビン・フッドは重要な意味をもってくる。彼はノルマンの圧制に抵抗する愛国的サクソン人のシンボルとしてこの闘争に参加、作品のなかで一つの中心的な役割を果たすからである。

サクソン人とノルマン人との間に、生まれながらの、変わりようのない人種的な差異を主張する、となると、スコットは現代のもっとも敬うべき歴史学の通説に真っ向から反対するかのようでもあるが、しかし、スコットは傑出した民族の優秀性というのは避けがたい自然な現象で、歴史を通じて確証されるところである、という。その『マラキ・マラグローザーへの手紙』(一八二六年)の中で、スコットはこう言明している。「異なった国どうしの国家としての差異の度合いは、大自然がその御業をつらぬく一つの原理として採用したと思われる、より全般的な多様化のごく一部の事例にすぎない」。すなわち、彼の描くサクソン人およびノルマン人は、彼らの政治的・社会的なもろもろの制度がそれぞれに独自な性質をもつがゆえにサクソン人であり、またノルマン人である、というのではない——そうした局面は『アイヴァンホー』ではほとんど看過されている——そうではなく、両者のあいだに固有の生物学的差異が存在するからなのである。スコットは民族を理論化した視点から英国の社会を分析するその一歩手前でやめているが、その作品には民族的排他主義の一端がかいま見えよう[11]。

この作品によってのちのちロビン・フッド伝説の扱いがどれほど影響を受けたかは想像に難くない。一八二〇年代の初期には、パリの進歩的ジャーナリストとして名声のあったオーギュスト・ティエリの手で、スコットの見解に初の学問的論述が加えられている。ティエリはロマン派史学の父と称されるが、彼自身おおいに尊敬していたスコットと同様に、過去の歴史というものを現在の政治的闘争における有力な武器と考えていた。また、ヨーロッパの国民はその血統、法律、言語、思想によって識別可能ないくつもの異なった民族の「型」に分類されうる、とする点でも、スコットと所説を共有するところがあった[12]。一八二五年、ティエリは彼の最初の著作――そして最も好評を博した著作――である『ノルマンの英国征服史』を出版する。この名著において、ティエリは、サクソン人のノルマン人に対する英雄的な抵抗を称賛しつつ、さらに論を進めて、サクソン人がノルマン・コンクエストによって壊滅させられたわけではなく、自由と解放を求める彼らの闘争はその後も続いたこと、そしてやがては、その闘争こそが英国人の手に、他のどのヨーロッパ国民にも勝るほど大きな自由をもたらしたことを論証している。この著作の序文にはスコットの影響が顕著に見てとれる。

武力を正義として統治するものたちの公文書が示唆するのとはうらはらに、偉大な国民というものはそうやすやすとは隷属しきることはないのである。……故国の古きよき大義にかける希望がのこらず潰えてしまったあとも、悔恨を含んだ愛国心は永きにわたって人々の胸に深く秘められ、もはや正規の軍隊を編成する力がなくなっても、遊撃兵や政治目的をもった山賊を森林や山岳地帯につぎつぎと出没させていた。そうした兵士や山賊が絞首台に送られたならば、彼は殉教の戦士としてあがめられたのである。

ティエリにおいても、スコットと同じく、そうした「政治目的をもった山賊」の中で最も高名かつ重要な人物といえばロビン・フッドであり、ティエリはロビン・フッドを「アングロ・サクソン民族の……英雄」と称えている。(13)ティエリこそは、スコットが物語として描いたロビン・フッド像に学問的信任状を与えた功績を受ける人だった。ジョーゼフ・ハンターが一八五〇年代初頭に記すところでは、『ノルマンの英国征服史』は当時すでに「英国では広範な人気を博していた」といい、事実、一八五六年までには三つの英語版が世に出ていた。『ウェストミンスター・レヴュー』はティエリの著作に高い評価を与え、「歴史上の人物としてのロビン・フッドの性格やその人気について、当代のいかなる著作家にもまして正確に、その実像に迫っている」と断言している。(14)

ティエリからこうして学問的支援を受けたおかげで、ノルマンの圧制と闘うサクソンの英雄という、スコットの描いたロビン・フッド像が、十九世紀におけるロビン・フッド伝説の支配的なイメージとなった。一八四〇年代初頭に、詩人スペンサー・ホールはこう書いている。

ロビン・フッドについて語られているほら話は、私はその十分の一も信ずるものではない。話のなかにはあまりにも馬鹿げていて、子供だってだまされないようなものもある。……しかし、そうした表層の部分をすべて削ぎとってしまうと、ある時期に、この名前が最高位の称号として一人の崇高な英雄の身に託されていたことを証明するだけの核心部分が、依然として残るのである。この英雄は、庶民にとっての偶像であると同時に、暴君や簒奪者にとっては恐怖の存在であり、……とりわけ、侵略者たるノルマン人への反抗を志すものすべてにとってのかけがえのない盟友であった。

じっさい、こうしたロビン・フッド観はこの時代の著作者たちをすっかり虜にしてしまい、ために、ハンターの仮説のようにもっと具体的証拠に裏付けられたような議論もやすやすとうち捨てられてしまった。一八六〇年には、ジョン・オクスンフォードの歌詞、G・A・マクファレンのせりふによるオペラ『ロビン・フッド』がハー・マジェスティ・シアターで初演をみたが、これはサクソン人とノルマン人の葛藤に焦点をあてたもので、あきらかにスコットの物語を踏襲していた。往時のプログラムによれば、「J・ハンター師のお説にもかかわらず、その名も高き義賊ロビン・フッドは、まさに『アイヴァンホー』で語られるとおりに、リチャード獅子心王の御世に活躍し、とりわけプリンス・ジョンの摂政期に虐げられたサクソン人にとっての無二の同志として働いた」のであった。オペラの筋立ても、次の歌曲にみられるとおり、こうした設定を固く守っている。

英国人は生まれも気高く、
汝らノルマンが、彼らの四肢を鎖で縛ろうと
燃えさかる自由の思いは
われらの胸に、絶えることなし。
汝らノルマンが、いかなる手立てを用いようと
英国人を踏み潰すのはかなわぬこと。

われらが父祖はサクソンの種族にして
統領ヘンギストに従いてこの地へ来たる者、
ここに安住の地を見いだし
神聖なるかがり火を灯したる者。
それは祭壇の灯明にはあらず、薪の炎にもあらず
英国人の胸のうちに赫々と燃える不死の炎なり。

滅することなき自由の炎は
われらが誇り、慈しむべき至宝。
つかのま小さく隠れることありといえども
ついには、ふたたび赤々と燃えさかる。
傲岸なる圧制者はわれらサクソンを鎮めんとして
しかし、ついに、それを果たすことをえず。
汝らが課す鉄の足かせは力なく
われらが胸のうち、自由はかたく踏みとどまる。(15)

証左となるべき歴史的根拠が欠けていたにもかかわらず、十九世紀の英国の著作家たちはかなり徹底してこのロビン・フッド像の普及に力を入れた。一八二〇年以降に書かれたこの分野での主要な作品は、ほとんどすべてがサクソン人とノルマン人の対立を主要なモチーフとしている。たとえばピアス・イー

ガンの『ロビン・フッドとリトル・ジョン』（一八四〇年）ではこの義賊がこう宣言する。「私はわが国土とわが同胞を愛し、ノルマン民族を憎む。彼らはこの地では簒奪者であり、簒奪によって圧制者となっているからだ」。イーガンは民族の特性に生来固有なものと彼が見なすいくつかの性癖にも触れている。「偽善や策略を弄するのはもともとノルマンの本性だ。サクソン人の場合は正反対で、自由で、寛容、そして純朴だ」とリトル・ジョンに言わせているのはその一例である。[16] また、『アイヴァンホー』以後のロビン・フッド伝説の扱いの中では、種族としての優越性が身体的な特徴にも反映されていることが指摘されるようになる。小説『森の日々』（一八四三年）の中で、G・P・R・ジェイムズはロビン・フッド配下の「メリー・メン」たちを「上背あって膂力強く、血色のよさが面貌を輝かせている」と形容している。同じく、アン・ボウマンはその子供向けの物語『若き森の住人たち』（一八六八年）の中で、ロビンを「背が高く、立派な体つきで、晴れ晴れとした陽気なサクソン人の顔をしている」と描いている。[17] この二人をはじめとして多くの作者が、ロビン・フッドの身の丈、腕っぷしの強さ、機敏さを、ためらいなく彼のサクソン人としての血統に結びつけている。そして、この身体的な地力ゆえに、彼とその仲間は最終的に敵に対して勝利を収めることができるのである。

ロビン・フッド伝説を扱うさいに、民族の優位性に関するこうした観念が表面化する頻度は、むろん、その作品が書かれた時代の状況と無縁ではない。十九世紀なかばには、サクソン中心主義はすでに英国の国民的神話にまでなっていたが、これは、当時の英国人の多くにとって、自分たちの国家の増大する国力が固有の民族的優位性から発していることが明白だと思われたからであった。しかもこの確信は、一見すると、時代の科学的な学問研究によって支えられてもいた。民族という概念の具体的な検証がすすむなかで、その学問的成果には、そもそもの分類学的な目的をはるかに超えた解釈学的な権能が授けられていたようだ。年がたつごとに、ますます多くの学者が、個人、国民、国家の繁栄や挫折を、じかに民族の違いに帰属させて論じるようになった。民族は、かつては学者たちが考えていたような、風土や環境に影響される、表層的で、移ろいやすい産物などではもはやなく、特定の文明を開花させる、あるいはそうした開花を妨げる、本質的で確固たる実体としてとらえられるようになった(18)。

英国にあっては、そうした主張が、他民族を凌駕するサクソン民族の優位性という観念を支える道具になったのはいうまでもない。ここで一人の中心的な人物として登場するのが、エディンバラの解剖学者ロバート・ノックスである。ノックスは解剖学者としてその経歴をスタートさせ、その講義は何百人という学生を引きつけるほど有名であったが、しかし、悪名高い殺人鬼バークとヘアの二人から医学解剖用の死体を受け取っていたことが明るみに出て、彼の解剖学者としての名声は失墜、憤懣やるかたないノックスは、一転、講演者として再出発する。さて、民族に関する彼の思想は、当初はさほどの関心を集めなかったが、一八五〇年に『人類の種族——断章』を出版するにおよんで、この分野での英国の第一人者と目されるにいたった。この著書の内容はいかにも首尾一貫しないものだが、それでも検討に値するのは、これが当時の英国の民族優位思想の状況を的確に映しているからだ。ノックスの主張によれば、人類史とはなにか偶然の出来事、自然環境や時代の状況といったものの産物などではありえなく、生物学と人間の本性の帰結である。ノックスは、人間の胎児の発達がそのさまざまな段階でなんらかの損傷を受け、その結果、種々の民族が生まれ、また民族間の優劣も生まれた、という論を立てた。その好例としてノックスはサクソン人を引き合いに出し、この世界に冠たる優秀な民族こそは胎児がもっとも高度の発達をとげた姿だとしたのである。

いったいどんな方法で、なにゆえサクソン人の勝利が実現したのか、その細部の実証は読者にとってはさほど重要ではなく、問題は、人類史においては民族が決定的な要因となる、というその一点だった。十九世紀のなかばまでには、民族間の階層的序列が、そのまま、人間の文明的完成度に対応している、いや、じっさいのところ、それを完成させる主原因であるという考えが、広く行き渡るようになった。急成長するこの民族優劣論はロビン・フッド伝説の扱いにも甚大な影響を及ぼす。じっさい、あまりにも大きな影響があったから、この伝説が歴史の客観的現実になんらの根拠をもたないと考える人々の論陣にまで、この優劣論が浸透せざるをえなかったほどである。十九世紀なかばには、ロビン・フッドは森の半神としてサクソン人が発明したのであるとする議論が行なわれたし、一八四六年には、ヴィクトリア時代の著名な古文書収集家であるトマス・ライトが、ロビン・フッドは「まずまずの確実性をもって、ゲルマン民族の初期神話の登場人物たちの中に原型を見いだせる」と述べた。さらに、この一七年後には、エドウィン・ゴードビーが『シャープス・ロンドン・マガジン』に執筆、ロビン・フッドは北欧神話の英傑の一人であったと主張したばかりか、「最高神オーディンその人」の化身であるとさえ述べた。そして、ゴードビーによれば、こうした起源ゆえに「われらが国民の英雄ロビン・フッドには古式ゆかしい高潔さが備わっていたのであり、また、その高潔さこそが往時の人々の暮らしを先祖たる民族に結びつけ、あらゆるものを証拠立ててくれるよすがともなったのである。……ロビン・フッドの物語は、いまなおゲルマン民族の暮らしにぴたりと一致しており、また、この民族の全神話の中心位置を占めている(19)」。

このように、ロビン・フッドの歴史的実在性に異を唱えていた学者たちまでが、その出自をサクソン人であるとする説に取りこまれているという事実を見ると、民族の特定がこの伝説にとって相当に重要であったことがわかる。しかしながら、ノルマン人を徹頭徹尾劣った人種とし、反対にサクソン人を完壁に優秀な人種とする厳格な二元論を、だれであれ十九世紀中葉の著作家たちは、非常にきれいに裁断した形で信奉していたわけではない。たとえば、サー・ウォルター・スコットその人にしても、ノルマン・コンクェストによって社会・文化的な改良が英国にもたらされたことを『アンヴァンホー』の中で認めているし、サクソン人には無知で洗練さに欠けるところがあることを批判してもいる。そして、この国の未来にとっては、両民族の同化こそがもっとも望ましいと主張している。アンヴァンホーとロウィーナ姫の結婚という最後の場面では、ノルマン人、サクソン人の両方が参列するが、これは、「両民族間の将来の平和への誓いである。かの時期以降、両民族は完全に混合をとげていて、もはや差異はまったく見当たらなくなっているからである」と描写されている。[20]

ロビン・フッドを扱ったこの時代の文学で、サクソンとノルマンの究極的な同化に目を向けているものは、ほかにもある。アン・ボウマンの『若き森の住人たち』には三人の孤児をロビン・フッドが引き取る話があるが、ここには、表面的にはお決まりの民族間の敵意が語られている。「サクソンの武士たるものは自分たちの土地を奪ったノルマンの貴族たちを、いぜんとして憎んでいる。一方、ノルマン人はノルマン人で、この地の旧所有者たちをさげすみ、踏みにじってはばからない」と、ボウマンは書いてはいる。しかし、民族意識についてのボウマンの見解はもっとこみいっている。というのも、この子供たちは父親がノルマン人、母親がサクソン人という十二世紀的な「民族間」婚姻の所産であり、この異質の血統の混合は障害となるよりは彼らの誇りであるとして描かれているからである。長男のヒューバートは妹のリーカにこう語っている。「ノルマンとサクソンの両方の血を引くぼくらは、両方の民族の人々を等しく愛と慈悲をもって眺めねばならない」[21]。ノルマン人とサクソン人の両方から、その最良の資質を受け継ぐことで、十九世紀の英国人はいわば古い切り株に新しい血による新芽を吹き出させたのであり、それがなければ、この古い切り株の血統は回復の見込みのない凋落の運命をたどったことであろう、スコットやボウマンはそう主張しているのである。

ところが、一方で、十九世紀の最後の何十年かには、民族間の区別をより鮮明に際立たせるような論調も同時に存在した。民族意識がそのように強調されるについてはいくつかの要因があったろうが、まずは、チャールズ・ダーウィンの『種の起源』（一八五九年）の大きな影響がある。ダーウィンが自然淘汰を進化の第一義的なメカニズムであると確認したことは、ある種族の人間がその固有の生物学的優位性によって他の種族の人々を支配する運命にあるとする考え方に、科学的な信憑性を与えたように見える。のちに『人間の起源』（一八七一年）でダーウィンはこの理論を人間に拡大して動物と人間の間の進化論的継続性を支持するのだが、しかし、ここに一つのジレンマが生まれた。つまり、高度に文明化されたヨーロッパ人と原始的類人猿との間に見られる大きな差異をどう説明するかという問題である。ここでダーウィンは人類学の学問的成果を援用し、いわゆる「下等種族」なるものを想定してこの間のギャップを埋めようとした。すなわち、多くの「未開」種族の人間の精神的・道徳的能力は動物のそれをかろうじて超えるだけのものにすぎないとし、そうした「未開人」の存在を説明するために、ダーウィンは自然淘汰説を適用し、自然淘汰によって最適な人種が文明の階段をのぼりつめたのだと主張した。このプロセスが一定不変のものだとはダーウィンも考えなかったようだが、しかし、この自然淘汰の結果、ある種の人種、とりわけ欧州系の白人が道徳的・知的最高水準に達したのであると、彼は考えた。[22] 一方「下等人種」はこの進化の階梯のもっとも低い段階にしか達しなかったのである。

ダーウィン自身はあからさまな民族優劣論者ではなかったが、彼の著作の内的な意味をつきつめてゆけば、多くの学者が容易にこれを人種の序列に対するお墨付きであると受け取ったのはむりもない。ダーウィンはいわば旧来の偏見に新しい表現法を与えたのであり、彼の論証は英国国民の「生物学的な健全さ」の度合いを高めようという取り組みに、結果として利用されることになった。進化と自然淘汰が自然界に生存するものの第一原理であるとすれば、その原理は社会生活にも適用されるはずのものである、これがいわゆる「社会ダーウィニズム」論者の論法だった。すなわち、もしも人間個々人の達成度が低いのだとすれば、それは、彼らの身体的・知的能力に生来の欠陥があったがゆえに、そうした状況にしか到達できなかったということなのである。ここから必然的に導き出される結論は、したがって、生物学的に優秀な人間はさらに子孫を増やすことを奨励されるべきであるし、劣等な人間の場合はそれを遠慮してもらう、場合によっては力ずくで妨害してよい、という考えである。ダーウィンのいとこで遺伝学者のフランシス・ゴールトンはその『遺伝的天才』（一八六九年）の中で、人類を選択的に繁殖させ、その過程で、自然淘汰が長期間にわたって徐々に達成してきた成果を迅速に進歩させる、という考えを提起した。ゴールトンのこの主張は、つまり優生学と称されるものだが、伝統的な結婚・出産の慣習に脅威を突きつけるように見なされたため、当初はあまり受けがよくなかったものの、十九世紀末までには次第に支持されるようになってくる。

十九世紀後半における英国の民族意識に影響を与えたいま一つの要因は帝国主義で、これが民族としての優越性という概念を強固なものにした。とりわけ影響が大きかったのは一八五七年のセポイの反乱と一九六五年のジャマイカの反乱だった。インドの住民というのは英国民との接触のおかげで次第に「文明化」されてきたのである、と英国人はそれまで長いこと信じてきたのだったが、この反乱を機にそうした通念の見直しをせまられる。結局、両者の間には固有の生物学的差異が存在していて、これは変えようのない条件であるというのがあらたな結論だった。そして、八年後、今度はジャマイカの反乱が英国のシステムを揺るがす。一八六五年一〇月、ジャマイカのモラント・ベイにおいて英国支配に対する断続的な反乱が起こって、一八人が死亡（うち白人が半分）、三五名が負傷するという事件に発展した。総督であったエドワード・エアは報復として四三九名を処刑、あと六〇〇名には鞭打ちの刑を加え、さらに一〇〇〇世帯の住居を焼き払った。政府の調査の結果、エア総督には大体は責任なしとなったが、この事件が本国では嵐のような論争を引き起こした。誰の頭にも、かつてのセポイの反乱の顚末が亡霊のようによみがえり、英国が帝国主義的統治下においた相手の住民を「文明化」しうる可能性というものが、またしても問題視されることになった。ふたたび、民族同士の差異というものが主要な要因として引き合いに出された。当時の『タイムズ』紙によれば、こんな論調である。「ジャマイカにて証明されたことは、ニグロはその自治に任せるしかないということである。……原始的な災厄を取り除き、民族の改良をはかる、二〇〇〇万ポンドもの資金を投じた人類の偉大なる勝利を、ジャマイカは拒否し、みずからを裏切ったのである」[23]。

さらに、アメリカの南北戦争の影響も一要因として考慮されてよい。そもそも、憲法に「すべて人間は平等につくられている」とうたっているアメリカ合衆国にいかにして奴隷制が存在しうるのか。このいかにも厄介な問いかけを回避するために、奴隷制擁護論者は白人を非白人と区別し、非白人は文明化された人間がもつ特性のすべてを所有しているわけではないのだから、一段下等の種族として分類されてしかるべきなのである、と論じた。この見解を英国に植え付けた立役者はヘンリー・ホウツなる人物だ。彼は表向きは南部諸州から商売で英国へわたってきたセールスマンというふれこみで一八六一年から六五年までロンドンに滞在しているが、その実、南部同盟諸州を英国政府に認知させるという密命を帯びた秘密工作員だった。本来の任務は達成できなかったが、ホウツは、人種についての南部同盟諸州の見解には長所があることを多くの英国人に信じさせることには成功した。彼が論戦の舞台として、主として拠って立っていたのは、自身が一八六二年に創刊した『インデックス』紙で、ここに、彼は異人種間の結婚の危険性を指摘する論陣を張った。「人種の融合こそは、優秀なる民族の構成員すべてに嫌悪感を催させずにはおかない、と考えるのが筋である」[24]。

英国における十九世紀後半の、憎悪に彩られた人種差別観を助長した最後の要因は、移民の影響である。この時期には、経済的な機会を求めて、また宗教面・人種面での迫害を逃れて、英国へ渡航した移民が多かった。ところが、上陸早々その移民たちがしばしば出くわしたのは、英国民の異邦人に対する反感だった。英国民には自分たちがすでにその絶頂期を過ぎてしまったという感じがあって、もう増えもしない資産に過重な人口がむらがって国力を疲弊させるのでは、という不安がおおきくなり始めていたからだ。そうした状況では、新来の移民がもろ手をあげて歓迎されることなど期待できないし、同時に、民族の同化という概念も一気にその魅力を失っていったのである[25]。

民族意識がこうしてかたくなになっていったことは、ロビン・フッドの扱いにも如実に反映されてくる。十九世紀も後半になると、ロビン・フッド物語にはサクソン人とノルマン人の人種的対立を言い募るいっそう耳障りな表現がめだつようになる。一八六九年出版のジョージ・エメット作『ロビン・フッドとシャーウッドの森の義賊たち』も「ノルマン人とサクソン人の間の消えることのない敵意」をことさら強く打ち出したものだった。わけても、修道士タックの次の歌などは、両者の根源的な対立を何にもましてくっきりと浮かび上がらせる。

汚くて、悪いやつを見つけたら、だれだって

まちがいなく、そいつは、ノルマン人
やつらは、ならず者で、うそつきで、ペテン師の悪党
こんな下司野郎をみると、胸糞悪くなる
さあ、いやとはいわせないぞ、乾杯だ
ノルマン人め、くたばっちまえ

きれいで　正しい人間を見つけたら、
請合ってもいい、それはサクソン人
善良で、いつわりなく、忠実なものども
さもしいノルマン人を、信じたりはせぬ
さあ、新しいゴブレットに、ワインの古酒を満たして
サクソン人の名誉に乾杯だ

十九世紀も終わりに近いころになると、ロビン・フッド関係の物語という物語は、ほとんどすべてが、「劣った」ノルマン人の血に染まっていないサクソン人の純血を称えるものとなっている。J・フレデリック・ホジェッツは児童向けの物語『少年義賊エドウィン』（一八八七年）のなかで、ロビン・フッドを「一滴のノルマンの血も混ざってはいない、完璧な英国人」と形容している。二つの種族が最終的には統合されるという見解、また、現代の英国人には両者の血がともに流れているのだとする見解、これらに対しては、ホジェッツは次のように侮蔑の目を向けている。

わが民族の有する年代記、武勇伝、歌謡に物語られているいくつもの事実とは相いれないにもかかわらず、不調和な民族どうしの融合という学説が、真実として一般に受け入れられてきている。私がここで描こうとしたのは……ノルマン人と英国人は一度として混ざり合ったことはなく、この地に残ったごく少数のノルマン人も、押し寄せる英国人の大波に呑まれ、押し流され、その存在が消えてしまったり、かすんで見えなくなったか、あるいは、せいぜい近似的な英国人となったにすぎない、ということなのである。(26)

ところで、こうした所説は、十九世紀後半の物語にのみ見いだされるわけではなく、当時の学者、古文書収集家たちの間にも広まっている。ロビン・フッドが貴族の出であるという説があったことは——その発端は十六世紀にさかのぼる——すでに見てきたとおりで、一七四〇年代には、リンカーンシャーの古文書収集家のウィリアム・スタッカリーが、この説に磨きをかけ、ロビン・フッドがハンティンドン伯爵たるロバート・フィッツウースなる人物であったという系図をこしらえたりしていたが、十九世紀の歴史家たちは、さすがに、こうした貴族の血筋という説は、伝説ゆえにまがいものの尾ひれがくっついただけの話と見きわめていた。「このような観点にはつゆほどの信頼もおけない」と一八六四年に述べたのは、スコットランドの歴史家ロバート・チェインバースであったが、このようにロビン・フッドの貴族性を否定するというのは、たんに歴史学的な正確さを求めるためだけではなかった。真の動機は、この国民的英雄にいっそう魅力的な民族的出自を確定することだったのである。右のスタッカリーの系図によれば、ロビン・フッドの祖父はラーフ・フィッツウースという名のノルマンの貴族であって、ウィリアム・ルーファスに従って英国へ渡ってきたという。十八世紀にはロビン・フッドの先祖のそうした側面は、貴族であったかどうかという点を除けば、とりたてて重要な意味はもたなかった。ところが、一五〇年後、事情は変わってきた。近代英国人がみずからの先祖と特定したい英雄的サクソン人にとっては、ノルマン人は抑圧者として弾劾されねばならなくなったからだ。そうした状況下ではロビン・フッドのような国民的英雄がノルマン出身であることを誇りになどできるはずもない。というわけで、ロビン・フッド像は、より現代的な優秀民族の観念に沿ったかたちで再構成される必要があった。一八八七年、E・ストレッダーなる学者が『疑問と注解』誌にロビン・フッドはサクソン人であるとする説を発表した。曰く「たんなる神話のために、あるいは、たんなる民衆の想像力が生み出したもののために、英国人は投獄や追放の危険を冒したであろうか。そうではなく……もしこの人物が亡命者たちつまり、法の保護は奪われたものの、その生き方、死に方について彼らの祖先から学ぶべきものを学んでいたサクソン人たちの、その残存勢力の首領であったのだと考えれば、なぜ、これほどまでにロビン・フッドの名が英国人の胸の奥ふかくに刻みこまれているか、その説明もつくのである」[27]。その所説を補強するために、ストレッダーは、右のスタッカリーに負けないくらい荒唐無稽ともいえる系図を考案した。それによれば、ロビン・フッドはヘイスティングスの戦いでノルマン側の捕虜となった、サクソンの偉大なる指導者ウォールセオフの子孫であり、みずからは追っ手を逃れて、ノルマン・コンクエストに抵抗を続けたというのである。ロビン・フッドの正体についてのこの解釈にも、スタッカリーの説の場合と同じく、証拠らしい証拠はない。が、それはさして問題ではない。はるかに重要だったのは、真実を明らかにすることよりも、国民的英雄が身にまとうにふさわしい観念を、ロビン・フッドに当てはめてやることだったからである。

文学・言語学研究もまた、ロビン・フッド伝説を時代の民族優秀論の原理に統合させるのに一役買っている。十九世紀全般を通じて、印欧語族の起源を確定しようとする研究は、しだいに民族主義的な色彩を強くおびるようになった。そしてほとんどの言語学者が、誤った推論であったが、言語の近親性は民族の近親性と同義であると考えた。この推定に立って、近代ヨーロッパ人の先祖となるべき、印欧語の民族の故国探しが精力的に開始された。一方、こうした研究は、その必然の帰結として、はるか遠い昔にとりわけ才能豊かであった種族がインダス川とガンジス川の間の地域から発して西方へと押し出し、文明と栄光と英雄的理念とを持ち来たった、という仮説を生み出すことになった。

こうした研究はだいたいはドイツの学者の手ですすめられたが、その論証の基礎を与えたのは英国の言語学者サー・ウィリアム・ジョーンズの功績である。ジョーンズは十八世紀後半にインドにあって判事の職を務めていたが、この地で「アジア学会」を設立、一七八六年に、サンスクリット、ギリシャ、ラテンの各言語はすべて同一の起源から発するという独創的な論文を発表した。この主張は、印欧民族がアジア起源であるという考えとたちまち合流することになるが、ただ、この議論は急成長するサクソン流の民族優位論にただちに結びついたわけではなく、いわば接木の段階として、まず、初期ゲルマン民族の優秀性を確定するという手続きを踏まねばならなかった。この接木の仕事をしかるべく引き受けたのがフリードリッヒ・フォン・シュレーゲルで、彼は、ゲルマン民族がもともとは中央アジアのステップに生まれ、これが西進してヨーロッパをローマ帝国の退廃から救ったのだとした。シュレーゲルは、その言うところの先祖を説明するために、「アーリア」民族という呼称を用いた。もともとはヘロドトスが古代ペルシャ人を指すのに用いた用語である。このシュレーゲルの着想を英国に紹介したのは、主として、オクスフォードのサンスクリット学者でドイツ生まれのマックス・ミューラーだった。ミューラーはためらうことなく民族と言語の連合をはかり、かつては偉大な人種であったはずのアーリア民族を当然のごとく承認した。ミューラーはこう書いている。「これまでに収集した言語材料の証拠を見るに、こうした言葉が、かつて一つの統一民族によって話されていたはずの、実在の一大言語のその断片なのであると、信じないわけにはゆかない。そうした統一民族の存在を、歴史家たちはごく近年にいたるまであえて認めようとしなかったのである」(28)。マックス・ミューラーの周囲には、歴史家ジェイムズ・アンソニー・フルード、小説家のチャールズ・キングスレー、哲学者トマス・カーライルといった著名人が綺羅星のごとく集まっており、各人がみな多少なりともミューラーの見解に与していた。

英国において、このアーリア主義とアングロ・サクソン主義が緊密に結びついたと想定すれば、ロビン・フッド伝説がますます後者と一体化し、同時にまた、前者の強い影響を受けたとしても驚くにはあたらない。一八八三年、著名な言語学者であったアイザック・テイラーは『アカデミー』誌上に、ロビン・フッド伝説の起源を解明せんとする新仮説を発表し、「〔ロビン・フッドは〕アーリア神話のなかの、太陽崇拝にかかわる英雄たちのイメージが、余韻として遠く西洋文化に伝わってきたものではないか」と、その見解を提示した。何号かあとで、これを熱心に取り上げたのはヘンリー・ブラッドレーで、彼は強い口調でこう説いている。

この物語のかなりの部分が、究極的にはアーリア民族の太陽神話に由来していることは……認めねばならない。……だが、ロビン・フッドが神話中のキャラクターではなく、純粋に人間の姿として描かれるにいたって、また、具体的な歴史上の出来事が筋立てに書き加えられるにいたって、必然的に、彼の経歴は……ロマン主義的なフィクション向けのテーマと化したのである。一方、また、フィクションではあるが、創作の工夫はその流れとしてつねに既知の水路へと流れこむところがあるから、ロビン・フッドの物語も……もともとはアーリア系の太陽神話に属していた逸話で豊かに彩色されているのである。[29]

十九世紀の民族優位論の例にもれず、このアーリアニズムもたんに一民族を称揚して終わるのではなく、返す刀で他の民族を貶めるという仕事も忘れない。そして、十九世紀末には、他民族のうちでもとりわけユダヤ民族の誹謗にとりかかることになる。西欧人はユダヤ人とは別個の祖先からでている、という考え方は、一口にアーリアニズムと称する思潮のなかでもぬきんでて広範に流布した側面であり、これが時代を経てやがては、二十世紀のナチス・ドイツにおいて最も醜悪な面貌をあらわにしてくるのである。英国はさすがにそこまで悪意に満ちた反ユダヤ主義を体験したわけではないが、それでも、十九世紀後半の風潮であったユダヤ人への全般的な敵意に、まったく染まらなかったわけではなかった。

ユダヤ人に対する偏狭さの度合いが強まってくる傾向は、ロビン・フッド伝説を扱った文学作品中のユダヤ人の描き方にも示されてくるが、しかし、他のヨーロッパ諸国で彼らに向けられた敵意に比べれば、昔から反ユダヤ感情が存在した英国とはいえ、十九世紀前半のそれは、いやいやながら寛容に接するといった消極的な反感にとどまっていた。この、そこそこ公平かつ寛大な態度は『アンヴァンホー』にも投影されている。[30] ユダヤ人であるヨークの金貸しアイザックは、なるほど強欲ではあるが、彼はまた、友人には忠実であり、娘のレベッカには激しいまでに献身的であるし、勇敢で、柔軟な考え方をすると同時に決然とした意志も持ちあわせている。そのレベッカにしても、美しく、魅力的で、気品のあるヒロインとして描かれている。[31]

スコットが描いたユダヤ人の美質は、そののち、『アイヴァンホー』の翻案ものとして舞台にかけられた多くの戯曲作品のなかでも踏襲されている。たとえばジョージ・ソウン作で一八二〇年にドゥルリー・レーン劇場で初演を見た『ヘブライ人』にも、ユダヤ人に対する寛容さを強くうながすせりふがある。

もはや嘲りあうこともなく、平和の約定により溶け合って
キリスト教徒とユダヤ人は、互いが互いの友となる

同様に、ブラッフ兄弟の『アイヴァンホー最終編』（一八五〇年）も、最後の場面がアイヴァンホー自身の「旧来の遺恨は消滅し、偏見はぬぐわれる」という宣言で締めくくられ、ついで、「英国よ、統治せよ」の曲にあわせて寛容と融和の精神から得られる利点を称揚するコーラスが続く。

英国は至上の国家《ファースト・ランド》なれど、（ファースト／コマンド）
大海原のごとき友愛を見守るもの《ジャスト・シー・リメイン》。（アジャー・メイン）
ひたすら海のごとき友愛を見守るもの《ジャスト・シー・リメイン》。（アジャー・メイン）
英国を再生させん《スタート・ハー》、寛容の精神に立ちて《アズ・ウイ・スタンド》。（チャーター・オブ・ザ・ランド）
わが帝国は、これよりは友好の歌《エストレイン》をうたわん。（ストレイン）
英国よ、かく振る舞いて《ザス・ビヘイヴズ》、統治せよ。（ザ・ウエイヴズ）
憎悪はすべから《エヴァー》く、墓場《グレイヴズ》へと送るべし！（ネバー／スレイヴズ）
（「英国よ、統治せよ」の旋律に乗せ、韻や地口を利かせたユーモラスな歌詞の調子を伝えるために、原文の一部をルビとし、あわせて各行の（　）に「英国よ、統治せよ」の中の語句を対照させた

＝訳者注）

最後の「寓意の大活人画」の場面では、世界のすべての国民を表わす集団が舞台を行進する。レベッカがこう予見するとおり、ここにはユダヤ人も含まれている。

おお、それはいつの日か、きっと英国は
イスラエル人をも、同胞と見なす日がくる(32)

ところが、十九世紀も後半になると、このような寛大さは押しのけられて反ユダヤ主義が勢いを増してくる。一つには、貧しいユダヤ人に対してこの不寛容の目が向けられた、という事情がある。一八八〇年代に始まって、東欧諸国からはユダヤ系移民が途切れることなく英国に流入していた。数は全体でも八万人に満たなかったが、この移民たちは、人口比率の実態からすれば不釣合いなくらいの敵視を受けた。「外国人の流入」の危険性を説くわざとらしい新聞記事がさかんに掲載され、それにうながされる形で、一連の政府筋の報告書がまとめられ、ついには一九〇五年の外国人法の制定をみるまでになる。こうした排外キャンペーンを正当化する根拠は、ある者によれば、ユダヤ人が周りより低賃金で働くことを売りものにし、不正な商取引にかかわってもいる点にあったし、また、ユダヤ人は不健康で、不潔で、犯罪行為に走りがちなのが原因だという者もいた。しかし、結局、こうした毛嫌いをする心情の根底にあったのは根強い反ユダヤ主義だった、というのが事実である(33)。

これと並行して、富裕なユダヤ人への反感も募ってきた。彼らの多くがもう何世紀にもわたって代々英国に住み暮らしてきたにもかかわらずである。十九世紀後半から二十世紀初頭にかけては、ユダヤ人が英国の国体を乗っ取る陰謀をもっている、という説がまことしやかにささやかれた。英国がボーア戦争を行なったことでユダヤ人が利権を得ているという非難は、自由主義的な著名人たちからも投げかけられた。たとえばJ・A・ホブソンはトランスバールの地下資源が、「小グループの国際資本……人種でいえばユダヤ人」の手中に落ちた、と言明した。また、一方、反ユダヤ主義は極右の陣営にも広がり、英国の経済力、軍事力の相対的低下はユダヤ人にその罪があるとされた。一九〇一年にジャーナリストのアーノルド・ホワイトは『能率と帝国』の中でこう書いている。「海外のユダヤ人によって提起されたルールがますます勢いを得ている。わが国の生活の最良の部分が、すでに危機にさらされている」[34]。

こうしたあけすけな反ユダヤ感情は、当代のロビン・フッド伝説の扱いにも投影されてくる[35]。J・E・マドックの『メイド・マリアンとロビン・フッド』(一八九二年)では、マリアンは彼女の意に反した結婚を迫る父親のもとを出奔、「リーズ在住の富裕なユダヤ人」の庇護を求める。ここまではよいとして、しかし『アイヴァンホー』の場合とはちがい、このユダヤ人の娘は優しいレベッカという役まわりではない。それどころか、彼女はマリアンの美貌をねたみ、むごい仕打ちを加え、とうとうマリアンを土牢に押しこんでキリスト教の信仰を捨ててユダヤ教に改宗するよう迫るのである。エドワード・ギリアットの小説『狼の頭——義賊の王の物語』(一八九九年)も同様に反ユダヤ的である。ここでは、ユダヤ人が強欲の塊であり、それゆえに義賊たちの略奪の格好の標的であることが、繰り返し語られている。金貨で一五〇〇マルクをたずさえて、富裕な商人が馬に乗ってシャーウッドの森にさしかかったことを知ると、ロビン・フッドは配下にこう命ずる。「この男はしみったれで欲深のユダヤ人だ。ちょっと見せしめに懲らしめねばなるまい[36]」。こうして、十九世紀末には、『アイヴァンホー』やその改変ものに見られた比較的寛容な姿勢が、醜悪で情け容赦のない反ユダヤ観に取って代わられるのである。

穢れのないサクソンの血統をその不可欠の要素として含むようなロビン・フッド像を創造することで、十九世紀後半の著作家たちは、世界に冠たる英国の地位を持続してゆけるとすれば、民族の純潔を守らねばならないという当代の議論を補強していたといえる。しかしながら、現実には、十九世紀英国は種々の異質の要素から成り立っていたのだから、そうした素朴なサクソン民族唯一主義だけを維持するのは困難なことであった。英国民の系図にほかの血統が入りこむ余地がないのかどうかをめぐっては、じつは、十九世紀末まで継続的に激論が戦わされていたのである。そして、この議論の中では、もう一方の中世の英雄アーサー王がすこぶる顕著な役割を果たすのである。

「半神とまではゆかぬ崇拝の対象」
●ケルトの英雄としてのアーサー王

「アーサー王は実在したのか――これは至極当然の疑問である」これは、一八八〇年代の『イラストレイテッド・ロンドン・ニューズ』誌の問いかけである。十九世紀の英国にはこの疑問をもつ者は大勢いた。文芸評論家のウォルター・アーヴィングなどは、いともそっけなく「疑問のかたまり」と一蹴したうえで、「童話にでてくるあの巨人退治のジャック顔負けの、ありえない虚偽と馬鹿ばかしさの物語、これを今世紀の分別ある人間に楽しんでくれとか、そこから教訓を汲んでくれとか求められるわけがない」と言い切っている。しかし、そこはロビン・フッドと同じで、数からいえば否定する者よりは擁護する者の方が多かった。十九世紀後半のアーサー王研究の第一人者ジェシー・ウェストンは「われわれは〔アーサー王が〕実在したことを信じてよい」と言明しているし、また、文芸評論家のS・ハンフリーズ・ガーティーンは、「アーサー王ほどの人物の実在を信じないというのは、不健全な懐疑主義以外のなにものでもない」と、不満をあらわにしている。(37)

アーサー王の歴史的実在を支持する人々が典拠として頼るのは、古代ウェールズの年代記『ブリトン史《ヒストリア・ブリトーナム》』(八〇〇年頃)および『カンブリア年代記』(九六〇年頃)の二書で、両者とも西暦五二〇年頃に起こったとされる、サクソン族とケルト族との会戦、バードン山の戦いにおけるアーサー王の勝利を記している。ところでこうした書物は、アーサー王が実在したと推定される――少なくともその可能性がありうる――年代を特定しているから、十九世紀の著述家たちは、ロビン・フッドについて書いた人々ほどには、この伝説的人物像を自由自在にこしらえあげるわけにはゆかなかった。ロビン・フッドの場合は、これに言及した明確な資料が中世には見つからないことから、十一世紀から十四世紀の間ならば、事実上どの時期に彼の居場所を設定してもさしつかえなかった。このおかげで、時代の民族主義的理想にロビン・フッドを当てはめる、とりわけ望みの人種の系統に当てはめることが可能だったのである。アーサー王伝説を扱う著作家にその自由はない。歴史の正確な記述が、アーサー王はサクソン人と戦った六世紀初頭の人物、と定めているからである。ジョン・ハーマン・メルヴェイルの『英国列王年代記』(一八二八年)は、サクソン人の英国への最初の渡来をこう記述している。

しかし、危機が募るにつれ、それに立ち向かわんとて、
高貴なる者どもの胸に、圧制に抗する気概は強まる。

ここに、その名も高きアーサーは、いにしえの言い伝えのままに
マーリンの呪術に助けられ、竜の子として生まれたり。
生え抜きの勇猛なる貴公子は、故国の大義を守り抜き、
バードンの丘に、サーディック率いる略奪者をうちやぶれり。

同様に、トマス・ホッグの『コーンウォール古代王国伝承』(一八二七年)でもアーサー王は「サクソンの軍勢と戦った」とされているし、また、アレグザンダー・ベレスフォード・ホウプはその「夢」なる詩篇のなかで「サクソンの大軍」を破ったと書いている。(38)

この筋立てには、しかし、問題があった。アーサー王をこう描けば、逆に、サクソン人の野蛮さ、好戦性を強調せざるをえず、結果として彼らをひどく貶すことになることもしばしばだったからだ。たとえば、ジョーゼフ・リストンは一八〇二年に「油断のならぬ異邦人」、「文字も知らぬ無知な輩」、「覇気のない臆病な種族」といった形容でサクソン人に言及している。(39) アーサー王伝説の脈絡からすれば、国民的英雄の敵はすなわち国民全体の敵でもあるから、こうしたきつい扱いがまったく理にかなっていたわけだが、しかし、このいわゆる「野蛮人」こそは、ほかならぬ英国人の多くがその血統を誇っている同じサクソン人なのである。では、アーサー王伝説は、当時の民族優越思想とどう折り合いをつけることになるのであろうか。

その妥協点をどう見いだしたかを探るにあたっては、十九世紀のかなりの期間にわたって、アングロ・サクソンの人種モデルとならんで、もう一つの有力な人種モデルが想定されていたことに注目する必要がある。ヴィクトリア時代の人々が先祖のサクソン人にますます誇りを抱くにいたったのは確かだと

しても、国民の血統作りに積極的な貢献をしたのは必ずしもサクソン人ばかりとはいえない、という考え方も、当時は広く行なわれていた。すでに見たとおり、たとえばノルマン人は、十九世紀も後半には、もっぱら否定的イメージだけでとらえられることはなくなっていたが、この同じ時期、アーサー王の種族であるケルト人もまた、賛否あいなかばする評価を与えられていたのである。[40]

一八一〇年から一八二〇年の頃、のちにカルカッタの英国国教会の初代主教となるレジナルド・ヒーバーは「アーサー王の死」という断片的な詩を書いて、サクソン人が英国の地を初めて踏んだ日々を、ほとんど悔恨をこめて振り返っている。

いにしえのアーサー王時代の華やかな騎士道、
その壮麗な祝祭の一つ一つを、私がこうして語るとき、
そしてまた、吟遊詩人の名残の曲がなかったならば
(恐ろしいサクソン人の刃の痛撃に負けて)
忘却の流れに消し去られたはずの
ケルト人の栄光のすべてを思いやるとき、
今日の危機的な衰退を、私は遺憾とせざるをえない。
そして、われらが民族のことながら恐れずにいえば、嘆くべきは
北方の船団の竜骨がこの英国の岸辺の花をふみ散らしたこと。[41]

ヒーバーの詩篇が示しているのは、少なくとも十九世紀の最初の十数年にあっては、サクソン人は英

国の民族序列の最高位をはっきり占めていたわけではない、ということだ。それどころか、この詩では、サクソン人は残酷無比で、血に飢えた戦争屋であり、異国の地から来襲して英国の「ケルト的栄光」を損壊させた張本人として非難されている。

この詩篇は、アーサー王伝説を文学の題材とした同時代の作品群における一つの典型であるが、ケルト民族に対して英国史への大きな貢献を割りふる作品はほかにも多い。たとえば、J・F・ペニーの戯曲『ドラゴン・キング』（一八三二年）は、篤いキリスト教信仰と優秀な法体系を有したとしてケルト人が称賛されている。ペニーはその序文に「未開の蛮族たちが、この古代英国のケルト人に投げつけた侮蔑を、無知にも鵜呑みにしたような上滑りな空念仏には、もはや耳を貸すまい」と記し、「ケルト人こそは強大にして気高き民族であった」と明言してみせた。これに同意する文筆家たちは、また、したがって一民族だけの優秀さを選ぶのではなく、民族同士の融合、統一をこそ語るべきであると主張した。詩劇『湖の妖精』（一八〇一年）を書いた、かつての急進派のリーダーであるジョン・セルウォールは、相争うケルト人とサクソン人に対し、サクソンの女王ロウィーナの口から和平を懇願させている。

しかし、永きにわたって
われらと競いあう種族を弱めてきた
わが民族の反感、復讐の怒りは和らいで
われらの心には人情味ある誠心誠意の共感が
いまやはるかに強まっている。それゆえに、
破壊の武器をもってではなく、温和な言葉をもって、

あなたがた戦陣の騎士たちを、等しく兄弟として迎え、
あなたの国をも、一つの平等の帝国へと迎えよう。(42)

ヘンリー・ハート・ミルマン師も、一八一七年出版のアーサー王に題材をとった叙事詩「サモール——輝く都市の王」で、類似の視点を提示している。結末近く、サクソンの指導者アーガターは、ケルトとサクソンの間の敵意はついに平和に道を譲り、それが英国の利益となる、と予言している。

ケルト人たちに告ぐ、汝らの子孫とわが子孫は
ぶつかり合い、せめぎあう二つの流れとなって
その激しく、仮借のない敵意が、この国を
果てしなく広く、かつ深い混沌へと突き落とし、
すべてをむさぼり尽くす深い淵の奥底へ
和やかな至福と平和とを飲みこんでしまうであろうが、
しかし、ついには、一つながりの広い川床に治め鎮められて、
ケルト族とアングル族は一つの民族の名へと和合するであろう。(43)

文学作品におけるサクソンとケルトの相克のテーマは、十九世紀の中葉にいたっても引き続き登場してくる。エドワード・ブルワー＝リットンもその叙事詩「アーサー王」(一八四九年)への序文で両民族の未来の統一を力説している。この詩のなかで、アーサー王はサクソン族との会戦で大勝したあと、相

手の王ハロルドの和平提案を受け入れ、ここに二つの民族は将来の融和に同意することになる。予言者マーリンは二人の王が固く手を握りあうのを見ながら、次のようにケルトとサクソンの恒久の結びつきを語る。

だが、長い間の悲哀を乗りこえ、いにしえの兄弟の絆は
この新しい故国に、近親の部族を結びつけるであろう。
同じ一つの神が、この地に聖殿を見いだし、
ゼウス神もトール神も知らなかった王国に
ケルトとサクソンが、共同の神の御座をうち立てるとき、
同じ一つの境界が彼らの安住の地を画するであろう。(44)

ペニー、セルウォール、ミルマン、そしてブルワー＝リットンは、こうしてみなケルトとサクソンの統合を促進するためにアーサー王伝説を利用している。ところで、英国史におけるケルト人の貢献を等しく強調してはいるが、彼ら自身は一人としてケルト人ではない。では、ケルト人の著述家たちは、サクソンとケルトの歴史的な葛藤をどう解釈してきたかといえば、これはなかなか複雑な問題である。十九世紀の初頭にあってウェールズの著述家がアーサー王伝説を取りあげる場合、まず、一つには、彼らの中に強力な民族主義の流れがあることを見ておかねばならない。つまり、サクソン人と戦ったアーサー王を、英国の支配に対するウェールズ人の長い闘争の歴史の、その先駆者として描こうとする意図がまずあった。たとえば、W・E・メレディスは「スウェリン・アプ・ジョルワース」なる一八一八年の

詩篇で、英国の支配に抵抗した十三世紀の反乱の首領スウェリン・アプ・グリフィーズは、ヘンリー三世との戦いに先立って、配下の軍勢に向かい、「アーサー王の騎士たちの血は、今もなおお前たちの血管にたぎり立っている」と士気を鼓舞している[45]。

この民族主義の色彩はなるほど顕著ではあるが、しかし、こうして故国の雄々しい過去の歴史とアーサー王の働きを称えるのとが、そのまま現在におけるウェールズの主権回復の要求につながったわけではない。むしろ、ウェールズの著述家たちの大半は「連合王国」の利点のほうを強調している。すでに見たとおり、協力・連携に力点をおくこの姿勢は、ピューリタン革命やナポレオン戦争時にも明確であったが、その場合にも、ウェールズの著述家たちは、愛国心を歌い上げるさいの手段としてアーサー王伝説を一つの拠り所としていた。そして、この戦争が終結したのちも、連合王国へのウェールズ人の執心を示すシンボルとしてアーサー王を想起しようという見解は、いぜん脈々と続いていたのである。一八三二年には、英国王位の継承者たる、当時一三歳の皇女ヴィクトリアが、年中行事の芸術祭アイステズヴォッドに出席すべく北ウェールズのボーマリスを訪れている[46]。皇女の臨席を仰いだ地元の詩人たちは、競って、若き皇女と彼女がやがて統治するであろう国家への忠誠を誓ったが、幾人かの詩人は、臣下の義務を表現するさいにアーサー王の故事を引き合いに出した。ジョージ・ヘイゼルハーストは彼の「歌曲」なる詩をアーサー王の偉大な戦闘場面から始めているが、反サクソンという背景があからさまにならぬよう配慮をこらしたうえで、すみやかに、時代を下ったフランス相手の戦争へテーマを移し、ウェールズがイングランドといかに協力したかを語ってみせた。

大砲の轟音に、いささかもたじろがず、

祖国のために立ち上がらぬような、
父祖の地のために戦えぬような、
そんな卑怯な田舎者は、一人としていない。

しかし、ヘイゼルハーストをしのぐのはヘンリー・デイヴィスだ。彼の「頌詩」はヴィクトリアにあふれんばかりの称賛を浴びせ、皇女の訪問がウェールズにいかに至福をもたらしたかを声高に唱えているが、きわめつけは、ヴィクトリアをアーサー王の子孫と見立てたことである。

ウォーリアがその深い渓谷から
陽光に映えるスノードンの頂にまで
喜びと勝利の歓喜のうねりとなって
響き渡るとき、それが示すのは
カンブリアには絶えて久しかった恩寵、
英国を統べるアーサー王の玉座の、気高き後継ぎの臨席。(47)

これに対するイングランド側の文筆家の反応はといえば、こうしてアーサー王の不滅の魂が呼び覚まされ、それがウェールズ人の愛国心と依然結びついていることに関して、彼らは、連合王国への傾斜そのものは支持しながらも、その裏に隠れていそうな分離主義の芽生えは何一つ助長しない、という用心深い態度をとった。たとえばジョーゼフ・コトルは、その『カンブリアの衰退』のなかで、上述のメレディス同様にスウェリン・アプ・グリフィーズの反乱に言及しているが、ウェールズの作家がスウェリンの姿を借りて、ウェールズ軍を鼓舞するアーサー王の不滅の魂を喚起しようと試みるのに反して、コトルの場合は、アーサー王はすでに黄泉の人であり、ウェールズの敵を討ちほろぼすために戻ってくることはけっしてない、という点を強調している。すなわち、以下のような筋立てをコトルは採用する。イングランドのエドワード三世はスウェリンの軍隊との会戦を前に、この戦いの帰趨を知るべく、女予言者のもとを訪れる。すると、予言者はイングランドへ帰還せねば敗北が待っているとエドワードに告げる。なぜなら、今日という日はアーサー王がその死から復活をとげ、故国の敵に仮借なき復讐を加えるであろうと久しく予言されてきた日だからである。

何びとの目にも、その神将の姿は見えぬとはいえ、
アーサー王はいまもその実在をともにする者……
カンブリアの土地から破滅の淵へと
アーサーの剣が、誇り高きエドワードの剣に
追撃を加える、その刻はまぢか。

エドワード王は、しかし、この予言を意に介さない。「アーサー王はこの世になく、グラストンベリーの土の底に眠るばかり」と嘲笑い、事実、戦場へと繰り出してスウェリンを討ち果たしてしまう。このすぐ後に著者の注釈があって、それによると、エドワードはアーサー王の墓所と称されるグラストンベリーへじっさいに赴き、「幾人かのカンブリア人の目の前で」墓を暴き、そこに収められていた亡骸

の痕跡を示してみせたという。コトルの言い分では、アーサー王が間違いなく死んだからには、ウェールズ人もその未来の復活を期待するのは止めたほうが賢明だというのである。それよりはむしろ、イングランドとウェールズ両国民の協力と調和の未来こそが望ましい、とコトルはそのほうに期待をかけるが、どうやら前者が後者を引き続き支配する形が想定されているようだ。「右の詩から一つ引き出される教訓」として、コトルはつぎのように付言する。

> 私はつねに十分な歴史的根拠――カンブリア人が……敗北に終わったというような事実――から出発することを意図した。人間のつくる歴史的事件について懐疑的な見方をする観察者ならば、この時期に関して、こう言ったかもしれない、「われわれは古代の帝国の一つが転覆させられるのを、また、勇敢にして有徳の国民が屈従させられるのを目撃した。この事態のどこに、公平・公正なる最高統治者の証があるというのだろうか」と。だが、そのように論ずる人々も、もし未来を見通す力があったならば、じつは両方の国民にもたらされるべき隠れた利益や恩恵がそこにはあったのだと認識させられ、彼らが嘆いた当の出来事をも、やむをえないものだったと認めたことであろう。[48]

イングランドとウェールズの著作家の間には、こうしてサクソン人とケルト人との歴史的関係を見る視点にいくらかの相違はあるのだが、しかし、いずれにせよ、二つの種族が同化することが、英国という国家全体にとっては利益なのだという見方が強調されている点は両陣営とも同じである。このことは、重要な結論として認識しておかねばならない。

十九世紀前半の傾向としては、国家の歴史に両民族が積極的な貢献をしたというバランスのとれた解釈が、全般に行なわれていたといってよいが、しかし、徐々にではあるが動かしがたい流れとして、サクソン人の貢献度がケルト人のそれに勝ることがますます強調されるようになって、両者の役割は不平等なパートナーシップの関係として眺められるようになる。これは、右に論じてきたとおり、主として民族の優位性意識が強固に確立されてくることと関係がある。十九世紀もその中葉までは、どれほど露骨にケルト人を非難する者であれ、その民族の非優位性がなにか民族固有の欠陥に起因すると唱えることはまずなかった。むしろ、彼らの遅れている部分も、長い時間をかけて英国の文明に触れそこから有益な影響を受けるならば、いつかは克服されるであろうと考えられていた。ところが、十九世紀後半になると、ケルト人の社会・文化の表層に現われている未熟さというものが、ある不変の生物学的要因によるものであり、これがために、ケルト人は永続的な衰退を運命づけられている、という説が行なわれるようになる。ロバート・ノックスはその『人類の種族』（一八五〇年）のなかで、ケルト民族を「諸悪の根源」とまで評し、強制的にでも国を出ていかせるのがよいと書いている。「なるべくは、公正な方法をとるべきだが、しかし、出てゆかねばならないことに変わりはない。英国の安全がそれを求めているのである。それが道義にかなっているかどうかを私は論じているのではない。マキアヴェリが教えるとおり、わが身を心配するのが先決である(49)」。

この頃には、英国人を「人種の混合」とする考え方は、あまり好意的には受けとられない風潮になってきている。人種の交配に対する偏見や敵意が強まり、民族の違いはそもそも種の差異からきているのであり、これらを無視して混交させようとすれば、結局は、どの民族も衰退と破滅へ向かわざるをえない、という考えが広く信じられるにいたった。この風潮に最も強い影響を与えたのはアーサー・ゴビノー伯爵の『民族不平等論』（一八五三―五五年）である。文明の衰退と滅亡を説明する仮説を立てるにあたって、ゴビノーは主要因としての人種に着目した。その論によれば、まず、世界は当初三つの人種、すなわち白色、黄色、黒色の三種に分割されていたが、もはやそれらが「純粋な」姿で残ってはいない。近代国家は、それぞれが、一つの国が他国を征服したさいに起こった人種の混合物として出来上がっている。そして、時間がたつにつれて、征服者の血は土着の住民の血と混ざりあい、やがては両種族が一つのものとなる。しかし、ゴビノーの主張によれば、この過程が最終的には優秀な種族の壊滅をもたらす。「征服が完了し、融合が始まるまさにその日から、主人たる征服者の血統の質に目に見える変化が起こってくる」からである。この「品質の低下」――という表現をゴビノーはするのだが――は「毒」であり「疫病」でもあって、じわじわとその種族を退化させ、やがては国家の死滅までをも引き起こすのである。ゴビノーの見るところ、異種族混交とは、それが文明に及ぼす影響という観点から見るときは、破滅と同義なのであった[50]。

この議論が、一八五〇年代後半からは、変化しようのない人種の「型」を想定する仮説へと移行してゆく。一八六二年の『人類の種族』改訂版でロバート・ノックスは「歴史の最も初期の段階から、人類ははっきりと識別された一定数の人種に分割されていた」と述べる。この人種の型どうしをどのようなやり方であれ混ぜ合わせるならば、それは「人類の退化」を招くものであって「自然の拒否するところ」なのである。この論に賛同する者は少なくない。進化論学者のハーバート・スペンサーは、遠くかけ離れた人種どうしの交配は破滅のもとであるとして、その証拠として、スペイン人とインディアンという まったく異なった人種の混合から生まれたメキシコ人を例にあげている。曰く「現代のメキシコおよびその他の南米の共和国にはその結果が如実に現われていて、暴動や反乱が絶えないのである[51]」。

こうした風潮のもとでは、近代英国をつくる血統のなかにさまざまな人種が存在することが健全な国家のために有益である、という議論は維持するのがひどく困難になった。とりわけ、ケルト人への反発についていえば、一八四〇年代半ばに起こったジャガイモ飢饉のあおりで、アイルランドの貧困層が大挙してイングランドおよびスコットランドへ移住したのを機に、異種族混交への反対論がひときわ勢いを得た。(52) 何十万という数の難民だったが、彼らは受入国からの激しい反発をこうむることになる。同時代の定期刊行物の表現を拾えば、彼ら「パディー」つまりアイルランド人は、節制と倹約心に乏しく、凶暴で非衛生的、虚言癖があり信用できない輩であった。そして、こうした性癖の欠陥はケルト民族の劣等性に起因しているとされた。(53) 形質人類学者たちはケルト人の人体測定を行なって彼らの人体に欠陥があるという結果を得た。こうして、それまでは蔑視の根拠であった宗教的偏見を種族的偏見に置き換えたのだった。ジョン・ベドウなどはケルト民族とクロマニョン人との間には類似性があり、両者とも「アフリカ起源」の人種であると主張し、英国国民の肌が「黒みがかって」いるのは、ケルト人の責任であるとした。こうした見方は英国文化の主流に浸透し、大衆紙などでは、アイルランド人を類人猿のような顔に描くのもごく当たり前になっていた。

こうした状況は、アーサー王を国民のヒーローとして描こうとする著述家たちにとっては都合の悪いことだった。歴史上のまぎれもない証拠から、アーサー王は劣等民族の一員とされてしまうからだ。『英国の古代および中世』(一八六一年)を著したチャールズ・H・ピアソンもこのイメージの分裂に悩んだ一人である。ピアソンによれば、「アーサー王に紛うかたなき高貴な特性がそなわっているのは疑いなく、それがために、アーサー王には死後も命が付与され、騎士道精神の理想としてケルト人の想像力が称賛してやまなかったのであり、また、国民の生命や財産を守る、国家の事業を成功させるといった政治家的な資質以上のものがアーサー王には託されたのである」。(54) このくだりをよく読めば、ピアソンは一方で「想像力にあふれた」ケルト人の美徳を称えてはいるが、同時に、そうした美徳ゆえに「政治家的な資質」が育たない、ともいっているのである。後者こそはケルト人にとってはまさに不可思議な資質であり、一方、サクソン人はそれを豊かに有していて、だからこそ「国家の事業を成功させる」仕事に直接的に貢献できたのである。

ところで、中世の資料に、少なくとも表面的には一応真正といえるアーサー王への言及がある以上、ロビン・フッドの場合とはちがって、時代の民族主義的理想に合わせるためだからといって、アーサー王の歴史的な実体を勝手に作りかえてしまうわけにはゆかないはずである。では、一八九五年にある評者が書いているように、どのようにして「土着の種族から出た王が、英国全体の民族叙事詩のヒーローになる」のであろうか。[55] 十九世紀後半、著述家たちは、ケルトの戦将たるアーサー王のこの問題含みの正体を扱うための、一つの簡単な戦術を編みだした。つまりケルトとの結びつきをあっさり無視したのである。歴史からすっかり引き離してしまえば、より都合のよい姿に再創造するのは造作もないことである。といっても、彼らはアーサー王が歴史的に実在しなかったと判定したわけではない。実在はしたが、この歴史上のアーサー王とフィクションとしてのアーサー王とは、まったく別のキャラクターを持つという設定に立ったのである。そして、このフィクションのアーサー王に真の国民的英雄の見本となる姿を付与したのだった。

十九世紀の歴史家たちも、実在としてのアーサーとフィクションとしてのアーサーというこの二重構造をすぐさま承認した。T・W・ショアはこう書いている。

アーサー王について語るさいには、英国の文献中にアーサー王が二重の性格をもって登場することを頭においておかねばならない。まず、こちらが主であるが、中世の空想的な物語作家がその冒険、武勲を描き上げた英雄としてのアーサー王がひとつ、そして、ケルト人が侵入するサクソン人と戦った六世紀初期に実在したケルトの領袖たるアーサー王がもう一つである。

英国人はこの「ロマンスのアーサー」と「歴史上のありのままのアーサー」という区分に次第に慣れはじめた。大多数の人々が前者を好んだのはむろんのことである。『アーサー王とグィネヴィアの物語』（一八七九年）の序文を書いた「G・R・E」氏は、アーサー王の歴史上の経歴については知られている乏しい資料をかいつまんで略記しただけで、「アーサー王の歴史についてわかっているのはほぼこれがすべて」と切り捨てている。一方、「伝説上のアーサー王」については「その偉大さには何の疑いもない」として、はるかに熱をいれた解説をしている。「いまから一三〇〇年前、英国の西部にあってサクソン人との間にくりひろげられた激戦のことはほとんど知らない幾千もの読者も、円卓の騎士団を結成した勇敢なアーサー王にはなじみが深い。貧しきもの、弱きものを守る使命に身をささげた、これら真正にして純潔な礼節の騎士たちの勇気こそは、中世キリスト教世界の奇跡といわねばならない(56)」。

いったん、アーサー王を歴史から引き離してしまえば、時代の民族優位論にようまく合致するような形象へと、自由にアーサー王を作り変える可能性が開けてくる。一例は、アーサー王の敵がサクソン人にならないように、その正体を変更してしまう方法である。一八六八年の「王権の剣」という詩のなかで、トマス・ウェストウッドはブリトン人の敵をサクソン人ではなくヴァイキングの略奪者に変えている。

獲物を狙うはやぶさのように、ヴァイキングの帆船が
岸辺に迫って、黒々と浮かぶのを見れば
人々の胸は、不安に凍りつく。
真夜中は、丘という丘に、あかあかとかがり火が燃え
北方の荒武者は平原をあさり歩き、
歯向かう土地の民衆を追い散らす。
家にある女たちは、帰らぬ男たちを思い、泣き疲れるばかり。(57)

しかし、当然ながら、アーサー王が不遇を強いられたケルト民族の一員であったという歴史的事実は、無視をきめこむにしても、いぜん不都合な問題であることに変わりはなかった。こうなれば、アーサー王の敵がサクソン人ではなかったと解釈するだけでは不十分で、もう一歩進めて、アーサー王をサクソン人そのものに変えてしまう、という戦術がでてくる。

かくして、十九世紀半ば以降、歴史上の、つまりケルト人のアーサー王は、時の優越民族思潮にもっと適合する人物形象におきかえられてゆく。ブルワー＝リットンの『アーサー王』を評して『シャープス・ロンドン・ジャーナル』は、よしんばアーサー王がもともとは「ケルト人の血を引く」としても、彼はまた、「サクソン人の気質と風格」を持つ身でもある、と論じている。これと対照的に、アーサー王伝説のその他の登場人物たちは、「勇敢で忠実、信義に篤く気概に燃え、難局に臨んで剛直と情熱を失うことがない」とはいえ、その血統のゆえに致命的な欠陥をもつ、とされる。「彼らはみな……素性がケルト人であるために、多少とも移り気で軽薄である」と書評子は述べている。したがって、彼らは

「最も高潔なるアーサー王に比べれば、より面白みのある、愉快な騎士たち」ではあるものの、「少なくとも英国人の目から見た場合、愛情や尊敬の対象としては、また半神に向けられる崇拝の対象としては、ふさわしくない」ということになる。[58]サクソン人であるアーサー王がケルト人の騎士を従える、というこの論法にややこっけいな趣があることに、書評子は気づかないようであるし、おそらくはほとんどの読者も無頓着だったのであろう。ともかくも、時代の優越民族観にマッチしているところが、厳密な事実にもとづく歴史的説明よりも、はるかに好ましかったのである。

アーサー王のサクソンの血筋を最も強力に唱えたのはアルフレッド・テニソンで、その『王の牧歌』はアーサー王伝説の発展に底知れぬ影響を及ぼした。一八五九年に出版されたこの四巻の詩集は、最初の数週間でたちまち一万部を売り、再版以降もこの勢いは続いて読者の熱烈な反応を集めた。当代の批評家のなかには、ケルトの伝説をそうやって英国の国民叙事詩に改造することには難色を示す向きもあった。ジェイムズ・A・キャンベル師は一八九六年に「奇妙なことだが、それはケルトの話であってサクソンのものではないということに……テニソンは気づいていないのか」と書いた。だが、テニソンはこの伝説がケルト起源であることは百も承知だった。『牧歌』を書くにあたって、テニソンはウェールズの騎士物語集『マビノーギオン』といった典拠を活用しているし、自身も数次のウェールズ探訪の旅を行なってアーサー王伝説の主要な舞台とされる場所を調査もしている。しかし、テニソンのアングロ・サクソン的愛国主義の姿勢が、ケルト人のアーサー王という形象化を許さなかったのである。一八六一年、当時の社交界の花形であったキャロライン・フォックスはある書簡のなかで、ディナーパーティーでテニソンと交わした会話のことを記しているが、それによると、「ウェールズ人はアーサー王を自分たちの財産というけれど、テニソンは無条件でこちらの味方だった」という。[59]

アーサー王にこの新しい位置づけを与えるにあたって、テニソンは伝説にまつわる年代記的要素を、意識的に、できるだけ曖昧なものにしている。冒頭の詩篇「アーサー王の登場」にしても、テニソンは戦闘部族の固有名詞はけっして正確には出さないように心がけている。アーサー王がケルト族であることには一度も言及されないし、彼の敵も「異教の軍勢」とだけ表現され、サクソン族という特定のされかたをしない。[60] この詩に限らず、『牧歌』の他の詩篇でもまた、実際の地理的な位置や歴史的時代には、いかなるものであれ、結びつきようのない場所や時期が選ばれている。このようにアーサー王を歴史の領域から完全に連れ去ることで、テニソンは彼をケルト人ではなくサクソン人であるという暗示を可能にしたのである。アーサーがグィネヴィアとの結婚を望んだとき、彼女の父であるレオドラゴン王は、その結婚を許す前に、アーサーが本当にウーゼル・ペンドラゴンの息子であるかを確かめたいと考え、アーサーの姉であるオークニーの女王ベリセントに、弟の出生のいきさつを確認するよう求める。さて、彼女の返事は、娘の良縁をせつに願っている父親をさほど安堵させるものではなかったろうが、十九世紀中葉の英国人には耳に心地よいなじみのコメントだったはずだ。

私に何がわかるでしょうか。
ただ、私の母は目も髪も黒く
それゆえ、私の目と髪も黒いのです。
そう、ゴルロイスもウーゼルも黒でした。
ほとんど漆黒といってよいほどで。
でもこの王は色白で金髪、

ブリトン人をはるかにしのぎ、ぬきんでた人種の美しさ。

白い肌の色と金髪、これはもちろん、伝統的にサクソン人を連想させる身体的特徴である。テニソンはアーサーのケルト人というアイデンティティーを根底から覆すわけにはゆかないが、しかし、このように曖昧な形で含みをもたせることによって、彼はアーサーがサクソン人であるとほのめかしているのである。十九世紀前半までは、英国の著作家たちは、その時代の学界の定説、すなわち、アーサー王は六世紀のケルトの王であったという見解に沿う形で、アーサー王伝説を扱おうと試みていたものであるが、ここで、テニソンの『牧歌』は、伝説の文学的処理にあらたな出発点を記したことになる。アーサー王の歴史的な実体に正面から挑戦したわけではないが、テニソンは、またそれを黙って受け入れることも拒否したのだった。

当代の批評家のなかには『牧歌』の歴史感覚のなさを指摘する声もあった。一八七〇年、『ダブリン・レヴュー』誌はこういう意見を載せている。「歴史の可能性として考えられる限りのキャメロットの粗末な小屋を、封建時代から借り出した装飾品や騎士道を連想させる付属物で飾るのは、いわば、アストラットの乙女エレインの亡骸をアストラット＝キャメロット連絡鉄道の特別列車で埋葬地へと運んだ、と表現するに等しい――等しいが言い過ぎなら、ほとんどそれに近い――くらいの笑いだしたくなる設定である」。この評者は、しかし、だからといって、この時代錯誤を悪いとけなしているのではない。なるほど、「種々の正確な歴史学的・考古学的資料を駆使したならば、人物の形象を可能なかぎり実際の姿に近づけることが」テニソンにはできたはずだ、といった示唆はしているものの、しかし、かりにそういう客観的な方法をとっていたならば、中世の多くの教会を飾っている諸聖人の立像と同じで、「きわめて硬直した不細工な人物像が生み出されて」しまったことだろう、と逆にテニソンの手法を評価してもいるからだ。「ロマンス物語のアーサー像を採用し、……王たる者に、また騎士たる者に最もふさわしいと詩人が考える観念を優先し、詩人の絵画的想像力でそれを飾る」ほうが、ずっと実り豊かだったからだ(61)。

一八七八年のヘンリー・エルスデイルによる『牧歌』評も、これとほとんど同じ方針をとっている。「この詩の細部には、無数の時代錯誤がうかがえる。六、七世紀の、いや、さらに十二世紀にまで拡大してもよいが、そうした時代の精神の領域や地平、思考の様式や習慣の代わりに、われわれがここに見いだすのは十八ないし十九世紀のそれである」。ただ、『ダブリン・レヴュー』誌よりはもう一歩進んで、エルスデイルの見るところ、テニソンがこの伝説を歴史から引き離したのは、欠点というよりもむしろ積極的に長所と見なすべきものである。「この詩の歴史上の不正確さをあまり強調するのは正しくない。……テニソン氏はおそらく、十九世紀の多数の読者の好みを容れて、いわば伝説が提供してくれる原木に十九世紀の諸観念を接木するという、今の方針を採用したのである」(62)。この「十九世紀の諸観念」が民族の優秀性意識に裏打ちされていたことは否定できない。同時代のたいていの英国国民にとっては、理想のアーサー王はサクソン人であり、それがまさにテニソンによって与えられたのだった。

時代の風潮として優越民族の意識があるところに、さらにテニソンの強力な歌声が重なったのであるから、以降の作家たちもこぞってこのお手本を見習うことになる。十九世紀後半には、アーサー王はケルト人からサクソン人に変わり、また、古代ブリテンの族長から子供向けの本に描かれているような「英国全土の王」の地位に登らされた。そして、ケルトからサクソンの王へと役割が変わることのもう一つの意味は、ロビン・フッド伝説の場合と同じく、アーサー王伝説がアーリア民族優秀論へと吸収されてゆくことであった。一八六八年、王立アジア協会ボンベイ支部にて行なった講演で、エドワード・ティリル・リースは、アーサー王伝説が「もともとは古代アーリア民族の神話だったものが……ケルト民族の西方への移動の波に乗って英国へ運ばれた」と主張している。さらに重要な意見としては、ジョージ・W・コックスがその高著『アーリア諸国の神話』(一八七〇年)のなかで、「アーリア諸国の数々の叙事詩は、すべて一つの同じ物語の変形にすぎない」と主張している。アーサー王伝説も当然この枠組の中におさまり、「歴史学の目的にとっては無益であるが、比較神話学にとってはおおいに価値がある。というのも、ひとたびこの物語の冒険的な内容を取り去ってしまえば、あとに残る形式は、すべてのチュートン族の、いやもっと広くすべてのアーリア民族諸国の民話・伝承に共通する姿をしているからである」。コックスの所説は、少なくとも一定程度までは、多くのアーサー王研究者の承認するところとなって、一八九〇年代には、アーサー王文献に関する当代きっての学者ジェシー・ウェストンほどの権威が、このアーサー王伝説には「一つの同じ起源をもつ諸国に共通して生き残っているアーリア系の民間伝承」が含まれている、と示唆するまでになった(63)。

アーサー王伝説とアーリア民族を結びつけた作品のなかでも最も特異なのは、ジョン・S・スチュアート・グレニーの戯曲『アーサー王――革命のドラマ』(一八七〇年)であろう。この戯曲は「人類の歴史、とりわけ現代の歴史的時代に関する科学的研究がいまだ解き明かしていない、偉大なる人間諸力の葛藤」を描く三部作になる予定で、グレニーによれば、この現代史とは「欧州人の、というよりアーリア民族の革命運動によって規定されている」ものである。はたしてそのような「革命運動」が存在するのかといぶかる向きには、「この革命はアーリア諸国の宗教的信条のみならず、その社会制度をも変革するものであると、久しく学究の徒や思想家の理解してきたところである」というのがグレニーのご託

宣である。さらにその主張を追ってみると、
これはたんに理知的、社会的道義に端を発するだけでなく、人間性についてのあらたな熱意、友愛の情熱にその源泉をもつ革命である。そうした起源ゆえに、この革命は道徳的側面から見ると新しい理想をもった人間精神のなかで進行しているように見えるであろう。その新しい理想に照らしてみてはじめて、理知的、社会的な運動のほうもその明晰さ、有効性をますます強めてくるのである。

そして、この「新しい理想」がアーリア諸国民の民族的統一によってもたらされるであろう、というのがグレニーの信念なのである。すなわち、「この新しい理想の未来は、個々人の未来ではなくして、民族の未来なのである」(64)。グレニーの考えはまぎれもなく突拍子もないしろものだが、しかし、これに共鳴する形で、アーサー王伝説とアーリア民族理論との連関を考察する、もっとまじめな議論も出てくるのであって、結局それらがアーサー王をケルトの人脈から引き離し、十九世紀のアングロ・サクソン主義へ再編成されてゆくのである。

アーサーの英国王への改造の総仕上げとなるのは、J・カミンズ・カーの戯曲『アーサー王』であろう。一八九五年一月一二日、あの俳優にして劇場経営者だったヘンリー・アーヴィングのリュケイオン劇場での初演である。カー自身は、美術館グローブナー・ギャラリーの館長として知られていたが、アーヴィングに請われてドラマを手がけることになる。当代英国のなみいる舞台俳優を起用したおびただしい芝居の底本作りだった。さて、出来上がったものはテニソンの『王の牧歌』にずいぶん似た作品だった。カー自身が自分の芝居にリアルな歴史的設定を施そうとはまったく思わなかったうえに、画家エ

ドワード・バーン＝ジョーンズの手になる、いかにも暗く霧に包まれた雰囲気の舞台装置が、いやがうえにも夢想的な演出効果をもたらしたからである。「歴史的正確さなどは、ここではとんと問題にならない」とは、クレメント・スコットの舞台評である。アーサーはすっかり歴史の枠組を外されたから、カーはそのケルト的起源などはいっこうに気遣う必要はなく、ひたすら英国の英雄として描けばよかった。じっさい、カーのアングロ・サクソン一辺倒の愛国主義があまりにもきわだっていたから、バーン＝ジョーンズなどは、最初のリハーサルで「例のごとく、海と英国についての盲目的なまでの愛国談義」にすっかり嫌気がさしたくらいだった。芝居の序幕はマーリンがアーサーを「魔法の沼」へいざなう場面。ここでマーリンはアーサーが「選ばれしイングランドの王」たるウーゼル・ペンドラゴンの息子であることを告げる。アーサーはこの家督相続権を謹んで受け、イングランドを聖霊たちの予言によって定められた輝かしき未来へと導くことを誓う。

私には見える、いまだ生まれぬ大勢の英国の息子たちが。
時間の牢舎の柵にひたと顔を押しつけ、
定めの時を待つ、これら囚われの魂の栄光は、
これ、すなわち英国の栄光。いざ、わが剣を与えよ、
時のくびきを断ち切り、この者どもを自由にせんがため。

カーは引き続き全編にわたってアーサーを英国の愛国主義と結びつける。最後の場面でアーサー王は戦場に斃れることになるが、マーリンはグィネヴィアに嘆き悲しむにはあたらないと諭す。なぜなら、

アーサーは本当に死ぬことなどありえないからだ。

……アーサーは、死せず、次なる姿へと移りゆくのみ
現在の王にして、なおかつ未来にも王たるべきもの
その魂は、一つの時代からまた次へと継承され、
とこしえに、われらが英国の王。

コーラスの愛国的な歌声「英国の剣は海へ」がこの芝居の国家主義的内実にさらに弾みをつける。(65) 劇場へ足を運んだ観客の反応も上々で、カーの伝説解釈が大衆のそれに合致していることをうかがわせた。『アーサー王』はロンドンで百夜の連続公演を打ち上げ、一八九五年から九六年にかけてはアメリカとカナダを巡業して好評を博した。倉庫の火災で舞台装置一式が失われさえしなかったら、おそらくはロンドンでリバイバル公演となったであろう。この芝居がこれだけ世間に受け入れられたのは、アーサーを英国の英雄として持ち上げることが、一つの解釈としていかにも本当らしく描かれたということもあろうが、それだけでなく、十九世紀末という時代のいわば方便として、そうすることがとりわけ好都合だったからである。観客の大多数が、あきらかに、歴史上のケルトの王ではなく、時代の優秀民族の自負を裏付けてくれる人物を望んだのである。

たしかに、学者のなかには、こうしたあまりにも露骨な歴史誤認に異を唱える者もなかったわけではないが、しかし、そんな異論はアングロ・サクソン論者の意見によってたちどころに鎮圧された。「アーサー王を英国の英雄と見る権利がわれわれにはないとでもいうのか」一八九九年にジェシー・ウェス

トンはこう問い返す。「アーサー王は古代ブリトンの族長であるから、これを英国の英雄と見なすのは完全な誤りである、という議論は昔からあった。しかし、こんなものは重箱の隅をほじくる知ったかぶりの学者の議論だ。ならば、同じように、シャルルマーニュはフランス人ではないのだから、フランス人は『フランス風題材』の栄光をひけらかす権利もないと言おうではないか」[66]。アングロ・サクソン論者はアーサー王伝説のいわば所有権を主張したわけで、それゆえに、この伝説はブリトンの武勇談から英国の国民叙事詩へと改変させられたのである。

十九世紀前半には、英国の成功の要因は民族の統一にあるという説明がしばしばなされていた。すなわち、英国人は数多くの傑出した先祖優秀な資質を、一本の血筋にきれいに同化させることができたがゆえに世界最高の支配者となったのだ、というのが通常の論法であった。そして、こうした見取り図を反映したものとして、さまざまな民族の融合をとりわけ強調するロビン・フッドやアーサー王伝説が、文学作品にもめだつようになったのだが、しかし、十九世紀も後半になると、民族主義の理論にもあらたな展開が開けてきて、アングロ・サクソンの視点がより排他的な形で生まれてくる。こうした歴史の流れのなかでは、ロビン・フッドとアーサー王も、新しい民族観に適合するようにサクソンのヒーローとして、形成しなおすことが求められてくるのである。

第五章

「このお方の栄光は私のもの」

●アーサー王伝説とロビン・フッド伝説における女性と国家

J・F・ペニーの韻文劇『ドラゴン・キング――ある悲劇』(一八三二年)には、アーサー王の領地がサクソン人に包囲されている場面が描かれている。アーサー王率いるブリトン人が、国の命運をかけた必死の戦いに直面している時、その舞台裏では私的な危険が持ち上がっていた。円卓の騎士の一人であるモーリック・メドローがアーサー王の妃「グェニファー」に向かい、共に逃げてほしいと懇願していたのだった。はじめグェニファーは、彼女が姿を消すことによってイギリスという国家がこうむるであろう深刻な影響を憂慮し、頑として首を縦にふらなかった。

夫のもとを離れるというのですか? 勇敢な王であり、
その唯一の支柱にブリトン人の帝国が頼っている
ウェールズ人の大黒柱である夫のもとを。

モーリックはしかしなおも食い下がり、「忌々しい異教徒ども」がアーサー王と騎士たちを滅ぼした後に起こりうる事態について、身の毛のよだつような話を語り、王妃の心を震えあがらせる手に出た。そしてついにグェニファーは押しきられてしまう。この裏切り行為は、事の真相を知ったアーサー王に大きな打撃を与え、王妃の不吉な予感どおり国家をほとんど悲劇的といえる状況にまで追い込んでしまった。国家が危うくこの難局を乗りきれたのは、ひとえに王の忠臣メリドックの功績である。彼は、国家のためなればこそ、個人的な悲しみを振りきるようアーサー王を説得することができた。

この国の偉大なる解放者が
絶望に屈してはなりません。
わが身の不幸に直面するときもなお、
この国は、王の思慮と、英気と、権能を求めているのです。(1)

約七〇年後に出版されたヴィヴィアン・マシューズとアリック・マンリー作のバーレスク『リトル・レッド・ロビン』(一九〇〇年)もまた、戦時下に生きる女性が担う夫と国家に対する義務の本質に焦点をあてているが、大きく違った観点から取り上げている。獅子心王リチャードが十字軍の兵士を求めてシャーウッドの森を訪れた時、ロビン・フッドと彼の仲間たちは先を競って志願してきた。

物差しは捨てろ。弓をとれ。
われらの指導者がどこへ行こうとも、彼についていく。

すべての真のブリトン人がそうするように、王のために戦うのみ。
そして、勇敢なロビン・フッドと共にわれわれは皆、進み続ける。

彼らに遅れをとるまいと、ロビン・フッドの恋人マリアンは、国のために喜んで戦うことを宣言した。王とロビン・フッドおよび彼の仲間たちは、マリアンを熱烈に歓迎し、女性が自分たちと肩を並べて戦うことに諸手を挙げて賛成した。マリアンのリードで愛国心にあふれる大合唱が始まるなか、場面は幕を下ろしている。

われらが王将の軍列がせまれば、
われらが剣に、彼らも一転味方となり、われらが拍車のもとに集結する。
陸路を往こうと、海路をとろうと、
はたまた、敵が何者であろうと、誰が構おうか。
「勇敢にして真実の気魂を称えよ」
われらは、声をはり上げて歌う。
「われらの頭上にたなびく、
赤、白、青の軍旗に乾杯(2)」

これら二つのエピソードの相違は、十九世紀のイギリス社会に生きる女性の複雑な地位、ならびに、その地位と当時の国家のアイデンティティーとの関係の多くを明らかにする。十九世紀を支配した道徳規範は、女性が家庭にとどまり、国を敵から守る男性に内助の功を発揮することを奨励した。家庭から出る自由を奪われ、「しかるべき」女らしいふるまいを定めた家父長制度的基準に従うよう強いられた状況に反発することは、家庭の基盤のみならずイギリス国家の基盤を脅かす行為であった。こういった現実がある一方で、他方では、時の経過とともに、女性は次々と家庭の外へ向かい、国家に関わる問題について、より積極的な役割を果たすようになった。ひとたび外の世界に身を置くとなると、彼女たちにはさまざまな反応が待ち受けていた。国のモラルの枠組を壊したと、たて続けに後ろ指をさされることもあれば、逆に、期待をかけられる場合もみられた。勢力をつけつつある少数派に属する男女は、過去になかったような融通のきく方針に沿って国を立て直す一つの機会として、彼女たちの奮闘ぶりを位置づけていたのだった。この章では、十九世紀のイギリスにおける女らしさとナショナル・アイデンティティーとの関係を、アーサー王伝説とロビン・フッド伝説を通して、いや、もっと正確にいうなら、両伝説の女性登場人物を通して、検討してみる。じっさい、彼女たちは、さまざまなタイプが複数存在する、同時代の女性の典型をそれぞれ表わしているのである。

本題に入る前に、最近の学問の領域で取り沙汰されている、当時の女性の地位に関わるいくつかの重要な問題を確認しておく必要がある。ここ二〇年間、十九世紀のイギリス人女性の研究に携わっている歴史家たちは、二つの学説の間で協議を重ねている。一つは、十九世紀において、男女の領域は厳格に分けられていたとする、「〔男女間で〕分離した領域」なるものの存在を主張する学説である。厳密さの度合いで比べるとこの学説に多少ひけをとるが、これに相対する説は、古くから男性が優位に立っていた領域への女性の顕著な進出に力点を置いている。いうまでもなく、最初に取り上げた学説はおおいに頷ける。十九世紀の大部分、女性は社会の中での役割をまちがいなく制限されるさまざまな法的拘束を

受けていた。事態の改善措置は遅々として進まず、世紀末を迎える時点でもまだ、満足のいく状況にはほど遠かった。(3)

一連の法的拘束は、性的不平等を推し進める社会の傾向と一致している。社会規範が定めるところによると、女性が身を置くべき場所は家庭で、そこにおいて家族の面倒をみることに責任がある。それにひきかえ、男性は、公の世界に赴き、家族を養い、国民として求められる義務を果たすものとなっている。社会が認めるこういった性差の境界を超えてしまった場合、何が起こるであろうか。愚かとしかいいようのない懲罰から、暴力沙汰におよぶ懲罰に至るまでの制裁が待ち構えている。制裁にすっかり怖気づいた十九世紀の女性は、まずめったに家庭の外の世界へ出ようとはしなかった。仕事に就いている女性は、財産所得がないか、あるいは扶養してくれる夫がいないと思われるのが常だった。(4)

このように、「男らしい」男性と「女らしい」女性といった二項対立の形をとって、男女の違いを明確にするのは、ヴィクトリア朝的思考のきわ立った特徴である。だが、近年、「〔男女間で〕分離した領域」のパラダイムの解明を試みた結果、ジェンダーの境界が必ずしも厳密なものだとは限らない、ということをほのめかす学者も出てきた。たしかに、一八六〇年代以降、多くの女性が地方の役職に選出されている。そして一八九〇年代においては、教育を受けた階級出身の「進歩的な」女性たちの努力の甲斐あって女性の雇用が合法化され、選挙権獲得運動を推進する上で少なくともいくらかの成功をおさめていた。(5) この社会背景を考慮に入れる時、浮き彫りにされるのは、十九世紀の女性をとりまく、簡単には説明がつかない状況である。一方には、女性の領域を明確に定める境界線——超えるためには、社会的に汚名を着せられ、制裁を加えられることを覚悟しなければならない境界線——を引くために、伝統と法律が一体化した事実がある。にもかかわらず、一方では多くの女性が覚悟を決め、境界の外にある公の世界へと乗り込んでもいた。彼女たちはそこで、賃金を得て働くこともあれば自発的な慈善事業に従事することもあり、また地方政府内で重要な役割を果たすこともあった。

この章は、「〔男女間で〕分離した領域」が、ほんとうに男女でまったく別個の領域として存在していたのかどうかをめぐる論争に決着をつけようとするものではない。アーサー王伝説とロビン・フッド伝説に登場する女性の描かれ方に考察を加え、同時代の女らしさという概念が持つ複雑さを究明していくことが目的である。特に、国民としての権利をないがしろにされていた時代に、こともあろうかイギリス国民として、女性の役割に縛られていたという、この入りくんだ状況を詳しく検討してゆきたい。女性は家庭にとどまり、国が守るべき道徳の要となるべきなのか、それとも、平等の権利を持つ国民としての役目を夫や父親と共に果たすであろう、公の大舞台へと歩みだすべきなのか——この問いかけは、十九世紀のイギリスにおいて、女性が国家と結ぶ関係を決定づける上でまさしく重大なものであった。

「甘美な誘惑を退けよ」

●十九世紀におけるアーサー王伝説とジェンダーが決定する役割

「〔アーサー王伝説の〕女性は、概して男性ほど輝いてはいない」——ヘンリー・フリスは、トマス・マロリー作『アーサー王の死』の翻案小説の序文でこう述べている。じっさい、十九世紀のアーサー王関連の文学における女性の描写は、めったに肯定的ではない。道徳と義務によってみずからを律している円卓の騎士の生き方を狂わせるなどというのは序の口で、アーサー王の王国、キャメロットの没落をいそいそと計画する彼女たちを、同時代の作家はおしなべて、王国を脅かす存在と見ていた。騎士の生き方を狂わせるにせよ、キャメロットの没落を企てるにせよ、問題なのは彼女たちに備わっている「女性」ならではの力である。破壊的な様相を帯び、しばしばあからさまな悪意さえはらんだ目的を遂げるために、彼女たちはみずからの美しさと性的魅力を使うからである。ウォルター・スコットは詩『トライアメインの婚礼』（一八一三年）において、女性の魅力がアーサー王と家来たちにもたらしかねない災いを記している。作中、「冒険に満ちた探求」を企図し、数々の苦難を乗り越えてきたアーサー王は、「美しい乙女の一群」が住む城を訪れる。乙女たちがアーサー王を自分たちの女王グェンドレンのもとへ連れてゆくと、アーサー王はたちまち女王への激しい愛のとりこになる。――ここでスコットは作家みずから警告をさし挟み、アーサー王ののぼせあがった感情が王国を脅かす種になることを強い口調で告げる。

燃えさかる恋の情熱が、王としての誇りとあい戦う
その姿を見抜いた賢者はささやいた。
「王よ、用心されよ。手負いの虎から獲物を奪いとらんとするもよし、
窮地に陥った時に獅子に襲いかかるもよし、
猛々しい竜の行く手に立ちふさがるも構うまい。
ただ、くれぐれも、この甘い罠だけは避けねばならぬ！」

スコットの悲観的な予言はまもなく的中する。「罪深い怠惰と恥辱の中へ沈めようではないか／キリスト教信者の中の信者たる〔王の〕名声を」と謀るグェンドレンは、アーサー王に一晩過ごしてくれる

ようせがむ。アーサー王の眼中から王国が消えるまでにそう時間はかからず、ブリトン人の敵方はこの機を捉えて攻撃をしかけた。

厳格なサクソン人、異教徒のデーン人は、
ブリテンの騎士を再び襲撃する。
キリスト教国の花、アーサーは、
貴婦人のあずまやで時間をつぶしている。
親方が常に恐れていた角笛が
鳴るが、カンブリアの鹿をよびさますにすぎない。
そして、イギリス人の誇りであるキャリバーンは
愛人のもとにいて役立たない。(6)

三カ月が過ぎ、ようやく我に返ったアーサー王は、無為のままに居心地の良い生活に見切りをつけ、王国へ帰る。そして間一髪で、王国の崩壊を食い止めるべく到着したのだった。王は、まったく危ういところで、スコットが見抜いていた危険——女性にうつつを抜かすことによって見舞われる危険——から脱出したといえる。

国家の重要な仕事への集中を阻む要素としての女性、というテーマは、アーサー王伝説を扱った数多くの十九世紀の文学の中で繰り返されている。たとえば、エドワード・ブルワー゠リットン作の叙事詩『アーサー王』(一八四九年)において、エトルリアの女王と恋に落ちたアーサー王は、ブリトン人から

サクソン人の脅威を取り除くという使命を忘れてしまっている。王はある日一羽のカラスが魔法使いマーリンからのメッセージを運んでくるまで、何カ月もの間、幸せに満ちた生活にどっぷりつかっていたのだった。

苦労に負けるのらくら者よ、
進軍するサクソン人は、今しも汝の父の土を踏まんとす。

みずからの怠慢ぶりを指摘され目が覚めたアーサー王は、即座に果たすべき義務を思い出す。

わが王国の女王よ、わが国の民も、このとてつもない領国も
今やあなたのものだとすれば、耳かたむけよ、その不平のうめき声に。
どうか、みずからに問うてほしい、君子のとるべき道はいずれかと。
わが祖国に不実なままで、私はあなたにふさわしい王といえるのかと。(7)

このように、スコットもブルワー＝リットンも、男性は公の世界に属しており、そこを持ち場として、国を守るために働かなくてはならないと主張している。女性の姿が身近にあり、家庭的雰囲気が漂う世界は、なるほど魅力を備えてはいるが、男性は節度を持ってのみ、その世界に接することが許される。また、スコットとブルワー＝リットンは、男女が相対する二項対立の関係にあるとする構図に、裏付けを与えている。その構図は、男性には男性の、女性には女性の領域があり、それらはたがいに分離した

ものだという概念の中で、すでに社会的に実現されている。領域の境界線を越えることは、災難を意味することにほかならない。男性が、女性が与える家庭的なものの恩恵にあまり多くあずかるとどうなるか。スコットとブルワー＝リットンが示したとおり、個人のレベルにおいても国家のレベルにおいても力が萎え、男らしさをなくし、無気力感に襲われる羽目に陥るのである。家庭の中で怠惰な生活が染みついた男性ばかりがいる国家は、『トライアメインの婚礼』に登場するアーサー王のように、剣がかたわらに「意味なく下がっている」ことにやがて気づくばかりである。

十九世紀の半ば以降、アーサー王伝説に関する文学上の扱いにおいて、依然として女性は、公の義務から男性の気をそらす邪魔者として非難されていた。だが、男性の気をそらすものの本質に関していうならば、そこに、今までみられなかった明確な性的要素が加わり始めた。この変化は性行為──当時の性行為は、第一義的な家庭における生殖行動との結びつきを切り離し、家庭の内と外の両方で行なわれる、生殖を意図しない行動と結びつけられるようになってきた──この性行為に対する、受け入れ態度の幅広い変化と関連したものだった。こういった変化は社会に大きな不安の種子をまき、道徳に厳しい者たちは新しい性の規範を定義するために奔走し、家庭の外と内とのどちらの性行為が「危険」と定義されるべきかについて、熱のこもった論争に火がつくことになる。この論争は、ほとんどもっぱら女性のセクシュアリティーに焦点が合わせられている。教育を受けたヴィクトリア朝の人々の圧倒的多数意見は、男性と異なり女性は「抑えのきかない」肉体的衝動によって支配されていることを根拠に、極端なあるいは異常な性行為に歯止めをかける努力は、女性を対象になされなければならない、と主張するものであった。(8) このようにして、男性の性行為は「男性らしさ」のしるしとして認められる一方で、女性にとっての性行為は逸脱行為を示すものとして糾弾されるという、二重基準が誕生した。
同時代のアーサー王関連の文学は、手のつけられない女性のセクシュアリティーの恐ろしさを前にしたこういった不安感を反映させている。トマス・ウェストウッドの『サングレイルの探求』（一八六八年）において、アーサー王の宮殿にいる女性たちは、聖杯探求に出かける誓いを守らせまいと企てた。騎士たちが出発するその晩、

それぞれの絹のあずまやで
女王のもとで（ああ邪悪な心よ）、宮廷の貴婦人のもとで、
そして一七回目の夏の輝きの中、生娘の手でも
甘い呪いが仕組まれ、巧妙な呪文が作られた。
男の魂を罠にはめるため。

屋敷に留まることを望む妻たちの願いを首尾よく退けた騎士たちであるが、後に、彼らの目的遂行をなんとしてでも阻みたいとする女性たちから誘惑されることになる。ギャルヘロンは「この場にとどまり」、「緑の木陰で愛と休息」を楽しむよう説得する妖精の女王に出会うが、「妖精の呪文」を解き、探求の旅を続ける。かたやラーンスロットは、それほど運に恵まれているとはいえない。「半分ヴェールに隠された象牙色の胸」の「真っ白な手足を持つ乙女」は、彼を「幸せの島」へと導く。そこには大勢の彼女の仲間が彼を待ちかねて横たわっていた。

誘われるがまま、騎士は進んだ、彼女らがどこへ向かおうとも。
彼女たちは騎士を、岸辺の茂みや
曲がりくねった谷間やかぐわしい香りの森を抜けて導いた。
そして、彼女たちの浮かれ騒ぎはだんだんと静まり、笑い声や歌声も
すっかりやんだ。彼女たちは騎士を
陽気なあずまやへいざなった。異様な禁断の儀式へと。
呪われた喜びへと。ああ、ラーンスロットが、
アーサー王の側近の騎士、ラーンスロット、
キリスト教国の王冠、ラーンスロット、
このキリストの騎士が、もう助からぬ。永遠の破滅。(9)

この段階で、ラーンスロットが「男性らしい」行動をとらなかったこと、つまり彼女たちの言いなりになってしまったことは、彼の身に災いをもたらす。ラーンスロットにとって、聖杯探求は夢に終わった。ウェストウッドは、乙女たちの「異様な禁断の儀式」と「忌まわしい喜び」に言及するとき、明らかに彼女たちを男性を惑わすものとみている。スコットやブルワー＝リットンと同じく、彼もまた、家庭の外に身を置き、性的な魅力のある女性を、男性ならではの大仕事に対する脅威と考えているのである。この脅威は、広い意味でとらえれば——同時に暗澹たる気分がいちだんと強まることになるが——国に対する脅威に等しい。

こういった不安の大部分は、ヴィクトリア朝半ばのイギリスにおける家父長制度の変化に端を発して

いる。昔から、男らしさと言えば、積極的で好戦的な性格と、身体能力の高さに結びついていた。ところが、この男らしさにとってかわり、よりソフトな、かつては「女性的」とされていた特質――貞節、慎み、清らかさ、自制、安定、優しさ――をそなえた異質な男らしさが幅をきかせだし、その結果、男性は、あらたな概念にもとづく男らしさを意識して行動するよう求められた。この「男らしさ」に生じた変化を明らかにし、さらに変化の意義を検討するにあたり、アーサー王伝説は格好の手段になる。なぜなら、残虐な戦いに明け暮れる兵士の社会を、穏やかで平和な行動に基礎を置く王国へと変えるためにアーサーが行なった努力が、伝説の中心テーマに据えられているからである。したがって、十九世紀の作家が、次第に家庭的な様相を強く帯びてきた社会の中で機能している、新種の男らしさの定義を突きとめるために、アーサー王伝説をしばしば利用するのは理にかなっている[10]。

しかし、あらたな男らしさを解明しようとする作家たちの努力は、混乱と苦悩をともなうものだった。十九世紀のアーサー王関連文学は、家庭内の居心地の良さを覚えてしまった男性は、ついには取り返しのつかない無気力な状態に陥るのではないのか、という懸念を執拗に作品に反映している。『女王グィネヴィアと湖の騎士ラーンスロットの話』（一八六五年）においてチャールズ・ブルースは、平和の到来がキャメロットに与えた好ましからぬ影響を描写している。もはや戦いに行く必要がなくなった男性が、女性が実権を握っている家庭に腰を落ち着けると、「男らしさ」を失ってしまう、と彼は考えたのだ。

ところが、愛を賭けてのたたかいを除き、
いまや、彼らの頭からは戦闘のことは消えている。
英雄の胸のうちでは、ただ愛のみが

宮中会議を招集し、また出陣を命ずるばかり。
まことなら、その腕力が巨人相手に死の一撃を加えもする男たちが
いまや、女の鎖の束縛を身に覚えねばならない。
戦場の嵐にもまれても、まだ心の自由を
失ってはいない男たちではあるのだが、しかし、
力を尽くし、大きな犠牲を払って勝ち取った征服の成果を、
呪文のような平和の魅力はしばしば台無しにしてしまう。
戦いにかわって、ひとたび平和が召集令を発すれば、
女たちが、男の上に君臨する。

セバスチャン・エヴァンスもまた『アーサー王の騎士』(一八七五年)の中で、不安を前景化している。エヴァンスは、アーサー王が若かった時代の壮大で雄々しい世界が消えたことを嘆き、その世界を、後のヴィクトリア時代の女々しさと対比させている。

男たちはもはやあえて男らしい言葉を語らず、
女たちへのからかいやひやかしで機知を浪費する。
剣を身につけ気取って歩く宮廷の男たちは
身分の高い乙女にささやく。身を低め、横目を使い、
宮廷の騎士がもはや物語ることも、乙女が耳にすることも叶わぬ

話の含みばかりを、あざ笑いつつ口にする。
軍議の場でさえ、意味なく鎧をつけ、
無駄口をたたく。それぞれが愚かしい言いまわしで
相手を虐げる。彼らの唇は小さな怒りで
血の気を失う。こんな覇気のない日々ゆえ
中傷でそんな怒りを晴らしても、命に別条もない。

エヴァンスは、この「男らしさを失った時代」においては、アーサー王の時代ならば女性を特徴づけると考えられていたであろう要素を、今や男性が身に付けていると主張する。彼は憤懣やるかたないといった様子で、「名誉などはすでに過去のものだ」なぜなら「いまやその価値を証明する血は一滴たりとも流されない」からである、と語っている。エヴァンスによれば、時代が変わっても続いていた、男らしさの概念が崩れることは、すなわち、国家の堕落につながるものであり、「領国全土のその中心に痛撃が加えられ／想像を絶する悪の不安な前兆となる」のである。(11)

必然的に、作家たちを悩ますこの四六時中頭からはなれない極度の不安は、アーサー王伝説の女性登場人物の扱いに大きな影響を及ぼした。男性は、みるみる衰えゆく活動力に不安を覚え、女性の生来の力を恐れると同時に中傷までもし始めた。女性の力は、彼らにとって、覚束なくなった自分たちの地位を脅かすものにほかならなかったからである。十九世紀全体を通じてアーサー王関連の文学は、イギリス国家の倫理的、社会政治学的な構造を守るものとして、あるいは破壊するものとして、女性がどの程度の働きをするのかに強い関心を寄せていた。通常、女性が果たしていたのは後者、すなわち破壊者と

しての役割である。当時、アーサー王伝説はしばしば、理想的な状態から完全な崩壊へと向かった共同体の弱体化に力点を置いて扱われていた。その扱いにおいて、弱体化の鍵を握る要素として見なされていたのは、抑制のきかぬ奔放な女性のセクシュアリティーである。[12] 女性の描き方、特に、エレイン、ヴィヴィアン、そしてグィネヴィア——彼女の場合にもっともはっきり出ているのだが——の描き方は、女性と国家との関係について、十九世紀のイギリスが抱えていた不安と緊張の多くを表面化させている。

「彼女は彼を見た」

●エレイン

十九世紀、家庭の平和と調和は、国家の安全と繁栄に直結すると広く信じられていた。この考え方にもとづくと、家庭はイギリス国家の小宇宙として機能を果たしていたことになる。「家庭は社会の結晶体、つまり国家の特質のまさに中核をなすものであり、ここを源として、純粋なものであれ汚れたものであれ、習慣、主義、処世訓が生まれ、それらが個人の生活と同様、国家をも支配する」——サミュエル・スマイルズは『自助論』(一八五九年) にこう記している。家庭が国家の安定の土台として機能するために、確実にそれが純粋で汚れのない状態を保っているよう骨を折るのは女性の義務であった。[13] この義務を無視する女性は、社会をその根幹から破壊しかねないとされ、国家に対する脅威として見なされた。

アーサー王文学に関連づけると、作家たちはエレイン、またの名を「アストラットの百合」の姿を借りて、女性の持つ家庭らしさに焦点をあてた。マロリーの『アーサー王の死』の中では、ラーンスロットに恋焦がれて命を落とす若い娘としての比較的地味な役割を持っているにすぎないエレインであるが、十九世紀のイギリス文学においては、きわめてよく知られた登場人物であった。「シャーロットの乙女」に姿を変えた彼女は、数多くの絵画と挿絵に描かれている。チャールズ・ディケンズの『リトル・ドリット』、ジョージ・エリオットの『ミドルマーチ』、トマス・ハーディーの『日陰者ジュード』を含むヴィクトリア朝の小説には、彼女をモデルとした人物が登場している[14]。

エレインの人気は、少なくとも表面上、彼女がヴィクトリア朝に生きる女性――美しく、控えめで、しっかりと家の中に隔離されている――の典型だという事実に、直接の理由がある。ルイーザ・スチュアート・コステロの詩「葬式の小舟」（一八二九年）は、自分を見捨てたラーンスロットへのあまりにも強い愛のために、この世から去った美しい乙女を描いている。死を目前に控え、彼女はつき従う若い娘たちにみずからの亡骸を「光り輝く小さな舟に乗せ／流れにまかせて浮かべて下さい」と頼む。そしてその舟はアーサー王の宮殿近くの川辺に流れつくこととなる。中に乗せられている人物を認めるなり、ラーンスロットはいたたまれなくなる。そして、悔い改めるために一年間、アーサー王の宮殿を去る誓いをする。「葬式の小舟」はこのようにエレインを、ラーンスロットに思いを知らせるためには死を選ぶしかない、常に受身でいることを求められる犠牲者として表わしている[15]。

四年後、レティティア・エリザベス・ランドンは、エレインの話を詩の形式で出版した。「ティンタジェル城の伝説」がそれである。冒頭場面、森の中で馬に乗っていたラーンスロットは小川の流れに映った乙女の顔を目にする。彼女の美しさに心を奪われたラーンスロットは彼女を洞穴へと伴い、そこで彼女は「彼にすべてを委ねる」ことになる。ところが、トランペットの音を聞くなりラーンスロットは再び戦場へ赴き、彼女を見捨て、男性の領域である公の世界へと戻ってしまった。その後、場面は数カ月後のアーサー王の宮殿へと移り、甲板に棺台が置かれた小さな船が突然現われる。風が棺を覆っていた布をはためかせ、横たわった乙女の顔をあらわにした時、ランスロットはみずからの罪深さにおののき、亡骸の傍らにがっくりと膝をついて涙するのだった。(16)

最初の女流職業作家の一人としてランドンは、男性の仕事と見なされていた分野に進出した。彼女の決断は、ジェンダーが決定する男女の役割に関する既成概念に、背を向ける行為にあたる。ランドンは、あろうことか女性がペンによって金銭を得るということに怯えを感じた男性作家から、繰り返し辛辣な批判を受けた。(17)こういった状況が作用し、彼女は、伝統にのっとった女性らしい方法で自己表現する必要性を強く意識するようになった。したがって、「ティンタジェル城の伝説」を含む彼女の詩は、既成の性差に基づく役割に楯突くことを避けている。「葬式の小船」においてのように、エレインは命を犠牲にすることによってしか、みずからのやりきれない思いを相手に伝えられないのである。(18)

コステロとランドンの詩の中でエレインは、囚われの身にある女性の象徴としての働きをしている。アルフレッド・ロード・テニソンが「シャーロットの乙女」(一八三三年)の執筆を決めた際、彼もまたこのテーマに着目した。その詩は、寂しい島の塔に不可解にも閉じ込められている一人の若い女性について書かれている。彼女にかけられた呪いは、鏡を通してしか外の世界を見ることができないというものである。ある日、彼女はランスロットの姿を垣間見て、たちまち激しい恋に落ちる。彼女は鏡ではなく現実の世界でじかに彼の姿を見たくてたまらず、窓のところへ走りよった。と、鏡はたちまち割れ、彼女の運命もそこまでとなる。塔を降りてボートに乗った彼女は、キャメロットに行く途中、そのボートの中で息絶える。

語りの構造において、テニソンの詩は、コステロやランドンの作品とほぼ同じである。とはいえ、「シャーロットの乙女」は、両者に比べ、自分だけの居場所を後にし、外の世界へと向かうエレインの決意に対して、はるかに大きな懸念を表わしている。なぜなら、エレインの決意は、自分の存在を危険にさらすだけにとどまらず、社会全体をも同じ目にあわせる意味を持つからである。彼女の亡骸を見るなり、アーサー王の騎士たちはおののき、胸の前で十字を切る。この行為は、彼女が塔から逃げたことが、キャメロットになんらかの災いをもたらすことを暗示している。しかし、いったいどうやって一人の若く清純な乙女が、アーサー王の強力な王国を脅かせるというのだろうか？　王国の運命を左右する危険は、じつは、彼女の行動そのものに宿っている。エレインが、女性にふさわしい世界に囚われの身となっている状況を拒絶したことは、そのまま、伝統的なジェンダーが決めた男女の境界を打破しようという試みに重なる。テニソンの気持ちを曇らせていたのは、塔からの脱出を図った彼女の向こう見ずな行動にほかならない。この行動は、十九世紀のイギリスを支配していた家父長制度の規範に対する形を変えた挑戦だからである。

この不安をはっきりと示すために、「シャーロットの乙女」は、もっとも重要な方法のひとつとして、ある女性史学者が名づけるところの「視線のディスクール」を利用している。十九世紀、見るという行為は、決まって男性に結びつけられており、かたや女性は、口をつぐみ、見られる対象としての役割を持っていた。女性にとって、自分の意思で物を見るという行為は、言い換えればみずからに男性と変わらぬ力を与える行為であり、「女らしさ」と「男らしさ」とを分ける境界を侵犯することになる。これはまさにテニソンの詩の中で、シャーロットの乙女が行なったことに他ならない。初め、彼女は、伝統的な「女らしい」作法にしたがい、外の世界から目をそらして鏡ごしに視線を向けるよう強いられていた。しかし、詩の第三章において、彼女がラーンスロットに胸をときめかせ窓へと部屋を横切ったとき、「男らしさ」と「女らしさ」の間に横たわる溝は消えたのだった。

彼女はスイレンが咲いているのを見た。
彼女は鉄兜と羽飾りを見た。
彼女はキャメロットを見下ろした。(Ⅱ・一一一―一三)

この部分で、シャーロットの乙女は、欲望をいだかれる客体から、欲望をいだく主体に立場が変わる。あえない最期を遂げてしまった彼女であるが、少なくとも「女性の」領域から「男性の」領域への移動だけは果たしたのである。(19)

ほぼ三〇年後、テニソンは一八五九年に出版された『王の牧歌』の第一巻において、エレインの話を再び扱った。最初の四編の牧歌――「ゲレイントとイーニッド」「マーリンとヴィヴィアン」「グィネヴィア」「ラーンスロットとエレイン」――がすべて女性の登場人物に焦点をあてているのは、偶然ではない。テニソンがこれらの詩を書いたのは、「離婚法案」としての方がよく知られている、婚姻訴訟法をめぐり、長期にわたる議会での討論が行なわれていた最中であった。既婚女性の法的立場に注目した最初の大きなイギリスの法案であったため、導入時から厳しく審査され、一八五七年夏に開かれた下院での長きにおよぶ会期においてそれは最高点に達した。一連の議論で飛び交った言葉巧みな討論は、すでに確立している両性の関係を壊すかもしれない変化を警戒している男性議員の姿勢を明白にした。結果として、法案が性に関わる二重基準を実質的に変えることは見送られ、夫と妻は、法律の下に今までどおりまったく異なる扱いを受け続けることになった。

この事情を考えると、ジェンダーが決定する男女の役割分担に関する不安が、一八五九年の一連の牧歌にとって大きな関心事だというのは納得がゆく。「ラーンスロットとエレイン」において、テニソンはエレインを「美しいエレイン、愛されるエレイン」と紹介しているが、この紹介のしかたは、女性の美と受動性に関するヴィクトリア朝の観念とぴたりと重なる。[20] それは否定できないが、テニソン本人は、「愛される」という語を、皮肉のこもった意味においてのみ使ったにすぎない。その証拠に、テニソンは、愛されるエレインどころか、ラーンスロットに見向きもされないエレインと、最後まで報われない彼女の愛とを、詩の残りの部分で中心的に扱っている。エレインはこのように、男性の愛情をただ受身の立場で待っている女性ではなく、まったく反対に、愛する者に対して能動的に行動する女性である。

能動的な男性と受動的な女性という昔ながらのジェンダーにもとづく役割の逆転は、詩全体に見られる。『シャーロットの乙女』と同じく、「ラーンスロットとエレイン」において、見るという行為はもっぱら女性によって行なわれている。ラーンスロットを覗き見するエレインの視線は、詩の中で繰り返しあらわれるテーマとなっている。テニソンは、幕開けの場面でこのモチーフを提示しているが、その場面においてエレインは、ラーンスロットが戻ってきてくれるよう必死に願いつつラーンスロットの盾を見つめている。毎日、彼女は

東の塔に登り、部屋に入ると扉に閂をさし、
覆いを取ると、その剝き出しの盾をうち眺める。　(II・一五―一六)

ここにおいてエレインは、見られているというより見ているのであり、彼女が見ているのはその盾によって象徴されている「服を脱がされ」「裸でいる」ラーンスロットである。十九世紀、男性は、女性の裸体画を見慣れていたが、この場面でエレインはその関係を逆転させている。そしてこの逆転によっ

て、裸体のラーンスロットを見るという行為を、破壊的な意味を帯びた行為に変化させている。
事実、エレインのラーンスロットを見る視線は、テニソンの詩の要となっている。ラーンスロットがアストラットに到着するまで、彼女の視線はラーンスロットに釘付けだった。彼が、騎士としての功績を話すのを聞くとき、彼女は「目を上げ、その面立ちを見つめる」（二四三行）。後に、ベッドに横になり、彼女は彼の顔を頭に思い描く。

まるで画家が、人の顔をじっと見つめ
神業のごとくにあらゆる障害を突き通し、
背後にうつる人間そのものを見いだし、その顔を
つまりは精神と生命の色と形を
その人の子どもたちのために生きながらえるよう、常に最上で
もっとも充実した姿に描くのに似て……　（Ⅱ・三三〇―三五）

翌日、出発の用意をするとき初めてラーンスロットは彼女に視線を返す。

彼は目を向けて、
七人の男に襲いかかられたよりも驚き、
乙女が露の光の中にたたずむのを見た。
彼は彼女がこれほど美しいとは思わなかった。（Ⅱ・三四八―五一）

しかし、彼女に対する愛情のしるしとして、彼女の袖を兜につけることに同意しながらも、ラーンスロットは、二人の関係を、見る男性と、見られる女性という伝統的なものに変化させようとはしなかった。それどころか、彼はすぐにグィネヴィアに気を移すのだった。エレインは、馬上槍試合で負傷したラーンスロットの手当てをするためにキャメロットへ行くまで、彼と出会うことはなかった。

再びここで、同時代の出来事がテニソンの詩に入り込んでくる。一八五〇年代、看病といえば必然的に、英雄的ではあるが今もなお物議をかもすクリミア戦争中のフローレンス・ナイチンゲールの行為が思い出される。看護婦、ならびに一般の女性の義務に対して、ナイチンゲールが示した独断的な解釈は、当時、激しい論争を引き起こした。彼女の行動は、元来のジェンダーが決定する役割を危うくするものとして受け取られることもあり、じっさいに、身体の自由がきかず、誰かに頼るしかない男性患者を前に、あたかも優位に立っているかのような女性のイメージは、その種の不安をさらに強めた。[21] テニソンの詩は、こういった恐れを表現している。エレインが傷ついたラーンスロットを最初に見た時の視線は、負傷する前の姿と現在の姿とを明らかに比較するものであり、彼の現時点での弱さを強調している。

戦いで傷ついた腕と強い手が
狼の毛皮の上に置かれ、
敵を引きずり落とす夢がその腕と手を動かした。
顔を剃らず、髪も刈らずに
やせ衰えた彼を見た。（II・八〇七―一一）

テニソンはこの状況が引き起こす危険を十分理解していた。ラーンスロットがエレインに、自分が彼女を愛していないことを明らかにしたのは病床からであり、彼女の身体的な優位性はこれがもとでその潜在的な力を奪われる。彼女の自尊心は失せ、彼の「お役に立ち」、「世界中」どこまでも「付き従わせて」（九三四行）もらえるよう懇願する。が、彼は聞く耳を持たなかった。彼女にできることは、「留め金を外し、窓を大きく開き、彼の兜を見下ろす」（九七四—七五行）だけだった。この時、彼は彼女の視線を感じるのであるが、それを認めようとはせず、彼女の視線に宿る力はその効力をなくすのである。

ラーンスロットは彼女が見下ろしているのを知っていた。
しかし、彼は彼女を見上げることはせず、
悲しげに馬で去っていった。（II・九七八—八〇）

このように「ラーンスロットとエレイン」は、伝統的なジェンダーによって決定された役割に疑問を投げかけ、実際にそれを逆転させた部分もありながら、結局は再び伝統どおりの役割に落ち着くところで幕が下りている。

取り上げてきた四編の詩における年代順の展開が示すのは、「女性に関わる問題」がヴィクトリア朝文化の中で今までにないほど大きな位置を占めてきたのにつれ、ジェンダーの関係をどう位置づけるかが日一日と募っていく不安の焦点となっている、ということである。エレインのようにうわべでは伝統的な女性登場人物の扱いでさえ、ヴィクトリア朝社会の家父長的価値観のまわりに次第に漂いつつある緊張感を映している。しかし、こういった不安がいっそうはっきりとした輪郭を持って示されているのを見るためには、アーサー王伝説に登場するまた別の女性へ目を転じる必要がある。その女性登場人物とは、アーサー王の王国崩壊の一因に数えられる、邪悪な魔法使いヴィヴィアンである。われわれは、彼女の中に、家庭から外へと踏み出した果敢な女性たちが象徴すると考えられている、ヴィクトリア朝の家父長制度を揺るがす脅威としての具体的なイメージを目にすることになる。

「女の罠」
●ヴィヴィアン

ヴィクトリア朝文化において、みだらな女性、つまり「堕ちた女」は、申し分のない女性の対極にある存在として見なされてきた。十九世紀半ばまでに「堕ちた女」たちは、多数の文学や視覚芸術作品の注目の的になるとともに、宗教指導者と道徳改革を進める人々にとっては、片時も頭から離れない悩みの種となった[22]。この現象は同時代のアーサー王関連の文学が実証しており、そこでは、人を操り、欺き、悪意をむき出しにする伝説上の女性が脚光を浴びている。なかでも作家たちの目にとまったのは、見た目の美しさとは裏腹のよこしまな心を持つ誘惑者、ヴィヴィアンであった。ヴィヴィアンは、後にマーリンを地中に閉じ込めておくために使う呪文を聞きだそうと、性的な魅力を駆使しながらマーリンにせまる。偉大な魔法使いマーリンの豊かな知恵と鋭い洞察力がなければ、アーサー王の王国が存続する望みは絶たれたも同然である以上、ヴィヴィアンの悪だくみは、アーサー王の王国にとって大きな脅威となっている。

十九世紀のもっともよく知られた伝説にまつわる話は、マーリンとヴィヴィアンの話であり、アーサー王の関連の文学の中でも繰り返し使われている。作家たちは、ヴィヴィアンの性的魅力を前にしてすっかり力を失ったマーリンの様子を何度も強調している。一八三八年、R・ウィリアム・ブキャナンは『グラスゴー大学名詩選』に「マーリンの墓」を寄稿した。ブキャナンは、マーリンとヴィヴィアンが「森の木陰」でしどけなく横たわっているところから詩を始めている。マーリンは、彼女に「魔法の呪文」を除くすべての知識を教え込んでいた。

「しかし、私には無理なことがひとつあります。
どうか私に教えてください。」
（そして、彼女は彼の首に腕を回して、
なだめすかすように彼にキスをした。）

このようにヴィヴィアンは、マーリンを二度と出られないよう墓に閉じ込めておくための呪文を聞き出そうと、いわゆる女性ならではの武器を使っている。マーリンは彼女の意図をいぶかりながらも、願いを聞き届けないわけにはいかなかった。

マーリンは顔をしかめた。ため息をついた。
しかし誘惑に負け、
あの美しい胸に顔をうずめたとき、彼の意志は潰えた。
彼は彼女に否と言うことができなかった。

後に、「気ままな戯れ」が一息ついたところで、マーリンはヴィヴィアンの膝に頭をあずけてまどろんでしまう。この機を逃さず、ヴィヴィアンはマーリンに向かって呪文をかけ、彼女の許しがなければけっして出られない魔法の輪の中に彼を閉じ込めることに成功した。マーリンは激怒したが、すでに手遅れであった。ヴィヴィアンは嬌声を上げて笑い、マーリンのおめでたさを嘲るだけだった。

マーリンは顔をしかめた。マーリンはため息をついた。
——美しいヴィヴィアンは、その間、笑い転げるばかり——
「女の罠をうかうか信ずる愚か者には、
こんな運命がふりかかるにきまっているのさ」[23]

五〇年以上たって書かれたものでありながら、R・マクラウド・フラトン作『マーリン——劇詩』(一八九〇年)は、マーリンとヴィヴィアンの扱いが酷似している。フラトンの詩の中で、マーリンは、一六歳のヴィヴィアンの「しなやかなからだつき」を一目見るなり彼女の虜となり、森の隠れ家へと連れて行く。はじめは下心などなくひたむきに魔術を習っていた彼女であるが、やがて「ずっとあなたが私のもとを離れず/私のことを愛してくれる」ための呪文を教えてくれるようせがみはじめた。「私が知りたいすべて」を教えてくれるようマーリンを説き伏せるために、ヴィヴィアンはみずからの美しさを利用するつもりであること、そして、彼女が、教えてもらった呪文を使ってアーサー王の王国を支配しようと目論んでいることが内的独白により明らかにされるのは、ここである。「ヴィヴィアンは王になる!」[24]と自信に溢れて勝ち誇るヴィヴィアンの言葉こそは、色仕掛けという大胆不敵な方法で、伝統的な男性の役割を簒奪し去ったことを示す。しかし、何はともあれ、計画の大きな障害となるマーリンをどうにかしなければならない。彼女は、たとえ死んでも離れ離れになることがないよう、二人のための墓を作る計画を彼に持ちかけた。マーリンは彼女のたくらみを見抜いていたのだが、抵抗するだけの力は残っていなかった。墓ができると、ヴィヴィアンはそこに入ってもらいたいとマーリンに頼み、彼がしぶしぶ入るなりふたを閉め、出られなくしてしまった。

『マーリンの墓』と『マーリン――劇詩』は、十九世紀イギリス文学の中で、マーリンとヴィヴィアンの話を扱った数多くの作品の中の二つにすぎない。なぜマーリンとヴィヴィアンの話がこうも強い興味の対象になったのかを理解するためには、公衆道徳そのものに対する、また、国家の完成のために公衆道徳が果たす役割に対する、当時の風潮を調べる必要がある。ヴィクトリア朝の人々は、イギリスが国際的にどう位置づけられるかを左右するのは国内の基盤の状態であり、その基盤の安定は、倫理観に裏付けられた社会の賜物であると信じていた。すでに見てきたとおり、女性は道徳を守る役割を担うべきだと考えられていた。したがって、その義務を怠り、悪の道にはしることは、みずからの道徳律を危うくするばかりか、はるかに深刻なことには、国全体を危険に陥れてしまう。この意味においてヴィヴィアンは、不道徳な女性がたどる末路の忌まわしい表象として機能している。男性を破滅へ向かうよう唆すために性的魅力をふりかざし、彼女は内側からアーサー王の社会を破壊していく。マーリンを相手に美しい身体を使って力を得ようと狙う彼女の努力は、一定の性行動の基準から女性が逸脱することによって生じる、社会的そして道徳的混乱状態を明るみに出す。

ヴィクトリア朝の作家と読者にとって、マーリンの堕落に関してヴィヴィアンの果たした役割は、現実の社会の中にその位置を占めつつあると彼らが恐れる売春婦たちの役割とよく似ていた。ヴィヴィアンとマーリンとの関係は、性的快楽とそれに見合う物質的報酬――マーリンを罠にかけることのできる強力な魔法――との交換を土台としている。ヴィヴィアンとヴィクトリア朝の売春婦との比較は、テニソンの「マーリンとヴィヴィアン」においてなされている。この作品は、「ラーンスロットとエレイン」同様、『王の牧歌』の第一集（一八五九年）に収められているものである。[25] 当初テニソンは、隠喩のみを使おうとした。ヴィヴィアンに呪文を教えまいと心に誓ったマーリンは次のように言う。

見事な策略もおそらく失敗に終わるもの。
売春婦たちは顔と同様、言葉も
みずからのものではない心の色を使って塗りたてるのだから。
私は彼女に知らせまい……　（II・八一八―二一）

ところが最後の行で、やっとのことで魔法を手に入れたヴィヴィアンのはしゃぎぶりを描くとき、テニソンは隠喩の枠を外れた直接的な言葉を使っている。

そのとき叫んだ。「このお方の栄光は私のもの」
そして「あはは、ばかな男」とわめきつつ、売春婦は飛びのき
森へと退き、茂みが彼女の姿を
隠した。（II・九六九―七二）

ヴィクトリア朝中期、多くの注釈者は、ヴィヴィアンの人となりによって彼女の人物像に評価を下していた――というか嫌っていた。アルジャノン・チャールズ・スウィンバーンは彼自身、身持ちが良いとはとても言えない人物であるが、ヴィヴィアンに対しては「すれ違っただけの男をも堕落させる見下げた女」と毒づき、詩に対しては「道徳的にも肉体的にも売春婦の言いなりになった、哀れな老いぼれの好色な心の動揺」を描いたものとして非難している。詩を肯定的に受け取らなかったのは彼だけではなく、テニソンの友人でさえ、当惑を隠せなかった。一八五七年、テニソンは詩の初期段階の草稿を友人のジェイムズ・スペディングに送ったところ、彼は「売春婦がめだっているために詩の良さがひどく損なわれている」と評してきた。スペディングが「マーリンとヴィヴィアン」にぞっとした理由は何であろうか。当時、イギリス国民のいちじるしいモラルの低下は、もっとも人目に触れ、それゆえその分だけよけいに人々を不安にさせる売春婦によって明らかにされた。したがって、彼女たちは国家の道徳的荒廃に対する恐怖心をあおる役目を、一手に引き受けていたのだった(26)。汚れと冒瀆のイメージに訴えかけ、注釈者たちは、売春婦にその責任があるとされる社会の荒廃を目の前にしての恐怖を読者に伝えた。

ところで、テニソン自身はどのようにして、イギリスを荒廃させ、最終的には崩壊に至らせる力が売春婦に宿っていると考えたのだろうか。テニソンは、伝統的なジェンダーが決めてしまう男女の役割分担に異論を唱える、攻撃的で「女らしくない」女性としての立場が、彼女たちの潜在能力の源ではないかとにらんでいた。具体的に言うなら、彼女たちは、日ごろの「女らしさ」からの逸脱行為において、みずからの立場を、「追われるもの」から「追うもの」へ転じているが、これは、伝統的な「女性としての立場」から「男性的な立場」への変化に等しく、この意味において、自分たちを男性化しているのではないか、ということである。ヴィヴィアンがキャメロットに到着した時、キャメロットは、騎士たちにとってこれといった活動義務があるわけでもない、きわめて攻撃を仕掛けやすい時期――「探求の旅はなく、馬上槍試合と娯楽だけをしている」時期――にあった。遠征の必要がなく、王国の中に留まることを余儀なくされた彼らは、いざというときにそなえ、戦場での勇気を養うために、馬上試合やその他の模擬戦闘に精を出すことを求められた。これらの行動は、好戦的な男らしい気風を示す場を彼らに与えたが、実質上、ヴィクトリア朝中後期のパブリックスクールで行なわれていた運動競争が果たした程度の役割しか果たさなかった[27]。男らしさの一種のはけ口としてあてがわれた馬上試合や模擬戦闘ではあったが、それらがもたらす解放感がいつまでも続くわけはない。テニソンは『王の牧歌』で、真の男らしさは、もっぱら家庭的な状況においては存在しえないことを暗に語っている。

しかしアーサー王の宮殿での最初の数日、ヴィヴィアンは用心が必要な人物にはまず見えなかった。それどころか、害を及ぼすなどとうてい考えられず、ヴィクトリア朝が理想とする女性の化身のようだった。キャメロットに入れてもらうために、「私の純潔を守るための場所」を乞い願いながら、彼女はグィネヴィアの前にひれ伏した。が、うわべのこういった行為の裏では、彼女はアーサー王の王国を滅ぼす狡猾な侵入者である。客となりそうな男性を誘惑する売春婦のように、彼女は昔から女性の役割とされていた「狩られるもの」の役割というよりも「狩るもの」の役割を演じている。グィネヴィアとランスロットが鷹狩に二人して出て行くのを目撃した彼女は「最高の獲物は私のもの」と宣言し、アーサー王を王位から引きずり落とす意図をあからさまにした。続くスタンザにおいて、テニソンの「獲物に突然襲いかかって殺す」はやぶさの描写は、ヴィヴィアンがマーリンを最後には落とすことを予期させる。

積極的行動をとるものとしての男性の役割をヴィヴィアンが手に入れたことは、話の展開とともに明らかになる。激しい憎悪と復讐心――両方ともヴィクトリア朝の人々には男性に特徴的なものの典型だと思われていた――が、彼女を駆り立てた。ヴィヴィアンは名声と権力に飢えており、その並外れた野心もまた伝統的に男性的な特質と見なされていた。詩の最終行における彼女の喜びと悪意とに満ちた叫び――「このお方の栄光は私のもの」――は、ヴィクトリア朝の伝統的なジェンダーに決定された役割の転覆を見事になし遂げたことをあらわす。こうしてヴィヴィアンの勝利が反映しているのは、男らしさと家父長制度に対するヴィクトリア朝中期の根底にある、根強い不安である。一方、樫の木の穴にとじこめられているマーリンは、政治的な意味においても性的な意味においてもまったく無力な男性を象徴している。(28) マーリンの哀れな状態は、アーサー王とキャメロットがやがてたどる運命の一因となっているると同時に、運命そのものを表わしている。アーサー王とキャメロットもまた、しかるべき女らしいふるまいについての定められた基準を拒絶した一人の女性によって、マーリンとおなじ目にあうのである。

「私の名は蔑まれるでしょう」
●グィネヴィア

エレインとヴィヴィアンの扱いに関してこれまで論じてきたことが明らかにするのは、いかに熱心に、十九世紀のアーサー王関連文学が、ジェンダーに関わる問題、特に、女性が昔ながらの社会的・性的な役割を進んで果たしていたのか否か、に注目していたかということである。ほぼ例外なくこの二人が扱われている作品において、確立されたジェンダーの境界を超えようとする女性の試みは反動的な動きに直面している。たとえば、しかるべき世界に厳重に閉じ込められている状況をエレインが拒んだことが、キャメロットの基盤である家父長制度の概念を危うくさせ、王国を危機に陥れたように。また、必死にアーサー王の王国を崩壊させようとしたヴィヴィアンが、女らしさを失い悪の力の化身となったように。

十九世紀文学を舞台にしたエレインとヴィヴィアンの描かれ方は、別個に存在する二つの領域——国の内側の美徳を守っている女性の領域と、国の外側で起こるさまざまな事柄に従事している男性の領域——のイデオロギーがぐらついていたことを示す。外の男性の領域をめざして境界を超えようとするエレインとヴィヴィアンの行為には、即座に横槍が入れられた。エレインは死をもって罰せられ、ヴィヴィアンは娼婦の烙印を押される運命をたどった。しかし、アーサー王伝説のもっとも重要な女性登場人物、グィネヴィアはどうだろうか？　彼女もまた「しかるべき」世界でひっそり生涯を送ることを期待されていたわけだが、それを拒否したとなれば非難にさらされるのだろうか？

確かに、ヴィクトリア朝の大多数の作家は、アーサー王の王国を崩壊させた直接の責任を持つ王妃としてグィネヴィアを批判している。ジョージ・ニューコメンが『ニュー・アイルランド・レヴュー』（一八五五年）に記しているように、グィネヴィアは「素晴らしい秩序に終わりをもたらした」張本人である。(29) こういった見解は、十九世紀の女性の姦通に対する態度とぴったり重なる。すでに触れたとおり、女性は国の道徳の要としての役割を持つと見なされていたので、姦通は当然のごとく咎められていた。男性はと言えば、性的な過ちは嘆かわしいものではあるけれども、男性の強い「自然な」身体的衝動によりやむをえないとされた。

この二重基準の存在は、ヴィクトリア朝におけるグィネヴィアの扱いが裏付けている。たとえば、オーウェン・メレディスは『王妃グィネヴィア』（一八五五年）の中で、ラーンスロットが「手のごとくに私を導く得体の知れない欲望」によって王妃に誘惑されたことを記している。つまり、ラーンスロットの欲望は、外側からの不可抗力として提示されており、彼をそそのかして二人の関係に火をつけ、それゆえ責められるべきはグィネヴィア以外にいない、というわけである。よって、この一節は、男性の不貞には酌量の余地があるのに対して、女性の不貞には厳罰が待っているという、当時の一般的な不貞に関する受けとり方を表わしている。当然のことながら不貞をタブーとする結婚の誓いを破ることで、グィネヴィアはキャメロットが土台としている家父長制度を骨抜きにしてしまった。この一件がもとで、じっさい、伝説上のあらゆる女性登場人物の中でもっとも厳しい攻撃の的となっているのはグィネヴィアその人である。そして彼女個人への攻撃が、女というのはまったく当てにならない、という女性一般を対象にした攻撃に拡大することもたびたびであった。グィネヴィアの行動に刺激されたクリストファー・リーズミューラーは、戯曲『湖のラーンスロット』（一八四三年）において、次のように書いている。

女は信用できない。
誰一人として。真っ白な雪や
朝の花を飾る透き通った露のように、汚れとは無縁かもしれない。
太陽の光のように燦然と輝いているかもしれず、星のように美しいかもしれぬが、
しかし、けっして信用できない。(30)

一八五〇年代、テニソンが『王の牧歌』の一部分にあたる詩「グィネヴィア」を完成しつつあった時、

議会では離婚法をめぐる論争が行なわれ、女性の姦通に寄せる関心の度合いが一気に高まった。先に言及したとおり、議員たちは結婚に関する現行の法に、いかなるものであれ重大な変更を加えることにまったく乗り気でなかった。したがって、法案そのものは一八五七年に制定されたものの、二重基準——女性は一度でも姦通するとそれは十分な離婚の理由となるのに対し、男性の場合は、姦通に加え、重婚、残虐行為、妻子放棄、強姦、近親相姦といった「とんでもない状況」が起こらない限りは離婚の理由として認められない——がそのまま通用していたというのは、当然である。この規定は、その露骨な差別が世間で活発な論争を巻き起こしたのだが、既婚女性の権利拡大を望む人の大部分は、夫の姦通の犠牲者である妻に対してのみ関心を持ち、みずからが姦通した女性はほとんどなんの同情も得られなかった。

テニソンの「グィネヴィア」は、こういった社会の様相を反映している。「グィネヴィア」に描かれている、王妃を責め立てるアーサー王の長い弁舌は、二十世紀の読者にとってはその事細かさに笑いを禁じえないものである。「おまえは私の人生の目的を打ち砕いてしまった」とアーサー王は、「足元にうつむいて」ひれ伏すグィネヴィアに向かって言うのだが、アーサー王がグィネヴィアを厳しく非難している理由は、彼女が結婚を台無しにしたところにあるのではなく、王国を破滅させたところに求められる。

これが最後ゆえ、しばし待つがよい、わが
汝のために、汝の犯した罪を明らかにする間。
なんとなれば、ローマ人が去り、彼らの掟が
われらに与えた枷がゆるみ、彼らの作った道のいたるところで

略奪が行なわれたその時、そこここで
果敢な行動がとられ、悪は矯められた。
しかし、我は王である、
この王国内の、そしてその他の領域にいた武者修行中の騎士を
我のもとに集め、その首長になった王である、
わが栄えある円卓の騎士団の、
輝ける仲間たちの、花のような男たちの
力あふれる世界の模範として働き、
時代の嘘偽りのないさきがけとなる者たちの。（Ⅱ・四五一―六三）

彼女の犯した罪により痕跡さえとどめずに失われてしまったのは、「素晴らしい仲間」であるとアーサー王はグィネヴィアに告げる。アーサー王は、グィネヴィアによってもたらされた心の傷については彼女を許したが、築き上げようとしていた牧歌的な社会が、彼女の与えた打撃により取り返しがつかない状態になってしまったことについては、どうしようもなかった。アーサー王の王国は、グィネヴィアがとった行動によってもたらされた一触即発の緊迫した状況が国としてのまとまりを壊し、結果的に崩壊の一途をたどったのだった。詩が終わりにさしかかるまでに、グィネヴィアは罪を認めている。「私の名は永久に蔑まれることでしょう」と彼女は身を寄せた修道院の尼僧たちに言っている。

テニソンの「グィネヴィア」はこのように、女性の姦通が国家に対してもたらしうる結果の率直な説明と思われる。グィネヴィアは、国が美徳とする身の振り方を認め、既婚女性に望まれた役割を果たす

生き方をしなかった。それどころか、ラーンスロットへの性的欲望のおもむくまま――ラーンスロットの罪は、グィネヴィアの誘惑に負けてしまったのは男性である以上仕方がないと見なされ、軽くなっている――家父長制度の作った価値観に挑戦状を突きつける行為に及んでいる。こうした背景のもとに、アーサーの演説は、伝統的なジェンダーによって決められる役割は、国のために支持されなければならない、という信念を表わすことになった。

しかし、男性ではなく女性によって統治されている国家において、伝統的なジェンダーによって決められる役割はどのように維持されるのであろうか？　一八三七年から一九〇一年にかけて、イギリスでは例外的に女性君主の治世となった。この時期、女性にとってふさわしい場所がどこであるかに関する議論が活発化した。誰の目にも女性統治という概念に関して、多くの不満が漂っていることは疑いようがなかった。「ペティコートをつけた政府」に対する恐怖心は社会に蔓延し、言葉であっても絵であっても、数多くの率直な喜劇的イメージは、支配権を握る女王によって象徴的に屈辱を与えられたり、子供扱いされている男性の政治家と王室の人々を扱っていた。ヴィクトリア女王は、自分の地位が特異なものだということの自覚があり、「良き女性、つまり、女らしくもあれば愛嬌もあり、家庭的でもあろうとするなら、われわれ女性は、統治するにはむいておりません」と述べている(31)。

テニソンが、女性を君主とする立憲君主国という特殊な事情がもたらす緊張感を察していたことは、一八六一年のアルバート王子の死に際して書かれた『王の牧歌』の「献呈の辞」に明らかである。一見したところ、その詩は、アルバート公こそ、伝統的に男らしい姿をしている「理想の騎士」を体現していると称えることによって家父長制度の価値を支持しているかに思える。しかし、じっさいのところ、アルバート公は通例考えられている「騎士らしさ」をほとんど表わしてはいない。そのかわり、ヴィクトリア朝の想像力の中で「女らしい」と考えられていた特徴――慎み深さ、清らかさ、自制心、優しさ――を備えていた。テニソンは、この点においてアルバート公を称えているのである。テニソンはまた、家長――イギリスの「未来の王となられるお方」の「やんごとなきお父上」――という家庭内でのアルバート公の立場にも賞賛を送っている。アルバート公のこういった描き方は、女性が王位についたことから生じた伝統的なジェンダーにもとづく役割の逆転現象を、テニソンがしっかり見抜いていたことを示している。これはアルバート公自身が認めていることだが、彼は、女性の支配者と結婚したことによって権威を得たにすぎない。アルバート公はかつて「私の地位をそれ相応の威厳で満たす難しさは、私がただの夫であり、君主ではないことにある」と述べていたが、まさにそのとおりである。(32)

「グィネヴィア」においてテニソンは、家父長制度にもとづく階層性の逆転を繰り返し描いている。この「グィネヴィア」には、何か積極的な行動によって騎士道が示されるような挿話は一つも含まれていない。アーサー王が男らしさを表現しているような場面も、それはすべて内実を伴わない言葉だけのものだ。結婚生活および王国に対するみずからの君臨ぶりを誇示しようと一応は努めるものの、それは無力な試みにすぎない。対照的に、ここで行動を起こす人物として描かれているのは、グィネヴィアである。彼女はアーサー王から逃れようと、アームズベリの修道院に駆け込む。グィネヴィアが修道院を逃げ場所に選んだことは、彼女が王に許しを請いながらも、家父長制度に基づく権威に完全に屈したわけではないことを示している。十九世紀、イギリスにおいて、女子修道院は胡散臭いものだと見なされていた。ローマ・カトリック教に多少なりとも関係するものすべてに対する長年の猜疑心に加え、女子修道院は、母親として、また妻として当然果たすべき役割から女性を背かせ、家庭を崩壊に至らせるところだという懸念を多くの人が抱いていた。女子修道院に逃れようとしたグィネヴィアの決意は、罪のつぐない行為ととられるどころか、罪深さに輪をかけるものだった[33]。

しかし、テニソンは、家父長制度にもとづく価値観に対するグィネヴィアの抵抗を認めてはいるにしても、それを是認してはいなかった。これまでに取り上げてきたとおり、ヴィクトリア朝は、出すぎた女性の行動に恐怖心が芽生えると、決まって、受身でいることが求められる家庭へと女性を監禁する行動に出る。ところが、グィネヴィアがラーンスロットに惹かれるあまり夫を見捨てたとき、女性すなわち家庭というわべを取り繕うことが不可能となり、たちまち非難を呼び起こすことになった。テニソンは、グィネヴィアを、何事もなければ道徳的汚点とは無縁な男性を堕落させる力を持つ女性として描いたのだ。傷心のアーサー王は彼女に

もの寂しい大広間に腰を下ろしても、
慣れ親しんだ多くの騎士はおらず、
高潔な行ないについての話も耳にすることはなくなった
汝が罪を犯す前のすばらしき時代におけるが如くに。(II・四九四―九七)

テニソンは、『王の牧歌』の最後で、大きく異なった女王統治のモデルをうちだしている。一八三七年、テニソンはアルバート公への「献呈の辞」と対をなすものとして、また同時に『王の牧歌』の末尾を飾るものとして「女王に捧ぐ」を創作した。主題は確かに、為政者としてのヴィクトリア女王の資質に対する賛美なのだが、詩そのものに、為政者が必要とする能力を備えた女王像は登場しない。そのかわり

に、母親そして妻として、伝統的な女性の役割の中における女王の姿が描かれている。「女王に捧ぐ」は、一八七二年二月に皇太子の腸チフスが治ったのを祝って行なわれた感謝祭の思い出で始められ、「海の帝国」――ここにおいてヴィクトリア女王は、積極的な役割を持たない象徴的な存在として位置づけられており、実質的にはいないも同然であるが――が末永く存続していくことを希望する、熱のこもった願いがそれに続いている。冒頭以後、次に女王が登場するのは、半分ほど過ぎた箇所でテニソンが、故アルバート公に捧げられた「あなた様の愛」という言及をしたところにおいてである。そして、あらゆる「気高く神聖な」ものを破壊する恐れのある「遠方の嵐」に関する不安に駆られた警告をもって、詩は完結している。つまり、この詩の最後の二〇行に女王の姿は見当たらない。これは、テニソンが、イギリスが将来どういう道をたどるにしても、ヴィクトリア女王に国を導いていくだけの手腕があるとは考えていなかったことを示している(34)。

ヴィクトリア女王のこういった捉え方は、型にはまった同時代の女王の描き方、つまり、国の支配者としての地位にではなく、昔ながらの「女らしい」側面の方に焦点をあてる描き方に一致している。女王は、精力的で行動力に溢れ、破壊的であったこともしばしばだった女性である。しかし、この現実の姿というよりもむしろ、典型的な十九世紀の妻であり母である女性というイメージが女王に関してしっかりと作り上げられたのである。ヴィクトリア女王はその治世の期間、まったく途切れることなく最後まで政治にあたっていたのだが、国民は、長期にわたって常に政治家であった女王の姿よりも、ある節目ごとに女王の姿――清純な乙女、献身的な妻、愛情の深い母親、嘆き悲しむ未亡人、情け深い女家長――を見ることを好んだ。事実、同時代の肖像画の大半は、まず一人の女性として、それから次に統治者として、彼女のことを描いている。また、見方によっては長すぎるとも思われるヴィクトリア女王の未亡人時代は、女王に対する批判のおおもとでもあったが、同時に賞賛の源でもあった。なぜなら、立派なヴィクトリア朝の主婦がそうすべきであるように、ヴィクトリア女王は、私的な事柄を公の事柄に優先させたからである。[35] さらに、亡夫アルバート公のためにほとんど欠かすことのない女王の祈りは、夫に尽くす家庭的な妻のイメージを多くの人々に与えた。もし、女王がずっと独り身であったならば、彼女は現実にそうであるよりもはるかに強い恐れを抱かせる人物になっていたことであろう。ヴィクトリア朝社会では、未婚女性は「余り者の女」であり、その存在はたんに余計なだけでなく危険でもあるからだ。「女王へ」は、アルバート公の死後一〇年もたって完成したにもかかわらず、ヴィクトリア女王の「妻」としての役割をテニソンが強調した背後には、こういった社会の感覚があったのだ。テニソンはこのように、冒頭の「献呈の辞」において伝統的なジェンダーにもとづく役割についての疑問を提示したにもかかわらず、結局、最後の「女王に捧ぐ」において、ジェンダーにもとづく役割を再確認することで『王の牧歌』の幕を閉じている。両者の間に挟まれた「グィネヴィア」では、女性が家庭での義務を果たすのを拒絶したときに生じる困難な状況が提示されている。

ところが、テニソンの研究家の中には、キャメロットを崩壊させた罪によりグィネヴィアが非難されることには納得がゆかないと考えている人もいる。たとえば、テニソンの友人であり詩人であるメレディスは、グィネヴィアの卑屈さに我慢がならなかった。メレディスは書評の中で、アーサー王はまるで「王冠をいただいた補助牧師」のようであり、彼の妻の許しに対する返答は「面をあげよ！」であるべきだった、と遠慮なく記している。メレディスの言動は、ヴィクトリア朝文化において、グィネヴィアの姦通に関してさまざまな反応が出ることを暗示している。実際、作家の中には、グィネヴィアが陥っている板ばさみの状況に強い共感を寄せているものもいる。『女王グィネヴィアと湖の騎士ラーンスロット』でチャールズ・ブルースは次のように表現している。

くたびれ果てた、老いぼれと彼女は結婚した。
緑輝く接ぎ穂だったのははるか昔のこと。
彼女のやさしい心は、彼を愛することで
安らぎを得た。あたかも彼女が彼の子供であるかのように。
しかし、愛に満ちた婚礼の炎を燃やし、
若さゆえの欲望の波をうねらせ、
男らしい者を美しい女性と結婚させ、
若者同士を結びつける、そういったことすべては
アーサーの胸から消え去っていた。
彼の心は冷えきり、髪は白く変わっていた。
それにひきかえ、彼女は人生の輝く春のまっただなかで、
恋愛を、そして情熱を強く求め、
愛の甘美な空想が心を満たした。
ラーンスロットは若さに溢れ、美しかった。[36]

しかし無言の共感は、必ずしも公然とした支持とはならない。グィネヴィアの汚名を晴らそうと本心から試みた唯一人のヴィクトリア朝の作家は、ウィリアム・モリスである。モリスは、詩「グィネヴィ

アの擁護」(一八五七年)の中で、グィネヴィアの一件と比べてはるかに重要な社会的・倫理的事柄が、専横の性道徳を彼女が踏みこえた問題などは帳消しにしてしまう、と主張している。テニソンと同様、モリスも、一八五〇年代半ばの離婚法案をめぐる論争が行なわれていた時代にグィネヴィアの話を取り上げた。しかし、結局は昔のままのジェンダーにもとづく役割を支持するために話を利用したテニソンとは異なり、モリスは、それを恋愛と結婚の義務に関する唯一無二の基準を擁護するために用いた。こうしたテニソンとのはっきりとした違いにおいて、モリスは、批判的な男性が下す評価から自由になりたいとするグィネヴィアの主張をもっともだと受け入れるとともに、彼女の言い分——自分は、制限と抑圧とを受けている状況の中で、正しく、そして英雄的にさえふるまった——を支持している。じっさい、モリスは、ヴィクトリア朝のほかのどの作家よりも、グィネヴィアに多くの機会を与えて、彼女を行動に駆り立てた状況を説明させている。

すっくと立ち上がり、怖気づくことなく
勇気を持って語った。その輝かしい方は。

グィネヴィアは、恋愛感情によってではなく政治的な理由により若くして「名声は持っているが愛情の希薄な」男性と結婚している。そして、妻としての夫への誠実さをうわべでは示す一方で、真実の恋人、つまりみずから選ぶことが許されていれば、一緒になっていたであろう男性に、強く、そして心の底から惹かれたのだった。グィネヴィアは彼女を問い詰める者たちの前で頭を下げるのを拒み、慈悲を請うた。

たしかに、私が過ちを犯したことを認め、
心からみなさまの許しを乞うべきかもしれません。
みなさま方はたいそうご立派な騎士でいらっしゃるから——とはいえ……

詩の終結部で、グィネヴィアはラーンスロットによって救い出されるが、これは、グィネヴィアがすでに心の中において勝ち取った精神的な自由をたんに裏付けるにすぎない[37]。グィネヴィアの話を扱ったヴィクトリア朝の作家の中で、グィネヴィアが本質的に無実だと主張しているのはモリスだけである。

しかし、いくらモリスがグィネヴィアの行為を正当化しようとしても、詩の根底にある前提が、女性の自立を唱えるものとしての彼の試みが十分にその真価を発揮するのを妨げてしまっている。モリスは、何かを選んだり、表現したりする上での真の自由をグィネヴィアに与えているが、そのかわりに、彼女の受けている抑圧を強調するために、身体的に無力な状態を意図的に誇張している。たとえば、グィネヴィアはもっぱら男性との関係を仲立ちにして提示されているが、それは、彼女の運命がアーサー王あるいはラーンスロットによって握られているからである。つまり、前者によって罰せられるか、後者によって救われるかのどちらか一つしかないのだ。彼女が望みうる最善のことは、自力で独自のアイデンティティーを築き上げるという域に達することはなく、せいぜい、両者の中で選択が可能であるというにとどまっていた。グィネヴィアが国家のために果たした貢献は、夫を通してのみなされたものであり、彼女ひとりでは何もできなかった、とモリスは考えていたのである。

このように、グィネヴィアが自己決定権を持つことに対して、最も強力にその正当性を説く人物の一人でさえ、十分にその主張を強調することはかなわなかった。モリスは、グィネヴィアを彼とは違った扱いをしている人々が支持している社会規範を疑問視しているが、究極的には、それを覆そうとはしていない。結局、「グィネヴィアの擁護」は、かねてより存在していたままのしかるべき「女らしい」ふるまいに関する概念に、異議を唱えたというよりもかえってそれを確かなものにしている。モリスもまた、外界とふれることない家庭的な世界へグィネヴィアを幽閉し、夫と恋人の支配下に彼女を位置づけているのだ。

これまでたどってきたように、ヴィクトリア朝の作家によるアーサー王伝説の女性登場人物の扱いが暗示するのは、イギリス社会において、ジェンダーによって境界線が引かれた結果、二つに分離した男女の領域に生じてきている動揺である。エレイン、ヴィヴィアン、グィネヴィアは皆、女性にふさわしい家庭という領域におさまることを望まれ、そこを拠点として国の道徳的美徳を守る義務を一任されていた。しかもこの義務は、果たされなかった場合の非難および懲罰と一体の関係にある。互いに別のものとして存在し、階層性をとっているこうした男女の役割の裏には、しかしながら、重要な――表に位置する男女の役割としばしば矛盾する――サブカルチャーが存在している。主流となっている文化に比べれば、時代を支配する力の上でも独自性の上でも劣るのは事実だが、このサブカルチャーは、家父長制度に基づく価値観が、同時代のイギリス社会に生きる女性の地位に対し、疑問をさしはさむ余地すら与えない絶大な影響力を押し付ける事態が起こることを阻んでいる。

サブカルチャーたるもの、人目にそうそう触れるものではないが、ロビン・フッド伝説の文学上の扱いにおいては、比較的はっきりとその存在が認められ、さらに主要女性登場人物マリアンの姿を借りて、具現化さえされている。マリアンは、アーサー王伝説の主要女性登場人物とは大きく異なる女性である。彼女は、仲間たちに混じってロビン・フッドの国を維持する役割までも担う、行動的で自信にあふれ、攻撃的でさえあるヒロインである。そして彼女のふるまいは、「女らしい」ふるまいとは似ても似つかないものであったにもかかわらず、一度もヴィクトリア朝の作家の非難にさらされることがなかった。むしろ逆に、十九世紀の大半を通じて、寛大に、というだけでは不十分で、むしろ大きな賞賛を受けながら扱われていた。常に肯定的だった彼女に対する評価に変化の兆しが見えたのは、十九世紀もあと一〇年を残すばかりになった時である。この時点ではじめてマリアンは、ジェンダーが決定する役割に大々的に挑んだ「新しい女性」を敵に回してしかけられた、攻撃の矢面に立たされたのだった。

「このお方は本当に女性なのだろうか」

●マリアン

「歴史上であれ、伝説上であれ、ヒーローは皆、危険の中にあって勇気を奮い立たせ、常に女神として崇拝される〈恋人〉を持たなければならない。その証拠に、ロビン・フッドが森にすみかを定める際に、マリアンという名（本名なのか何かから借りた名なのかは不明）の愛する女性を伴ったということは、言い伝えの中にしっかり示されている」[38]――ウィリアム・ジョン・トムズは『初期散文ロマンス集』（一八二八年）の序文でこのように述べている。しかしながら、マリアンは型にはまったロマンティックなヒロインとはいちじるしく異なっている。ロマンティックなヒロインどころか、十九世紀の作家が描いたマリアンは、「しかるべき」女らしいふるまいという概念の支配をことごとくはねつける女性である。彼女は、弓も剣も見事に使いこなし、取っ組みあいのたたかいでは、ロビン・フッドさえ負かしている。

また、ロビン・フッドの作った森の共和国の支配の中枢においては、彼の仲間たちと同等に問題を論じたり意見を交わしながら、指導的役割も担っている。

登場するなりマリアンは、ヴィクトリア朝が模範と仰ぐ女らしい品の良さとはかけ離れた、大胆かつ奔放なセクシュアリティーを体現している。十五、六世紀、彼女は五月祭の場面ではじめて伝説に姿を見せた。この祭りは、表向きこそ聖フィリップと聖ジェイムズにちなんだ宗教的な祝日であるが、実は、聖人たちへの尊敬の念など、俗世間の行動が招く混乱にひとたまりもなく飲み込まれてしまうのが常である。厳粛な宗教儀式というよりも、性的に解放的な雰囲気を至るところに漂わす、古代の豊穣祈願の祭りの方に近い(39)。こういった背景を考えれば、最初からマリアンとロビン・フッドがためらいなく身体の関係を持っていたことは納得がいく。みだらで人目をはばからない二人の行動は、まったくの無礼講で浮かれ騒ぎが繰り広げられる五月祭の精神にかなっている。

イギリスの大衆文化が、後の十九世紀においてロビン・フッド伝説の解釈に取り組んだ者たちに残したのは、この優雅というにはほど遠いヒロインのイメージであった。予想に反して彼らは、マリアンの溢れんばかりの色気と自由奔放さを時代に合わせて抑圧する行動にはでなかった。それどころか、色気と奔放さを強調もすれば、いっそう派手に書き立てたりもしたのだった。トマス・ラブ・ピーコックは、一八二二年出版の小説『メイド・マリアン』において、マリアンを徹底して官能的で快楽志向の女性として描いている。そして、彼女の性的なバイタリティーを、事実上、男性を敵に回しても負けることのない心身にみなぎる力にいたるまで行き渡らせている。ピーコックの目には、マリアンの何もかもが、生気と活気を帯びているかに見えたのだった。マリアンは、尽きることのないエネルギーを持っているのだが、それは、弓を手にしたときの勇ましさにうかがわれる身体的な頑丈さだけでなく、強固な意志を押さえつけようとするすべてをつっぱねる精神的な強靭さにもはっきりと表われている。父親のフィッツウォーター男爵に狩りへ出かけることを止められた彼女――ここではファーストネームの「マチルダ」で登場している――は、なんとしてでも自分のしたいことをやり遂げてみせるのだ、という強い決意を男爵に表明している。


「お父様、私は森に行かなくてはなりません」

「行かなければならないだと？　許さん」

「いえ、出かけてまいります」

「では跳ね橋を上げてしまおう」

「堀を泳ぎます」

「門を閉じることにする」

「胸壁から跳び下りますわ」

「上の小部屋に閉じ込めておこう」

「それならばタペストリーを引き裂き、それにつかまって下へ降ります」

「小さな塔に閉じ込めよう。小窓からの光しか目に入らないような」

「その小窓から飛ぶことにいたしましょう。ワシの雛が巣からはばたくように。お父様、申し上げますが、好きなように行かせていただけましたら素直に戻ってまいりましょう。しかし、ひとたび小窓から外へはばたいてしまいますと……(40)」

身体的な戦闘力について言えば、マリアンは国王を敵にまわして引けを取らない。どこにでもいる騎士風情に身をやつしたリチャード一世が、シャーウッドの森に入っていったときのことである。王は、一本の木にもたれかかった「見目麗しき若いならず者」に偶然出くわす。するとそのならず者は、王に向かい、「おれ様の」主人を表敬訪問するようせまってきた。王は聞きいれず、たちまち大立ち回りが始まった。そのあらそいにおいて「騎士（王）は力の面でもわざの面でも並外れてすばらしかった。片や森の住人は、力の上では劣っていたもののわざではひけをとらず、敵までもがおおいに賞賛するほど見事に武器をあやつった」。と、突然、タック修道士が現われ、「われわれの女王」に乱暴をはたらく理由を王にきつく問いただした。相手が女性だと知り、ひどく驚いた王は、「このお方は本当に女性なのだろうか。これほど長く、私と組みあっていた男はいまだかつていない」(41)と言うのだった。

ピーコックが描いたマリアンは、イギリス社会における女性の地位に対する彼の広い見識をうかがわせる。当時、女性は、行動力と思考力を備えた存在としてよりも、なんでも言いなりになる性的対象として一般にみられていた。これに納得のゆかないピーコックは、友人のパーシー・シェリーと同様、この評価を厳しく非難する側に立っていた。メアリ・ウルストンクラフトの『女性の権利の擁護』を読んでからというもの、ピーコックは、さしたる根拠もないまま習慣的に低い評価を下されている女性の知性を擁護しなければならないと固く信じるようになった。現代の批評家の一人によると、ピーコックの作品は「フェミニストの意識」が「深く浸透している」という。事実、ほぼ例外なく、ピーコックの小説に登場する女性は、知性が高く自立している。『メイド・マリアン』は格好の実例である。男性の権威によって押さえつけられることを拒んだマリアンは、かねてより立ちはだかっているジェンダーの壁を超えることに成功する。そしてピーコックが思い描くとおりの選択の自由——服従と家庭らしさを強要する社会の枷が外れたあかつきに、やっと女性が手にすることを許される権利——を、謳歌している[42]。

しかし、女性の権利が絡む問題についてのピーコックが唱える自由主義には限界がある。よって、「フェミニスト」として彼を言う場合、現代の意味における「フェミニスト」とは区別して考えることが求められる。事実、多くの点で、ピーコックのマリアンは、正真正銘のフェミニスト・ヒロインとは認めがたい。むしろ「自然を愛する自由な少女」と大差ないのが現実である。じっさい、ピーコックは、読者に向かって、型破りなのは外見だけである、と請け合っている。すなわち、マリアンは「がみがみ女でもお転婆娘でもない。また、肉汁を飾り襟にこぼされてしまったからといって、給仕係の頭をたたくようなはしたない行為にでるとはとうてい考えられない女性である。彼女には女性らしいたしなみや節度をもってみずからを抑える力といった美点が備わっているのであり、彼女が男っぽい行動をとるのは、それがいわば好都合だからそうして見せている、というだけの話であり、彼女自身のためには、それが女性らしさの一部として役立つということなのである[43]」。

持ち前の女らしさはそのままで、行動力にあふれ、自信に満ちたヒロイン——ピーコックはマリアンをこう特徴づけたが、このマリアン像は、ヴィクトリア朝文学に広く浸透した。たとえば、ピアス・イーガンのひじょうによく知られている小説『ロビン・フッドとリトル・ジョン』(一八四〇年)では、ヴィクトリア朝の「女らしい」ふるまいの概念と「男らしい」ふるまいの概念との間で取るべき態度を決めかねているマリアンが登場している。最初の方の場面で、マリアンは運悪く代官の手下の一人と鉢合わせし、リトル・ジョンが助けてくれるのを待たなければならない状況に追いやられたとき、気を失っている。が、このいかにも女のか弱さをみせつけるような反応とは裏腹に、後の場面では、ノルマンの騎士が襲いかかろうとした時に、彼のベルトから短剣を抜き取り、ロビン・フッドが到着するまで彼を寄せ付けないという男顔負けの果敢な行動をとっている。「女らしさ」「男らしさ」に関するヴィクトリア朝の概念は、小説『メイド・マリアン――森の女王』（一八四九年）で、マリアンの身体つきを描写する時のＪ・Ｈ・ストッケラーにも、似たような歯切れの悪さを与えている。

緑の上着、黄褐色のブーツ、ぴったりした長靴下――ゆったりとしたフェルトの帽子、鷲の羽からとった帽子の飾り――角笛、杖、狩猟用ナイフは男性、それも無法者の森林の漂泊者であることを物語っている。が、顔立ち、しなやかな手足、小さな頭をもたせかけた手にかぶさる豊かな巻き毛は、横たわったその姿が間違いなく女性の姿であることを示していた。(44)

十九世紀前半、このようにイギリスの作家は、女らしいふるまいに課せられる拘束から、ある程度マリアンを解放した。が、その一方で、表立たないところでは、本質的な女らしさがマリアンから失われてしまわないよう、細心の注意を払っていた。

女らしさをしっかり残しながらも男勝りなマリアン像は、お手の物であるアーチェリーをたしなむ女性たちの鑑として果たしている役割と結びつく。十八世紀末から十九世紀、上・中流の女性会員を温かく迎え入れるアーチェリークラブがイギリス中で急速にその数を増やしていった。一八二八年、ピアス・イーガンは、「アーチェリーは女性にも男性とわけ隔てなく門戸が開かれている。この三〇年というもの、多くの高貴な女性の間で高い人気を誇り、女らしさが欠けていると白い目で見られずに楽しめる、唯一の屋外で行なわれる気晴らし」と述べている。そしてイーガンの言葉にしたがわず、アーチェリーは、力がいるわけでもなければ「女らしさ」とは縁遠い服装をする必要もないという理由で女性に受け入れられた。アーチェリーに興じる女性たちの姿は、現実に、彼女たちが選んだ気晴らしがいかに女性にふさわしいかを強調している。一八二九年、『若い女性のための、品のある気晴らし、スポーツ、娯楽……に関する解説書』は次のように記している――「腕に覚えのある女性が弓を引くときの姿は、このうえなく優雅である。あらゆる動作と構えは、一瞬のうちにバランスのとれた力を四肢にみなぎらせ、立ちふるまいのすべてに気品を漂わせる」。概して男性はこういった意見を信じこむ。つぎは一八五〇年代にこのスポーツのガイドブックを書いた、アーチェリー・チャンピオンのホレス・A・フォードの見解である。

麗しきマリアン、そしてまだそう呼ぶには早いとはいえ、いずれはマリアンとなる皆様に、アーチェリーの大きな魅力を申し上げたく思います。女性の方々には、そもそも屋外で行なうスポーツがないに等しく、筋肉を動かすスポーツにいたってはひとつもその存在がみられません（乗馬は例外かもしれませんが、これはあくまでも限られた人々のスポーツです）。歩いたり、買い物をしているので心配ご無用、などとおっしゃってはなりません。まして、ダンスホールでいくら踊ったところで多寡が知れています。しかしアーチェリーは違います。アーチェリーなら、大手を振ってスポーツをしたことになるのです。アーチェリーが流行すれば、結核や肺気胸が目に見えて減ってくることでしょう。アーチェリーは、女性の方々の希望をすべてかなえるスポーツです。誰にでも楽しめますし、いかなる差別もありません。また特別激しいスポーツというわけでもありません。心と身体にそなわる力を適度にそして健康的に鍛えていきますが、負担になることはなく、頬がバラ色に染まり、気持ちが軽くなることでしょう。その上、もっとも優美で品のあるスポーツでもあります……さて、これ以上言葉を重ねる必要があるでしょうか？　もう十分おわかりいただけたのではないでしょうか。考えれば考えるほど、アーチェリーを楽しんでみようと皆様の心が動くと信じています。

マリアンと、女性のアーチェリー・ブームとの関連性が明らかにするのは、彼女にみなぎる活力が、必ずしも、たとえば取っ組みあいの場面にうかがわれるような、確立したジェンダーにもとづく差別に攻撃を加えるだけの役目をもっているのではない、ということである。十九世紀、スポーツをする女性は、自己表現が可能な新しい社会の空間を開拓した。ところが、彼女たちの自己表現は、女性にとって望ましい方向に向かうものばかりではなかった。皮肉にも、女性の行動に対する制約を取り払うどころか、かえって厳しくさせてしまう事態もしばしば起こった。[45]

登場人物としての性格づけを行なう際、活動的な面を強調するあまり、「女らしさ」を犠牲にしないよう細心の注意が払われていたマリアンであるが、十九世紀が進むにつれ、伝統的に「男性らしい」と見なされている行動様式の方に、いっそう強く結びつけられるようになっていった。ジョン・B・マーシュ作、子供向けの小説『ロビン・フッドの生涯と冒険』は、「とてつもなく大きな雄ジカ」の激しい攻撃からマリアンがロビン・フッドとウィル・スカーレットを助け出した話を持ち出すことで、弓を手にしたマリアンの見事な腕前を指摘している。

頭を突き出し、加速度をつけてシカが突進してくるなりマリアンは弓を高々と掲げ、そのわき腹を射た。美しいシカはもんどりうって地面に倒れ、息絶えた。

「すばらしい！」親しみを込めてロビンは叫んだ。

「ブラボー！」と、シカが倒れるのを見ていたウィルは、逃げていた場所から大声を上げた。「でかした、マリアン！　女の君が射た矢が二つの命を救ったんだ」


同様に、シリーズ物の『リトル・ジョンとウィル・スカーレット』（一八六五年）においては、ノルマン人の敵と戦っている最中に足を滑らせ転落し、命の危険にさらされているロビン・フッドを、またもやマリアンが助け出している。他にも、ボークラーク伯がまさにロビン・フッドを殺そうとしたとき、マリアンの射た矢のうちの一本が命中し、彼の手から短剣をたたき落としている。(46) この種のエピソードに表われるマリアンの腕の確かさは、すべて狩猟や戦いの真っ只中で発揮されている。お上品ないでたちの女性たちが、カントリーハウスの芝生に置かれた的を器用に射るのとはわけが違う。

マリアンの行為が示す伝統的なジェンダーにもとづく男女の役割の逆転は、男性、女性の逆転というまさにそのものずばりの形式で表現されることがある。多数の十九世紀の作品に取り上げられている、マリアンの男装場面がその実例である。マーシュ作『ロビン・フッドの生涯と冒険』の中で、マリアンは若者の服をまとい、アーチェリーのコンテストでロビン・フッドをあと一歩で負かすところまでいった。ほぼ互角に戦った見知らぬ対戦相手と握手を交わすまぎわまで、その好敵手が誰であるかわからなかったロビン・フッドは、「びっくり仰天して」マリアンの名前を叫んでいる。一八六〇年に出版された一冊の児童書において、その著者は次のように記している。

〔マリアンは〕少年のような服を身に着け、ロビンを探しに一人、森へと入って行った。が、やっとのことで探しあてたロビンは、少年の身なりで剣を手にした人物がマリアンだとは気づかなかった。マリアンは最初、正体を明かさず、ロビンに攻撃をしかけたところ、ただちにロビンに剣を叩き落とされてしまった。と、その時、さっと脱いだ帽子から輝く髪があらわれ、肩にかかった。その姿を見るなり、ロビンはマリアンだとわかった(47)。

同時代の演劇界に目を移すと、ジェンダーの境界が怪しくなってきたことに乗じ、ロビン・フッド伝説の全登場人物を女優に演じさせた劇作家が登場してきた。最も古い例は、ロビン・フッド、リトル・ジョン、森の仲間たちを女性が演じたJ・H・ストッケラー作『ロビン・フッドと獅子心王リチャード』(一八四六年)にまでさかのぼる。四年後には、ロンドンのヘイマーケットに位置するシアターロイアルで上演されたバラ兄弟の『最後のアイヴァンホー』において、「フィッツウィリアム夫人」がロビン・フッド役を勤めている。女優のみで行なう劇もあり、サー・フランシス・カウリー・バーナンド作『ロビン・フッド――森の住人の運命』(一八六二年)、F・R・グデュア作『昔々の話――メリー・シャーウッドにおける真夏の夜の夢』(一八六八年)、ロバート・リース作『リトル・ロビン・フッド』(一八八二年)、ジョージ・ソーンとF・グローヴ・パーマー作『ロビン・フッドとリトル・ジョン――ハーレキン・タック修道士とシャーウッドの森の陽気な仲間』(一八八二年)、オーガスタス・ヘンリー・フロソップ・ハリス作『森の赤ん坊――ロビン・フッドと森の仲間たち、そして駒鳥を殺したハーレキン』(一八八八年)、ホレス・レナード作『森の赤ん坊と勇敢なロビン・フッド』(一八九二年)がその例に該当する。

はたして男装は、女性にぴったりと身体にあった男性用の服を着せ、大多数を占める男性客を喜ばせようという、あざとい狙いにまさる重要性を持っていたのだろうか？　あるいは、別の問い方をすれば、劇作家や女優の側に、男女を逆転させようという明確な意図でもあったのだろうか？　十九世紀後半のヴィクトリア朝演劇においてジェンダーの転換が持つ意味は、少なからぬ学問的論争を引き起こしている。たしかに、興行主は、男性客の目を喜ばそうと、男装した女優たちをしばしば舞台に上げていた。しかしそうかと言って、既成のジェンダーにもとづく分類に真っ向から立ち向かおうとしている意気ごみが明らかな個々の事例が見つけられない、というわけではない。また、あらたな動きとして、次第に、男装した女優が、男性客よりも女性客の人気を集め始める現象も起こってきた。ひいきする客層にみられるこの変化は、口にこそ出されないものの、女性同士には、抑圧を受けている者だけに相通じる感情の流れがあることを暗示している。(48)

一八九〇年代を迎えるまでに、マリアンは、ヴィクトリア朝のジェンダー観が作りだした典型的なヒロイン像に重ならないヒロインとしての地位をしっかりと築いていた。アーサー王伝説の女性登場人物を利用して、ここで言う典型的なヒロイン像の輪郭をいっそうはっきりさせたテニソンでさえ、マリアンを新しいタイプのヒロインとして認めている。その証拠に、劇『森の人々』（一八九二年）において、テニソンは父親に向かってマリアンにこう言わせている――「刺繡しか能がなく、男性に付き添われてでないと鷹狩りにもいけない、そんななよなよしたノルマン人の娘なんかじゃないわ」。同じくJ・E・マドックの『マリアンとロビン・フッド』（一八九二年）のマリアンは、女性のふるまいを定めた伝統的な基準に異論を唱えている。

彼女は何の恐れもなく……一人で森の中へ入っていった。が、……もしほんのすこしでも立ち止まって考えたなら、彼女はみずから進んで、自分に対する風当たりが強くなる行動をとっていることにいやでも気づいたことだろう。友人や近所の人々は、彼女の行動が、あまりにも大胆で、奥ゆかしさがまったくないことを言い立てたりはしないだろうか？　しかし、彼女は立ち止まることはなかった……村人が何と言おうが、そんなことはどうでもよかった。

のちに、ロビン・フッドが執政長官の手下によって捕らわれた時、マリアンは「愛する人の命が危険にさらされている間、泣き言を言ったり涙を流したりはしない(49)」ことを決意した。そのかわり、彼女は彼を救うことを心に誓い、ノッティンガムへと乗り込んでいった。そしてノッティンガムの地で、独房へ出入りできる托鉢僧を説き伏せ、脱出に使う剣をロビン・フッドに渡してもらうのだった。

十九世紀後期の文学におけるマリアンの扱いを、その実例を挙げながら概観してきたが、これらは実のところ、氷山の一角にすぎない。マリアンのように自信に満ちた行動をとり、また男性にみせかけて変装する人物が登場する作品の例は、まだまだいくつもある。しかし問題は数の多さにあるのではなく、こういった登場人物を生み出した作家たちが、誰一人として、同時代の基準に照らすならば、およそ女らしくないと考えられる彼女たちの行動を、いっさい非難していないどころか、好意的に描いているという点にある。この事実は、ヴィクトリア時代におけるジェンダーたるものの概念が、通例考えられているほど硬直したものではなかったかもしれない、という可能性を示唆している。とはいえ、それは当時の作家たちがフェミニストの考え方を支持している、ということを示唆するものではない。十九世紀全体を通して、男女が社会的にも政治的にも完全に平等だと心から信じている人の数は、極端に少なかった。しかし、同時代のさまざまな文学が、マリアンに備わっている能力――伝統的なジェンダーに決定される男女の役割にとらわれず逞しく生き抜く力——をどのように描いてきたかに注目すると、公の世界での出来事に女性が関与することが、必ずしも冷ややかな視線をあびせられるばかりとは限らないことがわかる。

マリアンを、こういった彼女と社会との関わり合いという観点から見る試みは、長い伝統を持つイギリス文化にうまく溶け込んでいる彼女の姿を浮き彫りにする。家庭の領域内に身を置くことが広く望まれていたにもかかわらず、家庭から飛び出して公の世界を相手に、目を見張るばかりの働きをした女性は、現実に少数ながらも存在していた。そこにマリアンの面影をみることができる。また、アントニア・フレイザーはいわゆる「戦士たる女王」——彼女の言葉を使って説明すると「一瞬にして、他では味わえない熱い興奮と、恐れさえも人々に与え（これはごく普通の男性にはまったく力が及ばない行為であるが）、一世を風靡する女性政治家」——のリストを作成した。そのリストには、ボーディシア、エリザベス一世、そしてマーガレット・サッチャーまでもが名を連ねている。(50) マリアンは、慣例的意味における政治的な指導者ではもちろんないが、フレイザーがこれら女性政治家たちの中に敏感に感じとった「戦士たる女王」の特質は、紛れもなく彼女にも備わっている。

しかし、十九世紀末になると、この女の英雄（フェミニスト・ヒロインである可能性もある）としてのマリアンの地位そのものが、彼女の性格をどう位置づけるかに新たな変化を生じさせ始めた。その変化とは具体的に、男性の領域に踏み込んだマリアンが、一八九〇年代の大衆ジャーナリズムに物笑いにされていた、俗に言う「新しい女性」と関連づけられたことを指す。「新しい女性」という呼び名は、信念にもとづいて独身を貫き、男っぽい身なりとショートカットが好みで、ちゃらちゃらした女性のファッションからは距離をおいている、ある特定のタイプに分類される中流階級の若い女性を言うのに使われた。前の世代にとってはまったく無縁だったある水準までの教育を受けたその類の女性は、「進歩的な」本を読みふけった。金銭に関しては、みずから生活費を稼ぐので夫に頼ることもなければ父親のすねをかじる必要も皆無だった。余暇の過ごし方もまた彼女たちの進歩的な物の考え方に一致し、タバコを吸ったり、自転車を走らせたりもその中にはいっていることであろう。乱暴な言葉遣いも平気ならば、誰にも手をさしのべてもらうことなくさっさと乗り合いバスに乗ることもまったく気にする風情はなかった。一般的に、「新しい女性」は、男性からの解放と性差別の撤廃を求めている。彼女たちが、女らしさとは何であるかに関するあらゆる因習と通念を覆すために着々と行動を進めているのは、この目的を果たすためなのである。(51)

新しい女性は、後期ヴィクトリア朝の進歩が遅れているもろもろの領域からかなりの反発を買った。ジャーナリズムは彼女たちを笑いの種にし、刈り上げ頭に男物の服を着込んだ姿が、風刺画家の手によって描かれた。男性の領域に踏みこんだマリアンの向こう見ずな行動は、しばしば新しい女性の行動と同一視され、その結果、マリアンもまた、新しい女性同様、風刺の餌食にされた。たとえば、ロバート・リースのバーレスク『リトル・ロビン・フッド』において、マリアンのお転婆ぶりはすっかり茶化されている。

マリアン　古きよき時代。(人々はそれを台無しにするかもしれないが)
　　　　　少女たちがたくさんましく、力の使い方を知っていた日々。
ロビン　　気の強い女はふつう、嫌われるものだ!
　　　　　おやおや、君は単純なんだね、お嬢さん。でもなかなかい・か・す　ってことは認めるよ！

続いて、金持ち風情のよそ者がシャーウッドの森を通り抜けているとき、マリアンは、自分ひとりで彼を懲らしめてやろうと意気まいた。

タック修道士　誰が彼をこらしめることにする？　上背はそんなにない相手だが。
マリアン　私が痛い目にあわせてくるわ。みんな、下がってちょうだい！
ジョンのスパイの一人よ。ぜったい。
剣で勝負をつけてきましょ。ぎゃふんと言わせてやる。(52)

こういった描写に登場するマリアンは、確かに風刺を受けているが、やはりこのマリアン像も、十九世紀後期のジェンダーが決める役割の持つ複雑さを明らかにしていることに変わりはない。ヴィヴィアン・マシューズとアリック・マンリー作のバーレスク『リトル・レッド・ロビン』（一九〇〇年）の中で、新しい女性の声を代表しているのはマリアンというよりむしろ「ロビン・フッド一党の副官」たるウォッフル夫人である。

姉妹よ、勇気をお出しなさい。その日はもう近いのです。
私たちがこの国土のいたるところで立ち上がれる日が。
しかし、完全な勝利をおさめたと考えてはなりません。

私たちを正当な根拠なく支配していた者たちを、足元にひれ伏させるまでは。
その日が来たら、その日が来たら、歌いましょう。心からの喜びと共に。
自由の歌を。(パートごとに歌いましょう。)
解放のしるしの鍵を携え、自転車に乗り、
タバコをふかし、いつまでも若さを失わず――そう、望みどおりにいたしましょう。

新しい女性を揶揄する意図がありありとうかがわれる描写である。だが、別の箇所に目を転じると、ウォッフル夫人の辛辣な言葉を風刺の対象に据える意思はそれほど露骨ではなくなっている。

このように、私は信じるところを包み隠さず申します。
あらゆる生き物の中で、女性が主であることを。
私はこう思うのです。自然の元来の計画において
女性は男性に支配されるように意図されていなかったと。
もちろん、私は認めます。
男性は腕っぷしでは女性にまさっているかもしれませんが、
精神に関わるすべての賜物の中では
女性よりもはるかに劣っています!

この一節は、同時代の女権支持者の考え方を他のどの例よりもいっそう明確に表わしている。実際に

目を通してみると、マンリーとマシューズが女権支持者たちをまともにとりあってはいないにしても、彼らの主張に対して何の反応も起こしていないとはどうしても考え難い。事実、「いかなるものの奴隷にもなりません」という終結部におけるウォッフル夫人の宣言は、広く知られるジェイムズ・トムソン作詞の愛国的な歌『英国よ、統治せよ』の一部、「英国人たるもの　なるまじきものは　奴隷の身」から採られており、ここにフェミニストの主張と伝統的な愛国精神との結びつきが提示されている。こういった結びつきをゆるぎないものにするのは、国のために戦いたいとはやる気持ちを抑えかねているマリアンの姿である。愛国心を鼓舞する大合唱を耳に、彼女は男性ばかりの十字軍へ加わっていく。

イギリスのラッパが高らかに響くところはどこでも、敗北が不信人者を待ち受ける。
イングランドの旗がはためくところではどこでも、奴隷にとって自由な生活がある。
彼らの心は希望の光があふれ、喜んで耳を傾けるであろう、
栄光の道を歩んできたイギリス人の足音を聞くために！(53)

堂々たる好戦的愛国精神の高まりを反映する大合唱の中にこだまする彼女の声は、ひときわ高らかに響いている。マリアンは怖気づくどころか、完全に独立したひとりの愛国者としてその場にいる。そして、仲間の男性と共に国を守る、めざましい働きをしようと固く心に誓っているのである。

さて、これまで論じてきたように、十九世紀におけるアーサー王伝説とロビン・フッド伝説の女性登場人物の扱いが示すのは、国事に積極的に関与したいと願う当時のイギリス人女性の要求が引き起こした社会のさまざまな反応である。アーサー王伝説の女性たちは、昔ながらのジェンダーにもとづく役割

を踏襲しようとする作家たちからの厳しい攻撃にあっている。公の世界に足を踏み入れようと試みたエレイン、ヴィヴィアン、グィネヴィアを待っていたのは、否定的でありかつ反動的な反応にほかならない。しかし、作家たちの冷ややかな対応は、それまで彼らが胸に隠していた大きな恐れをかえって表立たせる結果を招いてしまった。彼らの抱いていた恐れは、女性に「ふさわしい」ふるまいを提唱するヴィクトリア朝の体面に、実は亀裂が何本もはしっていることを暗示している。さらにもう一方の伝説の主人公、マリアンの扱いに至っては、その亀裂がただ事実として認められるだけでなく、身を置く世界によっては好ましいものとして肯定的に受け入れられていることを示している。伝統的な「女性」として見なされようのない特徴をさんざん見せつけているにもかかわらず、マリアンは、少なくとも二十世紀を目前にするまで、「けしからぬ女性」として咎められることはなかった。いや、咎められるどころか、逆に、かねてからの破壊力を秘めた性質をそのままに、ロビン・フッドの森の共和国における支配の中枢で、いきいきとリーダーシップをとり続けていた。

第六章

「なぜわれらは異国の地を足しげく訪れねばならないのか」

●アーサー王、ロビン・フッド伝説と英国の帝国主義

アーサー王ならびにロビン・フッドの故事にまつわる地名はほぼ英国全土に散在しているが、地域によっては伝統的にほかの場所よりさらに密接なつながりを有しているところもある。アーサー王伝説の場合は主として南西部、とりわけ、あのドラマチックな断崖の多いコーンウォールの北海岸にそれが集中している。一方、ロビン・フッドは、これとはがらりと変わった風景、つまり、ノッティンガムシャーや南部ヨークシャーの奥深い森と連想が結ばれる(1)。

この対照的な両地域のイメージは、じつは、英国が思い描く二つの競い合う国家像の根深い対立を反映している。一方で、英国は幾世紀にもわたって帝国の発展、領土の拡大を志向してきたわけだが、他方では、海外からの影響には国の堕落につながる危険があるとして、孤立した島国のイメージを大事にするという風潮もあった。前者の国家像はどこよりもアーサー王のコーンウォールに、つまりどんな場所も海から二〇マイルと離れていないこの地方にふさわしい意識であるし、一方、ロビン・フッドのシ

ャーウッドの森がもつ薄暗い深奥こそは、後者の島嶼性につながる心情を象徴しているといえる。海か、はたまた森か、大帝国か、それとも鎖国か、拡張するか、孤立を守るか、これは英国における積年の議論であって、十九世紀には、アーサー王とロビン・フッドがそれぞれ反対の立場からこの議論にもろに巻きこまれることになる。

「海を統治すべき王国」
●アーサー王伝説とコーンウォール

十九世の大英帝国において、アーサー王と最も密接な結びつきを誇っていたのはその西部地方、わけてもコーンウォール地方である。以前は必ずしもこうではなく、よそにも伝説とつながりをもつ場所があった。たとえば、昨今ではアーサー王との関係が語られることはめったにないが、イングランドとスコットランドの国境などは、かつてはこの伝説に強力に関与していたものだ。もとより、ウェールズとの近親性はさらに歴史が古く中世初期にまでさかのぼる。十九世紀においても、この後者二つの地域は行楽地として旅行者の人気を集めてはいたが、しかし、旅行者はより美しい自然の風景を求めた。その結果、十九世紀の観光業は、アーサー王と結びついた形では、この両地域に発展することはなかった。アーサー王ゆかりの地があるといっても、それは観光の目玉ではなく、せいぜい添え物であった。

十九世紀末までに、アーサー王の偉業が行なわれた地として人気の観光地として定着したのは、やはり、英国の西南部だった。人々の期待は十分に満たされた。古物収集家ロバート・ハントが一八六五年に語ったように、そこへ行けば、「アーサー王の寝台、椅子、洞窟」といったものに「ひんぱんに出会える」からであった。(2) コーンウォールはアーサー王の生誕の地とされるティンタジェル岬の城跡を、またそこで没したとされるキャメルフォード、その他多くの伝説ゆかりの地を訪れることができた。サー・エドワード・ストレイチーによれば、

丘の中腹からはいまもアーサーの泉が湧き出している。たとえ、眼下に、アーサーが狩猟の行き帰りに通ったはずの堤道や、円卓や、また宮殿は、昔のままには見えないとしても、案内するこの土地の田舎娘は、ほら、よく目を凝らせば、輝く門の向こうに、立派な騎士たちに囲まれて宮殿の真ん中に座っておられるアーサー王がごらんになれるわ、と旅行客に教えてやれるのだった。(3)

十九世紀半ばまでは、しかし、このコーンウォールもまだアーサー王との親密な関係を活用できてはいなかった。交通手段がまだ整備されておらず、大勢の観光客を呼び集めることが難しかったせいである。結果として、訪れるのはアーサー王伝説にかかわるはっきり目的をもった者だけだった。古物収集家のフォーテスキュー・ヒッチンズはそうした探訪者の一人で、一八一八年にこう記している。「コーンウォールでは、〔アーサーの〕生まれた城、その寝台、客をもてなしたホール、教会への行きかえりに通った道、狩をした野原、彼の馬の蹄の跡、そして、アーサーが楽しんだという巨大な輪投げゲームの遺跡を見ることができる」。しかし、アーサー王伝説を目当てに、ほんとうに観光客が大挙して押し寄せるようになったのは、十九世紀もしまいの何十年かである。急行列車が西部へ通うようになり、鉄道会社、特にグレートウェスタン鉄道が、そうした旅行に特別有利な運賃を提供した。J・カミング・ウォルターズはその著書『アーサー王の失われし国』(一九〇九年)でこう書いている。「ロマンス物語が

みずからのために選んだ土地——そこでは、川の浅瀬も、橋も、丘や岩までもアーサー王ゆかりの名で呼ばれ、いにしえからの伝承として王の偉業と結びつけられている——その土地を訪れることが、鉄道という、つい一〇年かそこら前まではこの荒地が知るよしもなかった手段の発達で、年ごとに容易になっている(4)」。

アーサー王観光の発達を最も印象的に実証したとなれば、単一の場所としては、ティンタジェル城をおいてほかにはない。幅がわずか四フィートの岩の小途で海岸につながっているばかりの孤絶した岬の突端にたてば、無気味なまでに荒涼としたティンタジェルの廃墟は、アーサー王の生まれた最果ての地としてその神秘性に不足はない。これが十九世紀初頭ならば、ここを訪れようとすれば、引き潮時を狙って、岩をよじ登るような危険な道しかなかったのである。事実上無理ということで、したがって、探訪者もまずいなかったわけだが、一八五一年にR・B・キンズマン師がこの城跡の管理を引き受けるにおよんで、ついに、ティンタジェルは観光地として蘇生したのだった。キンズマンは地元の牧師で、この先四〇年にわたって城の世話をすることになるが、この人の手で岬の突端への小途が整備され、廃墟自体にも大々的な補修が施された。仕上げは大昔の城代の仕事を復活させたことで、彼自身が真紅と金色のみごとなローブをまとい、ご満悦の体で観光客を案内してまわったのである。

すぐに観光客が増え始めた。一八六五年に徒歩ツアーに参加したウォルター・ホワイトはキング・アーサー・アームズというパブが新規開店したのに気づいた。彼の見るところ、「もうすこしくだけた雰囲気もほしい」という観光客の内心の希望を映したものだった。これを追うように、広壮なキング・アーサー・ホテルが廃墟のまぢかに建設された。内部はといえば、アーサー王伝説の有名な場面を題材にした壁画を飾り、円卓の模造品もしつらえた。一八九九年出版のガイドブックでフレデリック・アイザントは、「シーズンごとに……北コーンウォールへ急ぎ足の旅を繰り返す観光客」のことを書いている。「このような辺鄙な場所へ、はるばると遠方からの訪問客を引きつけるだけの、抗しがたい魅力」が、コーンウォールには疑いなくそなわっていることを、著者は疑っていない。「海岸の景色、外海の眺望」も「まちがいなく美しいのは確かとして……しかし、ティンタジェルへ押し寄せる旅行者の熱意をかきたてた真の魅力は、この壮大な岬にまつわる数々の詩的、歴史的連想にほかならない。目の前に広がる古代の城郭の名残が、大昔からの由緒ある伝承によってアーサー王その人の勇姿にしっかりと結びつくからである」(5)。十九世紀の終わりの数十年は、ティンタジェルが観光スポットとして脚光を浴びるのと並行して、コーンウォール全体がアーサー王伝説の小宇宙としてさまざまな催しで賑わった。何世紀ものあいだ地理的な隔絶のせいで不遇をかこってきたコーンウォールが、十九世紀の末にはおびただしい観光客を引き受けることになったのである。そして、観光業をてこにして、コーンウォールは「アーサー王の国」という称号をしっかりと手中に収めたのだった。

こうなると、ことの順番として、こんどはコーンウォールの地理的特性が、アーサー王伝説と海との緊密な関係を育むことになる。コーンウォールといえば、海とは切っても切れない縁があったからだ。この地理的印象が十九世紀におけるアーサー王伝説の解釈にも避けがたい影響を及ぼした。アルフレッド・テニソンも『王の牧歌』執筆にあたって、北コーンウォールで大掛かりな調査旅行を行なったくらいであるから、彼の構想のなかで、アーサー王伝説が海の風景と分かちがたく溶け合ったとしても不思議ではない。じっさい、『牧歌』の中では「海」という言葉が四四回も使われ、「波」の使用も一八回に及んでいる。この中でも最も印象深いのは、アーサー王とモルドレッドが対決する「西方の最終的な宿命の戦い」の舞台設定であろう。この戦いの場は「冬の海を臨む山中」である。

その日、その場所に、天空の偉大なる日輪は
季節のめぐりをへて、その最も低き位置に燃え、
荒れすさぶ海辺の、荒涼たる砂浜に、両者はあいまみえた。

海のイメージに対するテニソンの執心ぶりは、批評家たちも見逃していない。一八七八年、『牧歌』についてのエッセイを書いたヘンリー・エルスデイルは、テニソンの「海洋や波の描写力」を称賛している。(6)

とはいえ、数の多さだけでいえば、ヴィクトリア朝の詩人のなかでアーサー王と結びついた海のイメージを多用した王者はアルジャノン・チャールズ・スウィンバーンである。スウィンバーンの父親は英国海軍の提督だったが、おそらくはそういった家系ゆえに、スウィンバーンの詩に海のイメージが偏在しているのであろう。「海の塩のピリッとしたところが、生まれる前から私の血のなかには流れていた」と、あるところで書いているほどだ。『バーレンの物語』(一八九六年)では、バーレンがランスローと戦う場面に海のイメージがきわだつ。

海原に波と波とがぶつかり合い、
襲いかかる波が、受けとめる波の巨体を揺るがして
砕け散り、すさまじき海の咆哮が、
唸りをあげ、吠え狂い、泣き叫ぶ狼か猟犬のごとくに、
轟くのにも似て、

二頭の駿馬は、もろにぶつかり合い、
力をこめたランスローの槍は、バーレンの盾に
砕けとび、恐怖が、身のうちの希望に
もはやこれまでと、屈服を強いる。(7)

海のイメージがさらに豊かなのは、『ライオネスのトリストラム』(一八八二年)で、航海や嵐の情景をはじめ、海にまつわる隠喩が満ち満ちている。たとえばイズーの目は「深き海のごとき」光をたたえている、あるいは、「波のつくりなす精妙なエメラルド色」である。また、彼女の頰笑みは「洋上の海鳥の飛翔にも似て軽やかに／その真紅の唇にひらひらと打ちふるえる」などと形容されている。じっさい、この詩全編を通じて、イズーとその愛人トリストラムは二人とも海の情景から離れることがない。トリストラムがブルターニュのイズーと結婚する夜は、海は激しい嵐となって沸き立つ。われこそはトリストラムの真の恋人と自負するアイルランドのイズーの、その激情を反映しているのである。

そして、海は総力をあげて突撃し、
風は殺害されし者の叫び声のよう……
イズーの魂はくだけ散る波さながら、
彼女の胸は風のごとくに飢えている。

二人の過去のすべてが、泣き叫ぶ風に乗り、
未来のすべてが、大海原の轟きとなる。

この詩の結末で、恋人どうしの二人はライオネスに埋葬されるが、そこでは

生と死が、海の光、響き、暗黒となって
二人を支配する。(8)

アーサー王を扱った十九世紀のまた別の詩では、騎士たちが探求する聖杯から彼らを遠ざけるものとして海が描かれている。とはいえ、騎士たちは彼らの務めの前途を妨害する海を呪っているわけではない。むしろ、この海を称えているのである。作者不詳であるが、「アーサー王の騎士たち――聖杯伝説の冒険」(一八五九年)では、次のように聖杯探求を宣言してみせる。

この海を私は称えよう
月光にきらめき揺れる波を、風下に見て
暮れまぎれる水面を、われらの船が進みゆくいま。
おお、この海原こそは、移ろう地上の影法師にも動じない
妙なる天空を映すものではないか。
嬰児のように安息へと鎮まるときも、巨浪となって風に立ち騒ぐときも

海の波は、神々しいばかりの統一を守ってはいないか。
大地の暗い洞穴に、はたまた山野のくぼみに、
立ち迷っていた数知れぬ水滴が、
さらさらと流れる小川をつたい、渓流を駆け下って
いま、故郷の海へと立ち戻ったのであろうか——
地上のすべての変動が終息する、この故郷の海原へと。
成就しおえた生命の終の棲家、いにしえより続く広き海よ！

チャールズ・ブルースの「グィネヴィア妃と湖のラーンスロット」（一八六五年）にも同様の海への賛歌がある。これは、アーサー王とその配下の騎士たちが、領土を拡大せんとして、気概に燃えて大陸へと海を渡る場面である。

いざ、出帆！　総勢が海原へと乗り出す。
風をはらむ帆は、雪のように白く、
波は竜骨の下に、あわ立ち、
船乗りの呼び声は響きわたる。
「われらは汝を愛する、緑なす栄光の海よ。
奔放にして荒ぶる、古代よりの大地の母。
悲嘆にも、苦痛にも、もはや押しつぶされることない、

汝の、荒削りながらもたくましいその波の音をきいて、
ブリタニアの雄々しき息子らは、安んじてたゆたう(9)」

アーサー王とその騎士たちの心中の海への愛着をこうやって鮮明にすることで、右の著者たちは、英国を待ちうける輝かしい海洋の未来を暗示しているのであるし、また、英国国民は、このような古代の英雄の時代から一貫して海を往く国民であったことをも示したかったのである。現在を解釈するために過去を利用するというわけだ。J・コミンズ・カーはその詩劇『アーサー王』(一八九五年)で、アーサーの剣エクスカリバーが「海の底で鍛えられ」そして「波によって焼入れをされた」ことで、英国の海上制覇の力の源泉を授かっていると説く。「エクスカリバーを振るうに足る豪腕をもった、この戦士たる王は、やがて海を支配下に置く王国を統治するであろう」、カーはそう主張する。アーサーが湖の精霊からエクスカリバーを受けとる場面では、つぎのコーラスが流れる。

偉大なるペンドラゴンの、さらに偉大なるその息子、
アーサーよ、汝の一生が終わるその前に、
いまだそうなってはいない、この英国の
海辺から海辺までを、汝は支配するであろう。(10)

十九世紀のアーサー王文学が、このように海への言及を繰り返すのは、英国の国民性の形成に海がいかに重要性をもっていたかという観点から見ると、特に意義深い。一八七八年にロバート・ルイス・ス

ティーブンソンはこう書いている。「海はわが英国という要塞を守る塹壕であり土塁である。過去にも幾多の勝利を、また反対に危難を、われわれは海を舞台として経験してきた。いまや、抒情的歌曲のなかでも、この海をわれらが所有物と歌うのに慣れている。……もし、われわれが、海は英国なりと自負する先祖の驕慢さを見習わないとすれば、われわれは英国の家系に恥じることになると、考えてしかるべきである」。海に対するこの所有権意識は、そもそも海が大英帝国の版図と切っても切れない縁があるからだが、それは、たんに、海が英国本土から遠く離れた植民地への通り道だったからだけではない。海そのものが、帝国全体の不可欠の一部分だったのである。進歩的な政治家だったサー・チャールズ・ディルクと大衆ジャーナリストであるスペンサー・ウィルキンソンの共著『帝国の防衛』は大きな影響力をもった本だが、ここには、「植民地が滋養と力を得ているのはまさに海からである」といったコメントが見える。二人はさらに続けて、かりに海が凍りつくなり、干上がるなりするとすれば、それはすなわち帝国の滅亡であろうとも論じている[11]。

十九世紀の英国文化において、アーサー王伝説と海とが結びついたのも、したがって、この伝説と帝国の発展との関連を当然予測させる。以下、その考察を進めたいが、しかしその前に、もう一つの対照的な風景とロビン・フッド伝説のほうも調べておかねばなるまい。というのも、一方で、より広い世界へ進出してゆく意識が英国の国家像を構成する必須の要素だったとしても、同時に、島国であるという英国の位置が、この国の孤立性、示差的な特殊性の意識を生み出していたのも事実であるからだ。ヴィクトリア朝の人々は、自分たちの大帝国の存在は当然のことと見なしていたが、同時に、国際事情に無用な係わり合いをしないですむ、いわゆる「光輝ある孤立」政策を享受する一面もあったのである。そして、この島嶼的孤立性をなによりも的確に象徴しているのが、英国内陸部の深い森である。その窺いしれない奥行きのおかげで、森というものは、一見すると、人を堕落させる外部の影響力とは無縁でいられる場所だったからだ。ロビン・フッド伝説の舞台となったのが、まさにそのような森であった。

「自由奔放なさすらい」

●ロビン・フッド伝説とシャーウッドの森

一八五三年刊の『英国の森と森の樹木』の著者は、「いつの時代であれ、森はその社会の向こう見ずで大胆な連中、無法者、あぶれ者の避難所であった」と述べている。[12] じっさい、ロビン・フッド伝説の舞台を緑林以外の場所に想像することは困難で、森の提供する隠棲の場というものが、この男の活躍には必須に思われる。配下のメリー・メンたちも、数のうえでは圧倒的に勝る敵に対抗して生き延びるには、緑林の恩恵に頼ること大であった。森の茂みや林間の空き地では、州シェリフ、すなわち州の執政長官ではなく、彼らこそが主人公だった。

近年の学界では、西洋文化における森の神話学的機能の解明にずいぶんと力が注がれてきている。[13] 英国にあっては、それは「緑林の自由」という神話の研究であり、主要な研究はまずこの題目を冠している。森は自由と平等の土地であり、領主と小作民が前封建制的な互恵関係を保つことができた。領主の側は、そこそこに狩猟の権利を行使し、小作民の方は、薪を集めたり、豚を放し飼いにしたり、その他の必要を満たすために森を利用する許可を得ていた。そこでは、身分差や男女差といった通常の社会的階層はとりあえず棚上げにされ、真実、愛、自由を求めること、また何よりも正義を行なうことの意味が重んじられた。永遠の夏を思わせる常緑の地であり、日常の暮らしにつきまとう束縛を廃した楽園の森である。そうであればこそ、また、ロビン・フッドにとっても完璧な自然環境なのであった。結局のところ、ロビン・フッドは一人のアウトロー、つまり、建前としては、正常な社会の境界線の外へ追われた人間で、その実体がいつも流動的であるような世界に住んでいる。彼が変装の名人であり、さまざまな衣装を借りてらくらくと姿を変えてみせることができるのも故のないことではない。いわば、追うものと追われるもの、与える者と奪う者、法の施行者とその違反者、その両方にまたがる曖昧模糊とした地帯に存在しているのがロビン・フッドである。彼の住み暮らす領域そのままに、ロビン・フッドの姿は本質的に境界線上を浮き沈みする識閾的なものである。別個のカテゴリーが混ざり合う、中間的な世界にロビン・フッドは生きている。[14] かくして、森はロビン・フッド伝説の舞台装置として機能するばかりでなく、そもそも、この伝説のいくつかの重要なテーマにかかわる象徴的な意味関係を蔵する装置としても役立っているといえる。

十九世紀にも、ひきつづき、ロビン・フッドは自由な森の住民の典型として生き続ける。一八九二年、子供むけの小説『メイド・マリアンとロビン・フッド』で、J・M・マドックは「森で自由な暮らしをするという考えは……ロビン・フッドを魅了してやまない。生まれながらに自由を愛し、また、圧制への敵愾心もいささかも衰えなかったからである」と述べている。同時代のロビン・フッド文学に、このモチーフは繰り返し現われてくる。ジョージ・リンレイのカンタータ「ロビン・フッド」で、メリー・メンたちはこう歌っている。

自由奔放にさすらう、
アウトローの暮らしも捨てたもんじゃない。

森の狩にも、命知らずの喧嘩にも、
怖れるものはなし、気遣いもなし。

年貢など、納めちゃいない、
頭を下げる、殿様もいない。
極上の酒と食い物を楽しんで
あとは、巣に帰る野の鳥のように
苔むしたねぐらで、ぐっすり眠る。

たしかに、これを懐疑的に見る者もないとはいえない。たとえば、アルフレッド・テニソンの「森の住人」を評して、ウィリアム・ウィンターは一八九七年にこう書いた。「森を徘徊する者たちは、必ずしも自由とばかりはいえない。一面、ほかの何者にも劣らず囚われの奴隷なのである」。しかし、そのウィンターすら、森の自由がもつ魔力の虜になっているふしがある。

思索に倦みつかれた者の目の前に、そうやって、平和と喜びが広がる。……そんな場所があるとすれば、この森こそは、世間の害悪から、社会の災難から逃れゆく唯一の場所である。ひたすら記録し、分析し、名札をつけるような人間の厭わしい仕事から、唯一解放されうる場所……。この隠れ家に入れば、人は、顔に滴る雨のしずくを感じ、青草と野の花の香りを嗅ぎ、緑なす梢を揺らしてさらさらと囁くような風の声を聴くことができよう。もはや、過去のことであれ、未来のことであれ、わが身を思い煩う必要もない。世の秀でた識者は、かならず、この野生への思慕を身のうちに覚え、大自然の懐へ回帰したいというこの衝動を記録に留めたのである。大自然こそは、疑念というものを知らず、不安を宿さず、悔恨に引きずられることもなく、したがって、われとわが身を無為に苦しめるいわれが皆無なのである[15]。

だが、ロビン・フッドの活躍したのは、英国のどの森でもよいというわけではない。この義賊の本拠としては、とりわけ一つの森があまねく知られている。コーニリアス・ブラウンはその『ノッティンガムシャー偉人伝』(一八八二年)に次のように記している。

このシャーウッドの壮大な森を訪れ、神々しいばかりのオークの古木を眺めつつ散策する者はだれであれ、その昔、ロビン・フッドと彼の腹心の手下たちが、まさに言い伝えられるとおりに、林間の空き地を「わがもの顔で」歩き回っていた情景を、ゆくりなくも想起せずにはいられない……。反対に、だれであれ、幾世紀にもわたって荒れ狂う嵐をしのいできた、この森厳そのもののオークの木立を前にして、過ぎし日の歌曲や物語詩を思い起こしもせず、ただ、今日の英国のことのみが念頭にあるとすれば、その人は、あきれるほど想像力に欠けたロマンのかけらもない人間であろう。

十九世紀も後半になる頃には、シャーウッドの森の名を口にすれば、同時にその最も有名な住民の名も必ずくっついて出る、それほど、二つの固有名詞は緊密な間柄となった。そして、コーンウォールにあって、大勢の観光客がアーサー王との関係を目当てにその地を訪れたように、ロビン・フッドの名に惹かれてシャーウッドの森を訪れる人々が増えてきた。一八九三年、ウォード・アンド・ロック社のガイドブックはシャーウッドの森をこう紹介している。

森の情景の、その最高の美しさを見たければ……なにも海外へ旅をする必要はない。ノッティンガム州のシャーウッドの森は、そうした魅力のすべてを備えているし、さらにこれに加わる魅力がある。がっしりと荘厳にそびえ立つ、あの「森の君主」とも称される尊ぶべきオークの古木、古びた修道院、樹陰に隠れた館、その他、愉快な義賊ロビン・フッドゆかりの数々の遺跡、これらすべてが一つになって、楽しみいっぱいの、紛うかたなき妖精の国を現出しているからである。

この数々のロビン・フッドゆかりの「遺跡」に信憑性があるかどうかについては、著者は一貫して控えめな言い方で通している。が、それも無理からぬところで、地元に伝わる神話の裏を暴くようなことをしても、訪問客の熱意に水をさすだけだっただろう。たとえば、大木の幹のうろになったその中に鹿肉をつるしておいたという、いわゆる「ロビン・フッドの食料庫」だが、著者は「そうしなかったとは、誰にも実証はできない」と逃げている(16)。

じっさい、ロビン・フッドゆかりの遺跡の多くは、その根拠に見え透いたうそがつきまとうが、しかし、それが観光客の足を引っ張った形跡はない。たぶんロビン・フッドが坐り、眠り、酒を飲み、弓を射たであろう場所、彼が馬をつなぎとめておいたであろう小屋、それらを人々は熱心に訪れた。一九八〇年代のガイドブックによれば、ところはノッティンガムで、ロビン・フッドの寝所と目された大きな洞窟を、一人六ペンスの入場料を払って人々が見物したという。ガイドブックの著者は、「その名前が付けられているとはいえ、義賊ロビン・フッドがこの洞窟を知っていたかどうかは、おおいに疑問の余地がある」と警戒してみせるが、しかし同時に、この洞窟が「十分に検証するに値する」と述べて肩をもってもいる。ただ、洞窟の天井は「場所によってひどく低くて不自由なので、みなさん、被り物にはご注意あれ」とのことである。この洞窟からもさほど遠くはないが、南部ヨークシャーにカークリーズ・アビーという修道院があって、ここがロビン・フッドの墓所であるとして、やはり多くの参詣者を集めていた。J・E・マドックによれば、「歌曲にも歌われたこのロマンス物語のヒーローが眠っている場所を訪れた敬虔な巡礼者たちは、ロビン・フッドがまさに息を引き取ったとされる部屋へも案内される。この部屋の窓から外へ向けて、ロビン・フッドは最後の矢を放ち、彼の魂はその矢に乗ってはるか彼方へと飛び去ったのである[17]」。じっさい、十九世紀後半にはこの墓所は有名になりすぎて、墓は鉄の柵で周りを囲まれることになる。骨董品集めに人一倍執念を燃やす手合いが、墓に悪さをしないようにという措置だった。

シャーウッドの森とロビン・フッド伝説の連結の歴史は何世紀にも及ぶわけだが、十九世紀も末に近くなると、観光業のおかげで、その結びつきはいっそう緊密になった。ちょうどコーンウォールへの観光客がアーサー王をコーンウォールの所有物に仕立て上げたように、シャーウッドを旅行日程に組み込んだ人々のおかげで、シャーウッドの森はロビン・フッドへの所有権を獲得したのである。そして、コーンウォールの海岸に打ち寄せる波がアーサー王伝説の不可欠の要素となったように、ノッティンガムシャーの暗い森はロビン・フッド伝説のなかで同じく決定的な位置を占めるにいたった。どちらの場合も、十九世紀英国に特有の社会的・文化的条件が、こうした地誌的結合をうながした、という背景がある。すなわち、アーサー王の海は発展する英国海軍の力を反映していたのだし、ロビン・フッドの森は、その海軍が戦い守るのではないような種類の、貴重な自由を象徴していたのだった。

しかし、海と森がともに英国人の国民性の重要な拠りどころを表現していることはまちがいないとしても、それはまた、この時代の国民のアイデンティティー形成にとってまったく異なった意味合いをも含んでいた。すでに見たとおり、海は大英帝国の発展とじつに分かちがたく絡みあっているのだが、これに反して、森というのは、この帝国主義がむしろ封じ込め、支配し、ひいては征服したいと考えるようなもろもろの力を内蔵する拠点であると見られるからだ。暗く深い森の奥には、猛々しい個人主義の精神が大手を振って歩いている。これこそは、異質の文化を自己のそれと等質化し、あわせて政治的覇権を狙う帝国主義の使命から見れば、根本的に相いれないものである。征服を達成するには、帝国主義は森に対して勝利しなければならない。その壮大な緑陰を剝ぎ取ってしまうか、少なくともその中を縦横に突っ切って歩けるのでなければならない[18]。海と森との間にこういう本質的な対立があることを考えれば、アーサー王とロビン・フッド両伝説の地理的な対比が、やがて、一層の帝国主義的発展を唱導する者と、一方それを批判して、この国を外部世界の紛糾からは遠ざけておきたいと願う者とのあいだの、より大掛かりな文化論の対立へと進展していったのも、意外なことではなかった。

「聖なる探求に乗り出す者たち」

●アーサー王伝説と大英帝国主義

一八四九年に出版されたエドワード・ブルワー＝リットンの叙事詩「アーサー王」は、さきざき植民地相にまで出世するこの人物の、帝国主義的統治に対する熱誠をあますところなく示している。「シーザーが獲得したよりもさらに広い帝国」、「太陽の沈むことのない領土」をやがて支配することになる大英帝国の君主たちの長い系列、その家系の先祖にアーサー王を配したブルワー＝リットンは、この詩のなかで、アーサー王を十九世紀中葉の最も偉大な——同時に最も悲劇的な——英雄の一人になぞらえている。(19) それは、以前は英国海軍の将校の任にあったサー・ジョン・フランクリンで、彼は、一八四五年、北西航路、つまり、大西洋からカナダの北岸の氷海を抜けて太平洋に出るルートを開拓すべく出発した。この航路はもう何世紀ものあいだ探検家の成功を阻んできたものだった。極地探検の歴史の中でも最高水準の極北仕様の装備を整え、フランクリン率いる一二九名の乗組員は、前途に待ちうける危難などものともせず大声援に送られて出発した。七月にグリーンランドにいたり、ここからランカスター海峡を西へ抜けてゆく手はずであったが、この先の地図にもないほとんど未踏の海域へ突入したまま、フランクリン一行は杳《よう》として行方がわからなくなってしまった。

このあと数年にわたって、海軍省は何十隻もの船を派遣して行方を捜索したものの消息はつかめず、四〇年代の末には人々の憂慮は最高度に募っていた。こうした狂奔状態のさなかにブルワー＝リットンの詩が現われたのであるが、フランクリンのこの不可解な運命がここに関与して、およそ英文学史にもこれ以上はないという途方もない筋立て、つまり、アーサー王の北極探検という話が登場したのである。まず、アーサー王は「ぎらりと光る牙」をもった獰猛なセイウチの群れを相手に戦う。今世紀の読者にはなんともこっけいに見えて仕方のない場面であるが、しかし、ここは、極北の地についてヴィクトリア時代中期の人々がもっていた知識の乏しさを斟酌せねばなるまい。(20) セイウチを撃退したあと、アーサー王の船は氷に閉じこめられることになるが、これは、ブルワー＝リットンはまだ知らないことであったが、実際にフランクリン一行の身にふりかかった運命と無気味にも符合していた。

ブルワー＝リットンの詩では、アーサー王は結局サー・ガーウェインと「エスキモー」の一隊に救出されるのだが、しかし、現実のほうはめでたしめでたしの大団円のこの虚構を乱暴にも踏みにじる。一八五六年、捜索隊は残された一基のケルンを発見、その中には、フランクリン探検隊の恐ろしい運命を記したノートが収められていた。それによれば、一八四五年、夏季のキャンプを出発した直後に、船隊は厚い氷に閉じ込められてしまった。一年半ののち、船体にかかる圧力が強まって、ついにすべての船が跡形もなく海中に没したのである。残った乗組員は――総勢一〇二名に減っていたが――救命ボートと糧食を引きずりながら、南方のカナダ本土をめざしたという。のちに、ボートの一隻と三名の遺体が発見されることになるが、あとの乗組員は影も形もなかった。フランクリンその人は一八四七年にすでに亡くなっていた。一八五九年、『タイムズ』紙は「ついに、フランクリンの運命の謎は解明された」と報じた。「サー・ジョン・フランクリンの死が『最後の捜索』によってあきらかにされた。ああ、このアーサーはまだ生きているのだと一縷の希望を抱かせてきた、異国のティンタジェルからの悲しい呼び声も、ついに聞かれなくなったのである[21]」。

こうした言い回しから窺えるのは、よしんばフランクリン一人は北カナダの北極圏で凍土に果てたのかもしれないとしても、アーサー王伝説と大英帝国の結びつきに対する信仰は生き残っているということだ。この信仰は何世紀にもわたって現在にいたるまで続いている。アーサー王伝説の歴程は、結局のところ、本質的に帝国主義的である。ちょうど、キャメロットにあったアーサー王の宮廷から円卓の騎士たちが四方へ散って行くように、大英帝国の官吏たちも、自分たちのおそらくは優秀な文明の恩恵を世界のより不幸な地域へと送り届けんがために、ロンドンを発って植民地へと赴いたのである。騎士たちはこの任務を果たすことで、物質的な富ともども精神の永遠の救済を手にいれるのだが、この伝説の構想は、十九世紀の英国人の心情に訴えるところ絶大なものがあった。広大無辺の領土をもった大帝国の担い手たる彼らの格好のモデルがそこにはあったからである。古文書収集家サミュエル・カーター・ホールは、一八四二年に、アーサー王の経歴についてこう書いていた。

それは、一つひとつの戦闘においても、スケールの大きな遠征の場合も、すべて全面的な征服をめざす歴程であった。およそこの世にあるものでアーサー王の豪腕によく耐えうるものはなかった。……勝利また勝利、王国の征服につぐ征服、数知れぬ巨人どもをなぎ倒し、危難の乙女たちを救い出す。「邪悪な魔女」たちをうち滅ぼし、幾多の邪教徒とサラセン人の軍勢を切り崩すその進軍は、猟犬がウサギをもてあそぶのにも似て、火を吹く竜とて物の数ではなかった。[22]

アーサー王と十九世紀英国帝国主義の幅広い関連性については、すでに多くの史家が論じている。[23] 本章では、繰り返しはさけ、聖杯の探求という伝説中の一要素のみを、帝国主義のある一つの脈絡に特に引きつけて論じてみることにする。テーマは一八五七年、インドのセポイ族の「反乱」に対する英国国内での社会・文化的反応である。この反乱が英国の帝国主義的姿勢に大きな衝撃を与えたことはつとに了解されている事実である。それは「焼けつくようなトラウマ」であり、英国文明が世界制覇という最終目標に向かって徐々にではあるが着実に前進していたその歩みに、初めて実質的な足止めをかける事件だった。[24] さて、政府の政策上、この反乱が、インドにおける英国の帝国主義支配の形に劇的な変化をもたらしたことはよく知られているわけであるが、いまだ、十分に吟味されていないのは、英国国内でこの反乱が与えた帝国主義的な文化面への影響である。本章では、帝国主義の支配を叫ぶ声高な、感情的愛国主義が強まるのと並行して、じわじわと表面化してきた国民の不安を聖杯探求の伝説が反映してみせる、またある意味では屈折させてみせる、その仕組みに焦点をあわせて、この文化面への影響を検討してみたい。一口に不安という、その根源はまさしくこのインドの反乱から発している。帝国主義的実践がこの先も生存可能かどうかについての疑念が、ヴィクトリア時代の文化に影を落とし始める機縁となった一連の危機の、そのまさに端緒となったのが、このインドの反乱であった。そして、この観点から見るとき、聖杯探求の故事は、不意に脆弱さをあらわにした帝国の営為を、倒れぬように支える控え壁として機能する、さまざまな文化的メカニズムの一つとしての役割をもってくるのである。この反乱以降、英国の帝国主義の実践を語るさいに、孤独な、傷つきやすい騎士たちがつぎつぎと生命を脅かす危機に遭遇する、というイメージが頻繁に採用されるようになるのは、なんら偶然ではない。

一八六四年、エレン・J・ミリントンは『マンスリー・パケット』誌に寄稿して、「近年は、さまざまな理由から、騎士道ロマンス物語、とりわけ、アーサー王と円卓の騎士たち、そして有名な聖杯探求の物語への不思議な関心が高まっている」と述べている。この「不思議な関心」が急に高まってきた原因は何なのか。聖杯探求という題材は、それまでは、アーサー王伝説の文学的処理の上では必ずしも人気のあるモチーフではなかった。むしろ、十九世紀に取りこむには無意味な迷信が多すぎて妥当ではない、として退けられるのが普通であった。画家のウィリアム・ダイスは、一八四〇年代、新しい国会議事堂にアーサー王伝説に題材をとったフレスコ画を描く仕事を委嘱されるが、聖杯探求は適切な主題ではないとして、これを捨てている。その理由は、「かろうじて理解できるかどうかという宗教的アレゴリーの域を出ず、十三世紀の修道院の観念に強く彩られており、ある程度だが、円卓の騎士たちの偉大さに疑問符をつけるようなところも見える」からであった。[25]

一八五七年のインドの反乱以降は、しかし、文化的環境は聖杯探求に対してはるかに素直に向き合うようになる。[26]英国人の目には、この反乱というのは、優秀な文明の恩恵を伝えようとする試みに歯向かう野蛮なインド人の飽くなき有害さを、おぞましくも想起させるものだった。それはまた、インドを統治する英国の取り組みが、どこかで、ひどく狂ってしまったという事態を示してもいた。従来の統治感覚を取り戻す努力をするなかで、英国人はあらたな倫理的規範を手に入れる必要があった。一八五七年以降、英国では権威づけのための新しい理論が体系化されてくる。[27]

この理論の眼目の一つは、インドは封建的な社会であり、したがって封建的なやり方で統治される必要がある、という考え方だった。すでに見てきたとおり、英国民は、国内では、近代社会の変動、不安定性を相殺する一つの手段として、中世的慣行、中世の遺風というものを久しく拠り所にしてきたところがあるが、この中世の精神という一つの理想を、一八五七年以降は、みずからの帝国に対してのみ付与するのではなく、外部世界に増長する無秩序をうち鎮めるための手段としても適用しようと試みだしたのである。インドのような遅れた国は、今度の暴動を勇敢に鎮圧した英雄たちの姿が鮮明に実証してくれたように、為政者たるものが騎士道の原則に則って統治にあたるべき社会なのである。一八六〇年、マロリーの『アーサー王の死』の新版への書評が『ダブリン・ユニヴァーシティー・レヴュー』誌に載ったが、そこには、「最近、インドから殺到してくるニュースを聞くと、かつて大義名分というものをもっていた人々の道徳的な力をわれわれは再認識させられる」という意見が見える。

近年の英国が目撃したほどの、高貴にして英雄的な武勲の発現はいまだかつてなかった。われわれは古の伝説世界へと立ち戻らねばならない。というのも、そこに語られている雄々しい行為というものが、もはや、ありえない虚構の寓話とは思えないからだ。げんに、インドのラックナウで重包囲に陥った英軍のイングリス大佐などは、極端に走りすぎた反動として生まれてきた騎士道的武功〔の一つの典型〕である。……また、武勇の戦士ハブロックは東洋の不信人者相手に存分の戦いを見せたではないか。……いまや、英雄魂にふたたび火が灯された。そんな今、古きノルマンの物語に心を開いてみれば、そこにはわれらが現代文学を生き生きと活性化してくれる情緒に、ひたと共感をよせてくる武勲の数々が見いだされるのである。(28)

この暴動への応答となったひき続く激しい報復は、英雄主義がもつ一種の浄化感をもたらしたが、そのイメージとしては、騎士道的な勇姿、とりわけアーサー王の形象が鮮明である。「インドに……ランスロットはいないのであろうか」と、右の書評子は書いているし、また、歴史家J・A・フルードは一八五七年に友人に書き送った書簡に、「英雄主義とは過去のものなのかどうか、われわれはずっと怪しんでいたのでした。いったい円卓の騎士のだれが、インドの英雄サー・ハブロックやサー・ジョン・ローレンスを凌ぐといえるでしょう」と書いている。(29) こうした多くの評者にとって、インドの暴動とは、英国人のインド支配をみずからに、また他人に対して、きちんと説明するさいの、中心的な諸価値をみごとに具体化し、表明してくれる一つの英雄神話と化したのである。おそらくは英国人が身につけているはずの騎士道精神——気高い大義のためには喜んで身を投げ出す自己犠牲の精神、義務への忠誠心、生命の危険にもたじろがない屈強さ——それがあったからこそ、麗しく構築された植民地の秩序と権威を脅かしたインド人に対して、かくも立派な勝利をおさめることができたのであった。

こうして、一八五七年以降、聖杯探求と帝国主義の問題には関連性があるという認識が英国には生まれてきた。しかし、正確なところ、この探求の伝説は、なぜ、英国の植民地経験を的確に指し示すメタファーとなりえたのだろうか。表面的に見れば、この物語は、偉大な君主がその配下の優秀、有能な騎士に高貴な使命を与えて送り出し、彼らが行く先々でその支配下にすばらしい国を打ち建てる、という筋立てであるから、帝国主義の脈絡のもとであらたな政治的・倫理的権威を表明せんとする国にとっては、その物語の魅力は明白なものであってしかるべきだ。しかし、この表面的な解釈の裏には、もう一つ、より陰鬱な隠された意味合いが存在する。すなわち、出征したままで帰還する騎士がじつに少ないために、本国を敵から守るべき部隊が手薄になり、結局、探求の結果、アーサー王の栄光の王国が衰退に導かれる、という解釈である。十九世紀後半にはこの見方がしだいに多くの英国人に支持されるようになる。もはや、拡大しすぎた大帝国を維持してゆくだけの行政能力も、倫理上の権限も自分たちにはないのではないか、という自覚である。

やや自信喪失気味の、このあらたな視点を裏付けるのに、聖杯探求伝説は多くの点でふさわしい構造をもっている。たとえば、トマス・ウェストウッドの詩「聖杯の探求」は一八六八年の作であるが、この頃は、インドのみならず、南アフリカ、ニュージーランド、ビルマ、中国、およびその他の場所でも、植民地支配の危機が高まってきていた。詩は「厳粛な、しかし憂いをおびた」重臣会議の場面から始まり、アーサー王が「勝ち誇る悪行、けがされた／権能、回復できぬ損失」について語る。ついでアーサーは「この忌まわしい日々の闇を晴らすために／祝福と、新生の希望との／徴として」聖杯の幻像が現われてくれることを望む。と、彼の願いは聞きとげられ、一座の中央に聖杯の姿が現われる。ここで騎士ガラハドはすっくと立ち上がり、自分が「世界中をめぐって」この聖杯を探すと宣言する。同僚の騎士たちも彼に従うことを誓う。しかし、四年が経つ頃に、騎士たちは彼らの「不純な権力、罪深い意図」のせいで敗北を喫し、ぼつぼつとキャメロットへ帰ってくる。ただ一人ガラハドのみが、魂の純粋さを堅固に守り通しているが、しかし、そのガラハドにも探求の艱難辛苦はしだいに身にこたえるものとなってくる。詩の終わり近くにもなると、ガラハドは、あの血気にはやって誓いを立てた純朴な若い騎士の面影を、もはや失っている。

その容貌は青ざめ、火にあぶられたかのように枯れ萎み、
身の力も尽き果てている。あのタルソスなるキリストの真の使徒、
聖パウロのように、多くの苦難を味わい耐えてきたのだ。
海の危難、陸の危難、はたまた偽りの
仲間たちの間での危難、加うるに
空腹、喉の渇き、捕囚、肉体への拷問、
そして、神にも呪われた悪鬼どもとのいくさ……(30)

ウェストウッドの詩は、勝利感をたたえた哀歌などといったものではない。むしろ、大帝国経営のために払う犠牲が法外なものになっている時代に、帝国というものの高価な代償を痛切に思い知らせる類の歌だ。詩の結末部分でガラハドは天国へ召されるのかもしれないが、しかし、この地上に残るのは四分五裂し、意気消沈したキャメロットであり、そこには、探求の失敗でその人格、道徳上の欠陥が赤裸々になってしまった凡庸な騎士たちばかりである。

この翌年、アルフレッド・テニソンは聖杯伝説を文学として扱ったものとしては、十九世紀最大の影響力をもった作品「聖杯」を書いた。これは『王の牧歌』の第二分冊に収められることになる。十九世紀中葉の危機の時代を通じて、テニソンは帝国の抱える諸問題に明白な関心をはらっている。インド暴動の恐ろしい報道は詩人に甚大な影響を与えたし、一八六五年一〇月のエア知事の危機も同じだった。したがって、彼が聖杯伝説を語るさい、そこに大英帝国の未来に対する極度の不安が現われたとしても、驚くにはあたらない。まさに発端から、「聖杯」は厭わしい運命の雰囲気を漂わせている。探求の騎士たちの成功談に焦点をあてるのではなく、テニソンは不首尾に終わった騎士たちの一人の視点に立ち、失敗談の方を中心テーマとしている。この失敗は、また、たんに騎士一人ひとりの挫折でおわるものではない。アーサー王の勇敢な最高の騎士たちが出払ってしまうことが、王の営々として築き上げてきた牧歌的社会をもついには破滅させてしまうからである。騎士たちがキャメロットへの帰還を果たすころには、かつての光輝く壮麗な城郭は、守護する者を失ったために、瓦礫の山へと変じてしまっているのである。また、探求の高い志を抱いて冒険に赴いた者のうち、無事に帰還を果たしたのはわずかにその十分の一であった。この詩の結末では、残余の円卓の騎士たちを前に、アーサー王が沈鬱な演説をする。

わたしは、真実を語らなかったであろうか。
かつて、聖杯探求に赴く騎士たちに向かい、
汝らのほとんどは放浪への熱気につき従って
苦難の沼に沈むであろうと、語ったとき、
わたしは、暗愚にすぎる予言者であったろうか。

現に彼らは、わたしから奪いとられ、
いま目の前には、この人もまばらな円卓と
やせ細った騎士団を、むなしく眺めるのみ……(31)

このように、帝国主義に対するテニソンのあらゆる不安が「聖杯」の前面に浮き出てくる。一八五七年以前の、アーサー王を扱った初期の詩篇では、テニソンも英国の帝国主義的未来には相当の確信を抱いていた。拡大するアーサー王の王国が文明の劣った地域を威圧するやりかたそのままに、遠く離れた国々に秩序と平和的な進歩をもたらし、英国流の生活様式の恩恵を授ける、というパターンが初期の詩篇にはあった。アーサー王とその騎士たちが中世世界の暗い隅々にまで文明の光をもたらしたのと同じく、ヴィクトリア時代の人々はそれをアジア、アフリカへと運んだのである。しかし、初期のそうした詩篇でこそ、アーサー王の領土がテニソンの希望どおりの帝国のシンボルとして機能していたとしても、一八六〇年代以降は、それはむしろ、現実の大英帝国の姿を、ないし、そうなりつつある姿を象徴するように、ますます思えてきたのである。世界の遅れた暗い地域は、依然として、文明の光をほしがってはいるだろうが、しかし、それを与える力が英国にあるという確信は、テニソンにはもはやない。

一八七〇年を境に、文学の題材としての聖杯への興味は、探求の企てそのものよりは探求者の命運へと焦点を移す。この移行には、公平に見れば二つの側面がある。一面では、アーサー王の王国の荒廃ではなく、個々の騎士たちの成功物語に著者が関心を集中させるという可能性も出てきたから、その意味では、これは一八五七年以降大英帝国につきまとう不安や疑念をいくらかは払拭する試みを、まずは、反映していたのである。一方、もう一面から眺めれば、孤独で危険な道中をたどる個々の騎士たちの姿は、帝国への熱情を鼓舞する働きはしそうにもない、というのも事実である。インドの暴動以前は、ブルワー＝リットンのような文筆家も、より自信にあふれ、満足しきったような種類の帝国のイメージを織りなすために、アーサー王伝説――統領たるアーサーが強大な軍勢を率いて挑みかかる敵を平らげる姿――を利用したものであった。だが、すでにその自信は徐々に侵食され失われてしまった。いまや、アーサー王伝説が利用されるのは、それとはまったく異なった帝国のイメージ――孤独で無防備な騎士のイメージ――としてであった。聖杯探求の伝説は、こうして、英国帝国主義文化の二重の性格、すなわち、外面上の自信と内面の極度の不安とをあわせもつ性格を、表現する道具となったのである。

文化史研究家が確認するところでは、ヴィクトリア朝文学の中に、男らしい雄々しさの概念があらたに登場してくるという。これは、勇気、忠誠、礼節、寛容、穏健、純粋、憐憫といった美徳を体現する中世騎士の理想像によって、ジェントルマンのイメージを再構築するものだ。帝国主義の脈絡に移していえば、この騎士道精神は、統治されるべき野蛮な世界から英国人を峻別する働きをもつ、植民地時代の行動規範であった(32)。ジェントルマンが出かけていって、より不運な者たちを助けてやらねばならない、そういう舞台を大英帝国は生み出したのである。おそらくは劣っている人々を、隷属、迷信、不正な圧制者から救い出し、平和と、確固たる道理にかなった統治と、英国文明の恩恵とを授ける仕事のその担い手がジェントルマンである。

十九世紀末に近い何十年かは、帝国主義の英雄たちが、明確な形で中世の騎士たちになぞらえられている。たとえば、インド総督だったカーゾン卿は、ジョン・ローレンスを「国を守る頑強な軍人」と呼び、また「歴史に残る辺境の勇士たるニコルソン、騎士道の鏡にして凛々しく寛大なるウートラム、武侠の中の君子たるヒュー・ローズ」と、各人に中世的な美徳を冠している(33)。こうしたイメージは、急速に拡大した帝国を統治するエリートを生み出すべく、意識的に多用されているのだが、再度いえば、聖杯探求の伝説がこの側面でまず活用されたのである。近代帝国の騎士のモデルとして想起されることが最も多かったのは、サー・パーシヴァルとサー・ガラハドである。両者とも、アーサー王の手勢の中では、聖杯探求を最も純粋に追求できたお手本である。一八五七年以前は、聖杯探求の話全体がそうだったが、この二人の人物も特に人気のある文学素材ではなかった。どちらも特定の文学作品の主人公とされたためしがなかったし、じっさい、名前への言及も一〇回かそこらであろう。ところが、インドの反乱以降は、パーシヴァルとガラハドの名がアーサー王文学の世界に劇的な声望を得ることになる。

この両名の人気の突出は、その男らしい所業、つまり、物欲的な関心よりは道徳と精神面の関心事に重きをおいた点が、ただちに新しい模範とされたからである。一八六四年、フレデリック・ファーニヴァルはこう問いかけている。「さて、この話全体から得られる教訓はないのであろうか。この模範的英雄ガラハド、目前に提示された最高の精神的目標に向かう彼の不屈の探究心、これはわれわれにとって無用のものであろうか。さらにまた、あの高潔なるパーシヴァル、美女の誘惑を招き、まさにそれに屈しかかりながらも、彼の剣に刻まれた信仰の証たる十字架を見るや、たちまち正気に立ち戻ったこの騎士は、われわれにとって何の役にも立たないというのであろうか」(34)。この一節が示すように、ガラハドとパーシヴァルの高潔、勇気、そして義務への忠誠心、これが近代帝国の騎士たちの理想像に見事に合致したのである。たしかに、本国を遠く離れた駐屯地で指揮をとる、孤高の軍管区司令官を象徴するイメージとして、聖杯探求の困難かつ孤独の道程を最後まで守り抜く勇者の姿ほど適切なものはあるまい。

ガラハドとパーシヴァルが体現する騎士道の理想を、植民地政策の領域にまで拡大させることは、全世界をその繁栄のために英国が征服することが宗教上、道徳上の運命であることを神聖な口調で表明することであり、帝国主義的拡張を正当化するのに役立った。一八九九年の「ガラハドの牧歌」という詩の中で、エリナ・スイートマンはこうした騎士たちが具現する、国家事業への英雄的な奉仕のモデルを描き出している。彼女のガラハドはこう語る。

わたしは余人に引けをとらぬ認証された騎士。
この汚辱の人生において、また、戦場にあって
神が顕し給う、み声を聴き
またその霊光を見るからである。

G・F・ワットの絵画「サー・ガラハド」がロイヤル・アカデミーに最初に展示されたのは、インド暴動のわずか五年後であるが、このキリスト教の騎士が、帝国の名を挙げるためにすべてを犠牲にして働く姿を象徴していると見なされて、大いに人気を博した。(35) 一八九〇年代の遅い時期に、ワットはこの「サー・ガラハド」の模写をイートン校へ贈呈した。イートン校ではこれを礼拝堂に飾り、次世代を担う英国のエリートたちの心の励みとした。

英国文明の優秀さを固く信ずる熱烈な帝国主義者として、ワットは、イートン校の聡明な若者たちの中から、大英帝国の大義に身をささげるような人物が輩出してくれることを期待したのだし、世人もまたこの教訓的意図を是としたのだった。長老派教会の牧師であるジェイムズ・バーンズは一九一四年に、「この絵画をイートン校に贈った……偉大な画家の目的を理解するのは難しいことではない」とした上で、さらにこう記している。

というのも、ここには、来るべき時代に帝国の命運を左右する多くの若者たちが集っているからである。人生初期の発達期においては、彼ら若者の眼は切々ともの問いたげに人生を眺めているのだし、その若々しい心は、この時期に精神への永続的な印象を受容するのである。まさにこの時期にこそ、人生の大きな決断がなされるのであり、そして、わが帝国の未来の徳性と安定性は、あげてそうした決断にかかっているのである。

こうした帝国の若い騎士たちの手本となるべきガラハドこそは、ある神秘的な支配力を信じ、その正義と必然性を確信しつつ、それに奉仕すべく全身全霊を捧げた騎士であった。したがって、国家の目標を明示し、若者一人ひとりの英雄的資質を鼓舞する、聖像としての必要条件をガラハドは立派に満たしていたのであった(36)。

しかし、ガラハドやパーシヴァルの地位を役割モデルとして称揚する風潮の根底には、すでに述べたとおり、ある本質的な対立要素が隠されている。すなわち、彼らの権能は彼らを何者に対しても無敵とするほど絶大というわけではないことだ。むしろ、彼ら騎士は、安全な帰還の保証もなく、遠隔の地を文明化するという難事業に孤独に立ち向かう人間である。道徳的正義は彼らの側にあるにせよ、その正義のみでは成功はおぼつかない。というわけで、ガラハドとパーシヴァルが英国の帝国主義の希望を体現したとばかり見るわけにはゆかず、彼らはまた、帝国主義の不安をも身に漂わせていたのである。

この対立要素は、たとえばJ・H・ショートハウスの少年向け小説『サー・パーシヴァル――過去と現在の物語』(一八八九年)にも窺える。これは、植民地の若き将校サー・パーシヴァルが年若い従弟のコンスタンス・リールを訪ねて、自分の名前休暇をとって帰国したパーシヴァルが年若い従弟のコンスタンス・リールを訪ねて、自分の名前がマロリーのパーシヴァル、すなわち、「世界最高の騎士の一人」であり、「聖杯を目の当たりにした……数少ない一人」である勇者にちなんだものであると話す。そして、この現代のパーシヴァルは嬉しそうに、「自分の名前をもったそのような先人がお手本としていてくれるのは満足なことだ」と感想を述べる。さて、この直後に彼はアフリカ西海岸へ向けて出発するが、二、三カ月後、土民の捕虜となった英国の主教を救出するため、志願して危険な遠征に乗り出す。が、道案内に置き去りにされたあげく、パーシヴァルは捕らえられ殺されてしまう。この知らせを聞いたコンスタンスは、悲嘆にくれながらも、この若きパーシヴァルが「義務と犠牲の神聖なる使命に応えて……受難と死を迎える」、そうした機会を授けられたことをはなはだ誇りに思うのであった。(37)『サー・パーシヴァル』は、聖杯探求に命を捧げたマロリーのパーシヴァルそのままに、大英帝国の栄光の目的のために生命の危険を冒した勇気ある若者だったわけだが、しかし、その同名の騎士の探求の旅とはちがって、現代のパーシヴァルの旅は孤独な死で幕を閉じている。この筋立てが暗示しているのは、大帝国の追求が、全世界の救済や英国の栄光といったものではなく、むしろ、ひどく不幸な運命を、結果として引き寄せてしまったという認識である。

似たような語り口で、また、大帝国の追求を続けることへの類似の疑問を提示しているのが、シドニー・キルナー・レヴィット＝イェイツの中編小説『入江のガラハド』(一八九七年)である。ペリグリン・ジャクソンという名の主人公はベンガル湾沿いの下ビルマのパゾビンで弁務副官を務めており、「すっくと上背があり、肩幅広い」英国人である。十字軍戦士のような熱情ゆえに、当地のあと二人の欧州人から、「ガラハド」のあだ名を頂戴している。赴任前は、現地の人間は「ぐずな愚か者で、進歩などおぼつかない」と聞かされてきたが、彼としては、英国文明の恩恵をたっぷりと施してやれば、目をみはる改善が起こらないとはいえない、と信じていた。さて、悪名高い首領に率いられて盗賊団の鎮圧にあたっていたペリグリンは、ふとした小競り合いのさなかに、流れ弾に当たってしまう。いまわの際の彼のつぶやきはこうだ。「死ぬ？ ……この俺が死ぬなんて、誰にも言わせないぞ。俺はまだ若い――やり残した仕事が山ほどある」(38) しかし、現実に彼は息を引きとる。また一人、帝国のために、悲劇的な、しかし、とどのつまりは無意味な犠牲者が、ここに生まれたわけである。

表面の勇猛な調子とはうらはらに、ショートハウスやレヴィット＝イェイツの作品は、英国の帝国主義的努力に潜む病巣のような不安を、冷笑的に浮き彫りにしている。ガラハドもパーシヴァルも、一面では、現代の帝国の若き戦士たちにとって、理想的なモデルであるが、他方、これらの作家たちは、この種の勇者魂が国家の栄光ではなく、むしろ無駄死にを招くとほのめかしている。偉大なる帝国の大義に殉ずるという高貴ではあるが、こけおどし的な掛け声の背後に、たいていの場合その犠牲は空疎なものでしかない、という冷ややかな認識がある。

これらの作品が如実に描き出したのは、インド暴動の負の遺産として、けっして鎮めきることのできない恐怖が生まれてしまったことだ。聖杯伝説が一八五七年以降の帝国主義運営の過程で、有力なメタファーとなってくるのは、したがって、反乱以前の時期を特徴づけていたゆるぎない自信の水準を回復したいという欲求と、一方、そうした自信は侵食されつくして永遠に戻らないという意識との、そのせめぎあいに内在する緊張関係を、これがうまく表現してくれたからである。聖杯探求は、一面、大英帝国の輝かしい未来という希望を奮い立たせるテーマではあったが、しかしその核心部分で、反乱が目覚めさせた不安――英国が完全には払拭できなくなる疑念――をもあらわにして見せたのである。

「狂おしい熱情は海外へ消えた」

●ロビン・フッド伝説と、十九世紀における帝国主義への反動

帝国主義のコンテクストでアーサー王伝説の物語を展開した作家たちは、なるほどそこに英国の帝国維持能力にたいするいやます疑念を蔵していたとはいえ、全体としては、帝国主義的事業の正当性そのものを疑うことはまずなかった。その事業が、よしんば失敗する運命であったとしても、また、多くの「騎士」たちが試練の中で死ぬべき運命だとしても、それでも、努力は続けねばならない、と彼らは主張しているようだ。ところが、ロビン・フッド伝説を取り上げた作家たちにはそこまでの確信はない。帝国主義を推進するどころか、彼らは、より切迫する内政問題に注意を喚起するかたちで、膨張政策の代償が大きすぎる点を強調し、帝国主義を批判することがしばしばだった。そして、対外進出を批判する手段として、この伝説はうまく役目を果たした。アーサー王伝説の軌跡が、本質的に帝国主義的であるように、ロビン・フッド伝説の進む軌道は反帝国主義的であるからだ。それは外よりは内に目を向ける。ロビン・フッドとその配下たちは、つねに彼らの世界の中心点、つまりシャーウッドの森へ立ち戻るのであり、そこから出撃したまま帰らないということがない。彼らは外の世界を希求しない。外部世界とは、すなわち、ノッティンガムの執政長官やプリンス・ジョンの軍勢の支配する世界であり、それはシャーウッドの世界を破壊せんと試みる勢力なのである。

十九世紀のロビン・フッド文学に強く反映されているのが、この固有の孤立意識である。特に、リチャード獅子心王が十字軍の遠征に赴いてしまった留守に国内に混乱が生じたという歴史的事実が、政府たるものは国内問題にこそ意を注ぐべきである、と主張する人々にとっては願ってもない援軍になった。

ちょうど、リチャード王が自国を見捨て、国の資源を浪費してしまったのと同じく、今の英国政府は無益な対外拡張に法外な資金や人的資源をつぎ込む危険を冒している、というわけだ。じつは、十九世紀の初頭から、ロビン・フッドを扱った多様な文学の中で、このテーマは陰に陽に顔をのぞかせているのである。たとえば『ロビン・フッドの経歴と偉業』(一八〇五年頃)という本のなかで、著者はこう述べている。「盲目的なまでに、宗教的情熱に駆り立てられて、リチャード王は、聖地の異教徒との戦いをせんがために、みずからを滅ぼし、ほとんど自国全体もあやうく破滅させるところであった。王の不在のあいだ、英国は内患に苦しめられ、略奪者、盗賊が跋扈した」。ロバート・ミルハウスはその詩「シャーウッドの森」(一八二七年)で、同様に十二世紀の国内の動乱の責任が十字軍にあるとし、特に、いわれもなく失われた多くの人命を嘆いている。

狂乱の熱にうかされて、軍勢は異国へ渡り、
いきり立った激情が、やがて激闘の果てに静まるころには、
幾多の、父を失った子、夫を失った妻が
あふれ出る悲嘆の涙で、その喪失を悼んだが、
胸にえぐられた傷は、その涙でも満たせぬほどに、深かった。(39)

一方、ロビン・フッドはリチャード王に代わって統治を引き受ける、いわば国の救世主のように見える。サー・ウォルター・スコットの『アイヴァンホー』(一八二〇年)では、彼はプリンス・ジョンとその軍勢を権力の座から追放する作戦に参加する。これは秩序を乱す側ではなく、秩序を回復する側に立

っての戦いである。優先順位を取り違えた王のせいで、国内にもたらされた損傷を修復する、そのために戦う彼は愛国の士である。

十九世紀もさらに先へ進むと、ロビン・フッド伝説の文学処理には、ますます反帝国主義の役割が色濃く出てくるようになる。J・H・ストッケラーの小説『森の女王メイド・マリアン』（一八四九年）は、やはり、リチャードの聖地への出立により引き起こされた問題を描くという、典型的な書き出しになっているが、著者はここで一ひねり工夫を凝らして、ロビン・フッドをアーサー王の弓部隊の隊長として、十字軍の遠征に参加させている。さて、英国へ帰還するにあたって、彼はサラセンの族長スレイマンとその娘リーラを伴って帰る。当初、二人は新しい環境にうまく適合するようにも見えたが、しかし、底流には険悪なものがひそんでいた。スレイマンはロビン・フッドを毒殺しようと図ったかどで緑林を追放されてしまう。スレイマンはその足でなんとプリンス・ジョンの陣営に逃げ込み、リチャード一世の統治を転覆させる企てに手を貸すのである。ロビン・フッドは、しかし、彼を弓で射殺し、その悪巧みを打ち砕く、こういう筋立てである。

作者ストッケラーは、スレイマンとその娘リーラを、英国社会に対して破壊的な、そしてあきらかに邪悪な影響を及ぼした人間として描いている。彼らがやってきたことで、緑林はすっかり様変わりさせられ、かつての伝統であった屈託のない暮らしの様式に慣れ親しんできた者の目には、これがあの緑林なのか、と疑わしく思われるほどである。

数カ月前にこの森の同居人だったり客人だったりした者なら誰であれ、また、陽気な緑林に長いこと住んできた者に共通する暮らしぶりを知っている者なら誰であれ、この友愛の共同体の変わりようが理解できなくて戸惑ったことだろう。かつては彼らの余暇の気晴らしが見せてくれたような陽気さ、気兼ねのなさが、また、彼らの日焼けした善良な顔が見せていた、あの満足しきったような安心感が、いまでは、いささか陰鬱な不安にとざされている。そして、なぜ、こうなってしまったのかを、きちんと説明できる者もほとんどいないのである。

サラセン人が森を退去させられてはじめて、「緑林の暮らしが……昔の愉快な元気さを取り戻した」のだった。(40) ストッケラーは一八二一年から四一年までをインドですごしており、この間に、彼は現地住民をつぶさに観察してきたのであろう。その結果、『メイド・マリアン』から判断する限り、彼には幾多の偏見が生まれたと思われる。「不信人者」との接触は破壊的な危険性をもつ、いわば外部からの伝染性の悪疫であり、可能なかぎり、これを避けねばならない、と彼が考えていたのは明らかである。

英国文明に対する「東洋の邪悪さ」の影響という危惧は、ヴィクトリア時代の思想を貫く縦糸の一本である。ロビン・フッドがスレイマンやリーラをキリスト教に改宗させようという「気高い」試みが失敗するのも、アジア諸国民の卑しさ、知性の低さがその原因なのである。こうした人種の者が英国の首都の住民と接触するならば、やがては英国社会を堕落させるにいたる悪疫の脅威がもたらされるであろう。それゆえ、必然の結論として、彼らを英国の住民からできるだけ引き離しておかねばならない、こうストッケラーは説くのである。(41)

ロビン・フッドを扱ったその他の作品を眺めると、さすがに、ストッケラーほどあからさまな帝国主義への危惧はないものの、反帝国主義の要素がさまざまな形でそこに内包されているのがわかる。リチャード一世は、最も必要とされるときに英国を捨てたことで、相変わらず、手厳しい批判を受けている。

『森の少年たち』（一八六八年）で、アン・ボウマンはこう書いている。「その王位継承によって課せられた緊急の課題に、この武王リチャードがもっと意を用いていたならば、事態はよくなっていたことだろう。彼が異国での戦争に従事しているあいだに、うち捨てられた彼の王国は粗略に無視され、無秩序と小人の専制にゆだねられてしまった」。ボウマンは、たてまえとして理想をかかげた十字軍の目的にはほとんど敬意を払っていない。聖地への遠征から戻ったばかりの友人スミスに、若きサクソン人ヒューバートはこう問いかける。

「十字軍はなんて偉大な事業なんだろうね」と、ヒューバートはいった。「ああ、ぼくもリチャード王に従ってパレスチナへ行きたかったよ。聖なる大地にひざまずいて、まるで礼拝堂にいるみたいに祈りを捧げたと思うな。身震いする感じがしなかった？　スミス君」

「そんなことをした覚えはまったくないね」スミスは答えた。「何か神聖なものに心を向ける余裕なんて、そうちょくちょくあるわけじゃないさ。みんなが考えているのは、だれを殺して何を奪うか、そんなことばかりさ。ぼくらの頭のなかにあるのは、たいていは皮袋に入ったワインとかみずみずしい果物とか——果物はね、きみ、ここのプラムやりんごなんぞよりはるかに美味いんだ——あとは、ぎらりと光る鋭い短剣の恐ろしさか、そうでなければ女のひとの薄絹のサッシュ、そういったものなんだ。みんな同じだったと思うけれど、神の使徒としての戦士だったぼくらだけれども、神への祈りよりは流血や利得のほうが大事で、その点ではだれかれなくよこしまな人間だったんだよ」(42)

J・フレデリック・ホジェッツの『少年義賊エドウィン』（一八八七年）では、内政を顧みないリチャード対真の愛国者ロビン・フッド、というこのモチーフがおよそ最大級の強調を与えられている。ホジェッツはリチャードを外国からきた残忍な王として描き、彼の流血を好み、貪欲に黄金を求めたことが、十字軍の企てにつながったとしている。この間に、「かつて行なわれたいかなる戦争にもまして無益で、愚かな遠征のために、国の富は浪費され」、英国は辛酸をなめたのだった。ノッティンガムの住民の一人は、大帝国の冒険を優先して国内の責務を無視したこの君主に対して、「彼が英国の王であるというのなら、なぜこの国にとどまってその栄光を英国人に注がないのか。不信人者を殺戮して何の利益があるのか」と、否定的な意見を吐いている。ホジェッツの意見に与する作家はほかにもいて、エドワード・ギリアットの『リンカーンの緑野』（一八九七年）では、ノッティンガムの一人の下僕がロビン・フッドにこう訴える。「俺たちのように、貧乏であくせく働く下賤の者から見りゃ、あのご立派な赤十字の騎士の方々は、……ご自分たちのかっこいい衣装やら馬術の腕前を見せびらかしたくて、あんな遠くまで出かけたんでさあ。その間に、国中は苦しむ、お城はめちゃめちゃだ、日銭を稼ぐ仕事もない。坊さんだけが肥え太って、没落した騎士さんの広い地所を買い集めているってわけで……」(43)。

ここに潜んでいるような反帝国主義の傾向が、(44) E・F・ポラードの短編小説『怪盗「ハリ・ラム」』（一八九九年）では、はっきりと前面にでてくる。物語は、「その名も高き無法者」でハリ・ラムと呼ばれるインドの盗賊の虚構の手柄話である。カルカッタの警察当局によれば、

噂では、この男はロビン・フッドのような義賊だという。ものを奪う相手は金持ちときまっていて、分捕り品は貧乏人にばらまく。こういう盗賊だから、連中もハリ・ラムの味方をしてかくまうあり

さまで、われわれもなかなか彼をお縄にすることができない。いつも、あと一歩で、するりと網の目を抜けてしまう……。だが、ぜひとも引っ捕らえて厳しく罰しなければならない。さもなくば、この国には安心して住むこともできなくなる。目下の情勢は不穏きわまりない。

ハリ・ラムの捕縛は、しかし、成功しない。この地区の弁務官が警官の大部隊を率いてやってくるが、怪盗ハリ・ラムは弁務官の野営テントに忍び込んで、彼の懐中時計やシャツ、財布などをこれ見よがしに盗み出し、紙切れには丁重な挨拶を書き残してゆく始末。現地の警察署長の言葉によれば、それは「完璧なロビン・フッドの離れ業」だった。(45) ポラードは、こう描くことで、ジョン王に対するロビン・フッドの抵抗を、十九世紀インド植民地での英国の統治に歯向かう怪盗の姿に、はっきりと重ねあわせたのであった。

先に、やはり一八九〇年代の出版であるレヴィット゠イェイツの『入江のガラハド』を検討したが、ここでは、アーサー王になぞらえられた帝国主義のヒーローが、地域の山賊の跳梁を打ち鎮めんとしたのだった。これと対照的に、ポラードは似たような盗賊ハリ・ラムを登場させて、しかし、これをロビン・フッドになぞらえたのである。こうした設定にこめられた意味は明白であろう。ヴィクトリア時代後期の文学において、アーサー王と円卓の騎士たちは近代の植民地の官吏の先祖であったし、一方、ロビン・フッドとその配下たちは帝国の経営が拡大することへの抵抗者の原型であり、近代帝国主義が世界を均質化しようとする傾向に断固たる闘いをいどむ個人主義者の雛型として描かれたのである。

ただ、同じ十九世紀後半でも、ロビン・フッドを取り上げたすべての作家が、反帝国主義感情を彼に託したわけではない。二、三ではあるが、例外として、外部拡大の利点を打ち出すためにロビン・フッドのイメージを使ったものもある。一八九七年、ジブラルタルに駐屯していた英国砲兵隊のF・B・トムズ少佐が、『うぶな輩とロビン・フッド』というタイトルのクリスマス向けおとぎ芝居を書いている。英軍のスタッフを役者に起用して、ジブラルタルのロイヤル・シアターでの上演であった。女王陛下の軍隊として海外勤務する兵士たちの、現時点での生活ぶりを随所におりまぜながら、芝居は、臆することなく、帝国主義的な対外強硬論を存分に表明するものとなっている。そして、ロビン・フッドも、英国の海外制圧をテーマに愛国的な歌を披露する。

英国の、国の守りの木造戦艦は、
すでに消えて久しいが、
堅忍不抜の「樫の精神」は、今も赫々と
英国人の胸のうちに燃える。
われらの子供たちに、話して伝えよう、
そのまた子供たちにも、伝えよう、
英国が、このヴィクトリア女王の統治下に
いかに栄光を高めたかを。
子供の、そのまた子供たちが、われらが膝で
たどたどしい言葉でしゃべりだす頃には、
語ってきかせよう、英国がいかにして
世界の海を押さえねばならぬかを。

ほら吹きの大言壮語で、国は守れない。
彼らを、偉大なブリタニアの真の息子たちとなし
英国が世界の海を支配するために
子供らを立たせねばならない。(46)

しかし、このトムズほどの熱烈な帝国推進論者でも、一八九〇年代に大英帝国が受けるはめになる、やかましい帝国批判の高まりを、完全に黙殺できたわけではない。その批判は、ここでも、領国を見捨てて十字軍遠征に赴いた獅子心王リチャードの行状を、お誂え向きの道具に使っている。リチャード王が長い遠征からついにノッティンガムへ戻り、留守中にはびこっていた堕落と無秩序を回復したとき、詩人のブロンデルが王にこう問いかける。「これで海の外の戦いはもうすっかり終わったのですね」。しかし、リチャード王は、英国にある程度秩序が回復されれば、ただちに十字軍に取って返す、という意向をもらす。「キリスト教のために、かの土民どもの首をはねるのが、私はとても気に入っている」と王ははっきりと述べる。この予定を聞いたブロンデルは当惑して、王がふたたび出発すれば、英国はいま脱出したばかりの嘆かわしい事態へとまた逆戻りしてしまうだろうと思う。その上、異国での冒険が長引けば、英国人の人命に対しても大きな犠牲を強いられるであろう。

いつもこうだったのだ。英国人は長いこと「よそ者の地」を、
さまよい歩き、戦い、故国に居着くことがなかった。
昔もそうなら、あなたの時代も同じこと、そして、

おそらくは、最後まで、こんなことが続いてゆくのだ。
アジアで、そしてアフリカで、われらはしばしば戦って
勝利しても、それが高い代償で贖われることもあった。(47)

このように、表面上は帝国主義推進のためにロビン・フッド伝説を採用したと見られる作品の中にも、継続する対外拡張政策への批判が、やはり、垣間見えるのである。

トムズのおとぎ芝居が示しているのは、これ見よがしの愛国心をこめた帝国主義擁護論のその背後に、英国の未来がより孤立した進路をとるべきだと考える反帝国主義が、もうすこし希薄な形でではあるが、等しく重要な認識として存在していることである。ヴィクトリア時代後期の英国人の中には、国家の偉大さを維持し、高める目標を探して海のかなたに視線を向ける者がいた一方で、反帝国主義の観点を何よりも適切に表現してくれる風景、すなわち森の奥深くへ視線を投げる者もあったのである。その風景の中にいるヒーロー、緑林の領主がロビン・フッドであった。対外膨張政策はやめるべきだとする、いわゆる小英国主義者の声が強まるのに呼応して、真の愛国者とは遠い異国を見るのではなく本国にこそ第一義的な注意を向ける人間である、とする解釈がロビン・フッド伝説の主流となった。帝国主義的膨張は、犠牲ばかり大きくてまったく引き合わないのである。エドワード・ギリアットの『狼の首――義賊の王の物語』(一八九九年)の中で、ロビン・フッドの後継者とも見られるガッファー・ジョンはそうした時代の趨勢を、こう簡潔にまとめている。「神はわれわれをここ英国においた。なぜわれらは異国の地を足しげく訪れねばならないのか(48)」。

結語

「われらは一つの国民」

●二十世紀前半のアーサー王とロビン・フッド

ジョージ・E・ロチェスターの『スカイウェイマン、キャプテン・ロビン・フッド』（一九三五年）は、第二次世界大戦前の緊張した国際情勢を舞台にした、少年向けのスパイ小説だ。冒頭のシーンで、英国の軍事防衛力の詳細を入手しようと図るドイツの諜報員が、緋色の飛行服をつけた男に捕らえられる。男は「キャプテン・ロビン・フッド」だと名乗ったあとで、スパイにこう問いかける。「知らないのか、愚か者め。英国魂こそは今日の世界では、永遠に最強の軍隊なのだ」。それから彼はこのドイツ人に自分の「切り札」を取り出して見せる。それは小さな銀の矢で、赤、白、青の飾りがほどこしてある。つまり、英国国旗を飾る色である。そして、矢には「メリー・イングランドを守る矢」の文字が彫りこんである。(1)

筋が進展してしだいに分かってくるのは、キャプテン・ロビン・フッドとは、「献身的な英国人の小部隊」の隊長で、この部隊は「妬み、嫉みのまなざしで英国の権力と広大な植民地の富を狙ってきた者たちが、この大英帝国を破壊的な恐ろしい戦争へと突入させようと企てるのを妨げるべく、秘密裏に、しかし一命を賭して真摯に戦う」英国人たちなのである。英国の軍備を狙ったドイツ人組織の転覆、破壊活動を、ロビン・フッドは再三再四くいとめる。最後の空中戦では、彼はドイツの「死の飛行隊」を迎え撃ちこれを壊滅させる。小説の末尾では「英国の敵との戦い」をこれからも続けることを雄々しく誓う。(2)

欧州がじわじわと戦争へ向かっていた一九三〇年代半ばに、T・E・ホワイトは最終的に『過去と未来の王』という四部作に結実するアーサー王をテーマとした小説を書き始めた。これはアーサー王伝説を扱ったものとしては、二十世紀で最も著名なものの一つである。まず第一巻『石に突き立つ剣』が書かれ、続いて、『森の魔女』、『悪しき騎士』がそれぞれ一九三九年、一九四〇年に出版される。第四巻『風の中のろうそく』も、まもなく執筆されたが、これは一九五八年になってようやく出版、ここで四部作の完成となった。平和主義者であったホワイトは第二次大戦の勃発にひどく心をいためたが、彼の作品にもこの間の情勢が色濃く投影されている。この総力をあげた戦争と、アーサー王を主人公にした自分の著作とが切っても切れない関係にあることもよく承知していて、一九三九年の日記には「私には文明のために戦う以上のことができる。つまり、私は文明を作りなす者だ」などとも書いていた。(3)『過去と未来の王』では、アーサーの非嫡出の息子にして怨敵ともなるモルドレッドは「鞭打ち人」たちと呼ばれる「人民党」を率いている。明らかにナチ党になぞらえたものであろう。「彼らの目的はある種の国家主義であり、……またユダヤ人の虐殺である」と、ホワイトも述べている。(4)小説の最後で、アーサーがモルドレッドとの戦いに臨む場面には、したがって、ヒトラーのドイツと対決する現実の英国の戦いが重ねられている。ホワイトは、彼の主義からして、できれば戦争はしないですませたかったであろうせる人であった。

が、しかし、いったん戦争と決まれば、ホワイトも、どちらの側に正義と道徳があるかを鮮明にしてみせる人であった。

これら二つのテキストは、一九三〇年代、迫りくるナチス・ドイツとの戦いを前に、その脅威から国を守る地位にロビン・フッドとアーサー王を配している。これまで検討してきたように、二十世紀初頭にはこの二人のキャラクターがまぎれもない国民のヒーローと目されていたのであるから、国家存亡の危機にさいして、作家がこの英雄たちに頼ろうとしたのも偶然ではない。われわれが見てきたとおり、十九世紀にはアーサー王とロビン・フッドの「英国性」が、二重の形で確立された。一つは、英語学という学問の隆盛との関連づけがなされたこと、すなわち、トマス・マロリーの『アーサー王の死』そしてロビン・フッドのバラッドが英語の正典という高い地位をあたえられたことによって、そして、二つ目には、両ヒーローの民族性が、サクソン民族の優秀性というこの時代の主流民族概念に沿う形に変更させられたことによって、その英国色はきわまったのだった。二十世紀にはいっても、ヴィクトリア時代に営々として築かれたこの伝説解釈は持続している。ロビン・フッドのバラッドは、未熟ではあるが頑健なかたちで国民の文学的才能を示した模範として、いぜん称賛されていたし、一方、『アーサー王の死』も、この伝説解釈のための中心的テキストとして承認されていた。ノース・ウェールズ・ユニヴァーシティー・カレッジの英語教授W・ルイス・ジョーンズは「アーサー王伝説にあらたな生命を吹き込んだのは、まさにマロリーであり、彼の功績によって、幾多の現代詩人にアーサー王伝説の魅力がもたらされたのである」と述べている(5)。

ヴィクトリア時代の優秀民族概念のほうも精彩を失っていない。ロビン・フッドは、邪悪なノルマンの征服者に猛然と戦いを挑むサクソンの英雄である。たとえば、第一次大戦中に出版された、F・ガジンの『ロビン・フッドと愉快な仲間たち』は、冒頭で義賊ロビン・フッドの手柄話の背景となる歴史的状況をこう説明している。

一〇六六年、ノルマンディー公爵ウィリアムは海を渡って英国へ攻め寄せた。サセックスの海岸へイスティングスへ公爵は上陸、ここで英国軍との激しい戦闘が始まった。この戦いで時の英国王ハロルドは戦死、ノルマン人が勝利を収めた。……さて、ウィリアム公爵は英国の王となり、家来の戦功に報いるために、サクソン人の土地と屋敷を奪い、……これを配下のノルマン人に分け与えた。そのため、……サクソンの貴族と征服者たちとの間に非常な軋轢が生じ、この不穏な情勢が長年にわたって続くことになった。

ガジンは、そうした不満を抱くサクソン人の中にロビン・フッドも含まれていたとして、それゆえ、彼が「始終、ノルマンの貴族たちから金品を奪い、これをサクソンの貧しい者たちに分配した」と説明している。(6)

アーサー王の場合は、すでに見たとおりで、彼がサクソン人の英雄であると露骨なレッテル貼りをするのは、歴史的事実からして無理があるのだが、二十世紀の著作家たちも、ひきつづき、アーサー王のケルトの血筋を否定し「英国の王」という呼び名を踏襲している。たとえば、ドリス・アシュレーの『アーサー王と円卓の騎士』(一九二二年)では、マーリンが「この石から剣を引き抜く者は、すなわち生得の権利として、英国全土の王である」と宣告する。アシュレーも、その序文のなかで、実際のアーサー王とは六世紀のケルト人であり、「侵入するサクソン人相手の」戦いを指揮した、という可能性が最も高いことを認めてはいるが、ヴィクトリア時代の先例に彼女もならって、歴史上の人物と虚構のキャラクターとを一応区別するというやり方で、英国人であるとするこの身元照会を正当化している。「アーサー王が異彩を放つのは、歴史的人物としてではなく、ロマンス物語のヒーローとしてである」からだ(7)。

アーサー王をその歴史的起源から切り離す二十世紀の著作のなかでも、最も見え透いた手法を露骨に使ったのは、やはり、ホワイトの『過去と未来の王』である。ホワイトは、ゴール人（英国人）とゲール人（ケルト人）という二分法をきっちりと守り、前者をアーサー王に代表させ、後者にはオークニー族のガーウェイン、アグラヴェイン、モルガン・ル・フェイといった人物を配している。オークニー族というのは本来はオークニー諸島人、つまりスコットランド人の名称であるが、アーサー王に対して作中で彼らが見せる敵意というのは、じつは、ホワイトの時代の英国に対抗するアイルランド人の反感であり、両者の当時の対立関係がそっくりここに投影されているのである。いまだ若きアーサー王が、その脆弱な王権の座を堅固なものにしようと闘っているとき、マーリンは、未来から過去へと時をさかのぼって生きてきたために身についた透視力をもって、ゲール人がなぜアーサー王の権威を認めたがらないのかを説明する。「王国を狙ってあなたに歯向かうあのすべてのゲールの連中を……ごらんなさい。石から剣を抜いたからといって、それが法的にも正当な元祖の父権を証拠だてるわけではないことは、確かに私も認めましょう。しかし、彼らがあなたに反抗するのは、そのためではないのです。あなたの玉座がいまだ不安定だという、ただその理由だけで、……連中は戦いを挑んでくるのです。前々から申し上げたとおりで、英国の難局は、アイルランドの好機なのです(8)」。

ホワイトは、はっきりと、ゲール人が破壊をめざす戦力であると見ている。「ゲール人同盟の目下の反乱は、すなわち、国家分裂へ向かう一段階なのです」と、マーリンは断言する。「彼らはこの連合王国を……粉砕して、自分たち自身のいくつものけちな弱小国へと分裂させたいのです……。このような部族主義には腹に据えかねるものがあります……。人類の命運とは統一へ向かうことであって、分裂を許すことではありません。こんな具合に分裂したままでは、人類はまるで、別々の離れた木の枝につかまって互いに相手に木の実をぶつけ合っている猿の仲間ではありませんか」。さらに先へ進むと、アイルランド民族主義へのホワイトの反感はいよいよ明白になる。アーサー王の宿敵で、「無敵のゲール人」と形容されるモルドレッドは、「英国人にとっては不倶戴天の敵」であり、アイルランド民族の典型である。

この部族は、現代のアイルランド共和国軍が率いている種族であって……古来、つねに領主たちを殺害しながら、殺されたのは自分が悪いからだとうそぶいてきた連中であり、かつて……いわば歴史の噴火によって地の果てへ追いやられた種族。その地にあって、不平不満と劣等感の悪辣な意識を育てながら、今日もなお、昔の誇大妄想を叫び続けている……。病的なまでに短気で、憂鬱にふさがれ、こき下ろされながらも、なお破綻した遺産をかたくなに守る者たち(9)。

ケルト出身のアーサー王を反対にケルトの敵と描くことで、ホワイトはアーサー王の歴史的実体を逆転させている。

このように、伝説の解釈者のなかには、十九世紀に構築された優秀民族の概念を引き継いだ者もあった一方で、別の道を歩んだ者もあった。ロビン・フッド伝説の場合、ノルマンとサクソンの葛藤は、相変わらず主要なモチーフではあったが、ただ、その対立は、両民族の和解など不可能にするような不易の生物学的差異から生まれるものとして描かれることは、もはやなくなった。かわりに、ウォルター・スコットが『アイヴァンホー』で示したような姿勢への回帰――つまり、国家の統一のためにノルマンとサクソンは最終的には相互の敵意を捨てるという構想が、回復させられてくるのである。二十世紀初めに出た、『ロビン・フッド・ライブラリー』という一四の物語からなるシリーズのなかで、ロビン・フッドはこう明言する。「この領国においては、法のもとすべての人間は平等なのだという裁可を、プリンス・ジョンと彼の残忍な寵臣どもから、おれは無理やりにでも奪い取ってみせよう……。そうなれば、二つの民族は混ざり合って一つの力強い国民になるだろう」。また、同様に、アルフレッド・ノイズの詩「シャーウッド」（一九一一年）では、ロビンは高らかにこう宣する。

もはや、富める者よ、貧しき者よと言い募ることはない、
ノルマンもサクソンもなく、われらは同じ一つの国びと、
皆がにこやかな顔で手を取りあい、一家となって、
あの赤々と燃える暖炉――一つのお日様――を囲み、集うのだ。(10)

十九世紀の後半にあれほど広まっていた民族間のけわしい不和が、いったいなぜ、ここでは影をひそめてしまっているのか。ここで想起されるのは、すでに検討したリンダ・コリーの著作で、彼女は、十八世紀から十九世紀初めにかけてのうち続く戦争のせいで、英国の「英国らしさ」がとりわけ強調されるにいたったことを示唆していた。いいかえれば、フランスに代表される外からの軍事的脅威が強まった結果、イングランド、ウェールズ、スコットランド、アイルランドの各住民が、とりあえずは互い

の反目は棚上げにして、危険な外敵の一掃に専念することを強いられた、ということなのだった。そして、二十世紀前半に目を移せば、われわれは、ここにも同様の情勢が推移していることを理解するのである。破壊的で血なまぐさい二つの大戦に直面する英国にとっては、国家を形成する諸民族がその相違点よりは類似点を強くうち出すことが、焦眉の課題となったのである。さらに、特殊な条件として、これんどは国の存続をかけた戦争が、フランスではなくドイツ相手ということになったから、「善いサクソン、悪いノルマン」の図式も具合の悪いものになったという事情もあった。ゲルマン民族の血筋を優秀とし、ノルマン人のフランスを貶め続けるのは困難になったわけである。

アーサー王の民族上の帰属関係にも、理由はまた別であるが、変化が起こってくる。イングランドの側の作家は、引き続き、アーサー王のケルト起源をなるべく無視しようとしたが、ウェールズの側には所有権をふたたび回復しようという動きも出てきた。すでに見たとおり、十九世紀後半には一時鳴りをひそめていた主張である。たとえば、一九一三年、グエントで恒例の年中行事である野外ページェントが開催されたが、この、地域の伝統と慣習を祝う野外劇にアーサー王のエピソードが組み込まれた。この企画を担当したキャロライン・A・キャノンは、「グエントという土地はアーサー王の土地である」と宣して、「実際の歴史上の人物」よりも「神秘化されたアーサー王」を持ち上げるような人々を批判、さらに続けて、「このウェールズという国には、アーサー王伝説を生み出した偉大な伝統があるという事実に、またその栄誉に、われわれがかくも無頓着であることは、一個の国民として悲しむべきことである」と述べている。この野外劇の中では、アーサー王は「英国の……王族のマント」をまとい、また、その「鉄兜の頂には偉大なケルトの竜が飾られていた」。アーサー王がどの民族に帰属するかについてまったく混乱の余地を残さなかったのである。(11)

二〇年後、アーサー王の歴史上の起源を糊塗する動きに反対という声が、もう一つ登場する。一九三四年、『メーデンヘッド・アドバタイザー』紙に、売価一シリングのアーサー王の伝記の出版を予告する一文が掲載されている。著者名は不詳であるが、こんなふうに不満を呈している。

わが国の大学にせよ博物館にせよ、アングロ・サクソン的要素はあまりにも強く、じっさい、権威、大家と目される学者の中にアングロ・サクソンの味方でない教授が見つかるのが稀なほどである。英国の学界に職を得て、英国の俸給をもらっている学究の徒でありながら、真実英国的である人間はひどく少ない。「偉大な」という言葉などまことに相対的なもので、しばしば誤用されるか、お気に入りにだけ与えられる評価だ。大先生たちはアルフレッド大王にこの誇張された評価を授けて、サクソンの王として歴史の中にひときわ高い地位を占めるのを許しているが、一方、アーサー王は虚構の中に隠しさり、架空の世界の仰々しい幻想家という栄誉のみを授けている。アーサー王の馬飾りを見れば、実際の彼の時代よりは数世紀もあとの、馬上武術試合の時代から借りてきた絵なのである。

したがって、自分の目的はアーサー王の歴史性を回復することである、とこの著者はいう。よしんば、「アーサー王を現実の歴史の地平に引きおろしたために、多くの人の目に、彼が信じるに足らぬ、また、面白みのない人物像として映る」のだとしても、彼は、断乎として、虚構を現実に引き戻したいのである。文章の末尾を読むと、大文字で強調した一文があって、彼の意図はいっそう鮮明である。すなわち、「アングロ・サクソンは英国的ではなく、ケルトこそが英国的なのである」[12]。

この初期の二つの例からも分かるように、二十世紀には、アーサー王の歴史的実像を取り戻そうという動きが顕著になってくる。新しい考古学上の発見があいついだことも、この動向に拍車をかけた。ローマ人が去って後サクソン人が渡来するまでの、曖昧模糊とした時代についての知識が飛躍的に増大したからである。こうなると、続々と出土する反証を無視して、アーサー王の「イングリッシュ」性を主張することはだんだん難しくなった。さらに、ウェールズ民族主義運動がふたたび活発化するにいたったことも、新しい「よりケルト的な」アーサー王像の必要性を促したといえる。近年は、ウェールズ人も、十九世紀などとはちがって、東の隣人がだれからも文句をいわれずにアーサー王伝説をわがものにしているのを、黙って許してはおかなくなっている。それはまた、ウェールズ文化のいろいろな局面がむやみに英国風に変えられることへの、全般的抵抗運動の一環でもあった。

ロビン・フッドとアーサー王の民族的実体の問題が複雑化したのとあわせて、二十世紀には、両伝説のなかの、女性の位置づけ、および大英帝国の位置づけについてもあらたな問題が生じてきた。アーサー王伝説の解釈でいえば、ヴィヴィアンとグィネヴィアの二人が代表に選ばれて非難されているようにも見える。とりわけ、うわべだけ見ると、女性はあいかわらず容赦なく切り捨てられている。インドはマンガロールにあるガバメント・カレッジの学長H・マリムは、インド人学生のために編纂したアーサー王伝説を解説して、ヴィヴィアンの「子猫のようなはしゃぎっぷりだけを見ると、彼女を知らない者なら、これは世界一純真・無垢な娘だと考えたかもしれないが、じつは、彼女は心中よこしまで、狡猾で、残忍な意地悪女なのであり、彼女の茶目っ気はすべて偽装である」と書いている。一方、グィネヴィアはといえば、こちらはさらに輪をかけた悪女で、彼女の犯す罪は、女性という性のもろもろの欠陥を全体として反映しているのである。グィネヴィアがアーサーの怒りを逃れて身を隠す修道院で、一人の乙女がこう語る。「女たちはすべて、たった一人の女性がアーサー王の円卓をひっくり返してしまったことを、嘆き悲しむにちがいない」。グィネヴィアの行動が女性という性の短所の現われであるという、この意見に賛成する作家はほかにもいて、たとえば、詩劇『アーサー・ペンドラゴン王』（一九〇六年）を書いたアーサー・ディロンによればこうだ。

女が過ちを犯す、これは宿命でもあろうか。
あの、鉄の柱で、海ゆく船を引き寄せる
磁石の島さながら、女の身のうちの地金は
相性のよい男を引き寄せんと身を焦がす。
王国の栄誉を満載した巨艦にも似た騎士たちが、
この魅力に引かれ、水先案内人の示す航路を外れる。

ところで、アーサー王自身は、異父姉モルガン・ル・フェイとの近親相姦の関係について罪を問われない。その理由はこうだ。

アーサー王の秘密の罪は、これは、ますらおの行ない。
男にあっては、情の心が死すときも
精神は損なわれぬもの。(13)

男の場合は寛容に許される行為も、女性の登場人物となると厳しく咎められるというのであるから、十九世紀のダブル・スタンダードは、一見するに、まだまだ元気に生きているようでもある。

だが、同時に、そうした状況が変わり始めている気配もある。まず第一に、二十世紀も半ばにさしかかると、性差にかかわる問題をまともに論ずる著作家がどんどん減ってきて、これがアーサー王文学の中ではもうめだった役割を果たさなくなった、という事情がある。加えて、たまたま性差の問題を扱う論者が出た場合でも、彼らは、女性の登場人物の評価に関して、ヴィクトリア時代の先人ほどには硬直した見かたをしなくなってきた。右のディロンのグィネヴィアにしても、もはや受動的な犠牲者とは描かれていない。彼女の行動がもたらす結果の一部始終を目の前に突きつけられても、グィネヴィアは足元にひれ伏したりはしない強い女性である。また、彼女はラーンスロットにも服従はしない。彼がグィネヴィアに結婚を申し込むときも、彼女はこれをはねつけてこう問いかける。

これは何でしょうか。あなたは何を望んでいるのでしょうか。
われわれの作る連邦国家の姿を思い描いてごらんなさい。
臣下は忠義顔をして、われわれにへつらい、付き従うでしょうが、
国の民の間には、悲嘆の声が渦巻くことでしょう。
顔をあわせれば罵りあう人々が引きも切らず、その悲哀は
船も通うほどの水かさとなって、わが都市と田園を洗うでしょう。
われらが宝物殿は、宝ではなく自己軽蔑で満たされ、
涙の海、嘆きの天空、果てることのない悲しみの宇宙が、

われらの時代に、立ちはだかるのです。(14)

ディロンの説くところでは、ただグィネヴィア一人が、自分とラーンスロットの行動の意味を理解しているという。それゆえ、詩劇の最後の場面で、彼女は二人にとっての出口は一つしかないことをラーンスロットに納得させ、この愛人どうしは海へ身を投げるのである。

二十世紀前半に、グィネヴィアという女性を最も複雑な形で描いたのは、ホワイトの『過去と未来の王』で、ここでは、グィネヴィアを女性像の理想が失墜した姿としてではなく、十分に完成させられたキャラクターとして提示している。ホワイトのグィネヴィアは、意志が強く、聡明で、勇気があり、率直、ヴィクトリア時代の固定観念であるわざとらしい優美さや無垢のイメージは微塵もない。女王としての役割は完璧に果たし、公的な宮中行事の職務もたくみにこなす。ホワイトはまた読者がグィネヴィアに共感せざるをえないような書き方をする。円卓の騎士たちの男の同志愛の仲間からは外されていたから、彼女の人生はおおむね孤独である。子供はなく、夫のアーサーはしばしば遠出をし、また公務に忙殺されていたから、そのさびしい空白を埋めるために彼女はラーンスロットに接近するのである。つまり、端的にいって、ホワイトのグィネヴィアは悲劇的な人物であり、いわば、中世という檻にとじこめられた近代人の姿である。この斬新な設定は、マリオン・ジマー・ブラッドッレー、フェイ・サンプソン、シャラン・ニューマン、ポーシャ・ベイカー、パーシャ・ウォリーをはじめとするあとに続く多くの作家たちにも、モデルとして採用され、否定的な描き方が伝統であったグィネヴィア像に改訂がほどこされた。(15)

メイド・マリアンの場合は、これとは対照的で、二十世紀になってもその性格づけに根本的な変化は起こらなかった。もともと活発で積極的な女性であるから、近代的女性像の資格に楽々と適合できたところがある。作者不詳であるが、一九四七年の『ロビン・フッドの冒険』にはこう書かれている。「マリアンはロマンティックな騎士の姿をむなしく夢見ながら、タペストリーを織り上げているような深窓の姫君ではない。鹿革を身に着け、……狩ともなれば、メリー・メンたちと共に緑林へ赴く、娘というよりは若い男のイメージである」。たしかに、作家のなかには、彼女の性差がぼやけてしまう振る舞いにまごつく者もあって、一九三二年に『五つのロビン・フッド劇』を書いたロナルド・ガウは、その序文で、「メイド・マリアンには困惑させられる。しかたなく、私は彼女を劇から除外した。森の男たちと一緒にうろつきまわる彼女は、いったいどういう女なのか。腕のいいコックでもあったのだろうか」と書いている。だが、大方の作家には、彼女の行動は黙認され、伝統的な性差の境界をこえても咎められることはなかった。アグネス・ブランデルの『ロビン・フッドとの出会い』(一九三六年)では、サクソン人の若者オズモンドの前に姿を現わしたマリアンは、「ちょうどオズモンドと同じくらいに短くカットした髪で」、「鹿革でできた編み上げ長靴を履き、……ベルト付きのチュニックを」着ていた。面食らったオズモンドが「おまえは男なのか、娘なのか」と問いかけると、「わたしはメイド・マリアンだよ、お兄ちゃん」と彼女は答える。伝統的な性のカテゴリーでは彼女を律しきれないことを示す場面であろう。[16]

第六章で、われわれは、十九世紀後半の大帝国追求の是非をめぐる対立した議論について考察し、アーサー王およびロビン・フッドの伝説を、両陣営がそれぞれ有効に利用していたのを見た。この緊張状況は一九〇〇年以降、さらに高まったが、アーサー王とその騎士たちは、引き続き、世界に平和と統一をもたらす守護者として描かれた。フランシス・クーツの『アーサー王のロマンス物語』(一九〇七年)は、アーサーが次のように宣言する晴れやかな場面から始まる。

甲冑に身をかためた諸卿よ、そして騎士たちよ、
この英国ほど祝福された領国が、かつて世界にあっただろうか。
自由の気概と、いまだ未完の事業への信念に満ちあふれ、
あらゆる悪しき慣習を駆逐すべく、わが騎士たちは
津々浦々へ馬首をめぐらす。
われらが国境のうちは、平和に収まり、さらに外へ目を向け、
われらは大海原の支配をめざす。その海を押さえることで、
大君主として、われらは世界の覇者とならん。

同様のヴィジョンが「アヴァロンなるアーサー王の驚異の生涯」(一九〇四年)という詩にも窺える。これは、当時の政治状況を風刺した作品で、作者は「ジェフリー・ジュニア」と称しているが、この名前は『ブリトン史』を書いたモンマスのジェフリーにみずからをなぞらえたものだ。この詩の中で、アーサー王の帝国の諸国民が一堂に会して、王への忠誠を誓い、かつ英国の支配での繁栄を謳いあげる一場面がある。

閣下を通じて、われわれはそれぞれの輝かしい昔日の伝統を守り、

かつ、われらの多様な生活が、閣下のもとで一つとなる。
それはあたかも、すべての惑星が、その離心に走る逸脱を抑えて、
太陽の周りをめぐる、安定した軌道に落ち着くのにも似ている。
王国をつくる顔ぶれはかくも多彩で、かつめいめいが自由であるが、
このように多くの者が、それぞれの意志を
いかにして、一つの目的に向け、束ねてゆけるのか。あるいはまた、
いかにして、共通の精神へみずからの意思を沿わせてゆけるのか。
どんな人工の技も、どれほど明確な輪郭をもった制度も、
議会をもってしても、それを実現することはできない。
ただ、王と庶民を固き血の絆に結びつける、同族愛、
一つに結ばれた声望、共通の心の交わり、これこそが、
幾多の諸国を、中心たる玉座の周りに集結させるのである。(17)

先に見たとおり、十九世紀後半には、帝国主義の活動をイメージ化する格好の比喩として、多くの作家が聖杯の探求、とりわけガラハドの冒険を題材にしていた。二十世紀前半には、アーサー王の題材をこのように扱う実例は少なくなるが、しかし、ときおりは登場する。一九三七年、トレヴァー・ウォーレスは『大空のガラハド』というヤング・アダルト向けの小説を出版している。舞台はニューギニア、主人公はダニエル・ジェイムズという名のパイロットで、彼は鉱山町周辺地域の「法と秩序を維持する責任」を引きうけている。欧州人の侵入の結果、地元民衆のあいだに不穏な空気が強まるなか、ダニエ

ルは全面的な蜂起を未然に防ぐために奔走するが、その過程で、ダニエルはニューギニアから英国を追い出し、ここをみずからの植民地に変えようと企む「利権に絡む列強のひとつ」——明らかにドイツをさすわけだが——が、現地人をそそのかしていることを知る。が、最後には、ドイツの飛行機は撃墜され、現地人の反乱も芽のうちに摘みとられる[18]。

こう筋だけを追えば、『大空のガラハド』は伝統的なサー・ガラハドの物語を利用して帝国主義の企図を推進している、と見えるかもしれない。しかし、もうすこし詳しく眺めると、十九世紀とはちがって、作家にはより複雑な姿勢が窺えるようだ。小説全体を通じて、ウォーレスは現地の住民に相当の共感を寄せ続けるし、彼らの抱く不平、不満の多くがいわれのないものではないことを理解している。主人公ダニエル・ジェイムズも以下のように認識する。

これは、圧倒的に優秀な白人が頭の悪い劣等人種をあっさり打ち負かす、という図式の話ではない。侵略する文明と、本国のジャングルに住む鋭敏そのものの褐色の人種との激闘だ。彼らは、父祖たちが記憶を絶する太古の昔から、狩りをし、漂泊し、また戦いをしてきた土地へ来襲する者どもには、怒りを燃やし決然と反撃するのだ。

住民たちの怒りのもとをたどってゆけば、そもそもことの起こりは、族長テューペックの部族民二人が無法な欧州人に誘拐されたことにある。彼らはその二人を拷問にかけ「宝物の隠された洞窟の秘密を吐かせようと」したのである。ダニエルは部族民の村に爆弾を投下して反乱を鎮めるのではあるが、しかし、彼はニューギニア人への同情を禁じえない。「結局、ここは彼らの土地ではないか。それが侵略されたのだ」。のちに、ダニエルは族長のテューペックと会見する機会があり、彼になぜ白人を嫌うのかと尋ねる。

「われわれの部族民を破滅させるからだ」彼はぶっきらぼうに答えた。「その返事ではまだ足りないか」

「だが、私たちはそんなことはしない」ジェイムズは言い返した。「けっして……」

テューペックは嘲るような笑い声をあげた。それを聞きながら、……捕虜の身であったジェイムズは、しゃべりながらも、自分の言葉が中身のないうつろなものであることを悟っていた。

小説の末尾で、ダニエルの友人トムは「この世界には白人と黒人の両方が住める余地がある」とはっきり述べる(19)。この小説で、ウォーレスが帝国主義的征服の意義を擁護しているのではなく、人種の融和というメッセージを強くうち出そうとしているのは、明らかである。

帝国主義の弁護役としてのアーサー王伝説の意味が、二十世紀前半にやや複雑になったとすれば、これを批判する側の武器であったロビン・フッド伝説の役割もやはり複雑化した。とはいっても、帝国の膨張を批判する「小英国主義」のもろもろの要素は、ヴィクトリア時代と変わらず受け継がれていた。リチャード獅子心王は、十字軍遠征のために自分の領国を見捨てたとして、あいかわらず、手厳しく非難されている。ヒュー・チェスターマンはその『シャーウッドの物語』の中でこう書いている。

神と人の諸々の法が、それを守るのが仕事のはずの者たちによって、絶えず破られている。略奪と強盗ははびこるがまま。プリンスと彼の無法の宮廷人たちの貪欲は、満たされることを知らず、富める者も貧しい者も等しく餌食にしようと狙っている。どこかの館が急襲され略奪を受けたとか、土地が没収された、あるいは農夫の住まいが焼き討ちにあった、といった話を聞かない日は一日とてない。そうした農夫たちは、一文なしの追放者となって住む家もなく森へ逃げ込む。国民を守るに十分なほど強力な武力を誇る王は、異国の地にあって聖戦での栄誉を勝ち取ることに汲々としている。英国民が国王の居場所は国民のそばにあるべきだといいながら、長嘆して王の帰国を願ったとしても、なんら不思議ではない。

こちらもまた、二十世紀にまで引き継がれている。『ロビン・フッド・ライブラリー』の第五分冊「リチャードと正義のために」（一九一二年）で、修道士タックはロイストーン男爵の魔手からメイド・マリアンを救出しようと図る。ところが、ロイストーン城で、タックは「サラセン人メルキュオー」の姦計に嵌り、魔法で気絶させられそうになる。抵抗もできずに立ちつくすタックの目に映るのは、「皮膚の黒い異国人」の目にぎらぎらと燃えている「邪悪で、人を侮るような光」である。もうすこし先へ進むと、二人の死闘が始まるのだが、「この東洋人の目は熱を帯びて燃え上がり、その鋭利な湾曲刃で猛然と切りかかってくる。もし受け損なって一太刀でも浴びようものなら、たちまちタックは棺おけゆきだ」。タックは、しかし、なんとか自分の武器の六尺棒で、相手に致命的な一撃を加える。すると、「大声でアラーの神とマホメットの名を唱えながら、メルキュオーは……まるで雄牛が斃れるように大地に崩れ落ち、二度と立ち上がることはなかった[20]」。この場面には、大帝国の植民地から母国へ伝染してくるかもしれない害毒のイメージが残らず現われている――邪悪な、黒い肌の東洋人、危険きわまりない異様な武器、異国の邪教……。

この作品は、ロビン・フッド伝説を扱ったヴィクトリア時代の原典に依拠したものかもしれない。先に第六章で言及した作品の一節に、じつによく似ている。ところで、十九世紀の場合、ロビン・フッドは帝国の批判者であるだけでなく、これを転覆しようと図る人物でもあった。そういう役割をもった者として、帝国主義的な権力に対して盗賊として闘いを挑んだのである。二十世紀はどうかといえば、この役割はさらに発展させられ、ロビン・フッドはさまざまな帝国主義の局面で、英国の支配に挑戦する盗賊団という姿をとる。こうした物語の結末は、伝統的には、この義賊団が一時的には帝国の企図をくじくが、最後は裁きにかけられ、結局、大英帝国が勝利を収めるという図式になっていた。一例をあげると、一九一二年のサー・エドモンド・C・コックス著『怪盗ケショウ・ナイクの偉業』で、「金持ちから盗んだものは貧乏人に分かち与えた」と描かれるとおり、ロビン・フッドのような働きをする虚構のインド人盗賊ケショウが主人公である。舞台設定は明確に反帝国主義で、マイソーの鉱山からロンドンへ輸送される金塊を奪う、という計画をケショウは立てる。「この宝が英国紳士のためにロンドンへ送られる」など我慢ができないからである。「われらの国を奪いにきた連中が、国土ばかりか金塊までも持ち去るのは妥当とはいえない。連中の島はすでに金持ちばかりで、一方、わが国では人々は貧困に泣いている」とケショウは述べる。このくだりなどは、二十世紀後半の植民地独立期の読者ならば、おおいに共感しそうであるが、しかし、インドで警官を務めた経歴をもつコックスは、ケショウが危険な犯罪者であり、その悪行は阻止されねばならないという見解をはっきりうち出している。本物のロビン・フッドとはちがって、ケショウはまちがいなく「腹黒い」悪漢であり、「欺瞞と狡猾」がその本性だからである。ケショウはしばらくは逃げ回るが、ついには拘禁されて終身刑を宣告され、ベンガル湾のアンダマン諸島にある囚人の流刑地へ送られる。こうして善は悪に勝利し、帝国の権威は維持されることになる(21)。

アレクサンダー・ウィルソンの『真紅の強盗』(一九三三年)も同様の筋立てである。この物語は「新興インド」運動と、そのリーダーで真紅の衣装を身に着けたラム・チョーンドローの活動を描くもので、彼らの目的は英国支配を転覆させる革命である。そして、恐怖をもって人々をこの運動に同調させるべく、彼は村々を襲い、金品を略奪、また住民を殺害する。彼を追及する英国人警官イーアン・ハンターに、ラム・チョーンドローは次のように語る。

いまや、お前たち民族は、肥大しきったお前たちの母国へ追い返さねばならん。そこまで膨張し裕福になったというのも、もとはといえば、何世紀にもわたってお前たちが圧制と残虐によって疲弊させてきた、弱小国の人民の血であがなったものだ。われわれはマハトマ・ガンジーの教示を受けてはいるが、しかし、そのような非暴力と平和主義というまったく非現実的な基盤の上に国家を建設するつもりはない。ただ一つの手段、戦いと流血に訴えてはじめて、われわれインドは世界にそのふさわしい居場所を見つけるのだ。偉大な闘争はすでに小さな炎となって開始された。私も微力を尽くしている。しかし、この小さな炎はやがては国中を覆い尽くす大火炎となり、多年にわたってインドに悪政をしいてきた権力を壊滅させることだろう。……仮借のない戦いのみが勝利をもたらすのだとすれば、われわれは仮借のない戦いを実行しよう。……同志によって定められた私の役割が、英国人のなかに恐怖と荒廃をもたらすことであれば、いかにも私はそれを実行しよう。……ああ、それが可能ならば、お前たち呪われた人種の者どもすべてを、お前たちが建てた館のあの窓という窓から吊るしてさらし者にしたいくらいだ。

これに対しハンターは大英帝国主義の防衛精神をもって応じる。

インドを今日ある姿に仕上げるために、大英帝国は戦い、血を流し、巨額の資金を注ぎ込んできたのだ。完全な独立など、断じてお前たちに許すわけにはゆかない。この国がいま誇りともしている平和、安全、繁栄、そして文明の進歩、これらはいずれも英国の賢明な統治、思慮深い行政のたまものではないか。……考えてもみよ、もしお前たちが独立などしようものなら、この国はそこらじゅうで内輪もめが起こって、国内は無秩序状態になってしまうのだ。そうなれば、折あらば踏み込んできてこの国を奪おうと狙っている他国のかっこうの餌食となってしまうほかはない。主権を握った統治など時期尚早、州ごとの自治すらもその機は熟していない。われわれから譲歩を引き出そうなどと考えるよりさきに、われとわが身を自分で傷つけてしまったその傷口を早々に癒すことだ。(22)

最終的に、反乱は鎮圧され、平和が回復させられる。ロビン・フッド的な義賊が英国の帝国主義支配を転覆させようと図る試みは、ここでも失敗に終わる。

盗賊を征伐する大英帝国の力を誇示するというよりは、むしろ、英国の道徳的・精神的権威を強調しようとする作家たちもいる。一九三〇年、エイミー・カーマイケルが『盗賊の首領ラージャ――インドの真のロビン・フッドの物語』を出す。これは、誤って盗賊の汚名を着せられた若きインド人ラージャの、血わき肉踊るといった物語で、森へ身を隠さざるをえなかったラージャは、やがて狂猛を怖れられていた盗賊団の首領となり、その名も「レッド・タイガー」と名乗る。彼の行動はまさしくロビン・フッドを思わせる。彼の犠牲となった者に対しても慇懃に振る舞い無慈悲な真似はしないし、一貫して「女性の味方」である。(23)最後には彼も捕らえられるが、ここで彼はキリスト教に改宗し、犯罪行為は止めると決意する。脱獄するためにやむをえず法を犯すものの、自由の身になったからといって以前の悪行に立ち戻ることをしなかった。しかし、彼のそれまでの悪評は消えずにいて、彼はだれか別人が犯した犯罪の容疑者とされる。英国当局のなかに、彼を危険な無宿者として裁判にかけるべきだとの意見が強まり、やがて大掛かりな山狩りの末に、ラージャは捕らえられて銃殺される。

八年後、ヒュー・A・エヴァン・ホプキンズがこの小説の改訂版を出す。話の筋はだいたいカーマイケルの原作どおりであるが、ホプキンズはラージャのキリスト教への改宗という設定に特に重きをおいている。

何千、何万という今日のインド人にとって、神はそれ以上のもの、つまり、漠然とした観念以上のものではない。また、彼らはあの、人の手が作りなした生命のない、薄汚れて、不気味な石の偶像のほかは崇める物も人も持たない。……本国にいる者たちには、かの国の悪魔の力を認識することはできない。じつは、はるかに遠い昔から、そうした悪魔の姿が彼ラージャに教え込まれてきたのである。しかし、われわれにはより大きな力をもつ神がいる。じっさい、ラージャも、二、三年のうちには目を見開かれ、愛と純潔の神が彼の心を占めるようになった。そして、ラージャ自身の言葉によれば、「ぞっとする悪魔の忌まわしい慣習」とは、彼は永遠に手を切ったのである。(24)

カーマイケルおよびホプキンズの描き方には、帝国を壊滅させる、ないしは少なくとも分裂させる、という犯罪的行為が失敗に終わるのは、大英帝国の武力が勝っているからというよりは、キリスト教の信仰が優位に立っているからである、という主張が窺える。ともあれ、いずれにしても、英国の帝国主義的権威が損なわれずにすむ、という結末には変更がない。

しかし、ここに、こうした物語の一つの興味深いヴァリエーションがある。一九三九年、エドウィン・デイルは少年ものの冒険小説として『ドン・セイバー――砂漠のロビン・フッド』という作品を出している。舞台は英国の植民地である中東の一国、英国の行政府当局は、ここで「タイガー」と名乗る破壊的で危険きわまりない盗賊を捕らえて裁きにかけようという設定。著者デイルは、タイガーが「自分の国へやってきて民衆を支配している英国人に憎しみを抱き、彼らを打倒しようと決意を固めている」と説明する。ところが、この小説にあっては、ロビン・フッドになぞらえられているのはこの「タイガー」ではない、「砂漠のロビン・フッド」なるドン・セイバーである。パブリックスクールで教育を受けた生粋の英国人だが、日焼けした肌は「褐色」で、「砂漠地帯ならどこへ行こうとアラブ人で通る」風貌の持ち主。なにやらアラビアのロレンスを思わせるドン・セイバーであるが、彼は現地の欧州人をタイガーの略奪行為から守るために働く。クライマックスは、飢えに苦しむ地方へ食料を輸送する英軍兵士の一隊を、タイガーが襲撃する場面だ。多勢に無勢、弾薬も不足というなかで、あわや英国軍が全滅かと思われたそのとき、ドン・セイバーが救援にはせつけ、ついに勝利を収める。デイルは小説の末尾で、「砂漠の盗賊の巨魁タイガーの脅威はついに去った。砂漠のロビン・フッドが勝利したのだ」と締めくくっている。(25) これは、帝国主義の営為をくつがえすというよりはそれを推進するロビン・フッドという、やや珍しい例であろう。二十世紀にあって、アーサー王の場合もそうであるが、ロビン・フッドの帝国主義との関係がさらに複雑化したことを示していると考えられる。おそらくは、第二次世界大戦を前にして、帝国経営の緊張が強まるなかで、英国人は、このように正反対かと思われる人物像にさえ助力を求めたということであろうか。デイルの作品は、帝国の未来が植民地の行政府の力よりはドン・セイバーのような個々のヒーローの力にかかっていることを暗示してもいるようである。

こんな実例はあるものの、アーサー王とロビン・フッドが引き続き正反対の視点を代表するという形での作品が、二十世紀前半にあっては、まずは大部分である。ヘンリー・ギルバートが一九一二年に『ロビン・フッドと緑林の仲間たち』で書いているとおり、「アーサー王が騎士階級の英雄であるごとく、ロビン・フッドは貧しき人々の……ヒーロー」だった。[26] 両方の伝説がもっている政治的・社会的・文化的位置づけの伝統を考えれば、これも驚くにはあたらない。一方は強権を有する偉大な王であり、他方は身分も低いアウトローである。かたや上流人士とそれに仕える人々の胸に去来する理想像、こなたは広く一般民衆のヒーローである。そして、これほど対照的な人物像が同時に国民的英雄として機能していたという事実は、英国民のアイデンティティーが、従来の歴史家が想像していた以上に複雑化していたことを意味するのではなかろうか。国威発揚の声高な宣言の背後にも、国の進路をめぐるさまざまな議論が充満していたのである。

訳者あとがき

『大英帝国の伝説――アーサー王とロビン・フッド』（原題は *Myth and National Identity in the Nineteenth Century ― The Legends of King Arthur and Robin Hood*）は、気鋭の英国史学者ステファニー・バーチェフスキーの話題の書である。

アーサー王、ロビン・フッドといえば、もとより、英国民の誇る人気のキャラクターである。グラストンベリー、ウィンチェスター、ティンタベルなどアーサー王ゆかりの地と称される名所は英国各地に多数存在して、今なお英国民のいわば心の故郷となっているし、ロビン・フッドもシャーウッドの森を中心に人気の観光イベントの主役である。とはいえ、アーサー王とロビン・フッドとは、いかにも奇抜な取り合わせで、英国の建国の父ともいえる伝説上の英雄であるアーサー王と、これも伝説めいた森の義賊ロビン・フッドとでは、普通は、比較の対象として並べることには違和感が伴うであろう。適切な譬えではないかもしれないが、日本武尊と国定忠治を同列に論じているような按配だからである。しかし、この両者が英国の国民精神の形成に果たした役割が、章を追ってつぶさに論証されてゆくにつれ、二人は歴史上ないしは伝説上の、それぞれ異質のキャラクターであるという差異性をしだいに希薄にしてゆく。つまり、両者はともに一種のイデオロギーとしてのアーサー王神話、ロビン・フッド神話となって膨張し、また変容しつつ、新たな活力を付与されてくるからである。かくして、ロビン・フッドはいかなる権力、外圧にも屈しない、共和国風の平等と独立心の象徴となって英国人気質の不可欠の部分を支えるのだし、また、アーサー王は、英国の国家意識の体現者として、とりわけ十九世紀大英帝国のモラルに芯を通すバックボーンとして機能し始めるのである。こう見てくると、本書は、その意表をつく表題にもかかわらず、じつにユニークな英国精神史として、従来は必ずしも分明ではなかった英国人の気概や自負心の解読に巧妙な光を当てたものであることがわかる。

たとえば英国流ジェントルマンの外面を描写することで英国人を特徴づけるのではなく、また大きく政治・外交・通商といった観点からのみ大英帝国を定義して終わるのでもなく、人々の心理の底流にある願望や危惧の念にまで立ち入って、英国人が歴史のそのときどきの難局を乗り切るさいに国民の士気をどう高揚させ、また統一させていったか、この視点から、バーチェフスキーは二つの神話を表舞台に出したのである。まったくの歴史書ではなく、神話学の論文でもなく、これはまさしくダイナミックな英国人論といえよう。

グレート・ブリテンまたユナイテッド・キングダムとは、歴史的に見れば、まさしく複雑な融合体であって、十九世紀に英国が世界に覇を唱えるに至るまでには、政治権力を一つにまとめ、支配的な民族や言語の優秀性を確認し、規範的なエトスを文化史的に系統づけ、また対外進出を正当化するモラルを打ち立てねばならなかった。本書は、マイナーな文学作品までも発掘しながら、その国民意識確立の過程を逐一検証しようとしたものである。アーサー王とロビン・フッドは、いわば車の両輪として、歴史のそのときどきに英国人気質を磨き上げる不朽の素材、つまりは伝説・神話として蘇ったということであろう。

筆者は少年時代にスコットの『アイヴァンホー』に慣れ親しんだことも手伝ってか、バーチェフスキーが本書でロビン・フッドに活劇の主役以上の意義を与えていることを興味深く思い翻訳の機会を求めていたのであるが、ただ、アーサー王に関しては門外漢に近かったから、この方面には詳しい山本洋先生に懇願し助力を仰ぐこととし、分担としては、序章から第二章までをご担当いただいた。また、本書の第五章は、メイド・マリアンやグィネヴィアに焦点を合わせ、両伝説の変遷の中で女性がどう解釈されてきたかをユニークに論じているが、この章に関してはジェンダー論に通じた同僚の松本和子氏の力をお借りした。記して感謝申し上げたい。いくつかの難解な詩句の解釈については同じく同僚のケヴィン・クリアリー氏の助力を得た。またウェールズ語の発音については、ブリティッシュ・カウンシルにおられたモリス・ジェンキンズ氏のご教示を得た。ともに厚く御礼申し上げる次第である。

筆者の個人的事情が重なって翻訳作業はひどく手間取ったのであるが、この間、編集の秋田公士氏には多大のご迷惑をおかけした。辛抱して待っていただいたことをただただ有難く思うばかりである。

二〇〇五年八月

野﨑 嘉信 記

著　者

ステファニー・L. バーチェフスキー
(Stephanie L. Barczewski)

1968年，デラウエア州ウィルミントンに生まれる．1990年にコロンビア大学で文学士．1995年から96年までケンブリッジのシドニー・サセックス・カレッジで研究員．1996年，イェール大学でPh.D. 取得．1996年からサウス・カロライナ州クレムソン大学の歴史学助教授．本書に次ぐ二番目の著書に，タイタニックの惨事が欧米でどう受け取られたかを跡づけた『タイタニック──よみがえる一夜』(2004) がある．現在は，南極探検家スコットを題材に，20世紀を通じて英雄的男性像がどう変化してきたかを研究している．

訳　者

野﨑嘉信（のざき よしのぶ）

1945年，北海道に生まれる．北海道大学大学院文学研究科修士課程修了．現在，東京理科大学工学部教授（イギリス・ロマン派文学専攻)．訳書に，ノラ・ロフツ作品集1『私の隣人はどこ？』，同2『飽くなき女たち』，同4『老いの坂道』，同6『ノーフォーク物語』（教育プラン発行・JCA出版局発売)，M. C. カーンズ『結社の時代』，A. K. ターナー『地獄の歴史』，N. ルイス『東方の帝国──悲しみのインドネシア』（以上，法政大学出版局）がある．

山本　洋（やまもと ひろし）

1932年，東京に生まれる．1955年，東京大学文学部英文学科卒業．東京理科大学理学部教授を経て，現在，同大学名誉教授（アメリカ文学専攻)．共同編集・執筆に携わった辞書に，『新スタンダード英和辞典』(大修館)，『三省堂小英和辞典』(三省堂)，『岩波新英和辞典』(岩波書店）がある．

《叢書・ウニベルシタス　828》
大英帝国の伝説
——アーサー王とロビン・フッド

2005年10月15日　初版第1刷発行

ステファニー・L. バーチェフスキー
野崎嘉信／山本洋訳
発行所　財団法人　法政大学出版局
〒102-0073 東京都千代田区九段北3-2-7
電話03(5214)5540 振替00160-6-95814
組版：緑営舎　印刷：平文社　製本：鈴木製本所

Printed in Japan

ISBN4-588-00828-5

原　注

序　言

1 Stefan Collini, *Public Moralists: Political Thought and Intellectual Life in Britain 1850-1930* (Oxford: Clarendon Press, 1991) 351. See also J. W. Burrow, *A Liberal Descent: Victorian Historians and the English Past* (Cambridge: Cambridge UP, 1981).

2 Peter Mandler, '"In the Olden Time": Romantic History and English National Identity, 1820-50', in Laurence Brockliss and David Eastwood (eds.), *A Union of Multiple Identities: The British Isles, c.1750 c.1850* (Manchester and New York: Manchester UP, 1996), 78-92.

3 See Kenneth Lunn, 'Reconsidering 'Britishness': The Construction and Significance of National Identity in Twentieth-Century Britain', in *Nation and Identity in Contemporary Europe*, ed. Brian Jenkins and Spyros A. Sofos (London and New York: Routledge, 1996), 83-100.

4 G. R. Elton, *The Tudor Revolution in Government: Administrative Changes in the Reign of Henry VIII* (Cambridge: Cambridge UP, 1953), 3; Liah Greenfeld, *Nationalism: Five Roads to Modernity* (Cambridge, Mass.: Harvard UP, 1992), 42.

5 エドウィン・ジョーンズの近年の所説では，チューダー王朝期にいっそう民族主義的な，また島国的な英国観が登場し，外国人嫌いや英国人を「特別視」する意識が，英国精神の主要部分を形成するにいたったという。Edwin Jones, *The English Nation: The Great Myth* (Thrupp, Stroud, Glos.: Sutton, 1998).

6 Claire McEachern, *The Poetics of English Nationhood, 1590-1612* (Cambridge: Cambridge UP, 1996), 158.

7 See Jenny Wormald, 'James VI, James I and the Identity of Britain', in Brendan Bradshaw and John Morrill (eds.), *The British Problem, c.1534-1707: State Formation in the Atlantic Archipelago* (New York: St Martin's, 1996), 148-71; David Underdown, *A Freeborn People: Politics and the Nation in Seventeenth-Century England* (Oxford: Clarendon, 1996), 5. See also the essays in Steven G. Ellis and Sarah Barber (eds.), *Conquest and Union: Fashioning a British State 1485-1725*

(London and New York: Longman, 1995).

8 Linda Colley, *Britons: Forging a Nation 1707-1837* (New Haven and London: Yale UP, 1992), 1, 5.

9 Ibid. 6. コリーはこれに続けて，19世紀には「他者」を体現するものがフランスではなく，大英帝国の広大な海外の版図に代わった，と論じている。Linda Colley, 'Britishness and Otherness: An Argument', *Journal of British Studies*, 31 (1992), 325. 帝国の海外版図の存在が，この時期に英国の国家意識を高める基礎になったという考えには同意できるが，本論では，英国人が自らを規定してゆくさいの，より複雑で多面的な要因をさぐってみたい。

10 Laurence Brockliss and David Eastwood, 'Introduction: A Union of Multiple Identities', in Brockliss and Eastwood (eds.), *A Union of Multiple Identities*, 3. 興味深い点として留意したいのは，1837年のヴィクトリア女王即位に先行する時期の議論として，コリーが「ブリティッシュ」というタームで国家像を論じている一方で，1880年以降の国家主義に焦点が移ると，歴史家たちは「イングリッシュ」というタームを採用し始めることである。See e.g. Robert Colls and Philip Dodd (eds.), *Englishness: Politics and Culture 1880-1920* (London and Dover, NH: Groom Helm, 1986).

11 Eric Hobsbawm, *Primitive Rebels: Studies in Archaic Forms of Social Movement in the 19th and 20th Centuries* (New York: Praeger, 1963), 4.

12 J. Walker M'Spadden, *Stones of Robin Hood and His Merry Outlaws Retold from the Old Ballads* (London, 1905), p. xii.

第1章

1 Edward Bulwer Lytton, *King Arthur* (London, 1849), 21, 29.

2 Vivian Matthews and Alick Manley, *Little Red Robin; or, the Dey and the Knight. Original Burlesque Extravaganza* (London, [1900]), 6, 15.

3 Lady Katie Magnus, *First Makers of England: Julius Cœsar, King Arthur, Alfred the Great* (London, 1901), p. vii.

4 *Sharpe's London Journal*, 9 (1849), 374; W. J. Linton, *Claribel and Other Poems* (London, 1865), 84.

5 Henry Sewell Stokes, *The Song of Albion: A Poem Commemorative of the Crisis* (London, 1831), 18; Ian F. W. Beckett, *Riflemen Form: A Study of the Rifle Volunteer Movement 1859-1908* (Aldershot: Ogliby Trusts, 1982), 301; F. R. Goodyer, *Once*

upon a Time: or, A Midsummer Night's Dream in Merrie Sherwood (Nottingham, 1868), 24. ベケットの著作を紹介してくださったことでは，キース・サリッジ博士に感謝申し上げる．

6 F. Mary Wilson, 'England's Ballad-hero', *Temple Bar*, 95 (1892), 411.

7 Richard Barber, *King Arthur: Hero and Legend* (New York: Dorset, 1986), 13.

8 Stephen Knight, *Arthurian Literature and Society* (London: Macmillan, 1983), 34.

9 Charles Moorman, 'Literature of Defeat and Conquest: The Arthurian Revival of the Twelfth Century', in Valerie M. Lagorio and Mildred Leake Day (eds.), *King Arthur Through the Ages* (New York: Garland, 1990), i. 34.

10 H. Moller, 'The Social Causation of the Courtly Love Complex', *Comparative Studies in Society and History*, 1 (1958-9), 143.

11 Knight, *Arthurian Literature and Society*, 137.

12 この王子は，しかし，1501年に死去し，アーサー二世として即位することはなかった．

13 See Sydney Anglo, *Spectacle, Pageantry, and Early Tudor Policy* (Oxford: Oxford UP, 1969); David M. Bergeron, *English Civic Pageantry 1558-1642* (London: Edward Arnold, 1971); Roy Strong, *The Cult of Elizabeth: Elizabethan Portraiture and Pageantry* (London: Thames and Hudson, 1977).

14 Michael O'Connell, *Mirror and Veil: The Historical Dimension of Spenser's Faerie Queene* (Chapel Hill: University of North Carolina Press, 1977), 5. See also Robin Headlam Wells, *Spenser's Faerie Queene and the Cult of Elizabeth* (London and Totowa, NJ: Croom Helm, 1983).

15 Roberta Florence Brinkley, *Arthurian Legend in the Seventeenth Century* (Baltimore and London: John Hopkins Press, 1932), 7-9; *Ben Jonson: The Complete Masques*, ed. Stephen Orgel (New Haven and London: Yale UP, 1969), ll. 72-7.

16 James D. Merriman, *The Flower of Kings: A Study of the Arthurian Legend in England between 1485 and 1835* (Lawrence, Ka.: University of Kansas Press, 1973), 58.

17 Beatrice Webb, 'Poet and Peasant', in Caroline Barron and F. R. H. du Boulay (eds.), *The Reign of Richard II: Essays in Honour of Mary McKisack* (London: Athlone, 1971), 58-74. See also Maurice Keen, *The Outlaws of Medieval Legend* (London: Routledge, 1961); R. H. Hilton, 'The Origins of Robin Hood', in Hilton (ed.), *Peasant, Knights and Heretics: Studies in Medieval English Social History* (Cambridge and New York: Cambridge UP, 1976), 221-35.

18 Douglas Gray, 'The Robin Hood Poems', *Poetica*, 18 (1984), 30-2. See also Paul R.

Coss, 'Aspects of Cultural Diffusion in Medieval England: The Early Romances, Local Society and Robin Hood', *Past and Present*, 108 (1985), 35-79.

19 J. C. Holt, 'The Origins and Audience of the Ballads of Robin Hood', in *Peasants, Knights and Heretics*, 236-7. See also his *Robin Hood*, rev. edn. (London: Thames and Hudson, 1989). キーンはこのかた「J. C. ホルツ教授の表明した」所説は「事実により近い」と認めている．次の文献を参照．note to 'Robin Hood—Peasant or Gentleman?', in *Peasants, Knights and Heretics*, 258.

20 五月祭についての最良の解説は，以下を参照。Ronald Hutton, *The Stations of the Sun: A History of the Ritual Year in Britain* (Oxford: Oxford UP, 1996), ch. 24. See also W. E. Simeone, 'The May Games and the Robin Hood Legend', *Journal of American Folklore*, 64 (1951), 265-74.

21 Ronald Hutton, *The Rise and Fall of Merry England: The Ritual Year 1400-1700* (Oxford and New York: Oxford UP, 1994), 33. 民衆の祝祭と政治的転覆計画との関連についての古典的研究としては次を参照．Emmanuel Le Roy Laclurie, *Carnival in Romans: A People's Uprising at Romans 1579-1580*, trans. Mary Feeney (Harmondsworth: Penguin, 1981). See also Yves-Marie Bercé, *Féte et révolte: Des mentalités populaires du XVIe au XVIIIe siècle: Essai* ([Paris]: Hachette, 1976), esp. 55-92; Robert Muchembled, *Popular Culture and Elite Culture in France 1400 -1750*, trans. Lydia Cochrane (Baton Rouge: Louisiana State UP, 1985).

22 Holt, *Robin Hood*, 149; and Peter Stallybrass, '"Drunk with the Cup of Liberty" : Robin Hood, the Carnivalesque, and the Rhetoric of Violence in Early Modern England', in Nancy Armstrong and Leonard Tennenhouse (eds.), *The Violence of Representation: Literature and the History of Violence* (London: Routledge, 1989), 51.

23 David Wiles, *The Early Plays of Robin Hood* (Woodbridge, Suffolk: D. S. Brewer, 1981), 53; and Hutton, *Rise and Fall of Merry England*, 33.

24 Stallybrass, 'Drunk with the Cup of Liberty', 64; and Hutton, *Stations of the Sun*, 253-4.

25 Richard Wilson, '"Like the old Robin Hood": *As You Like It* and the Enclosure Riots', *Shakespeare Quarterly*, 43 (1992), 14.

26 *The Dramatic Works of George Peele*, ed. Frank S. Hook (New Haven and London: Yale UP, 1961), 113.

27 *George a Green, The Pindar of Wakefield* (Tudor Facsimile Texts: London, 1913).

28 Anthony Munday, *The Downfall of Robert Earl of Huntingdon* (Oxford: Malone

Society Reprints, 1964), ll. 2210-13. マンデイがロビン・フッドを貴族として描くのは，1500年にジョン・メイジャーがその著書 *Historia Maioris Britanniae* の中で，ロビン・フッドを「義賊のプリンス」と呼んだことに根拠を求めているのかもしれない。See J. B. Bessinger, Jr., 'Robin Hood: Folklore and Historiography, 1377-1500', *Tennessee Studies in Literature*, 11 (1966), 61.

29 *A Pleasant Commodie Called Looke About You: A Critical Edition*, ed. Richard S. M. Hirsch (New York: Garland, 1980), 5.

30 Jonathan Dollimore, 'Introduction: Shakespeare, Cultural Materialism and the New Historicism', in Jonathan Dollimore and Alan Sinfield (eds.), *Political Shakespeare* (Ithaca, NY: Cornell UP, 1985), 12.

31 *The Poems of William Warner*, The Works of the English Poets, Vol. 4 (London, 1810), 564.

32 引用の出典は次の文献. *Pageants and Entertainments of Anthony Munday: A Critical Edition*, ed. David Bergeron (New York: Garland, 1985), 85-99.

33 中世復興についての全般的研究として最も優れているのは次の著書である。Mark Girouard, T*he Return to Camelot: Chivalry and the English Gentleman* (New Haven and London: Yale UP, 1981).

34 Charles Dellheim, *The Face of the Past: The Preservation of the Medieval Inheritance in Victorian England* (Cambridge: Cambridge UP, 1982), 4.

35 See Alice Chandler, *A Dream of Older: The Medieval Ideal in Nineteenth-Century English Literature* (Lincoln: University of Nebraska Press, 1970), 2-3; Raymond Chapman, *The Sense of the Past in Victorian Literature* (London and Sydney: Croom Helm, 1986), 56.

36 Dellheim, *Face of the Past*, 15.

37 Ibid. 70-1; Howard D. Weinbrot, *Britannia's Issue: The Rise of British Literature from Dryden to Ossian* (Cambridge: Cambridge UP, 1993), 147.

38 Debra N. Mancoff, *The Return of King Arthur: The Legend Through Victorian Eyes* (New York: Harry N. Abrams, 1995), 22.

39 Richard Blackmore, *Prince Arthur*, 4th edn. (London, 1714), 170.

40 William Hilton, *The Poetical Works of William Hilton* (Newcastle, 1776), ii. 251.

41 *The Yale Edition of Horace Walpole's Correspondence*, ed. W. S. Lewis (London and New Haven: Yale UP, 1974), xxxviii. 50-1; Hugh Reid, 'A Probable Addition to the Poetical Works of Joseph Warton', *Review of English Studies*, 38 (1987), 529.

42 E. Thomas, 'Briddyn Jubilee, 1782. An Ode', *European Magazine*, 2 (1782), 153.

43 John Brooke, *King George III* (Frogmore, St Albans: Granada, 1974), 108.

44 Stephen Knight, *Robin Hood: A Complete Study of the English Outlaw* (Oxford and Cambridge, Mass.: Blackwell, 1994), 148; John O'Keeffe, *Airs, Duetts, and Chorusses in Merry Sherwood, or Harlequin Forrester*, in Frederick M. Link (ed.), *The Plays of John O'Keeffe* (New York and London: Garland, 1981), iv. 5.

45 Knight, *Robin Hood*, 151.

46 *The History of the Robin Hood Society* (London, 1764), 63-4.

47 Edmund Burke, *Reflections on the Revolution in France* (London, 1912), 73; R. J. Smith, *The Gothic Bequest: Medieval Institutions in British Thought, 1688-1863* (Cambridge: Cambridge UP, 1987), 117.

48 Lynn Hunt, *Politics, Culture, and Class in the French Revolution* (Berkeley: University of California Press, 1984), 28; Girouard, *Return to Camelot*, 49-50.

49 Girouard, *Return to Camelot*, 25.

50 Stella Cottrell, 'The Devil on Two Sticks: Franco-phobia in 1803', in Raphael Samuel (ed.), *Patriotism: The Making and Unmaking of British National Identity*, Vol. 1: *History and Politics* (New York and London: Routledge, 1989), 262-3.

51 Christopher Hill, 'The Norman Yoke', in *Puritanism and Revolution: Studies in Interpretation of the English Revolution of the Seventeenth Century* (London: Secker and Hudson, 1958), 57.

52 Smith, *Gothic Bequest*, 101-2; Thomas Paine, *The Rights of Man* (Harmondsworth: Pelican, 1976), 277-8.

53 Hugh Cunningham, 'The Language of Patriotism', in Samuel (ed), *Patriotism*, i. 57-8; Hill, 'Norman Yoke', 103.

54 Sir Walter Scott, *Marmion: A Tale of Flodden Field* (London, 1809), 12-17.

55 Felicia Dorothea Browne, *England and Spain; or, Valour and Patriotism* (London, 1808), 7.

56 David Lloyd, *Characteristics of Men, Manners, and Sentiments; or, The Voyage of Life and Other Poems* (London, 1812), 284-6.

57 Richard Llwyd, *Poems. Tales, Odes, Sonnets, Translations from the British, &c. &c.* (Chester, 1804), 190-2.

58 Edward Donovan, *Descriptive Excursions through South Wales and Monmouthshire, in the Year 1804, and the Four Preceding Summers* (London, 1805), 116; Neil Fairbairn and Michael Cyprien, *A Traveller's Guide to the Kingdoms of Arthur* (London: Evans Brothers, 1983), 106; Louisa Stuart Costello, *The Maid of the Cyprus Isle, and Other Poems* (London, 1815), 56.

59 J. H. Merivale, *Orlando in Roncesvalles, A Poem* (London, 1814), 91; 'Vittoria', *European Magazine*, 64 (1813), 146-7; Sir Ambrose Hardinge Giffard, *Verses* (London, 1824), 30. See also Giffard's 'Roncesvalles', in *Verses*, 26-7. ウェリントンをアーサー王に比較する慣わしが，19 世紀の前半を通して続いた経緯は次の書にもうかがえる。See e.g. M. J. O'Sullivan's 'No Longer the Harp of Old Erin Shall Slumber', in his *A Fasciculus of Lyric Verses* (Cork, 1846), 63-4. ただ，ウェリントン公が政界へ入ってからは，公の批判者たちが，アーサー王とのこの対比を，風刺的な意味合いで行なうこともしばしばだった。See Leigh Hunt, 'The Dogs', *The Liberal*, 1 (1822), 246-59; Percival Leigh, *Jack the Giant Killer* (London, [1843]), 52-3; William Maginn, 'The Fraserians; or, The Commencement of the Year Thirty-five', *Eraser's Magazine*, 11 (1835), 1-2; 'An Oxonian', 'Lines Written After Reading the Romance of Arthur's Round Table', *Blackwood's Edinburgh Magazine*, 27 (1830), 705; and William and Robert Whistlecraft, *Prospectus and Specimen of an Intended National Work... Intended to Comprise the Most Interesting Particulars Relating to King Arthur and his Round Table*, 2nd edn. (London, 1818), 13. 1890 年代の半ばには，プレベンダリー・ヴァーノン師が，*The Sunday at Home* の中でこう書いている。「古の神話にあっては，伝統的に，アーサー王が必要とされるような祖国の危難にさいして，王は再来するものと信じられていた。（ところでこれも奇妙な話だが，われわれが現実に迎えた『アーサー王』は，救助者として自らが英国，および欧州を必要としているのである。）」'The Passing of Arthur', *The Sunday at Home* (1896-7), 292.

60 Leonard MacNally, *Robin Hood; or, Sherwood Forest* (Dublin, 1788), 7.

61 Ibid. 33-4.

62 William Godwin, *Things as They Are, or, The Adventures of Caleb Williams* (London, 1794), ii. 28; William Wordsworth, *The Borderers, in Poems, Chiefly of Early and Late Years* (London, 1842), IV. ii. 190-1.

63 *The Letters of Joseph Ritson*, ed. Joseph Frank (London, 1833), i, 203; *Monthly Magazine*, 16 (1803), 376; Bertrand H. Bronson, *Joseph Ritson Scholar-at-Arms* (Berkeley: University of California Press, 1938), ii. 134.

64 Joseph Ritson, *Robin Hood: A Collection of Poems, Songs and Ballads Relative to that Celebrated English Outlaw* (London, 1795), vol. i, pp. xi-xii and xl.

65 *British Critic*, 9 (1797), 17; Ritson, *A Collection*, vol. i, p. ix.

66 Richard Warner, *A History of the Abbey of Glaston; and the Town of Glastonbury* (Bath, 1826),164.

67 Thomas Hastings, *The British Archer; or, Tracts on Archery* (London, 1831), 22.

第２章

1 Patrick Joyce, *Democratic Subjects: The Self and the Social in Nineteenth-Century England* (Cambridge: Cambridge UP, 1994) 120; Homi K. Bhabha, 'Introduction: Narrating the Nation', in Bhabha (ed.), *Nation and Narration* (London and New York: Routledge, 1990), 1.

2 Benedict Anderson, *Imagined Communities: Reflections on the Origins and Spread of Nationalism*, rev. edn. (London and New York: Verso, 1991), 11-12; Ernest Gellner, *Nations and Nationalism* (Ithaca: Cornell UP, 1983), 56; E. J. Hobsbawm, *Nations and Nationalism Since 1780; Programme, Myth, Reality*, 2nd edn. (Cambridge: Cambridge UP, 1992), 73; John R. Gillis, 'Memory and Identity: The History of a Relationship', in Gillis (ed.), *Commemorations: The Politics of National Identity* (Princeton, NJ: Princeton UP, 1994), 4.

3 Anthony Smith, 'The "Golden Age" and National Renewal', in Geoffrey Hosking and George Schopflin (eds.), *Myths and Nationhood* (New York: Routledge, 1997), 36, 48-52.

4 George Schopflin, 'The Functions of Myth and a Taxonomy of Myths', ibid. 20.

5 David Lowenthal, *The Past is a Foreign Country* (Cambridge: Cambridge UP, 1985); Lynn Hunt, *Politics, Culture and Class in the French Revolution* (Berkeley: University of California Press, 1984), 27. この問題に関して，アメリカ独立戦争とフランス革命とを比較検討した論考としては次を参照。François Furet, 'The Ancien Régime and the Revolution', in Pierre Nora (ed.), *Realms of Memory: Rethinking the French Past*, Vol. 1: Conflicts and Divisions (New York: Columbia University Press, 1996), 79-106.

6 Gillis, 'Memory and Identity', 7.

7 See e.g. Barry Schwartz, *George Washington: The Making of an American Symbol* (New York: Free Press, 1987). See also Lowenthal, *The Past in a Foreign Country*, 117-21.

8 See Harry Redman, Jr., *The Roland Legend in Nineteenth-Century French Literature* (Lexington, Ky.: University of Kentucky Press, 1991); Barbara G. Keller, *The Middle Ages Reconsidered: Attitudes in France from the Eighteenth Century Through the Romantic Movement*, Studies in the Humanities Literature—Politics—Society, 11 (New York: Peter Lang, 1994).

9 Peter Paret, *Art as History: Episodes in the Culture and Politics of Nineteenth-Century Germany* (Princeton: Princeton UP, 1988), 147. See also David E. Barclay, 'Medievalism and Nationalism in Nineteenth-century Germany', in Leslie J. Workman (ed.), *Medievalism in Europe*, Studies in Medievalism, 5 (Cambridge: D. S. Brewer, 1993), 5-22.

10 Hobsbawm, *Nations and Nationalism*, 104; and Stefan Collini, *Public Moralists: Political Thought and Intellectual Life in Britain 1850-1930* (Oxford: Clarendon Press, 1991), 345-6.

11 Tom Nairn, *The Enchanted Glass: Britain and Its Monarchy*, new edn. (London: Picador, 1990),178.

12 David Cannadine, 'British History as a "New Subject": Politics, Perspectives and Prospects', in Alexander Grant and Keith Stringer (eds.), *Uniting the Kingdom?: The Making of British History* (London and New York: Routledge, 1995), 14.

13 Edwin Jones, *The English Nation: The Great Myth* (Thrupp, Stroud, Glos.: Sutton, 1998), ch. 7; and Cannadine, 'British History', 16.

14 Colin Kidd, *Subverting Scotland's Past: Scottish Whig Historians and the Creation of an Anglo British Identity, 1689-c.1830* (Cambridge: Cambridge UP, 1993), 97, 209. See also Marinell Ash, *The Strange Death of Scottish History* (Edinburgh: Ramsay Head Press, 1980).

15 Murray G. H. Pittock, *The Invention of Scotland: The Stuart Myth and the Scottish Identity, 1638 to the Present* (London and New York: Routledge, 1991).

16 Prys Morgan, 'From a Death to a View: The Hunt for the Welsh Past in the Romantic Period', in Eric Hobsbawm and Terence Ranger, eds., T*he Invention of Tradition*, new edn. (Cambridge: Cambridge UP, 1992), 45-6; Prys Morgan, *The Eighteenth Century Renaissance, A New History of Wales*, ed. Ralph A. Griffiths, Kenneth O. Morgan, and J. Beverley Smith (Llandybie, Dyfed: Christopher Davies, 1981), 38.

17 Morgan, *Eighteenth Century Renaissance*, 113, 154.

18 Richard Warner, *A History of the Abbey of Glaston; and the Town of Glastonbury* (Bath, 1826), 160; William Allingham, *The Ballad Book: A Selection of the Choicest British Ballads* (London and Cambridge, 1864), p. xxiii.

19 Gellner, *Nations and Nationalism*, 8; Anderson, *Imagined Communities*, 44.

20 19世紀における識字率については次の書に最新の研究がある。David Vincent, *Literacy and Popular Culture: England 1750-1914* (Cambridge: Cambridge UP, 1989).

21 Gellner, *Nations and Nationalism*, 31.

22 近年，歴史家たちはさまざまな文化における「英雄崇拝」の意義，重要度を確定せんとして，以下の各書に見られるとおり，多様な方法，資料を駆使している。See Derek Beales, 'Garibaldi in England: The Politics of Italian Enthusiasm', in John A. Davis and Paul Ginsbourg (eds.), *Society and Politics in the Age of the Risorgimento: Essays in Honour of Denis Mack Smith* (Cambridge: Cambridge UP, 1991), 188-9; Peter Karsten, *Patriot Heroes in England and America: Political Symbolism and Changing Values over Three Centuries* (Madison: University of Wisconsin Press, 1978), 6; Ilene V. O'Malley, *The Myth of the Revolution: Hero Cults and the Institutionalization of the Mexican State, 1920-1940* (New York and London: Greenwood, 1986), 147-9; Kathleen Wilson, 'Admiral Vernon and Popular Politics in Mid-Hanoverian Britain', *Past and Present*, 121 (1988), 88.

23 'Mr. Tennyson's Arthurian Poems', *Dublin Review*, 70 (1870) 423. この時代の競走馬の呼び名については次の文献を参照。'Racing and Steeple Chase Calendar' in the *Sporting Magazine* for the 1860s.

24 スティール・ブロスは，知名度は劣るがあと 2 隻，「キング・アーサー」号と「グィネヴィア」号を建造している。See Cyril L. Hume and Malcolm C. Armstrong, *The Cutty Sark and Thermopylae Era of Sail* (Glasgow: Brown, Son & Ferguson, 1987); Basil Lubbock, *The China Clippers*, new edn. (London: Century Publishing, 1984); David R. MacGregor, *The Tea Clippers: An Account of the China Tea Trade and of Some of the British Sailing Ships Engaged in it from 1849 to 1869* (London: Percival, Marshall and Co., 1952).

25 Arden Holt, *Fancy Dresses Described; or, What to Wear at Fancy Balls*, 4th edn. (London, 1879), 1, 49, 51, 66, and 85; *Carmarthen Journal*, 9 Mar. 1827, 3; Sophia Murphy, *The Duchess of Devonshire's Ball* (London: Sidgwick and Jackson, 1984).

26 A. Charles Sewter, *The Stained Glass of William Morris and His Circle* (New Haven and London: Yale UP, 1974), ii. 26-7; Herbert E. Wroot, 'Pre-Raphaelite Windows at Bradford', *Studio*, 72 (1917), 69-73.

27 Oliver Fairclough and Emmeline Leary, *Textiles by William Morris and Co., 1861-1940* (London: Thames and Hudson, 1981), 21-8, 61, 107-8; 'The Arras Tapestries at Stanmore Hall', *Studio*, 15 (1899), 98-104; Linda Parry, 'The Tapestries of Sir Edward Burne-Jones', *Apollo*, 102 (1972), 324-8.

28 Beryl Platts, 'A Brave Victorian Venture: The Royal Windsor Tapestry Manufactory', *Country Life*, 166 (1979), 2003-6.

29 January Searle, *Leaves from Sherwood Forest* (London, 1850) 95; *Thoresby Hall* (Hanley: English Life Publications, 1978); Alexander Beattie, *Thoresby Hall: The Home of the Pierrepont Family* (Hanley: Wood, Mitchell & Co., 1964).

30 Peter Baldwin, *Toy Theatres of the World* (London: Zwemmer, 1992); Nicola Johnson, 'Penny Plain, Tuppence Coloured', in Raphael Samuel (ed.), *Patriotism: The Making and Unmaking of British National Identity*, Vol. 3: *National Fictions* (London and New York: Routledge, 1989), 252-61; George Speaight, *Juvenile Drama: The History of the English Toy Theatre* (London: MacDonald & Co., 1946); P. D. Gordon Pugh, *Staffordshire Portrait Figures and Allied Subjects of the Victorian Era* (Woodbridge, Suffolk: Antique Collectors Club, 1970), 521-2.

31 Charles Hindley, *Tavern Anecdotes and Sayings*, new edn. (London, 1881), 303; Richard Warner, *A Second Walk through Wales* (Bath, 1799), 22.

32 マーリンに因むパブでもっとも有名だったのは「マーリンズ・ケイヴ」で，1730年代なかばにクラーケンウェルのロソモン通りに開店したものであるが，現在は，この旧所在地の真向かいにあたるマーガレット通りに面して，新しい「マーリンズ・ケイヴ」が店を開いている。Gillian Bebbington, *Street Names of London* (London: B. T. Batsford, 1972), 218-9; Margaret McDerby, *The Borough of Finsbury Official Guide*, 3rd edn. (London: Pyramid Press, 1963), 31.

33 Christopher Dean, *A Study of Merlin in English Literature from the Middle Ages to the Present Day* (Lewiston, NY: Edward Mellen Press, 1992), 94; 'Merlin Redivivus: A Dramatic Scene', *Monmouthshire Meilin*, 23 May 1829, 4.

34 *John Joseph Merlin: The Ingenious Mechanick* (London: Greater London Council, 1985), 26-7; 'Merlin's Cave', *Chimney Corner Companion*, 10 (1827), 223-4; 'The Life of Mr. John Joseph Merlin', *The Wonderful and Scientific Museum*, 1 (1803), 274-9.

35 Louisa Stuart Costello, *The Falls, Lakes and Mountains of North Wales* (London, 1845), 123; Edward Donovan, *Descriptive Excursions through South Wales and Monmouthshire, in the Year 1804, and the Four Preceding Summers* (London, 1805), ii. 206-7.

36 Algernon Herbert, *Britannia after the Romans* (London, 1836), 90-1.

37 'The Cheshire Enchanter', *Manchester Mail*, 28 May 1805, 3.

38 *The Letters of Mrs. Gaskell*, ed. J. A. V. Chapple and Arthur Pollard (Manchester: Manchester UP, 1966), 32; James Roscoe, 'The Iron Gate—A Legend of Alderley', *Blackwood's Edinburgh Magazine*, 5 (1839), 273. この物語の後の諸版につい

ては以下の各書を参照。*Alderley Edge and Its Neighbourhood* (Macclesfield, [1843]), 20, 27; *Alderley Edge: A Guide to All Its Points of Interest* (Manchester, 1863), 12-14; Egerton Leigh, *Ballads and Legends of Cheshire* (London, 1867), 106-11 and 284-90; William Axon, *Cheshire Gleanings* (Manchester, 1884), 56-8.

39 *Edinburgh Review*, 86 (1847), 123; J. C. Holt, *Robin Hood*, rev. edn. (London: Thames and Hudson, 1989), 179; W. Harrison, *Ripon Millenary; A Record of the Festival* (Ripon, 1892), 197.

40 *The Round Table. The Order and Solemnities of Crowning the King: and the Dignities of His Peerage with Remarks in Vindication of Both* (London, 1820), 3-6, 25, 95, 105.

41 J. H. Grainger, *Patriotisms: Britain 1900-1939* (London: Routledge, 1986), 3; David Roberts, *Paternalism in Early Victorian England* (London: Groom Helm, 1979), 8. ボイド・ヒルトンは多くの点でこのロバーツの著作を批判しているが，しかし，そのヒルトンも，「古き父親像の伝統が，19 世紀の前半にも生きながらえていて，盛んに称揚される時期が周期的に訪れた」ことは認めている。Boyd Hilton, *The Age of Atonement: The Influence of Evangelism on Social and Economic Thought, 1785-1865* (Oxford: Clarendon Press, 1988), p. viii.

42 Roberts, *Paternalism*, 63.

43 Debra N. Mancoff, 'In Praise of Patriarchy: Paternalism and Chivalry in the Decorations in the House of Lords', *Nineteenth-Century Contexts*, 16 (1992), 50.

44 John Walker Ord, *England: An Historical Poem* (London, 1834), vol. i., p. vii and ii. 91-3.

45 John Moultrie, *Poems* (London, 1837), 263.

46 Mark Girouard, *The Return to Camelot: Chivalry and the English Gentleman* (New Haven and London: Yale UP, 1982), 83; Alexander James Beresford Hope, *Poems* (London, 1843), 15-8.

47 Edward Bulwer Lytton, *The Siamese Twins, A Satirical Tale of the Times. With Other Poems* (London, 1831), 379-84.

48 Edward Bulwer Lytton, *King Arthur* (London, 1848), ii. 17-8, 169, 173.

49 Marilyn Butler, *Peacock Displayed: A Satirist in His Context* (London, Boston and Henley: Routledge, 1979), 155-82; Thomas Love Peacock, *The Misfortunes of Elphin* (London, 1829), 23, 80-1.

50 Peacock, *Misfortune of Elphin*, 14, 103.

51 See Peter d'A. Jones, *The Christian Socialist Revival, 1877-1914: Religion, Class and Social Conscience in Late-Victorian England* (Princeton: Princeton UP, 1968);

Edward Norman, *The Victorian Christian Socialists* (Cambridge: Cambridge UP, 1987); Charles E. Raven, *Christian Socialism, 1848 -1854* (London, 1920).

52 Norman, *Victorian Christian Socialists*, 17 and 53.

53 Girouard, *Return to Camelot*, 133.

54 See William Benzie, *Dr. F. J. Furnivall: Victorian Scholar Adventurer* (Norman, Okla.: Pilgrim, 1983).

55 Frederick Furnivall (ed.), *La Queste del Saint Graal* (London, 1864), p. iv.

56 Standish Meacham, *Toynbee Hall and Social Reform 1880-1914: The Search for Community* (New Haven and London: Yale UP, 1987), 2.

57 Ibid. 3; and K. S. Iriglis, *Churches and the Working Classes in Victorian England* (London Routledge, 1963), ch. 4.

58 J. L. Haigh, *Sir Galahad of the Slums* (London, [1907]), 5.

59 C. Collingwood, *The Catholic Truth Society* (London: Catholic Truth Society, [1955]), 2.

60 A. M. Grange, *A Modern Galahad* (London, 1895), 5, 104.

61 Ibid. 100, 262.

62 J. O. Halliwell (ed.), *The Chronicle of William de Rishamger, of the Barons' Wars. The Miracles of Simon de Montfort* (London, 1840), p. xl; William Henry Blaauw, *The Barons' War Including the Battles of Lewes and Evesham* (Lewes, 1844), 3.

63 Stephen Knight, *Robin Hood: A Complete Study of the English Outlaw* (Oxford and Cambridge, Mass.: Blackwell, 1994), 36; *Westminster Review*, 33 (1839-40), 439, 441-2, 443, 490-1.

64 Spencer T. Hall, *The Forester's Offering* (London, 1841), 33-4. この仮説の後代の支持者については次の文献を参照. *The Life and Exploits of Robin Hood: and Robin Hood's Garland* (Halifax, 1862), 35; William Wood, *Tales and Traditions of the High Peak (Derbyshire)* (London and Derby, [1862]), 148; William Andrews (ed.), *The Derbyshire Gatherer of Archaeological, Historical, Biographical Facts, Folklore, Etc.* (Buxton, 1880), 6.

65 Spencer T. Hall, *Rambles in the Country* (London, 1842), 147, 153; G. P. R. James, *Forest Days: A Romance of Old Times* (London, 1843), vol. i, p. vi.

66 この資料に関しては，ノッティンガム公文書館の主任文書官アンドリアン・ヘンストック氏に，またサウスウェル教区公文書館に感謝申し上げる。

67 Peter Linebaugh, *The London Hanged: Crime and Civil Society in the Eighteenth Century* (London and New York: Penguin, 1991), 189; Patrick Joyce, *Visions of the People: Industrial England and the Question of Class 1848-1914* (Cambridge:

Cambridge UP, 1991), 254.

68 *The Celebrated History of the Renowned Robin Hood, the Merry Outlaw of Sherwood Forest* (Glasgow, [1830]), 20-1.

69 Joyce, *Visions*, 368-9; *The Extraordinary Life and Adventures of Robin Hood, Captain of the Robbers of Sherwood Forest* (London, [1810?]), 8; *The History of Robin Hood* (London, [1816]), 10.

70 Ian Inkster, 'Introduction: The Context of Steam Intellect in Britain (to 1851)', in Inkster (ed.), *The Steam Intellect Societies., Nottingham Studies in the History of Adult Education* (Nottingham: Department of Adult Education, University of Nottingham, 1985), 9; Hall, *Rambles*, 149-50.

71 Hall, *Rambles*, 153.

72 Christopher Thomson, *The Autobiography of an Artisan* (London, 1847), 360, 367.

73 互助組合についての古典的研究としては，ゴスデンの次の文献がある。P. H, J. H. Gosden, *The Friendly Societies in England, 1815-1875* (Manchester: Manchester UP, 1961), and his *Self-Help: Voluntary Associations in the Nineteenth Century* (London: B. T. Batsford, 1973).

74 「古代森林官組合」の歴史については次を参照．Walter G. Cooper, *The Ancient Order of Foresters Friendly Society 150 Years: 1834-1984* (Southampton: Executive Council of the Ancient Order of Foresters Friendly Society, 1984).

75 この情報が得られたのはマーティン・ゴースキー博士のおかげである．ゴースキー博士は，森林官がロビン・フッド伝説を利用したことに着目した唯一の歴史学者である．

76 *General Laws for the Government of the Ancient Order of Foresters* (Manchester, 1846), 6.

77 See e.g. Geoffrey Best, *Mid-Victorian Britain, 851-1870*, new edn. (Glasgow: Collins, 1982), 282-4. しかし，近年，歴史家の間では，「体裁のよさ」に関するヴィクトリア時代の諸概念が，意見の一致というよりはむしろ彼らの論争の原因になっている。その概念がどんな文化状況について使われるかによって，持つ意味ががらりと変わるからである。See Geoffrey Crossick, 'The Labour Aristocracy and Its Values: A Study of Mid-Victorian Kentish London', *Victorian Studies*, 19 (1976), 306-20; Neville Kirk, *The Growth of Working-Class Reformism in Mid-Victorian Britain* (Urbana, Ill.: University of Illinois Press, 1985), 220-2.

78 Trygve R. Tholfsen, *Working-Class Radicalism in Mid-Victorian England* (London: Croom Helm, 1976), 288; Simon Cordery, 'Friendly Societies and the Discourse

of Respectability in Britain, 1825-1875', *Journal of British Studies*, 34 (1995), 41.

第３章

1 Ernest Gellner, *Nations and Nationalism* (Ithaca, NY: Cornell UP, 1983), 35-7; E. J. Hobsbawm, *Nations and Nationalism Since 1780: Programme, Myth, Reality*, 2nd edn. (Cambridge: Cambridge UP, 1992) 54.

2 Hobsbawm, *Nations and Nationalism*, 57.

3 See Benedict Anderson, *Imagined Communities: Reflections on the Origin and Spread of Nationalism*, rev. edn. (New York and London: Verso, 1991), ch. 5.

4 See Richard Helgerson, *Forms of Nationhood: The Elizabethan Writing of England* (Chicago and London: University of Chicago Press, 1992); Andrew Hadfield, *Literature, Politics and National Identity. Reformation to Renaissance* (Cambridge: Cambridge UP, 1994).

5 Liah Greenfeld, *Nationalism: Five Roads to Modernity* (Cambridge, Mass.: Harvard UP, 1992), 69; Victor Edward Durkacz, *The Decline of the Celtic Languages: A Study of Linguistic and Cultural Conflict in Scotland, Wales and Ireland from the Reformation to the Twentieth Century* (Edinburgh: John Donald, 1983), 1-5.

6 Howard D. Weinbrot, *Britannia's Issue: The Rise of British Literature from Dryden to Ossian* (Cambridge: Cambridge UP, 1993), 3-6; Michael Dobson, *The Making of the National Poet: Shakespeare, Adaptation and Authorship, 1660-1769* (Cambridge: Cambridge UP, 1992).

7 Weinbrot, *Britannia's Issue*, 75.

8 Samuel Smiles, *The Image of Antiquity: Ancient Britain and the Romantic Imagination* (New Haven: Yale UP, 1994), 16.

9 William and Robert Whistlecraft, *Prospectus and Specimen of an Intended National Work... Intended to Comprise the Most Interesting Particulars Relating to King Arthur and the Round Table*, 2nd edn. (London, 1818), 26; Weinbrot, *Britannia's Issue*, 481.

10 Brian Doyle, 'The Invention of English', in Robert Colls and Philip Dodd (eds.), *Englishness: Politics and Culture 1880-1920* (London, Sydney and Dover, NH: Groom Helm, 1986), 92. ドイルはその論証を次の著作でさらに詳しく展開している。*English and Englishness* (London and New York: Routledge, 1989), 17-40.

11 See D. J. Palmer, *The Rise of English Studies: An Account of the Study of English*

Language and Literature From Its Origins to the Making of the Oxford English School (London, New York and Toronto: Oxford UP, 1965), ch. 1.

12 See Franklin E. Court, 'The Social and Historical Significance of the First English Literature Professorship in England', *PMLA* 103 (1988), 796-807; Palmer, *Rise of English Studies*, 56-64.

13 Stefan Collini, *Public Moralists: Political Thought and Intellectual Life in Britain 1850-1930* (Oxford: Clarendon, 1991), 347.

14 Escott Lynn, *When Lion Heart Was King: A Tale of Robin Hood and Merry Sherwood* (London, 1908), 5-6.

15 See Gretchen P. Ackerman, 'Sir Frederic Madden and Arthurian Scholarship', in Valerie M. Lagorio and Mildred Leake Day (eds.), *King Arthur Through the Ages* (New York: Garland, 1990), ii. 27-38.

16 Joseph Ritson, *Robin Hood: A Collection of Poems, Songs and Ballads Relative to that Celebrated English Outlaw* (London, 1795); John Matthew Gutch, *A Lytell Geste of Robin Hode with other Ancient and Modern Ballads and Songs Relating to this Celebrated Yeoman* (London, 1847).

17 See Clive Bigham, *The Roxburghe Club; Its History and Its Members 1812-1927* (Oxford: Oxford UP, 1928).

18 *The Life and Exploits of Robin Hood; and Robin Hood's Garland* (Halifax, 1862), pp. x, 33.

19 このクラブの出版物のうち二点がアーサー王の素材を扱っている．John Robson's *Three Early English Metrical Romances* (1842), which included 'The Awntyrs of Arthure at the Tarne Wathelynne' and 'The Avowynge of King Arther, Sir Gawan, Sir Kaye, and Sir Bawdewyn of Bretan', and J. O. Halliwell's *The Thornton Romances* (1844). J. ロブソンの著作，および「パーシヴァル」を主題としたJ. O. ハリウェルの著作である．

20 William Benzie, *Dr. F. J. Furnivall: Victorian Scholar Adventurer* (Norman, Okla.: Pilgrim, 1983); F. J. Furnivall, preface to *Le Morte Darthur* (London and Cambridge, 1864), p. xxv; *Gentleman's Magazine*, NS 18 (1865), 227-8.

21 Richard Morris (ed.), *Sir Gawayne and the Green Knight: An Alliterative Romance-Poem* (London, 1864), p. v. この詩作品を身近なものにしようというモリスの試みは，すくなくとも部分的な成功は収めた。1866 年 6 月 30 日，ファーニヴァルはウィリアム・ハズリットに書簡を送り，この簡略版を入手し損ねないよう，早々に EETS に入会するよう促している。『ガーウェイン』の在庫は急速に減ってきており，「完売となるのは目に見えておりま

すから，入会なさらないと，1冊もお買いになれないでしょう」というのであった。British Library, Add MS 38899, fos. 69-70.

22 Stanley Edgar Hyman, 'Jessie Western and the Forest of Broceliande', *Centennial Review*, 9 (1965), 509-21; Jessie L. Weston, *Sir Gawain and the Green Knight: A Middle-English Arthurian Romance Retold in Modern Prose* (London, 1898), pp. vi and xi-xii.

23 Palmer, *Rise of English Studies*, 21.

24 J. T. Knowles, *The Story of King Arthur and his Knights of the Round Table* (London, 1862), pp. viii-ix; Pierce Egan, *Robin Hood and Little John; or, The Merry Men of Sherwood Forest*, 2nd edn. (London, 1850), p. viii.

25 Hans Aarsleff, *The Study of Language in England, 1780-1860*, new edn. (London: Athlone, 1983), 245-6; Franklin E. Court, *Institutionalizing English Literature: The Culture and Politics of Literary Study, 1750-1900* (Stanford: Stanford UP, 1992), 40-1; Chris Baldick, *The Social Mission of English Criticism 1848-1932* (Oxford: Clarendon Press, 1983), 63; Palmer, *Rise of English Studies*, 39-40; Robert Holton, '"A True Bond of Unity": Popular Education and the Foundation of the Discipline of English Literature in England', *Dalhousie Review*, 66 (1986-7), 35.

26 Doyle, 'The Invention of English', 90-1; and Baldick, *Social Mission*, 64.

27 Doyle, 'The Invention of English', 98.

28 Baldick, *Social Mission*, 64; W. Carew Hazlitt (ed.), *Tales and Legends of National Origin or Widely Current in England from Eaily Times* (London, 1892), p. vi.

29 Louisa L. J. Menzies, *Legendary Tales of the Ancient Britons, Rehearsed from the Early Chronicle* (London, 1864), pp. iv-v; Edward Gilliat, *In Lincoln Green: A Merrie Tale of Robin Hood* (London, 1897), 135.

30 Evelyn Kendrick Wells, *The Ballad Tree: A Study of British and American Ballads, Their Folklore, Verse, and Music* (London: Methuen, 1950), 225-6.

31 Dianne Dugaw, 'The Popular Marketing of "Old Ballads": The Ballad Revival and Eighteenth-Century Antiquarianism Reconsidered', *Eighteenth-Century Studies*, 21 (1987), 72, 89.

32 Gerald Newman, *The Rise of English Nationalism: A Cultural History* (New York: St. Martin's, 1987), 111-2, 114.

33 Thomas Percy, *Reliques of Ancient English Poetry: Consisting of Old Heroic Ballads, Songs and other Pieces of our Earlier Poets* (London, 1765), vol. i, p. ix-x; The Correspondence of Thomas Percy and Evan Evans, ed. Aneirin Lewis (Baton Rouge: Louisiana State UP, 1957), 103.

34 Percy, *Reliques*, vol. i, pp. ix and xiv.

35 Joseph P. Donatelli, 'Old Barons in New Robes: Percy's Use of the Metrical Romances in the *Reliques of Ancient English Poetry*', in Patrick J. Gallacher and Helen Damico (eds.), *Hermeneutics and Medieval Culture* (Albany: State University of New York Press, 1989), 228; id., 'The Medieval Fictions of Thomas Warton and Thomas Percy', *University of Toronto Quarterly*, 60 (1990), 435-51.

36 Thomas Evans, *Old Ballads, Historical and Narrative, with Some of Modern Date* (London, 1777), vol. i, preface.

37 This citation preserves Ritson's unique spelling style. Joseph Ritson, *A Select, Collection of English Songs* (London, 1783), vol. i, p. x (note).

38 Cornelius Brown, *Lives of Nottinghamshire Worthies and of Celebrated and Remarkable Men of the County from the Norman Conquest to AD 1882* (London and Nottingham, 1882), 15.

39 *British Critic*, 9 (1797), 19-21.

40 George Barnett Smith, *Illustrated British Ballads, Old and New* (London, Paris and New York, 1881), 3; William Allingham, *The Ballad Book: A Selection of the Choicest British Ballads* (London and Cambridge, 1864), p. x.

41 William John Thoms, *A Collection of Early Prose Romances* (London, 1828), vol. ii, p. i; Gutch, *A Lytle Geste*, pp. xx-xxi.

42 R. Brimley Johnson, *Popular British Ballads* (London, 1894), vol. i, p. xxxiii; Revd J. D. Parry, *The Legendary Cabinet: A Collection of British National Ballads, Ancient and Modern* (London, 1829), p. vi.

43 Wolf Koepke, 'Johann Gottfried Herder's Concept of "Nation"', in *Transactions of the Seventh International Congress on the Enlightenment III*, Studies on Voltaire and the Eighteenth Century, 265 (Oxford: Voltaire Foundation, 1989), 1656-9.

44 William A. Wilson, 'Herder, Folklore and Romantic Nationalism', *Journal of Popular Culture*, 6 (1973), 826.

45 たとえばウィルソンは，前掲書で，英国における民間伝承研究の初期段階での「古文書への傾倒」に言及し，そうした研究は，「現在に残る民話・伝承の過去の形態，あるいはまた過去そのもの，それを保存ないし再構築すること」に焦点をあわせている，と主張している。Ibid. 819.

46 Gutch, *A Lytle Geste*, p. xvii; Edward Walford, 'Preface', in Thomas Percy, *Reliques of Ancient English Poetry: Consisting of Old Heroic Ballads, Songs and Other Pieces of our Earlier Poets*, ed. Edward Walford (London, 1880), 18; Edward Arber, *An English Garner, Ingatherings from our History and Literature* (London, 1877-96),

vol. i, preface.

47 Allan Cunningham, 'The Old English Ballads', *Penny Magazine*, 7 (1838), 170; E. Stredder, 'Who Was Robin Hood?', *Notes and Queries*, 7: 3 (1887), 282; F. Mary Wilson, 'England's Ballad-hero', *Temple Bar*, 95 (1892), 407-8.

48 Raymond Williams, *The Country and the City* (London: Paladin, 1973), ch. 1; Gareth Stedman Jones, *Outcast London: A Study in the Relationship between the Classes in Victorian Society* (Oxford: Clarendon, 1971), 251.

49 Alan Howkins, 'The Discovery of Rural England', in Colls and Dodd (eds.), *Englishness*, 67-9; Martin J. Wiener, *English Culture and the Decline of the Industrial Spirit, 1850-1980* (Cambridge: Cambridge UP, 1981), 45.

50 Hazlitt, *Tales and Legends*, p. v; Stephen Knight, *Robin Hood: A Complete Study of the English Outlaw* (Oxford and Cambridge, Mass.: Blackwell, 1994), 205-6; William Winter, *Shadows of the Stage* (Edinburgh, 1892), 272.

51 Wilson, 'England's Ballad-hero', 407-8; Brown, *Lives of Nottinghamshire Worthies*, 10.

52 See Joanna Banham, '"Past and Present": Images of the Middle Ages in the Early Nineteenth Century', in Joanna Banham and Jennifer Harris (eds.), *William Morris and the Middle Ages* (Manchester and Dover, NH: Manchester UP, 1984), 121-46; Peter Mandler, '"In the Olden Time": Romantic History and English National Identity, 1820-50', in Laurence Brockliss and David Eastwood (eds.), *A Union of Multiple Identities: The British Isles, c.1750-c.1850* (Manchester and New York: Manchester UP, 1996), 78-92.

53 Howkins, 'Discovery', 72.

54 *Le Morte d'Arthur. The History of King Arthur and of the Knights of the Round Table*, ed. Thomas Wright (London, 1858), p. v.

55 Newman, *Rise of English Nationalism*, 109-14; Correspondence of Thomas Percy and Evan Evans, 70; Percy, *Reliques*, iii. 314.

56 Gregory Lewis Way, *Fabliaux or Tales, Abridged from French Manuscripts of the XIIth and XIIIth Centuries by M. Le Grand* (London, 1796), 236; George Ellis, *Specimens of Early English Metrical Romance* (London, 1805), i. 38, 117-8.

57 Durkacz, *Decline*, 201-2.

58 Ibid. 202; Philip Dodd, 'Englishness and the National Culture', in Robert Colls and Philip Dodd (eds.), *Englishness: Politics and Culture 1880-1920* (London, Sydney and Dover, NH: Croom Helm, 1986), 11-12.

59 John Robson, *Three Early English Metrical Romances* (London, 1842), pp. xii-xiv.

60 George Saintsbury, *The Flourishing of Romance and the Rise of Allegory* (Edinburgh and London, 1897), 135.

61 Ibid. 137-8, 146-7.

64 19世紀におけるマロリー評価の全体像を包括的に概観しているのは，マリリン・ジャクソン・パリンズの次の博士論文である。Marilyn Jackson Parrins, 'A Survey of Malory Criticism and Related Arthurian Scholarship in the Nineteenth Century', unpublished Ph.D. dissertation, University of Michigan, 1982.

65 B. Montgomerie Ranking, *Le Morte D'Arthur. The Old Prose Stories Whence the 'Idylls of the King' Have Been Taken by Alfred Tennyson* (London, 1871), 9-10; 'Malory', *Encyclopaedia Britannica*, 9th edn. (Edinburgh, 1879), x. 173; William Minto, *Characteristics of the English Poets from Chaucer to Shirley* (Edinburgh and London, 1874), 106; 'King Arthur and His Round Table', *Blackwood's Edinburgh Magazine*, 88 (1860), 318.

66 George Marsh, *The Origin and History of the English Language and of the Early Literature It Embodies* (London, 1862), 490; Walter Raleigh, *The English Novel; Being a Short Sketch of Its History from the Earliest Times to the Appearance of Waverley* (London, 1894), 15.

67 Yuri Fuwa, 'Malory's *Morte Darthur* in Tennyson's Library', in Workman (ed.), *Medievalism in England*, 161-9; Mary Byrd Davis, 'A Source for Arnold's Tale of Merlin and Vivian', *English Language Notes*, 14 (1976), 120-3; David Staines, 'Morris's Treatment of His Medieval Sources in *The Defence of Guenevere and Other Poems*', *Studies in Philology*, 70 (1973), 439-64; David Staines, 'Swinburne's Arthurian World: Swinburne's Arthurian Poetry and Its Medieval Sources', *Studia Neophilologica*, 50 (1978), 53-70.

68 *The History of the Renowned Prince Arthur, King of Britain*, ed. Alexander Chalmers (London, 1816); *Le Morte d'Arthur*, ed. Joseph Haslewood (London, 1816). マロリーの19世紀初頭の諸々の版については，次の文献に詳細な調査がある。Barry Gaines, 'The Editions of Malory in the Early Nineteenth Century', *Papers of the Bibliographical Society of America*, 68 (1974), 1-28.

69 Robert Southey, *The Byrth, Life and Acts of King Arthur* (London, 1817), p. xxviii. さらに，50部限定で大判の用紙に印刷した1部12ポンド12ペンスの高価版も出た。サウジー版の刊行の経緯については，次の文献に詳しい。Barry Gaines, *Sir Thomas Malory: An Anecdotal Bibliography of Editions, 1485-1985* (New York: AMS, 1990), 16-19.

70 *Le Morte Darthur*, ed. Edward Strachey (London, 1868), pp. xvi-xvii; Yuri Fuwa, 'The Globe Edition of Malory as a Bowdlerized Text in the Victorian Age', *Studies in English Literature* (Japan), English Language No. (1984), 6.『アーサー王の死』の道徳性をめぐる19世紀の議論は，本稿でのちに詳述する。

71 マロリーがウェールズ人であったという説は，早くも1548年に，オソリーの主教にして古物収集家のジョン・ベイルが，英国の著名な作家を扱った人名辞典の中で提唱していた。それによればマロリーは「血筋はブリトン人で，ウェールズの辺境メイロリアのデーヴェ川の近くに生まれた」ということである。15世紀のウェールズ人が英語で長編ロマンスを物したなど，とうてい信じがたい話ではあるが，マロリーがウェールズ人であったという考えは19世紀まで生き続けたのである。See Robert Watt, *Bibliotheca Britannica; or A General Index to British and Foreign Literature* (Edinburgh and London, 1824), ii. 638; George Burnett, *Specimens of English Prose-Writers, from the Earliest Times to the Close of the Seventeenth Century* (London, 1807), i. 247-59. リーランドおよびベイルについては次を参照. Marilyn Jackson Parins (ed.), *Malory: The Critical Heritage* (London and New York: Routledge, 1988), 52-5.

72 H. Oskar Sommer, 'The Sources of Malory's "Le Morte Darthur"', *Academy*, 37 (1890), 11. 1897年，A. T. マーティンはハンティンドンシャーのパプワース・セントアグネスでマロリーの遺言書を発見したと『アーシニアム』誌に発表した。See A. T. Martin, 'The Identity of the Author of the "Morte D'Arthur," with Notes on the Will of Thomas Malory and the Genealogy of the Malory Family', *Archaeologia*, 56 (1898), 165-82; 'Sir Thomas Malory,' *Athenaeum*, 2 (1897), 353-4; '"Mailoria" and Sir Thomas Malory', *Athenaeum*, 2 (1898), 98; 'Society of Antiquaries—June 16', *Athenaeum*, 2 (1898), 827. 同じく1897年，アメリカはハーバードの著名な学者であるジョージ・ライマン・キトレッジも，マロリーがウォーリックシャーのニューボルド・レヴェルの出身だったという説を提唱した。See G. L. Kittredge, 'Who Was Sir Thomas Malory?', *Studies and Notes in Philology and Literature*, 5 (1897), 97-106; T. W. Williams, 'Sir Thomas Malory', *Athenaeum*, 2 (1896), 64-5, 98.

73 Ellis, *Specimens*, i. 308; Sommer, 'Sources', 11; Frederick Dixon, 'The Round Table', *Temple Bar*, 109 (1896), 210.

74 Knowles, *Story of King Arthur*, pp. ii-iii; Marilyn Jackson Parins, 'Malory's Expurgators', in Mary Flowers Braswell and John Bugge (eds.), *The Arthurian Tradition: Essays in Convergence* (Tuscaloosa and London: University of Alabama

Press, 1988), 148-9.

75 Edward Conybeare, *Le Morte D'Arthur: The History of King Arthur, Compiled by Sir Thomas Malory* (London, 1868), pp. iv-v; Henry Frith, *King Arthur and his Knights of the Round Table* (London, 1884), p. iv.

76 Strachey, *Morte D'Arthur*, p. xviii; Fuwa, 'The Globe Edition', 6; Parins, 'Malory's Expurgators', 153.

77 *Athenaeum*, 1 (1868), 695; *Notes and Queries*, 4: 1 (1868), 428; F. Ryland, 'The Morte D'Arthur', *English Illustrated Magazine*, 6 (1888-9), 92; Ranking, *Le Morte D'Arthur*, 10.

78 William Wells Newell (ed.), *King Arthur and the Table Round, Tales Chiefly after the Old French of Crestien of Troyes* (London, [1897]), p. iii; Israel Gollancz (ed.), *Le Morte Darthur by Sir Thomas Malory* (London, [1897]), i. 316.

79 Lady Charlotte Guest, *The Mabinogion, from the Welsh of the Llyfr Coch O Hergest and Other Ancient Welsh Manuscripts, with an English Translation and Notes* (London, 1838-49), vol. i, p. xvi.

80 *Y Mabinogion Cymreig* (Liverpool, 1880).

81 See Prys Morgan, 'From a Death to a View: The Hunt for the Welsh Past in the Romantic Era', in Eric Hobsbawm and Terence Ranger (eds.), *The Invention of Tradition* (Cambridge: Cambridge UP, 1983), 43-100.

82 John Rhys, *Studies in the Arthurian Legend* (Oxford, 1891), 390; Dodd, 'Englishness', 13-4.

第4章

1 E. J. Hobsbawm, *Nations and Nationalism since 1780: Programme, Myth, Reality*, 2nd edn. (Cambridge: Cambridge UP, 1992) 63; George Schöpflin, 'The Functions of Myth and a Taxonomy of Myths', in Geoffrey Hoskings and George Schöpflin (eds.), *Myths and Nationhood* (New York: Routledge, 1997), 24.

2 Robert J. C. Young, *Colonial Desire: Hybridity in Theory, Culture and Race* (London and New York: Routledge, 1995), 93.

3 W. F. Prideaux, 'Who Was Robin Hood?', *Notes and Queries*, 7: 2 (1886), 421. ロビン・フッドの実在性について解答を与えようとする最近の試みについては，以下の各書を参照。John Bellamy, *Robin Hood: An Historical Enquiry* (Bloomington: Indiana UP, 1985); P. Valentine Harris, *The Truth about Robin Hood*, new edn. (Mansfield: Linneys, 1971); J. R. Madicott, 'The Birth and Setting

of the Ballads of Robin Hood', *English Historical Review*, 93 (1978), 276-99.

4 *Edinburgh Review*, 86 (1847), 134-6; Sir Sidney Lee, 'Robin Hood', in *Dictionary of National Biography* (London, 1891) xxvii. 258-9; Revd J. Stacye, 'The Ancient History of Sherwood Forest', in Robert White, *Nottinghamshire. Worksop, 'The Dukery,' and Sherwood Forest* (Worksop, 1875), 184; John W. Hales and Frederick J. Furnivall, *Bishop Percy's Folio Manuscript. Ballads and Romances* (London, 1867), i. 5.

5 Joseph Hunter, 'The Great Hero of the Ancient Minstrelsy of England, "Robin Hood"', in his *Critical and Historical Tracts*, No. IV (London, 1852) 3; British Library, Add MS 24480, fo. 304.

6 Hunter, 'Great Hero', 36-7.

7 Thomas Percy, *Reliques of Ancient English Poetry: Consisting of Old Heroic Ballads, Songs and other Pieces of our Earlier Poets* (London, 1765), i. 74; Joseph Ritson, *Robin Hood. A Collection of Poems, Songs, and Ballads Relative to that Celebrated English Outlaw* (London, 1795), i. vi.

8 Reginald Horsman, *Race and Manifest Destiny: The Origins of American Racial Anglo-Saxonism* (Cambridge, Mass. and London: Harvard UP, 1981), ch. 1.

9 Ibid. 26-7, 30.

10 Sir Walter Scott, *Ivanhoe*, ed. A. N. Wilson (London and New York: Penguin, 1984), 8.

11 *The Prose Works of Sir Walter Scott*, Vol. 21: *Letters of Malachi Malagrowther on the Currency* (Edinburgh, 1830-6), 373; Clare A. Simmons, *Reversing the Conquest: History and Myth in Nineteenth-Century Literature* (New Brunswick, NJ, and London: Rutgers LIP, 1990), 87.

12 Lionel Gossman, 'Augustin Thierry and Liberal Historiography', in his *Between History and Literature* (Cambridge, Mass., and London: Harvard UP, 1990), 83; Ivan Hannaford, *Race: The History of an Idea in the West* (Baltimore and London: Johns Hopkins UP, 1996), 240-1.

13 Augustin Thierry, *History of the Conquest of England by the Normans: with its Causes from the Earliest Period, and its Consequences to the Present Time* (London, 1825), vol. i, pp. xiv-xv and vol. iii, pp. 237-8.

14 Hunter, 'Great Hero', 2; *Westminster Review*, 33 (1839-40), 426.

15 Cornelius Brown, *Lives of Nottinghamshire Worthies and of Celebrated and Remarkable Men of the County from the Norman Conquest to AD 1882* (London and Nottingham, 1882), 12; programme for Robin Hood, Her Majesty's Theatre,

Microfiche No. 19, Theatre Museum, Covent Garden, London; John Oxenford, *Robin Hood: An Opera in Three Acts* (London, 1860),17.

16 Pierce Egan, *Robin Hood and Little John or the Merry Men of Sherwood Forest*, 2nd edn. (London, 1850), 126, 194, 198.

17 G. P. R. James, *Forest Days: A Romance of Old Times* (London, 1843), i. 107; Anne Bowman, T*he Boy Foresters. A Tale of the Days of Robin Hood* (London, [1868]), 236.

18 Elazar Barkan, *The Retreat of Scientific Racism: Changing Concepts of Race in Britain and the United States between the World Wars* (Cambridge: Cambridge UP, 1992), 14; Nancy Leys Stepan, *The Idea of Race in Science: Great Britain 1800-1960* (Hamden, Comm.: Archon, 1982), 4.

19 Thomas Wright, *Essays on the Literature, Superstitions, and History of England in the Middle Ages* (London, 1864), i. 164-5, 200, 211; Edwin Goadby, 'Who Was Robin Hood?', *Sharpe's London Magazine*, 23 (1863), 311- 2.

20 Scott, *Ivanhoe*, 515.

21 Bowman, *Boy Forester*, 2, 132-3.

22 Stepan, *The Idea of Race*, 47-59.

23 Ronald Hyam, *Britain's Imperial Century, 1815-1914: A Study of Empire and Expansion*, 2nd edn. (Lanham, Md.: Barnes and Noble, 1993), 153.

24 Young, *Colonial Desire*, 138.

25 19世紀において，移民の増加が英国社会に与えた影響については，以下の各書を参照。Colin Holmes (ed.), *Immigrants and Minorities in British Society* (London: George Allen and Unwin, 1978); Panikos Panayi, *Immigration, Ethnicity and Racism in Britain, 1815-1945* (Manchester: Manchester UP, 1984); James B. Walvin, *Passage to Britain: Immigration in British History and Politics* (Harmondsworth and New York: Penguin, 1984).

26 George Emmett, *Robin Hood and the Outlaws of Sherwood Forest* (London, 1869), 126, 293; J. Frederick Hodgetts, *Edwin the Boy Outlaw, or The Dawn of Freedom in England* (London, 1887), 8-9.

27 Stuart Pigott, *William Stukeley: An Eighteenth-Century Antiquary*, rev. edn. (New York: Thames and Hudson, 1985); Robert Chambers, *The Book of Days: A Miscellany of Popular Antiquities* (London and Edinburgh, 1864), ii. 609; E. Stredder, 'Who Was Robin Hood?', *Notes and Queries*, 7: 3 (1887) 324.

28 Thomas W. Thompson, *James Anthony Froude on Nation and Empire: A Study in Victorian Racialism* (New York and London: Garland, 1987), 16.

29 Isaac Taylor, 'Robin Hood', *Academy*, 24 (13 Oct. 1883), 250; Henry Bradley, 'Robin Hood', *Academy*, 24 (8 Dec. 1883), 384.

30 Abba Rubin, *The Jew in English Literature 1660-1830* (Westport, Conn.: Greenwood, 1984), 123. See also Harold Fisch, *The Dual Image: The Figure of the Jew in English and American Literature* (New York: Ktav, 1991), 59-62.

31 Stephen Knight, *Robin Hood: A Complete Study of the English Outlaw* (Oxford and Cambridge, Mass.: Blackwell, 1994) 177. See also Esther L. Panitz, *The Alien in Their Midst: Images of Jews in English Literature* (London and Toronto: Associated UP, 1981), 96-100.

32 George Soame, *The Hebrew. A Drama* (London, 1820), 7; Brough Brothers, *The Last Edition of Ivanhoe* (London, [1850]), 20, 43.

33 ヴィクトリア時代の社会において，ユダヤ人移民に対する人々の認識がどう変遷したかについては，以下の各書を参照。Anne and Roger Cowen (eds.), *Victorian Jews Through British Eyes* (Oxford and New York: Oxford UP, 1986); *David Feldman, Englishmen and Jews: Social Relations and Political Culture, 1840-1914* (New Haven and London: Yale UP, 1994); Israel Finestein, *Jewish Society in Victorian England: Collected Essays* (London and Portland, Oreg.: Vallentine Mitchell, 1993); Bernard Gainer, *The Alien Invasion: The Origins of the Aliens Act of 1905* (London: Heinemann, 1972); J. A. Garrard, *The English and Immigration: A Comparative Study of the Jewish Influx 1880-1910* (London: Institute of Race Relations, 1971); Lloyd Gartner, *The Jewish Immigrant in England 1870-1914*, 2nd edn. (London: Simon Publications, 1973); Colin Holmes, *Anti-Semitism in British Society, 1876-1939* (New York: Holmes and Meier, 1979); Vivian D. Lipman, *A History of the Jews in Britain Since 1858* (Leicester: Leicester UP, 1990).

34 Panayi, *Immigration*, 117, 155.

35 19 世紀後半に，文学作品においてユダヤ人登場人物がどう扱われているかについては，以下の著書を参照。Bryan Cheyette, *Constructions of 'the Jew' in English Literature and Society: Racial Representations, 1875-1945* (Cambridge and New York: Cambridge UP, 1993).

36 J. E. Muddock, *Maid Marian and Robin Hood: A Romance of Old Sherwood Forest* (London, 1892), 299; Edward Gilliat, *Wolf's Head: A Story of the Prince of Outlaws* (London, 1899), 251.

37 F. Ryland, 'The Morte D'Arthur', *English Illustrated Magazine*, 6 (1888-9), 89; Walter Irving, *Tennyson* (Edinburgh and London, 1873), 6, 8-9; Jessie L. Weston,

The Legend of Sir Gawaine: Studies upon Its Original Scope and Significance (London, 1897), 3; S. Humphreys Gurteen, *The Arthurian Epic: A Comparative Study of the Cambrian, Breton, and Anglo-Norman Versions of the Story and Tennyson's Idylls of the King* (New York and London, 1895), 97.

38 John Herman Merivale, *Poems Original and Translated* (London, 1828), 304-5; Thomas Hogg, *The Fabulous History of the Ancient Kingdom of Cornwall* (London, 1827), 203; Alexander James Beresford Hope, *Poems* (London, 1843), 76.

39 Joseph Ritson, *Ancient English Metrical Romances* (London, 1802), p. lxxxii.

40 Roy Foster, 'Paddy and Mr. Punch', in his *Paddy and Mr. Punch: Connexions in Irish and English History* (London: Penguin, 1993), 193.

41 Reginald Heber, *The Poetical Works of Reginald Heber*, new edn. (London, 1854), 177.

42 Roger Simpson, *Camelot Regained: The Arthurian Revival and Tennyson*, Arthurian Studies, 21 (Cambridge and Wolfeboro, NH: D. S. Brewer, 1990) 40; J. F. Pennie, *Britain's Historical Drama; A Series of National Tragedies* (London, 1832), p. xiii; John Thelwall, *Poems, Chiefly Written in Retirement*, 2nd ed. (Hereford, 1801) 79.

43 H. H. Milman, *Samor, Lord of the Bright City. An Heroic Poem*, 2nd edn. (London, 1818), 355-6.

44 Edward Bulwer Lytton, *King Arthur* (London, 1849), i. 299.

45 W. E. Meredith, *Llewelyn ap Iorwerth. A Poem, in Five Cantos* (London, 1818), 3, 15. 似たテーマを扱ったものとして次の詩がある. 'Welsh War Song', *Carmarthen Journal*, 9 Mar. 1827, 4.

46 See Stanley Weintraub, *Victoria: An Intimate Biography* (New York: E. P. Dutton, 1987), 77-9; Elizabeth Longford, *Victoria R. I.* (London: Weidenfeld and Nicolson, 1964), 41-2.

47 George Haslehurst, *Penmaen-Mawr, and Day-Break: Poems* (London, 1849), 77-80; Henry Davies, 'Ode', *Cambrian Quarterly Magazine*, 4 (1832), 544-5.

48 Joseph Cottle, *The Fall of Cambria*, 2nd edn. (London, 1811), pp. xxvii and 237-40.

49 Horsman, *Race and Manifest Destiny*, 73.

50 Young, *Colonial Destiny*, 99-104.

51 Young, 15; Stepan, *Idea of Race*, 105.

52 19世紀の，イングランドならびにスコットランドへのアイルランド移民の流入については，以下の各書を参照。David Fitzpatrick, '"A peculiar tramping people": the Irish in Britain, 1801-70', in W. E. Vaughan (ed.), *A New History of Ireland*, Vol. V: *Ireland under the Union* (Oxford: Oxford UP, 1989),

623-57; Lynn Hollen Lees, *Exiles of Erin: Irish Migrants in Victorian London* (Manchester: Manchester UP, 1979); Roger Swift, 'The Outcast Irish in the British Victorian City: Problems and Perspectives', *Irish Historical Studies*, 25 (1986-7), 264-76; the essays in Roger Swift and Sheridan Gilley (eds.), *The Irish in Britain, 1815-1939* (London: Pinter, 1989); the essays in Swift and Gilley (eds.), *The Irish in the Victorian City* (London: Croom Helm, 1985).

53 上掲のフォスターの論文に加えて，カーティスの次の２書も参照されたい。L. P. Curtis Jr., *Anglo-Saxons and Celts: A Study of Anti-Irish Prejudice in Victorian England* (Bridgeport, Conn.: Conference on British Studies, 1968), and his *Apes and Angels: The Irishman in Victorian Caricature* (Washington, DC: Smithsonian Institution Press, 1971). なお，ギリーは次の論考のなかで，このカーティスの著作を批判している。Sheridan Gilley, 'English Attitudes to the Irish in England, 1789-1900', in Holmes (ed.), *Immigrants and Minorities*, 81-110.

54 Charles H. Pearson, *The Early and Middle Ages of England* (London, 1861), 58.

55 Gurteen, *Arthurian Epic*, 41.

56 T. W. Shore, *King Arthur and the Round Table at Winchester* (Hampshire, 1900), 187-8; Jonathan Hughes, 'Gelliwig', *Notes and Queries*, 8: 7 (1895), 90; *The Story of Arthur and Guinevere, and the Fate of Sir Lancelot of the Lake. As Told in Antique Legends and Ballads, and in Modern Poetry* (London, [1879]), 17-8.

57 Thomas Westwood, *The Quest of the Sancgreall, The Sword of Kingship, and Other Poems* (London, 1868), 90.

58 *Sharpen's London Journal*, 9 (1849), 374.

59 James A. Campbell, *Tennyson's Idylls of the King, Epic and Allegory* (Dublin, 1896), 12; *The Letters of Alfred Tennyson*, ed. Cecil Y. Lang and Edgar F. Shannon, Jr. (Cambridge, Mass.: Belknap Press, 1987), ii. 267.

60 *Idylls of the King*, ed. J. M. Gray (New Haven and London: Yale UP, 1983). 以降，この文献についての引証はテクストの中に示す。

61 'Mr. Tennyson's Arthurian Poems', *Dublin Review*, 70 (1870), 419.

62 Henry Elsdale, *Studies in the Idylls: An Essay on Mr. Tennyson's 'Idylls of the King'* (London, 1878), 127-33.

63 *Six Ballads about King Arthur* (London, 1881), 9; Edward Tyrrell Leith, *On the Legend of Tristan: Its Origin in Myth and Its Development in Romance* (Bombay, 1868), 35; George W. Cox, *The Mythology of the Aryan Nations* (London, 1870), 309; Jessie L. Weston, *The Story of Tristan and Iseult: Rendered into English from the*

German of Gottfried von Strassburg (London, 1899), vol. i, p.xi.

64 John S. Stuart Glennie, *King Arthur, or, The Drama of the Revolution* (London, 1870), pp. vi-viii, xi.

65 Clement Scott, *From 'The Bells' to 'King Arthur.' A Critical Record of the First-night Productions at the Lyceum Theatre* (London, 1896), 376; Jennifer R. Goodman, 'The Last of Avalon: Henry Irving's *King Arthur* of 1895', *Harvard Library Bulletin*, 32 (1984), 242; J. Comyns Carr, *King Arthur* (London, 1895), 2-7, 66.

66 Jessie L. Weston, *Popular Studies in Mythology, Romance and Folklore* (London, 1899), 3.

第5章

1 J. F. Pennie, *The Dragon King: A Tragedy, in Britain's Historical Drama; A Series of National Tragedies* (London, 1832), 432, 448-51.

2 Vivian Matthews and Alick Manley, *Little Red Robin; or, the Dey and the Knight. Original Burlesque Extravaganza* (London, [1900]), 10 and 15.

3 See Mary Lyndon Shanley, *Feminism, Marriage and the Law in Victorian England, 1850-1895* (London: I. B. Tauris, 1989).

4 Leonore Davidoff and Catherine Hall, *Family Fortunes: Men and Women of the English Middle Class, 1780-1850* (London: Hutchinson, 1987).

5 See Patricia Hollis, *Ladies Elect: Women in English Local Government 1865-1914* (Oxford: Clarendon Press, 1987); Pat Jalland, *Women, Marriage and Politics 1860-1914* (Oxford: Oxford UP, 1986); Jane Lewis, *Women in England 1870-1950: Sexual Divisions and Social Change* (Sussex: Wheatsheaf, 1984); David Rubinstein, *Before the Suffragettes: Women's Emancipation in the 1890s* (Brighton: Harvester Press, 1986); Martha Vicinus, *Independent Women: Work and Community for Single Women 1850-1920* (London: Virago, 1985); Judith R. Walkowitz, *Prostitution and Victorian Society: Women, Class and the State* (Cambridge: Cambridge UP, 1980); Judith R. Walkowitz, *City of Dreadful Delight: Narratives of Sexual Danger in Late Victorian London* (London: Virago, 1992).

6 Henry Frith, *King Arthur and his Knights of the Round Table* (London, 1884), p. v; Sir Walter Scott, *The Bridal of Triermain* (Edinburgh, 1813), 29, 44-5, 53-5, 57.

7 Edward Bulwer Lytton, *King Arthur* (London, 1849), i. 184, 190.

8 See Walkowitz, *City of Dreadful Delight*, 6; Elaine Showalter, *Sexual Anarchy: Gender and Culture at the Fin de Siècle* (London: Bloomsbury, 1991).

9 Thomas Westwood, *The Quest of the Sancgreall, The Sword of Kingship, and Other Poems* (London, 1868), 10, 39, 50.

10 Margaret Linley, 'Sexuality and Nationality in Tennyson's *Idylls of the King*', *Victorian Poetry*, 30 (1992), 367-9.

11 Charles Bruce, *The Story of Queen Guinevere and Sir Lancelot of the Lake* (London, 1865), 2; Sebastian Evans, *In the Studio: A Decade of Poems* (London, 1875), 166-7, 176-7.

12 Elliot L. Gilbert, 'The Female King: Tennyson's Arthurian Apocalypse', *PMLA* 98 (1983), 864.

13 Lynda Nead, *Myths of Sexuality: Representations of Women in Victorian Britain* (Oxford and New York: Basil Blackwell, 1988), 33; Carol T. Christ, 'Victorian Masculinity and the Angel in the House', in Martha Vicinus (ed.), *A Widening Sphere* (Bloomington, Ind.: Indiana UP, 1977), 146-62.

14 *Ladies of Shalott: A Victorian Masterpiece and Its Contexts* (Providence, RI: Brown University Department of Art, 1985); Jennifer Gribble, *The Lady of Shalott in the Victorian Novel* (London and Basingstoke: Macmillan, 1983).

15 Roger Simpson, 'Costello's "The Funeral Boat": An Analogue of Tennyson's "The Lady of Shalott"', *Tennyson Research Bulletin*, 4 (1984), 131.

16 *Poetical Works of Letitia Elizabeth Landon 'L.E.L.': A Facsimile Reproduction of the 1873 Edition*, ed. F. J. Sypher (Delmar, NY: Scholars Facsimiles and Reprints, 1990), 494-5.

17 Glennis Stephenson, 'Letitia Landon and the Victorian Improvisatrice: The Construction of L.E.L.', *Victorian Poetry*, 30 (1992), 3.

18 「命を犠牲にする」というのは，このわずか 5 年後にはランドンがみずからに強いた犠牲でもあった。職業作家として身を立てようという彼女の決意は，あきらかに並みいる男性批評家たちを不安に陥れた。1830 年代の末には，淫らな男性関係，私生児の話も含めて，彼女の不道徳な性的行状についての噂がさかんに流れた。1838 年，ロンドンで自分を苦しめるスキャンダルを逃れて彼女は，象牙海岸の総督で少し評判の良くないジョージ・マクリーンと結婚した。彼女の逃避は，3 カ月後には最終局面を迎える。その死体がケイプコースト城で発見されたのである。自殺か他殺か，その決着はいまだについていないが，いずれにせよ，男女の世界の境界線を侵してしまった彼女は，こうしてその代価を支払ったのである。

19 Walkowitz, *City of Dreadful Delight*, 16; Carl Plasa, '"Cracked from Side to Side":

Sexual Politics in "The Lady of Shalott"', *Victorian Poetry*, 30 (1992), 258.

20 引用の出典は次の文献. *Idylls of the King are taken from Alfred Lord Tennyson, Idylls of the King,* ed. J. M. Gray (New Haven and London: Yale UP, 1983).

21 Mary Poovey, *Uneven Developments: The Ideological Work of Gender in Mid-Victorian England, Women in Culture and Society* (Chicago and London: University of Chicago Press, 1988), 171.

22 See Susan P. Casteras, *The Substance or the Shadow Images of Victorian Womanhood* (New Haven: Yale Center for British Art, 1982), 36-8.

23 R. Williams Buchanan, 'Merlin's Tomb', T*he Glasgow University Album for 1838* (Glasgow, 1838), 1-8.

24 R. Macleod Fullarton, *Merlin: A Dramatic Poem* (Edinburgh and London, 1890), 28, 42, 50.

25 See Rebecca Umland, 'The Snake in the Woodpile: Tennyson's Vivien as Victorian Prostitute', in Martin B. Shichtman and James P. Carley (eds), *Culture and the King: The Social Implications of the Arthurian Legend* (Albany: State University of New York Press, 1994), 274-87.

26 Ibid. 280; James Eli Adams, 'Harlots and Base Interpreters: Scandal and Slander in *Idylls of the King*', *Victorian Poetry*, 30 (1992), 421; Walkowitz, Prostitution in *Victorian Society*, 32.

27 Linley, 'Sexuality and Nationality', 369.

28 Linda M. Shires, 'Patriarchy, Dead Men and Tennyson's *Idylls of the King*', *Victorian Poetry*, 30 (1992), 416-7.

29 George Newcomen, 'The Lovers of Launcelot (A Critical Study of Sir Thomas Malory's Epic)', *New Ireland Review*, 11 (1899), 45.

30 Owen Meredith, Clytemmestra, *The Earl's Return, The Artist, and Other Poems* (London, 1855), 296; Christopher Riethmuller, *Lancelot of the Lake, A Tragedy, in Five Acts* (London, 1843), 19.

31 Adrienne Munich, *Queen Victoria's Secrets* (New York: Columbia UP, 1996), ch. 7; Elizabeth K. Helsinger, Robin Lauterbach Sheets and William Veeder, *The Woman Question: Society and Literature in Britain and America, 1837-1883*, Vol. I: *Defining Voices, 1837-1883* (New York and London: Garland, 1983), 66.

32 Linley, 'Sexuality and Nationality', 367-8; Munich, *Queen Victoria's Secrets*, 62.

33 Linley, 'Sexuality and Nationality', 371.

34 *The Poems of Tennyson*, ed. Christopher Ricks (London: Longmans, 1969), 1755-6.

35 Richard Williams, *The Contentious Crown: Public Discussion of the British Monarchy*

in the Reign of Queen Victoria (Aldershot: Ashgate, 1997), 205-9.

36 Robert Bernard Martin, *Tennyson: The Unquiet Heart* (Oxford: Clarendon Press, 1980), 424; Bruce, *Story of Queen Guinevere*, 6.

37 Florence Boos, 'Justice and Vindication in "The Defence of Guenevere"', in Valerie M. Lagorio and Mildred Leake Day (eds.), *King Arthur Through the Ages* (New York: Garland, 1990), ii. 89 and 92; William Morris, *The Defence of Guenevere and Other Poems* (London, 1858), 2, 4.

38 William John Thoms, *A Collection of Early Prose Romances* (London, 1828), p. xi.

39 Francois Laroque, *Shakespeare's Festive World: Elizabethan Seasonal Entertainment and the Professional Stage*, trans. Janet Lloyd (Cambridge and New York: Cambridge UP, 1991), 7.

40 Bryan Burns, *The Novels of Thomas Love Peacock* (London and Sydney: Croom Helm, 1985), 129-31; Thomas Love Peacock, *Maid Marian* (London, 1822), 56-7.

41 Peacock, *Maid Marian*, 241.

42 Nathaniel Brown, 'The "Brightest Colours of Intellectual Beauty": Feminism in Peacock's Novels', *Keats-Shelley Review*, 2 (1987), 95; Burns, *Novels of… Peacock*, 130.

43 Marilyn Butler, *Peacock Displayed: A Satirist in His Context* (London: Routledge, 1979), 152; Peacock, *Maid Marian*, 17.

44 Pierce Egan, *Robin Hood and Little John or the Merry Men of Sherwood Forest*, 2nd edn. (London, 1850), 34, 227; J. H. Stocqueller, *Maid Marian, the Forest Queen* (London, [1849]), 2.

45 Kathleen E. McCrone, *Sport and the Physical Emancipation of English Women 1870-1914* (London: Routledge, 1988), 154-5; Horace A. Ford, *Archery: Its Theory and Practice*, 2nd edn. (London, 1859), 132-3; Jennifer A. Hargreaves, 'Victorian Familialism and the Formative Years of Female Sport', in J. A. Mangan and Roberta J. Park (eds.), *From 'Fair Sex' to Feminism: Sport and the Socialization of Women in the Industrial and Post-Industrial Eras* (London: Frank Cass, 1987), 141.

46 John B. Marsh, *The Life and Adventures of Robin Hood* (London, 1865), 37; 'Forest Ranger', *Little John and Will Scarlett; or, The Outlaws of Sherwood Forest* (London, 1865), 60.

47 Marsh, *Robin Hood*, 83-4; *Aunt Louisa's London Toy Books: Robin Hood and His Merry Men* (London, [1860]), 5.

48 Elaine Aston, 'Male Impersonation and the Music Hall: The Case of Vesta Tilley', *New Theatre Quarterly*, 15 (1988), 247-57; Sarah Maitland, *Vesta Tilley* (London:

Virago, 1986), 9-10; Laurence Senelick, 'The Evolution of the Male Impersonator on the Nineteenth-century Popular Stage', *Essays in Theatre*, 1 (1982), 30-44; J. S. Bratton, 'Irrational Dress', in Viv Gardner and Susan Rutherford (eds.), *The New Woman and Her Sisters: Feminism and Theatre 1850-1914* (New York and London: Harvester Wheatsheaf, 1992), 85.

49 Alfred, Lord Tennyson, *The Foresters: Robin Hood and Maid Marian* (London, 1892), 11; J. E. Muddock, *Maid Marian and Robin Hood: A Romance of Old Sherwood Forest* (London, 1892), 25, 31.

50 Antonia Fraser, *The Warrior Queens* (New York, Knopf, 1989), 6.

51 Viv Gardner, 'Introduction', in Gardner and Rutherford, *The New Woman*, 4-6.

52 Robert Reece, *Little Robin Hood: A New Burlesque Drama* (London, 1882), 14, 22.

53 Matthews and Manley, *Little Red Robin*, 5, 11.

第6章

1 英国のアーサー王関連の地名については次を参照。Neil Fairbairn and Michael Cyprien, *A Traveller's Guide to the Kingdoms of Arthur* (London: Evans Brothers, 1983). 一方，ロビン・フッド関連の場所については次を参照。W. R. Mitchell, *The Haunts of Robin Hood* (Clapham, Yorkshire: Dalesman, 1970).

2 Robert Hunt, *Popular Romances of the West of England; or, The Drolls, Traditions, and Superstitions of Old Cornwall* (London, 1865), 204. コーンウォール地方にあるアーサー王関連の地名については以下の各書を参照。Brenda Duxbury and Michael Williams, *King Arthur Country in Cornwall* (St Teath, Bodmin, Cornwall: Bossiney Press, 1979); C. A. Ralegh Radford and Michael J. Swanton, *Arthurian Sites in the West* (Exeter: University of Exeter Press, 1975).

3 Sir Edward Strachey (ed.), *Morte Darthur: Sir Thomas Malory's Book of King Arthur and of his Noble Knights ofthe Round Table* (London, 1868), p. xii.

4 Fortescue Hitchins, *The History of Cornwall, from the Earliest Records and Traditions, to the Present Time* (Helston, 1824), i. 396; Jack Simmons, 'Railways, Hotels and Tourism in Great Britain 1839-1914', *Journal of Contemporary History*, 19 (1984), 214; J. Cuming Walters, *The Lost Land of King Arthur* (London, 1909), preface.

5 Walter White, *A Londoner's Walk to the Land's End; and A Trip to the Scilly Isles* (London, 1865), 315-20; Frederick Izant, *Boscastle and Tintagel, North Cornwall. A Souvenir and Guide, with Nine Illustrations* (London, 1899), 43-4.

6 Robert Bernard Martin, *Tennyson: The Unquiet Heart* (London: Faber and Faber, 1983), 319-20; Henry Elsdale, *Studies in the Idylls: An Essay on Mr. Tennyson's 'Idylls of the King'* (London, 1878), 140.

7 Elliot Zuckerman, *The First Hundred Years of Wagner's Tristan* (New York and London: Columbia University Press, 1964), 183; Algernon Charles Swinburne, *The Tale of Balen* (London, 1896), 21, 35.

8 Algernon Charles Swinburne, *Tristram of Lyonesse and Other Poems* (London, 1882), 11, 14, 22, 90-3, 169.

9 *Arthur's Knights: An Adventure from the Legend of the Sangrale* (Edinburgh, 1859), 44-5; Charles Bruce, *The Story of Queen Guinevere and Lancelot of the Lake. After the German of Wilhelm Hertz. With Other Poems* (London, 1865), 78.

10 J. Comyns Carr, *King Arthur, A Drama in a Prologue and Four Acts* (London, 1895), 2, 7.

11 Cynthia Fansler Behrman, *Victoria Myths of the Sea* (Athens, Ohio: Ohio UP, 1977), 26, 113-15.

12 *English Forests and Forest Trees, Historical, Legendary and Descriptive* (London, 1853), 26.

13 See, in particular, Robert Pogue Harrison, *Forests: The Shadow of Civilization* (Chicago and London: University of Chicago Press, 1992); Simon Schama, *Landscape and Memory* (London: HarperCollins, 1995), chs. 1-4.

14 Schama, *Landscape and Memory*, 140; Joseph P. Nagy, 'The Paradoxes of Robin Hood', *Fork-lore*, 91 (1980), 198-210.

15 J. E. Muddock, *Maid Marian and Robin Hood: A Romance of Old Sherwood Forest* (London, 1892), 68; George Linley, *Robin Hood: A Cantata* (London, 1856), 2-4; William Winter, *Shadows of the Stage* (Edinburgh, 1892), 274.

16 John Croumbie Brown, *The Forests of England and the Management of Them in Byegone Times* (Edinburgh, 1883), 17; Cornelius Brown, *Lives of Nottinghamshire Worthies and of Celebrated and Remarkable Men of the County from the Norman Conquest to AD 1882* (London and Nottingham, 1882), 8-9; Ward, Lock and Co., *Pictorial and Descriptive Guide to Sherwood Forest and 'The Dukeries' (The Land of Robin Hood)* (London, 1893), 3, 109.

17 *Pictorial and Descriptive Guide to Sherwood Forest*, 29; Muddock, *Maid Marian*, 326.

18 Pogue Harrison, *Forests*, 51, 133-4.

19 Edward Bulwer Lytton, *King Arthur* (London, 1849), i. 32.

20 Beau Riffenburgh, *The Myth of the Explorer: The Press, Sensationalism, and Geographical Discovery* (London and New York: Belhaven, 1993), 24-8; Bulwer Lytton, *King Arthur*, ii. 89; Trevor R. Pringle, 'Cold Comfort: The Polar Landscape in English and American Popular Culture 1845-1990', *Landscape Research*, 16 (1991), 43-4.

21 Owen Beattie and John Geiger, *Frozen in Time: The Fate of the Franklin Expedition* (London: Bloomsbury, 1987); *The Times*, 23 Sept. 1859, 1.

22 Samuel Carter Hall (ed.), *Book of British Ballads* (London, 1842), 125.

23 See Victor Kiernan, 'Tennyson, King Arthur and Imperialism', in Raphael Samuel and Gareth Stedman Jones (eds.), *Culture, Ideology and Politics: Essays for Eric Hobsbawm* (London: Routledge, 1982), 126-48.

24 Thomas Metcalf, *Ideologies of the Raj, The New Cambridge History of India*, III: 4 (Cambridge and New York: Cambridge UP, 1994), 43.

25 Ellen J. Millington, 'King Arthur and His Knights', *The Monthly Packet of Evening Readings for the Younger Members of the Christian Church*, 17 (1859), 253-4; Debra N. Mancoff, *The Arthurian Revival in Victorian Art* (New York and London: Garland, 1990), 122.

26 See William Morris, *The Defence of Guinevere and Other Poems* (London, 1858); Henry Lovelich, *Seynt Graal, or the Sank Ryal: the History of the Holy Graal,* ed. F. J. Furnivall, 2 vols. (London, 1861-3); Walter Map, *La Queste del Saint Graal,* ed. F. J. Furnivall (London, 1864); George MacDonald, 'The Sangreal: A Part of the Story Omitted in the Old Romances', in *Good Words*, 4 (1863), 454-5.

27 Bernard S. Cohn, 'Representing Authority in Victorian India', in Eric Hobsbawm and Terence Ranger (eds.), *The Invention of Tradition*, 2nd. edn. (Cambridge: Cambridge UP, 1992), 179.

28 Metcalf, *Ideologies*, 72-80; 'Le Morte D'Arthur', *Dublin University Magazine*, 55 (1860), 498-9.

29 'Le Morte D'Arthur', 511; Mark Girouard, *The Return to Camelot: Chivalry and the English Gentleman* (New Haven and London: Yale UP, 1982), 220.

30 Thomas Westwood, *The Quest of the Samgreall, The Sword of Kingship, and Other Poems* (London, 1868), 6-7, 16-17, 57.

31 David Staines, 'Tennyson's "The Holy Grail": The Tragedy of Percivale', *Modern Language Review*, 69 (1974), 747; Alfred Tennyson, 'The Holy Grail', in *Idylls of the King*, ed. J. M. Gray (New Haven and London: Yale UP, 1983), ll. 884-90.

32 Girouard, *Return to Camelot*, 220-30; J. A. Mangan, 'Noble Specimens of

Manhood: Schoolboy Literature and the Creation of a Colonial Chivalric Code', in Jeffrey Richards (ed.), *Imperialism and Juvenile Literature* (Manchester and New York: Manchester UP, 1989), 191.

33 Girouard, *Return to Camelot*, 220.

34 Furnivall, preface to *La Queste del Saint Graal*, p. ix.

35 Elinor Sweetman, *Pastorals and Other Poems* (London, 1899), 44; Marilynn Lincoln Board, 'Art's Moral Mission: Reading G. F. Watt's *Sir Galahad*', in Debra N. Mancoff (ed.), *The Arthurian Revival: Essays on Form, Tradition, and Transformation* (New York and London: Garland, 1992), 132-3.

36 James Burns, *Sir Galahad: A Call to the Heroic* (London, [1914]), 20-1; Board, 'Art's Moral Mission', 149-50.

37 J. H. Shorthouse, *Sir Perceval: A Story of the Past and Present* (London, 1886), 86-7, 276-7.

38 S. Levett-Yeats, *A Galahad of the Creeks and Other Stories* (London and Bombay, 1897), 139-40.

39 *The History and Famous Exploits of Robin Hood* (Banbury, [1805?]), p. iv; Robert Millhouse, *Sherwood Forest, and Other Poems* (London, 1827), 34.

40 J. H. Stocqueller, *Maid Marian, The Forest Queen* (London, [1849]), 118, 144.

41 Ruth H. Lindeborg, 'The "Asiatic" and the Boundaries of Victorian Englishness', *Victorian Studies*, 37 (1994), 382-7; Suvendrini Perera, *Reaches of Empire: The English Novel from Edgeworth to Dickens* (New York: Columbia UP, 1991), 108.

42 Anne Bowman, *The Boy Foresters. A Tale of the Days of Robin Hood* (London, [1868]), 2, 169.

43 J. Frederick Hodgetts, *Edwin the Boy Outlaw, or the Dawn of Freedom in England* (London, 1887), 41, 122, 123, 42, 157; Edward Gilliat, *In Lincoln Green: A Merrie Tale of Robin Hood* (London, 1897), 288, 362.

44 「ダコイト」という用語は，インドを植民地統治した英国が，盗賊団を指す意味で用いた。正式にはこの言葉は5名を超えるような群盗を意味し，しかも政治がらみの目的をもつと想定される。

45 E. F. Pollard, '"Hari Ram," the Dacoit', in G. A. Henty (ed.), *Yule-Tide Yarns* (London, New York and Bombay, 1899), 298-9, 319. この著作を知ったのはマイケル・シルヴェストリ博士のご教授による．

46 Major F. B. Toms, *Royal Artillery Gibraltar Christmas Pantomime. 'The Babes in the Wood' and 'Robin Hood'* (Gibraltar, 1897), 23.

47 Ibid. 25.

48 Edward Gilliat, *Wolf's Head: A Story of the Prince of Outlaws* (London, 1899), 161.

結 語

1 George E. Rochester, *Captain Robin Hood Skywayman* (London: John Hamilton, 1935), 13-6.

2 Ibid. 54-5, 164-5, 170.

3 Elizabeth Brewer, *T. H. White's The Once and Future King*, Arthurian Studies, 30 (Cambridge: D. S. Brewer, 1993), 9.

4 T. H. White, *The Once and Future King* (New York: G. P. Putnam, 1958), 628.

5 A. T. Quiller-Couch, *Robin Hood* (Oxford, 1908-12), 4; W. Lewis Jones, *King Arthur in History and Legend* (Cambridge, 1911), 117-8.

6 F. Gudgin, *Robin Hood and His Merry Men* (London, 1919), 5-6, 38.

7 Doris Ashley, *King Arthur and the Knights of the Round Table* (London: Raphael Tuck, 1922), 8, 11.

8 White, *Once and Future King*, 229.

9 Ibid. 235, 548-9.

10 *Robin Hood Library*, 9: *Robin Hood and the Wrestler* (London, [1912]), 4; Alfred Noyes, *Sherwood, or Robin Hood and the Three Kings* (London, 1911), 84.

11 Catherine A. Cannon, *The Arthurian Episode in the Pageant of Gwent* (Gwent, [1913]), 3, 5, 10, 15.

12 *King Arthur of Britain* (Maidenhead: ABC Publishers, 1934).

13 H. Malim, *King Arthur* (Bombay and Madras, 1914), 78, 94; Arthur Dillon, *King Arthur Pendragon* (London, 1906), 50-1, 81.

14 Dillon, *King Arthur Pendragon*, 192.

15 See Amanda Serrano, 'T. H. White's Defence of Guenever: Portrait of a "Real Person"', *Mythlore*, 21 (1995), 9-13.

16 *The Adventures of Robin Hood* (London and Glasgow: Collins, 1947), 13; Ronald Gow, *Five Robin Hood Plays* (London and Edinburgh: Thomas Nelson, 1932), p. vi; Agnes Blundell, *They Met Robin Hood* (London: Burnes, Oates and Washbourne, 1936), 66-7.

17 Francis Coutts, *The Romance of King Arthur* (London, 1907), 91-2; 'Geoffrey Junior', *The Marvellous History of King Arthur in Avalon and of The Lifting of Lyonnesse: A Chronicle of the Round Table Communicated by Geoffrey of Monmouth*

(London, 1904), 105-6.

18 Trevor Wallace, *Galahad of the Air* (London: Wright and Brown, [1937]), 7, 81.

19 Ibid. 8, 13-4, 40, 248.

20 Hugh Chesterman, *Told in Sherwood* (London, Edinburgh and New York: Thomas Nelson, 1931), 7; *The Robin Hood Library*, 5: *For Richard and the Right* (London, [1912]), 19, 27.

21 Sir Edmund C. Cox, *The Exploits of Kesho Naik, Dacoit* (London, 1912), 13, 53-4.

22 Alexander Wilson, *The Crimson Dacoit* (London: Herbert Jenkins, 1933), 157-8.

23 Amy Carmichael, *Raj, Brigand Chief: The True Story of an Indian Robin Hood Driven by Persecution to Dacoity* (London: Seeley, Service and Co., 1930), 40.

24 Hugh A. Evan Hopkins, *Raj the Dacoit: The Real Story of an Indian Robin Hood* (London: Seeley, Service and Company, 1938), 25-6.

25 Edwin Dale, *Don Sabre: The Desert Robin Hood*, Champion Library 244 (London, 1939), 4-5, 62.

26 Henry Gilbert, *Robin Hood and the Men of the Greenwood* (Edinburgh and London, 1912), p. vii.

参考文献

第一次資料——写本

Notes of Joseph Hunter, British Library, Additional MS 24480.
Miscellaneous Letters, British Library, Additional MS 38899.

第一次資料——印刷本

ALEXANDER, A., *Robin Hood: A Romance of the English Forest* (London, 1900).

ALLINGHAM, WILLIAM, *The Ballad Book: A Selection of the Choicest British Ballads* (London and Cambridge, 1864).

ANDREWS, WILLIAM (ed.), *The Derbyshire Gatherer of Archaeological, Historical, Biographical Facts, Folklore, Etc.* (Buxton, 1880).

(Anon.), *A Pleasant Commodie Called Looke About You: A Critical Edition*, ed. Richard S. M. Hirsch (New York: Garland, 1980).

—— *The History of the Robin Hood Society* (London, 1764).

—— *The Famous English Archer; or, Robert, Earl of Huntington* (Monaghan, 1797).

—— Review article on Joseph Ritson's *Robin Hood: A Collection of Poems, Songs, and Ballads Relative to that Celebrated English Outlaw*, in *British Critic*, 9 (1797), 17–21.

—— Review article on Joseph Ritson's *Robin Hood: A Collection of Poems, Songs, and Ballads Relative to that Celebrated English Outlaw*, in *Critical Review*, NS 28 (1798), 228–9.

—— 'The Life of Mr. John Joseph Merlin', *The Wonderful and Scientific Museum*, 1 (1803), 274–9.

—— 'The Cheshire Enchanter', *Manchester Mail*, 28 May 1805, 3.

—— *The History and Famous Exploits of Robin Hood* (Banbury, [1805?]).

—— *Ancien Ballads; Selected from Percy's Collection; with Explanatory Notes, Taken from Different Authors, for the Use and Entertainment of Young Persons, by a Lady* (London, 1807).

—— *The Extraordinary Life and Adventures of Robin Hood, Captain of the Robbers of Sherwood Forest* (London, [1810?]).

—— 'Vittoria', *European Magazine*, 64 (1813), 146–7.

—— *The History of Robin Hood* (London, [1816]).

—— *The Round Table. The Order and Solemnities of Crowning the King: and the Dignities of His Peerage with Remarks in Vindication of Both* (London, 1820).
—— *Famous Exploits of Robin Hood: including An Account of his Birth, Education, and Death* (Penrith, [1820?]).
—— 'Triads of the Isle of Britain', *Cambro-Briton*, 1 (1820), 201–5.
—— 'Merlin's Cave', *Chimney Corner Companion*, 10 (1827), 223–4.
—— 'Welsh War Song', *Carmarthen Journal*, 9 Mar. 1827, 4.
—— 'Merlin Redivivus: A Dramatic Scene', *Monmouthshire Merlin*, 23 May 1829, 4.
—— *The Celebrated History of the Renowned Robin Hood, the Merry Outlaw of Sherwood Forest* (Glasgow, [1830]).
—— 'Merlin's Prophecy for the Year 1831', *Monthly Magazine*, NS 11 (1831), 1–3.
—— Article on Robin Hood in *Westminster Review*, 33 (1839–40).
—— *The Life and Death of Robin Hood, the Renowned Outlaw* (Falkirk?, [1840?]).
—— *Alderley Edge and Its Neighbourhood* (Macclesfield, [1843]).
—— 'The Knight of the Magic Loom', *Punch*, 9 (1845), 189.
—— *Historical Anecdotes of the Life of Robin Hood; with a Collection of the Ancient Poems, Song and Ballads Relative to that Celebrated English Outlaw* (London, 1846).
—— *General Laws for the Government of the Ancient Order of Foresters* (Manchester, 1846).
—— Review article on Robert Southey's *Robin Hood: A Fragment*, in *Edinburgh Review*, 86 (1847), 122–38.
—— *Old English Ballads, A Selection from Percy, Ritson, and Other Sources* (London, 1848).
—— Review article on Edward Bulwer Lytton's *King Arthur*, in *Illustrated London News*, 25 Mar. 1848, 200.
—— Review article on Edward Bulwer Lytton's *King Arthur*, in *Athenaeum*, 11 Mar. 1848, 262.
—— Review article on Edward Bulwer Lytton's *King Arthur*, in *Examiner*, 27 Jan. 1849, 52.
—— Review article on Edward Bulwer Lytton's *King Arthur*, in *Sharpe's London Journal*, 9 (1849), 373–5.
—— Review article on Edward Bulwer Lytton's *King Arthur*, in *Edinburgh Review*, 90 (1849), 173–212.
—— *The Life of Robin Hood: To Which Is Annexed Robin Hood's Garland* (Dublin, 1852).
—— *Arthur's Knights: An Adventure from the Legend of the Sangrale* (Edinburgh, 1859).
—— Obituary of Sir John Franklin, in *The Times*, 23 Sept. 1859, 1.
—— 'King Arthur and His Round Table', *Blackwood's Edinburgh Magazine*, 88 (1860), 311–37.

—— *Aunt Louisa's London Toy Books: Robin Hood and His Merry Men* (London, [1860]).
—— 'La Mort D'Arthur', *Dublin University Magazine*, 55 (1860), 497–512.
—— *The Life and Exploits of Robin Hood: and Robin Hood's Garland* (Halifax, 1862).
—— *Alderley Edge: A Guide to All Its Points of Interest* (Manchester, 1863).
—— Review article on F. J. Furnivall (ed.), *Arthur: A Short Sketch of His Life and History*, in *Gentleman's Magazine*, NS 18 (1865), 227–8.
—— Review article on Edward Strachey (ed.), *Morte Darthur*, in *Athenaeum*, Pt. 1 (1868), 695.
—— Review article on Edward Strachey (ed.), *Morte Darthur*, in *Notes and Queries*, 4: 1 (1868), 428.
—— 'Mr. Tennyson's Arthurian Poems', *Dublin Review*, 75 (1870), 418–29.
—— 'Malory', *Encyclopaedia Britannica*, Vol. 10 (9th edn., Edinburgh, 1879).
—— *The Story of Arthur and Guinevere, and the Fate of Sir Lancelot of the Lake. As Told in Antique Legends and Ballads, and in Modern Poetry* (London, [1879]).
—— *Six Ballads about King Arthur* (London, 1881).
—— *Second Quarterly Report of the Fifty-Eighth Executive Council of the Ancient Order of Foresters* (Ipswich, 1892).
—— *Third Quarterly Report of the Fifty-Eighth Executive Council of the Ancient Order of Foresters* (Ipswich, 1892).
—— *Robin Hood Library* (London, [1912]).
—— *King Arthur of Britain* (Maidenhead, 1934).
—— *The Adventures of Robin Hood* (London and Glasgow, 1947).
ANSTICE, JOSEPH, *Richard Cœur de Lion* (Oxford, 1828).
ARBER, EDWARD, *An English Garner, Ingatherings from our History and Literature* (London, 1877–96).
ARNOLD, MATTHEW, *Empedocles on Etna, and Other Poems* (London, 1852).
ASHBEE, C. R., *From Whitechapel to Camelot* (London, 1892).
ASHLEY, DORIS, *King Arthur and the Knights of the Round Table* (London, 1922).
AXON, WILLIAM, *Cheshire Gleanings* (Manchester, 1884).
BANNERMANN, ANNE, *Tales of Superstition and Chivalry* (London, 1802).
BERESFORD HOPE, Alexander James, *Poems* (London, 1843).
BEWICK, THOMAS, *Thomas Bewick: A Memoir*, ed. Iain Bain (Oxford, 1979).
BINGLEY, Revd W., *North Wales; Including its Scenery, Antiquities, Customs, and Some Sketches of its Natural History* (London, 1804).
BLAAUW, WILLIAM HENRY, *The Barons' War Including the Battles of Lewes and Evesham* (Lewes, 1844).
BLACKMORE, RICHARD, *Prince Arthur*, 4th edn. (London, 1714).
BLATCHFORD, ROBERT, *Merrie England* (London, 1894).
BLUNDELL, AGNES, *They Met Robin Hood* (London, 1936).
BOWMAN, ANNE, *The Boy Foresters. A Tale of the Days of Robin Hood* (London,

[1868]).

BRISCOE, JOHN POTTER (ed.), *Old Nottinghamshire: A Collection of Papers on the History, Antiquities, Topography, &c., of Nottinghamshire*, 2nd series (London and Nottingham, 1884).

BROOKE-HUNT, VIOLET, *Young King Arthur* (London and Edinburgh, 1897).

BROUGH, WILLIAM, *King Arthur; or, The Days and Knights of the Round Table* (London, 1863).

BROUGH BROTHERS, *The Last Edition of Ivanhoe* (London, [1850]).

BROWN, CORNELIUS, *Lives of Nottinghamshire Worthies and of Celebrated and Remarkable Men of the County from the Norman Conquest to* AD *1882* (London and Nottingham, 1882).

BROWN, JOHN CROUMBIE, *The Forests of England and the Management of Them in Byegone Times* (Edinburgh, 1883).

BROWNE, FELICIA DOROTHEA, *England and Spain; or, Valour and Patriotism* (London, 1808).

BRUCE, CHARLES, *The Story of Queen Guinevere and Lancelot of the Lake. After the German of Wilhelm Hertz. With Other Poems* (London, 1865).

BUCHANAN, R. WILLIAMS, 'Merlin's Tomb', *The Glasgow University Album for* 1838 (Glasgow, 1838), 1–8.

—— 'Merlin and the White Death', *Once a Week*, 10 (1863–4), 251–2.

BULWER LYTTON, EDWARD, *The Siamese Twins. A Satirical Tale of the Times. With Other Poems* (London, 1831).

—— *King Arthur* (London, 1849).

BURGES, JAMES BLAND, *Richard the First* (London, 1801).

BURKE, EDMUND, *Reflections on the Revolution in France* (London, 1912).

BURNAND, SIR FRANCIS COWLEY, *Robin Hood; or, The Forester's Fate* (London, 1862).

BURNETT, GEORGE, *Specimens of English Prose-Writers, from the Earliest Times to the Close of the Seventeenth Century* (London, 1807).

BURNS, JAMES, *Sir Galahad: A Call to the Heroic* (London, [1914]).

BURRAGE, ALFRED S., *The Robin Hood Library* (London, [1901–6]).

BYRON, HENRY JAMES, *Jack the Giant Killer; or, Harlequin King Arthur, and Ye Knights of Ye Round Table* (London, [1859]).

CAMPBELL, JAMES A., *Tennyson's Idylls of the King, Epic and Allegory* (Dublin, 1896).

CANNON, CATHERINE A., *The Arthurian Episode in the Pageant of Gwent* (Gwent, [1913]).

CARMICHAEL, AMY, *Raj, Brigand Chief: The True Story of an Indian Robin Hood Driven by Persecution to Dacoity* (London, 1930).

CARR, J. COMYNS, *King Arthur* (London, 1895).

CHALMERS, ALEXANDER (ed.), *The History of the Renowned Prince Arthur, King of Britain* (London, 1816).

CHAMBERS, ROBERT, *The Book of Days: A Miscellany of Popular Antiquities* (London

and Edinburgh, 1864).
CHESTERMAN, HUGH, *Told in Sherwood* (London, Edinburgh and New York, 1931).
CLARKE, ADAM, *Detached Pieces; Including, Critiques on Various Publications, Historical Sketches, Biographical Notices, Correspondence, &c., &c., &c.* (London, 1837).
CONYBEARE, EDWARD, *La Morte D'Arthur: The History of King Arthur, Compiled by Sir Thomas Malory* (London, 1868).
COSTELLO, LOUISA STUART, *The Maid of the Cyprus Isle, and Other Poems* (London, 1815).
—— *The Falls, Lakes and Mountains of North Wales* (London, 1845).
COTTLE, JOSEPH, *The Fall of Cambria*, 2nd edn. (London, 1811).
COUTTS, FRANCIS, *The Romance of King Arthur* (London, 1907).
COX, SIR EDMUND C., *The Exploits of Kesho Naik, Dacoit* (London, 1912).
COX, GEORGE W., *An Introduction to the Science of Comparative Mythology and Folklore* (London, 1881).
COXE, WILLIAM, *An Historical Tour in Monmouthshire* (London, 1801).
CRAIK, DINAH MARIA MULOCK, *Avillion and Other Tales* (London, 1853).
CUNNINGHAM, ALLAN, 'The Old English Ballads', *Penny Magazine*, 7 (1838), 301–4.
DALE, EDWIN, *Don Sabre: The Desert Robin Hood*, Champion Library, 244 (London, 1939).
DARLEY, GEORGE, 'Merlin's Last Prophecy', *Athenaeum*, 14 July 1838, 495–6.
DAVIDSON, GLADYS, *The Story of Robin Hood. Told Simply for the Lower Standards* (London and Edinburgh, [1908]).
DAVIES, HENRY, 'Ode', *Cambrian Quarterly Magazine*, 4 (1832), 544–5.
DILLON, ARTHUR, *King Arthur Pendragon* (London, 1906).
DIXON, FREDERICK, 'The Round Table', *Temple Bar*, 109 (1896), 201–13.
DONOVAN, EDWARD, *Descriptive Excursions through South Wales and Monmouthshire, in the Year 1804, and the Four Preceding Summers* (London, 1805).
DWIGHT, HENRY OTIS, *A Muslim Sir Galahad: A Present Day Story of Islam in Turkey* (New York and London, 1913).
EGAN, PIERCE, *Robin Hood and Little John or the Merry Men of Sherwood Forest*, 2nd edn. (London, 1850).
ELLIS, GEORGE, *Specimens of Early English Metrical Romance* (London, 1805).
ELSDALE, HENRY, *Studies in the Idylls: An Essay on Mr. Tennyson's 'Idylls of the King'* (London, 1878).
ELWES, ALFRED (ed. and trans.), *Geoffrey the Knight. A Tale of Chivalry of the Days of King Arthur* (London, 1869).
EMMETT, GEORGE, *Robin Hood and the Outlaws of Sherwood Forest* (London, 1869).
EVAN HOPKINS, Hugh A., *Raj the Dacoit: The Real Story of an Indian Robin Hood* (London, 1938).

Evans, John, *Letters Written during a Tour through South Wales, in the Year 1803, and at Other Times* (London, 1804).
Evans, Sebastian, *In the Studio: A Decade of Poems* (London, 1875).
Evans, Thomas, *Old Ballads, Historical and Narrative, with Some of Modern Date* (London, 1777).
Finnemore, John, *The Story of Robin Hood and His Merry Men* (London, 1909).
Fitzgerald, Percy (ed.), *The Life, Letters and Writings of Charles Lamb* (London and Philadelphia, 1895).
Ford, Horace A., *Archery: Its Theory and Practice*, 2nd edn. (London, 1859).
'Forest Ranger', *Little John and Will Scarlett; or, The Outlaws of Sherwood Forest* (London, 1865).
Frith, Henry, *King Arthur and his Knights of the Round Table* (London, 1884).
Fullarton, R. Macleod, *Merlin: A Dramatic Poem* (Edinburgh and London, 1890).
Furnivall, F. J., 'Preface', in *Le Morte Darthur* (London and Cambridge, 1864).
—— (ed.), *Seynt Graal, or the Sank Ryal: The History of the Holy Graal* (London, 1861–3).
—— (ed.), *La Queste del Saint Graal* (London, 1864).
Gaskell, Elizabeth, *The Letters of Mrs. Gaskell*, ed. J. A. V. Chapple and Arthur Pollard (Manchester, 1966).
Gastineau, Henry, *North Wales Illustrated, in a Series of Views, Comprising the Picturesque Scenery, Towns, Castles, Seats of the Nobility and Gentry, Antiquities, &c.* (London, 1830).
'Geoffrey Junior', *The Marvellous History of King Arthur in Avalon and of The Lifting of Lyonnesse: A Chronicle of the Round Table Communicated by Geoffrey of Monmouth* (London, 1904).
Giffard, Sir Ambrose Hardinge, *Verses* (London, 1824).
Gilbert, Henry, *Robin Hood and the Men of the Greenwood* (London, 1912).
Gilliat, Edward, *In Lincoln Green: A Merrie Tale of Robin Hood* (London, 1897).
—— *Wolf's Head: A Story of the Prince of Outlaws* (London, 1899).
Glennie, John S. Stuart, *King Arthur: or, The Drama of the Revolution*, Volume II: *Play the First. The Romance of the Forest: or, The Youth of Arthur* (London, 1870).
Goadby, Edwin, 'Who Was Robin Hood?', *Sharpe's London Magazine*, 23 (1863), 307–12.
Godwin, William, *Things as They Are; or, The Adventures of Caleb Williams* (London, 1794).
—— Obituary of Joseph Ritson, in *Monthly Magazine*, 16 (1803), 375–6.
Gollancz, Israel (ed.), *Le Morte Darthur by Sir Thomas Malory* (London, [1897]).
Goodyer, F. R., *Once upon a Time: or, A Midsummer Night's Dream in Merrie Sherwood* (Nottingham, 1868).
Gow, Ronald, *Five Robin Hood Plays* (London and Edinburgh, 1932).

Grange, A. M., *A Modern Galahad* (London, 1895).
Gudgin, F., *Robin Hood and His Merry Men* (London, 1919).
Gurteen, S. Humphreys, *The Arthurian Epic: A Comparative Study of the Cambrian, Breton, and Anglo-Norman Versions of the Story and Tennyson's Idylls of the King* (New York and London, 1895).
Gutch, John Matthew, *A Lytell Geste of Robin Hode with other Ancient and Modern Ballads and Songs Relating to this Celebrated Yeoman* (London, 1847).
Haigh, J. L., *Sir Galahad of the Slums* (London, [1907]).
Hales, John W. and Furnivall, Frederick J., *Bishop Percy's Folio Manuscript. Ballads and Romances* (London, 1867).
Hall, Samuel Carter (ed.), *Book of British Ballads* (London, 1842).
Hall, Spencer T., *The Forester's Offering* (London, 1841).
—— *Rambles in the Country* (London, 1842).
Hallam, Henry, *Introduction to the Literature of Europe, in the Fifteenth, Sixteenth, and Seventeenth Centuries*, 4th edn. (London, 1854).
Halliwell, J. O. (ed.), *The Chronicle of William de Rishamger, of the Barons' Wars. The Miracles of Simon de Montfort* (London, 1840).
Hamley, General Edward, 'Sir Tray: An Arthurian Idyl', *Blackwood's Edinburgh Magazine*, 108 (1873), 120.
Hanson, Charles Henry, *Stories of the Days of King Arthur* (London, 1882).
Hardy, James, 'Legends of King Arthur and of Sewingshields', in Moses Aaron Richardson (ed.), *The Local Historians' Table Book, of Remarkable Occurrences, Historical Facts, Traditions, Legendary and Descriptive Ballads, &c., &c.* (London, 1843), 45–6.
Harris, Augustus Henry Glossop, *Babes in the Wood; Robin Hood and his Men; and Harlequin Who Killed Cock Robin* (London, 1888).
Harris, William Cornwallis, *Portraits of the Game and Wild Animals of Southern Africa* (London, 1840).
Harrison, W., *Ripon Millenary: A Record of the Festival* (Ripon, 1892).
Haslehurst, George, *Penmaen-Mawr, and Day-Break: Poems* (London, 1849).
Haslewood, Joseph (ed.), *La Mort D'Arthur* (London, 1816).
Hastings, Thomas, *The British Archer; or, Tracts on Archery* (London, 1831).
Hawker, Robert Stephen, *The Quest of the Sangraal. Chant the First* (Exeter, 1864).
Hazlitt, W. Carew (ed.), *Tales and Legends of National Origin or Widely Current in England from Early Times* (London, 1892).
Heaton, William, *The Story of Robin Hood* (London, 1870).
Heber, Reginald, *The Poetical Works of Reginald Heber*, new edn. (London, 1854).
Henty, G. A. (ed.), *Yule-Tide Yarns* (London, New York, and Bombay, 1899).
Herbert, Algernon, *Britannia after the Romans* (London, 1836).

Hilton, William, *The Poetical Works of William Hilton* (Newcastle, 1776).
Hindley, Charles, *Tavern Anecdotes and Sayings*, new edn. (London, 1881).
Hodgetts, J. Frederick, *Edwin the Boy Outlaw, or The Dawn of Freedom in England* (London, 1887).
Hogg, Thomas, *The Fabulous History of the Ancient Kingdom of Cornwall* (London, 1827).
Holt, Arden, *Fancy Dresses Described; or, What to Wear at Fancy Balls*, 4th edn. (London, 1879).
Hope, Henry G., 'King Arthur', *Notes and Queries*, 6: 11 (1885), 54.
Howells, William, *Cambrian Superstitions, Comprising Ghosts, Omens, Witchcraft, Traditions, &c.* (Tipton, 1831).
Hughes, Jonathan, 'Celliwig', *Notes and Queries*, 8: 7 (1895), 90.
Hughes, Thomas, *Tom Brown's Schooldays* (London and New York, 1994).
Hunt, Leigh, 'The Dogs', *The Liberal*, 1 (1822), 246–59.
Hunt, Robert, *Popular Romances of the West of England; or, The Drolls, Traditions, and Superstitions of Old Cornwall* (London, 1865).
Hunter, Joseph, *Critical and Historical Tracts* (London, 1852).
Irving, Walter, *Tennyson* (Edinburgh and London, 1873).
James, G. P. R., *Forest Days: A Romance of Old Times* (London, 1843).
Johnson, R. Brimley, *Popular British Ballads* (London, 1894).
Johnson, William Henry, *Sir Galahad of New France* (London, 1905).
Jones, W. Lewis, *King Arthur in History and Legend* (Cambridge, 1911).
Jonson, Ben, *Ben Jonson: The Complete Masques*, ed. Stephen Orgel (New Haven and London, 1969).
Keats, John, *Lamia, Isabella, The Eve of St. Agnes and Other Poems* (London, 1820).
King, Captain Charles, *A Trooper Galahad* (London, 1901).
Kittredge, G. L., 'Who Was Sir Thomas Malory?', *Studies and Notes in Philology and Literature*, 5 (1897), 97–106.
Knowles, J. T., *The Story of King Arthur and his Knights of the Round Table* (London, 1862).
'L.E.L.', *Poetical Works of Letitia Elizabeth Landon 'L.E.L.': A Facsimile Reproduction of the* 1873 Edition, ed. F. J. Sypher (Delmar, New York, 1990).
Larwood, Jacob and Hotten, John Camden, *The History of Signboards, from Earliest Times to the Present Day*, 11th edn. (London, 1900).
Lawrence, Sir James, 'The Bosom Friend', in *The Etonian Out of Bounds; or, Poetry and Prose*, 1 (London, 1828), 45.
Lawson Lowe, A. E. (ed.), *Black's Guide to Nottinghamshire* (Edinburgh, 1876).
Lee, Sir Sidney, 'Robin Hood', *Dictionary of National Biography* (London, 1891), 258–9.
Leigh, Egerton, *Ballads and Legends of Cheshire* (London, 1867).
Leigh, Percival, *Jack the Giant Killer* (London, [1843]).

LENNARD, HORACE, *Babes in the Wood and Bold Robin Hood* (Sydenham, 1892).

LEVETT-YEATS, S., *A Galahad of the Creeks and Other Stories* (London and Bombay, 1897).

LEWIS, M. G., *Romantic Tales* (London, 1808).

LEYDEN, JOHN, *Scenes of Infancy: Descriptive of Teviotdale* (Edinburgh, 1803).

LINTON, W. J., *Claribel and Other Poems* (London, 1865).

LLOYD, DAVID, *Characteristics of Men, Manners, and Sentiments; or, The Voyage of Life and Other Poems* (London, 1812).

LLWYD, RICHARD, *Poems. Tales, Odes, Sonnets, Translations from the British, &c. &c.* (Chester, 1804).

LYNN, ESCOTT, *When Lion Heart Was King: A Tale of Robin Hood and Merry Sherwood* (London, 1908).

MACCULLOCH, EDGAR, 'Cornish Folk Lore: King Arthur in the Form of a Raven', *Notes and Queries*, 1: 8 (1853), 618.

MACDONALD, GEORGE, *The Poetical Works of George MacDonald* (London, 1893).

MACNALLY, LEONARD, *Robin Hood; or, Sherwood Forest* (Dublin, 1788).

M'SPADDEN, J. WALKER, *Stories of Robin Hood and His Merry Outlaws Retold from the Old Ballads* (London, 1905).

MAGINN, WILLIAM, 'The Fraserians; or, The Commencement of the Year Thirty-five', *Fraser's Magazine*, 11 (1835), 1–2.

MAGNUS, LADY KATIE, *First Makers of England: Julius Cæsar, King Arthur, Alfred the Great* (London, 1901).

MALIM, H., *King Arthur* (Bombay and Madras, 1914).

MALKIN, BENJAMIN HEATH, *The Scenery, Antiquities, and Biography, of South Wales, from Materials Collected during Two Excursions in the Year 1803* (London, 1804).

MANNERS, JOHN HENRY, *Journal of Three Years Travels, through Different Parts of Britain, in 1795, 1796, 1797* (London, 1805).

MARSH, GEORGE, *The Origin and History of the English Language and of the Early Literature It Embodies* (London, 1862).

MARSH, JOHN B., *The Life and Adventures of Robin Hood* (London, 1865).

MARTIN, A. T., 'The Identity of the Author of the "Morte d'Arthur," with Notes on the Will of Thomas Malory and the Genealogy of the Malory Family', *Archaeologia*, 56 (1898), 165– 82.

—— 'Sir Thomas Malory', *Athenaeum*, 2 (1897), 353–4.

—— '"Mailoria" and Sir Thomas Malory', *Athenaeum*, 2 (1898), 98.

—— 'Society of Antiquaries—June 16', *Athenaeum*, 2 (1898), 827.

—— ed., *Selections from Malory's Le Morte D'Arthur* (London, 1896).

MATTHEWS, VIVIAN, and Manley, Alick, *Little Red Robin; or, the Dey and the Knight. Original Burlesque Extravaganza* (London, [1900]).

MENZIES, LOUISA L. J., *Legendary Tales of the Ancient Britons, Rehearsed from the Early Chronicle* (London, 1864).

MEREDITH, OWEN, *Clytemnestra, The Earl's Return, The Artist, and Other Poems* (London, 1855).

MEREDITH, W. E., *Llewelyn ap Iorwerth. A Poem, in Five Cantos* (London, 1818).

MERIVALE, J. H., *Orlando in Roncesvalles, A Poem* (London, 1814).

—— *Poems Original and Translated* (London, 1828).

MILLHOUSE, ROBERT, *Sherwood Forest, and Other Poems* (London, 1827).

MILLINGTON, ELLEN J., 'King Arthur and His Knights', *The Monthly Packet of Evening Readings for the Younger Members of the Christian Church*, 17 (1859) 253–8, 355–63, and 597–604.

MILMAN, H. H., *Samor, Lord of the Bright City. An Heroic Poem*, 2nd edn. (London, 1818).

MINTO, WILLIAM, *Characteristics of the English Poets from Chaucer to Shirley* (Edinburgh and London, 1874).

MORRIS, RICHARD (ed.), *Sir Gawayne and the Green Knight: An Alliterative Romance-Poem* (London, 1864).

MORRIS, WILLIAM, *The Defence of Guenevere and Other Poems* (London, 1858).

MOULTRIE, JOHN, *Poems* (London, 1837).

MUDDOCK, J. E., *Maid Marian and Robin Hood: A Romance of Old Sherwood Forest* (London, 1892).

MUNDAY, ANTHONY, *The Downfall of Robert Earl of Huntingdon* (Oxford: Malone Society Reprints, 1964).

NEWCOMEN, GEORGE, 'The Lovers of Launcelot (A Critical Study of Sir Thomas Malory's Epic)', *New Ireland Review*, 11 (1899), 44–9.

NEWELL, WILLIAM WELLS (ed.), *King Arthur and the Table Round, Tales Chiefly after the Old French of Crestien of Troyes* (London, [1897]).

NOYES, ALFRED, *Sherwood, or Robin Hood and the Three Kings* (London, 1911).

ODGERS, W. BLAKE, *King Arthur and the Arthurian Romances: A Paper Read Before the Bath Literary and Philosophical Association* (London and Bath, [1872]).

O'KEEFFE, JOHN, *Airs, Duetts, and Chorusses in Merry Sherwood, or Harlequin Forrester*, in Frederick M. Link (ed.), *The Plays of John O'Keeffe*, Vol. 4 (New York and London, 1981).

ORD, JOHN WALKER, *England: An Historical Poem* (London, 1834).

O'SULLIVAN, M. J., *A Fasciculus of Lyric Verses* (Cork, 1846), 63–4.

OXENFORD, JOHN, *Robin Hood: An Opera in Three Acts* (London, 1860).

'An Oxonian', 'Lines Written After Reading the Romance of Arthur's Round Table', *Blackwood's Edinburgh Magazine*, 27 (1830), 705.

PAINE, THOMAS, *The Rights of Man* (Harmondsworth: Pelican, 1976).

PARRY, EDWARD, *Cambrian Mirror, or a New Tourist Companion through North Wales* (London, 1846).

PARRY, Revd J. D., *The Legendary Cabinet: A Collection of British National Ballads, Ancient and Modern* (London, 1829).

PEACOCK, THOMAS LOVE, *The Genius of the Thames* (London, 1810).
—— *Maid Marian* (London, 1822).
—— *The Misfortunes of Elphin* (London, 1829).
PEARSON, CHARLES H., *The Early and Middle Ages of England* (London, 1861).
PENNIE, J. F., *Britain's Historical Drama; A Series of National Tragedies* (London, 1832).
—— 'Richard Cœur de Lion's Arrival on the Coast of Palestine', *Literary Magnet*, NS 2 (1826), 356–60.
PERCY, THOMAS, *Reliques of Ancient English Poetry: Consisting of Old Heroic Ballads, Songs and other Pieces of our Earlier Poets* (London, 1765).
—— *The Correspondence of Thomas Percy and Evan Evans*, ed. Aneirin Lewis (Baton Rouge: Louisiana State UP, 1957).
PORDEN, ELEANOR ANNE, *Cœur de Lion; or The Third Crusade* (London, 1822).
PRIDEAUX, W. F., 'Who Was Robin Hood?', *Notes and Queries*, 7: 2 (1886), 421.
PUGH, EDWIN, *Cambria Depicta: A Tour through North Wales, Illustrated with Picturesque Views* (London, 1816).
QUILLER-COUCH, A. T., *Robin Hood* (Oxford, 1908–12).
RANKING, B. MONTGOMERIE, *La Mort D'Arthur. The Old Prose Stories Whence the 'Idylls of the King' Have Been Taken by Alfred Tennyson* (London, 1871).
RALEIGH, WALTER, *The English Novel; Being a Short Sketch of Its History from the Earliest Times to the Appearance of Waverley* (London, 1894).
REECE, ROBERT, *Little Robin Hood: A New Burlesque Drama* (London, 1882).
RHYS, ERNEST, *Welsh Ballads and Other Poems* (London, [1898]).
—— 'Sir Thomas Malory and the *Morte d'Arthur*', in Charles Dudley Warner (ed.), *Library of the World's Best Literature, Ancient and Modern*, Vol. 17 (New York, 1897), 9645–54.
—— (ed.), *The Book of Marvellous Adventures, and Other Books of the Morte D'Arthur* (London, [1894]).
RIETHMÜLLER, CHRISTOPHER, *Launcelot of the Lake, A Tragedy, in Five Acts* (London, 1843).
RITSON, JOSEPH, *A Select Collection of English Songs* (London, 1783).
—— *Robin Hood: A Collection of Poems, Songs and Ballads Relative to that Celebrated English Outlaw* (London, 1795).
—— *Ancient English Metrical Romances* (London, 1802).
—— *The Letters of Joseph Ritson*, ed. Joseph Frank (London, 1833).
ROCHESTER, GEORGE E., *Captain Robin Hood Skywayman* (London: John Hamilton, 1935).
RODGERS, JOSEPH, *The Scenery of Sherwood Forest* (Worksop, 1898).
ROSCOE, JAMES, 'The Iron Gate—A Legend of Alderley', *Blackwood's Edinburgh Magazine*, 45 (1839), 271–4.
ROSCOE, THOMAS, *Wanderings and Excursions in South Wales, Including the Scenery of*

the River Wye (London, [1837]).
RUSSELL, EDWARD, *The Book of King Arthur: A Paper Read before the Literary and Philosophical Society of Liverpool, on the 16th of December, 1889* (Liverpool, 1889).
RYLAND, F., 'The Morte D'Arthur', *English Illustrated Magazine*, 6 (1888–9), 55–64 and 86–92.
SAINTSBURY, GEORGE, *The Flourishing of Romance and the Rise of Allegory* (Edinburgh and London, 1897).
SCOTT, CLEMENT, *From 'The Bells' to 'King Arthur'. A Critical Record of the First-night Productions at the Lyceum Theatre* (London, 1896).
SCOTT, SIR WALTER, *Marmion: A Tale of Flodden Field* (London, 1809).
—— *The Bridal of Triermain* (Edinburgh, 1813).
—— *Ivanhoe*, ed. A. N. Wilson (London and New York: Penguin, 1984).
—— *The Prose Works of Sir Walter Scott*, Vol. 21: *Letters of Malachi Malagrowther on the Currency* (Edinburgh, 1830–6).
—— 'Romance', in *Supplement to the Fourth, Fifth, and Sixth Editions of the Encyclopædia Britannica*, Vol. 6 (Edinburgh, 1824) 455.
—— 'Carle, Now the King's Come!', *Royal Cornwall Gazette*, 10 August 1822, 4.
—— 'Appendix to the General Preface', *Waverley Novels*, Vol. 1 (Edinburgh, 1829).
SEARLE, JANUARY, *Leaves from Sherwood Forest* (London, 1850).
SERVICE, JAMES (ed.), *Metrical Legends of Northumberland* (Alnwick, 1834).
SHORE, T. W., *King Arthur and the Round Table at Winchester* (Hampshire, 1900).
SHORTHOUSE, J. H., *Sir Perceval: A Story of the Past and Present* (London, 1886).
SIMMONS, F. J. (ed.), *The Birth, Life and Acts of King Arthur* (London, 1893–4).
SMIETON, JAMES, *King Arthur: A Dramatic Cantata* (London, [1893?]).
SMITH, GEORGE BARNETT, *Illustrated British Ballads, Old and New* (London, Paris, and New York, 1881).
SOAME, GEORGE, *The Hebrew. A Drama* (London, 1820).
SOMMER, H. OSKAR, 'The Sources of Malory's "Le Morte Darthur"', *Academy*, 37 (1890), 11.
—— (ed.), *Le Morte Darthur by Syr Thomas Malory* (London, 1889–91).
SOUTHEY, ROBERT (ed.), *The Byrth, Lyf, and Actes of Kyng Arthur* (London, 1817).
STERLING, JOHN, 'Richard Cœur de Lion', *Fraser's Magazine*, 39 (1849) 170, 277, and 405.
STOCQUELLER, J. H., *Robin Hood and Richard Cœur de Lion* (London, 1846).
—— *Maid Marian, the Forest Queen* (London, [1849]).
STOKES, HENRY SEWELL, *The Song of Albion: A Poem Commemorative of the Crisis* (London, 1831).
STRACHEY, EDWARD (ed.), *Morte Darthur* (London, 1868).
STREDDER, E., 'Who Was Robin Hood?', *Notes and Queries*, 7: 3 (1887), 201–2, 281– 2.

SWEETMAN, ELINOR, *Pastorals and Other Poems* (London, 1899).
TENNYSON, ALFRED, *Idylls of the King*, ed. J. M. Gray (New Haven and London: Yale UP, 1983).
—— *The Foresters: Robin Hood and Maid Marian* (London, 1892).
The Letters of Alfred Tennyson, ed. Cecil Y. Lang and Edgar F. Shannon, Jr. (Cambridge, Mass.: Belknap Press, 1981–7).
THELWALL, JOHN, *Poems, Chiefly Written in Retirement*, 2nd edn. (Hereford, 1801).
THIERRY, AUGUSTIN, *History of the Conquest of England by the Normans: with its Causes from the Earliest Period, and its Consequences to the Present Time* (London, 1825).
THOMAS, E., 'Briddyn Jubilee, 1782. An Ode', *European Magazine*, 2 (1782), 153–4.
THOMS, WILLIAM JOHN, *A Collection of Early Prose Romances* (London, 1828).
THOMSON, CHRISTOPHER, *The Autobiography of an Artisan* (London, 1847).
THORNE, GEORGE and PALMER, F. GROVE, *Robin Hood and Little John, or Harlequin Friar Tuck and the Merrie Men of Sherwood Forest* (Margate, 1882).
TILNEY, F. C., *Robin Hood and His Merry Outlaws* (London and New York, 1908).
TOMS, MAJOR F. B., *Royal Artillery Gibraltar Christmas Pantomime: 'The Babes in the Wood' and 'Robin Hood'* (Gibraltar, 1897).
TRIPP, Revd HENRY, *A Selection from Percy's Reliques of Ancient English Poetry and from Evans's Old Ballads* (London, 1849).
VERNON, Revd PREBENDARY, 'The Passing of Arthur', *The Sunday at Home* (1896–7), 291–2.
WALFORD, EDWARD (ed.), *Reliques of Ancient English Poetry: Consisting of Old Heroic Ballads, Songs and Other Pieces of our Earlier Poets* (London, 1880).
WALLACE, TREVOR, *Galahad of the Air* (London: Wright and Brown, [1937]).
WALPOLE, HORACE, *The Yale Edition of Horace Walpole's Correspondence*, ed. W. S. Lewis, Vol. 38 (London and New Haven: Yale UP, 1974).
Ward, Lock & Co., *Pictorial and Descriptive Guide to Sherwood Forest and 'The Dukeries' (The Land of Robin Hood)* (London, 1893).
WARNER, RICHARD, *A Walk through Wales, in August 1797* (Bath, 1798).
—— *A Second Walk through Wales* (Bath, 1799).
—— *A History of the Abbey of Glaston; and the Town of Glastonbury* (Bath, 1826).
WATT, ROBERT, *Bibliotheca Britannica; or A General Index to British and Foreign Literature* (Edinburgh and London, 1824).
WESTON, JESSIE L., *The Legend of Sir Gawaine: Studies upon Its Original Scope and Significance* (London, 1897).
—— *Sir Gawain and the Green Knight: A Middle-English Arthurian Romance Retold in Modern Prose* (London, 1898).
—— *Popular Studies in Mythology, Romance and Folklore* (London, 1899).
WESTWOOD, THOMAS, *The Quest of the Sancgreall, The Sword of Kingship, and Other Poems* (London, 1868).
WHISTLECRAFT, ROBERT and WILLIAM, *Prospectus and Specimen of an Intended*

National Work . . . Intended to Comprise the Most Interesting Particulars Relating to King Arthur and His Round Table, 2nd edn. (London, 1818).
WHITE, ROBERT (ed.), *Nottinghamshire. Worksop, 'The Dukery,' and Sherwood Forest* (Worksop, 1875).
WHITE, T. H., *The Once and Future King* (New York: G. P. Putnam, 1958).
WILLIAMS, ROWLAND, *Lays from the Cimbric Lyre, with Various Verses* (London, 1846).
WILLIAMS, T. W., 'Sir Thomas Malory', *Athenaeum*, 2 (1896), 64–5 and 98.
WILSON, ALEXANDER, *The Crimson Dacoit* (London: Herbert Jenkins, 1933).
WILSON, F. MARY, 'England's Ballad-hero', *Temple Bar*, 95 (1892), 401–11.
WINTER, WILLIAM, *Shadows of the Stage* (Edinburgh, 1892).
WOOD, WILLIAM, *Tales and Traditions of the High Peak (Derbyshire)* (London and Derby, [1862]).
WOODLEY, GEORGE, *Cornubia: A Poem, in Five Cantos, Descriptive of the Most Interesting Scenery, Natural and Artificial, in the County of Cornwall* (London, 1819).
WORDSWORTH, WILLIAM, *Poems, Chiefly of Early and Late Years* (London, 1842).
—— *The Prelude* (London, 1850).
WRIGHT, G. N., *Scenes in North Wales. With Historical Illustrations, Legends, and Biographical Notices* (London, 1833).
WRIGHT, THOMAS, *Essays on the Literature, Superstitions, and History of England in the Middle Ages* (London, 1864).
—— (ed.), *La Mort d'Arthure. The History of King Arthur and of the Knights of the Round Table* (London, 1858).
WRIGHT, THOMAS, *Some Habits and Customs of the Working Classes* (London, 1867).
YONGE, CHARLOTTE, *The History of Sir Thomas Thumb* (Edinburgh and London, 1855).

第一次資料——映画

Programme for *Robin Hood*, Her Majesty's Theatre, Microfiche No. 19, Theatre Museum, Covent Garden, London.

第二次資料——（精選）

AARSLEFF, HANS, *The Study of Language in England, 1780–1860*, new edn. (London: Athlone Press, 1983).
ADAMS, JAMES ELI, 'Harlots and Base Interpreters: Scandal and Slander in *Idylls of the King*', *Victorian Poetry*, 30 (1992), 421–39.
ANDERSON, BENEDICT, *Imagined Communities: Reflections on the Origins and Spread of*

Nationalism, rev. edn. (London and New York: Verso, 1991).
(Anon.) *Ladies of Shalott: A Victorian Masterpiece and Its Contexts* (Providence, RI: Brown University Department of Art, 1985).
AUERBACH, NINA, *Woman and the Demon: The Life of a Victorian Myth* (Cambridge, Mass., and London: Harvard UP, 1982).
BALCH, DENNIS R., 'Guenevere's Fidelity to Arthur in "The Defence of Guenevere" and "King Arthur's Tomb"', *Victorian Poetry*, 13 (1975), 61–70.
BALDICK, CHRIS, *The Social Mission of English Criticism 1848–1932* (Oxford: Clarendon Press, 1983).
BANHAM, JOANNA, '"Past and Present": Images of the Middle Ages in the Early Nineteenth Century', in Banham and Jennifer Harris (eds.), *William Morris and the Middle Ages* (Manchester and Dover, NH: Manchester UP, 1984), 17–31.
BEHRMAN, CYNTHIA FANSLER, *Victorian Myths of the Sea* (Athens, Ohio: Ohio UP, 1977).
BHABA, HOMI K. (ed.), *Nation and Narration* (London and New York: Routledge, 1990).
BOARD, MARILYNN LINCOLN, 'Art's Moral Mission: Reading G. F. Watt's *Sir Galahad*', in Debra N. Mancoff (ed.), *The Arthurian Revival: Essays on Form, Tradition, and Transformation* (New York and London: Garland, 1992).
BOOS, FLORENCE S., 'Sexual Polarities in *The Defence of Guenevere*', *Browning Institute Studies*, 13 (1985), 181–200.
—— 'Justice and Vindication in "The Defence of Guenevere"', in Valerie M. Lagorio and Mildred Leake Day (eds.), *King Arthur through the Ages*, Vol. 2 (New York: Garland, 1990), 83–102.
BRADSHAW, BRENDAN and MORRILL, JOHN (eds.), *The British Problem, c.1534–1707: State Formation in the Atlantic Archipelago* (New York: St Martin's, 1996).
BRINKLEY, ROBERTA FLORENCE, *Arthurian Legend in the Seventeenth Century*, Johns Hopkins Monographs in Literary History, 3 (Baltimore and London: John Hopkins Press, 1932).
BROCKLISS, LAURENCE and EASTWOOD, DAVID (eds.), *A Union of Multiple Identities: The British Isles, c.1750–c.1850* (Manchester and New York: Manchester UP, 1996).
BROWN, NATHANIEL, 'The "Brightest Colours of Intellectual Beauty": Feminism in Peacock's Novels', *Keats-Shelley Review*, 2 (1987), 91–103.
BURNS, BRYAN, *The Novels of Thomas Love Peacock* (London and Sydney: Croom Helm, 1985).
BURROW, J. W., *A Liberal Descent: Victorian Historians and the English Past* (Cambridge: Cambridge UP, 1981).
BUTLER, MARILYN, *Peacock Displayed: A Satirist in His Context* (London and Boston: Routledge, 1979).

CASTERAS, SUSAN P., *The Substance or the Shadow: Images of Victorian Womanhood* (New Haven: Yale Center for British Art, 1982).

CHANDLER, ALICE, *A Dream of Order: The Medieval Ideal in Nineteenth-century English Literature* (Lincoln, Nebr.: University of Nebraska Press, 1970).

CHAPMAN, RAYMOND, *The Sense of the Past in Victorian Literature* (London and Sydney: Croom Helm, 1986).

CHRIST, CAROL T., 'Victorian Masculinity and the Angel in the House', in Martha Vicinus (ed.), *A Widening Sphere* (Bloomington: Indiana UP, 1977), 146–62.

COHN, BERNARD S., 'Representing Authority in Victorian India', in Eric Hobsbawm and Terence Ranger (eds.), *The Invention of Tradition*, new edn. (Cambridge: Cambridge UP, 1992), 165–209.

COLLEY, LINDA, *Britons: Forging the Nation 1707–1837* (New Haven and London: Yale UP, 1992).

—— 'Britishness and Otherness: An Argument', *Journal of British Studies*, 31 (1992), 309–29.

COLLINI, STEFAN, *Public Moralists: Political Thought and Intellectual Life in Britain 1850–1930* (Oxford: Clarendon Press, 1991).

COLLS, ROBERT and DODD, PHILIP (eds.), *Englishness: Politics and Culture 1880–1920* (London and Dover, NH: Croom Helm, 1986).

COURT, FRANKLIN E., *Institutionalizing English Literature: The Culture and Politics of Literary Study, 1750–1900* (Stanford: Stanford UP, 1992).

CULLER, A. DWIGHT, *The Victorian Mirror of History* (New Haven and London: Yale UP, 1985).

CURTIS, L. P., Jr., *Anglo-Saxons and Celts: A Study of Anti-Irish Prejudice in Victorian England* (Bridgeport, Conn.: Conference on British Studies, 1968).

—— *Apes and Angels: The Irishman in Victorian Caricature* (Washington, DC: Smithsonian Institution Press, 1971).

DAVIDOFF, LEONORE and HALL, CATHERINE, *Family Fortunes: Men and Women of the English Middle Class, 1780–1850* (London: Hutchinson, 1987).

DEAN, CHRISTOPHER, *A Study of Merlin in English Literature from the Middle Ages to the Present Day* (Lewiston, NY: Edward Mellen Press, 1992).

DELLHEIM, CHARLES, *The Face of the Past: The Preservation of the Medieval Inheritance in Victorian England* (New York: Cambridge UP, 1982).

DOBSON, R. B. and TAYLOR, J., *Rymes of Robyn Hode: An Introduction to the English Outlaw* (London: Heinemann, 1976).

DONATELLI, JOSEPH P., 'Old Barons in New Robes: Percy's Use of the Metrical Romances in the *Reliques of Ancient English Poetry*', in Patrick J. Gallacher and Helen Damico (eds.), *Hermeneutics and Medieval Culture* (Albany: State University of New York Press, 1989), 225–35.

—— 'The Medieval Fictions of Thomas Warton and Thomas Percy', *University*

of Toronto Quarterly, 60 (1990), 435–51.
DOYLE, BRIAN, *English and Englishness* (London and New York: Routledge, 1989).
DUGAW, DIANNE, 'The Popular Marketing of "Old Ballads": The Ballad Revival and Eighteenth-Century Antiquarianism Reconsidered', *Eighteenth-Century Studies*, 21 (1987), 71–90.
ELLIS, STEPHEN G. and BARBER, SARAH (eds.), *Conquest and Union: Fashioning a British State 1485–1725* (London and New York: Longman, 1995).
FITZPATRICK, DAVID, '"A peculiar tramping people": The Irish in Britain, 1801–70', in W. E. Vaughan (ed.), *A New History of Ireland*, Vol. V: *Ireland under the Union* (Oxford: Oxford UP, 1989), 623–57.
FOSTER, ROY, *Paddy and Mr. Punch: Connexions in Irish and English History* (London: Penguin, 1993).
GELLNER, ERNEST, *Nations and Nationalism* (Ithaca: Cornell UP, 1983).
GILBERT, ELLIOT L., 'The Female King: Tennyson's Arthurian Apocalypse', *PMLA* 98 (1983), 863– 78.
GILLEY, SHERIDAN, 'English Attitudes to the Irish in England, 1789–1900', in Colin Holmes (ed.), *Immigrants and Minorities in British Society* (London: George Allen and Unwin, 1978), 81–110.
GILLIS, JOHN R. (ed.), *Commemorations: The Politics of National Identity* (Princeton: Princeton UP, 1994).
GIROUARD, MARK, *The Return to Camelot: Chivalry and the English Gentleman* (New Haven and London: Yale UP, 1981).
GOODMAN, JENNIFER R., 'The Last of Avalon: Henry Irving's *King Arthur* of 1895', *Harvard Library Bulletin*, 32 (1984), 239–55.
GRAINGER, J. H., *Patriotisms: Britain 1900–1939* (London: Routledge, 1989).
GRANT, ALEXANDER and STRINGER, KEITH (eds.), *Uniting the Kingdom?: The Making of British History* (London and New York: Routledge, 1995).
GREENFELD, LIAH, *Nationalism: Five Roads to Modernity* (Cambridge, Mass.: Harvard UP, 1992).
HARRISON, ROBERT POGUE, *Forests: The Shadow of Civilization* (Chicago and London: University of Chicago Press, 1992).
HILL, CHRISTOPHER, 'The Norman Yoke', in *Puritanism and Revolution: Studies in Interpretation of the English Revolution of the Seventeenth Century* (London: Secker and Hudson, 1958), 50–122.
HILTON, R. H. (ed.), *Peasants, Knights and Heretics: Studies in Medieval English Social History* (Cambridge and New York: Cambridge UP, 1976).
HOBSBAWM, E. J., *Primitive Rebels: Studies in Archaic Forms of Social Movement in the 19th and 20th Centuries* (New York: Praeger, 1963).
—— *Bandits*, 2nd edn. (Harmondsworth: Penguin, 1985).
—— *Nations and Nationalism Since 1780: Programme, Myth, Reality*, 2nd edn. (Cambridge: Cambridge UP, 1992).

—— and RANGER, TERENCE (eds.), *The Invention of Tradition*, new edn. (Cambridge: Cambridge UP, 1992).
HOLMES, COLIN, *Anti-Semitism in British Society, 1876–1939* (New York: Holmes and Meier, 1979).
—— (ed.), *Immigrants and Minorities in British Society* (London: George Allen and Unwin, 1978).
HOLT, J. C., *Robin Hood*, rev. edn. (London: Thames and Hudson, 1989).
HORSMAN, REGINALD, 'Origins of Racial Anglo-Saxonism in Great Britain before 1850', *Journal of the History of Ideas*, 37 (1976), 387–410.
HOSKING, GEOFFREY and SCHÖPFLIN, GEORGE (eds.), *Myths and Nationhood* (New York: Routledge, 1997).
HUTTON, RONALD, *The Rise and Fall of Merry England: The Ritual Year 1400–1700* (Oxford and New York: Oxford UP, 1994).
—— *The Stations of the Sun: A History of the Ritual Year in Britain* (Oxford: Oxford UP, 1996).
HYAM, RONALD, *Britain's Imperial Century, 1815–1914: A Study of Empire and Expansion*, 2nd edn. (Basingstoke and London: Macmillan, 1993).
JONES, EDWIN, *The English Nation: The Great Myth* (Thrupp, Stroud, Glos.: Sutton, 1998).
JOYCE, PATRICK, *Work, Society and Politics: The Culture of the Factory in Later Victorian England* (Brighton: Harvester, 1980).
—— *Visions of the People: Industrial England and the Question of Class 1848–1914* (Cambridge: Cambridge UP, 1991).
—— *Democratic Subjects: The Self and the Social in Nineteenth-Century England* (Cambridge: Cambridge UP, 1994).
KARSTEN, PETER, *Patriot Heroes in England and America: Political Symbolism and Changing Values Over Three Centuries* (Madison: University of Wisconsin Press, 1978).
KEEN, MAURICE, *The Outlaws of Medieval Legend* (London: Routledge, 1961).
—— 'Robin Hood: A Peasant Hero', *History Today*, 8 (1958), 684–9.
KIDD, COLIN, *Subverting Scotland's Past: Scottish Whig Historians and the Creation of an Anglo- British Identity, 1689–c.1830* (Cambridge: Cambridge UP, 1993).
KIERNAN, VICTOR, 'Tennyson, King Arthur and Imperialism', in Raphael Samuel and Gareth Stedman Jones (eds.), *Culture, Ideology and Politics: Essays for Eric Hobsbawm* (London: Routledge, 1982), 126–48.
KNIGHT, STEPHEN, *Arthurian Literature and Society* (London: Macmillan, 1983).
KNIGHT, STEPHEN, *Robin Hood: A Complete Study of the English Outlaw* (Oxford and Cambridge, Mass.: Blackwell, 1994).
LINDEBORG, RUTH H., 'The "Asiatic" and the Boundaries of Victorian Englishness', *Victorian Studies*, 37 (1994), 381–404.
LINEBAUGH, PETER, *The London Hanged: Crime and Civil Society in the Eighteenth*

Century (London and New York: Penguin, 1991).
LINLEY, MARGARET, 'Sexuality and Nationality in Tennyson's Idylls of the King', *Victorian Poetry*, 30 (1992), 365–86.
LUNN, KENNETH, 'Reconsidering "Britishness": The Construction and Significance of National Identity in Twentieth-Century Britain', in Brian Jenkins and Spyros A. Sofos (eds.), *Nation and Identity in Contemporary Europe* (London and New York: Routledge, 1996).
MADOFF, MARK, 'The Useful Myth of Gothic Ancestry', *Studies in Eighteenth-Century Culture*, 8 (1979), 337–50.
MANCOFF, DEBRA H., *The Arthurian Revival in Victorian Art* (New York and London: Garland, 1990).
—— 'In Praise of Patriarchy: Paternalism and Chivalry in the Decorations in the House of Lords', *Nineteenth-Century Contexts*, 16 (1992), 47–64.
—— *The Return of King Arthur: The Legend Through Victorian Eyes* (New York: Harry N. Abrams, 1995).
MANGAN, J. A., 'Noble Specimens of Manhood: Schoolboy Literature and the Creation of a Colonial Chivalric Code', in Jeffrey Richards (ed.), *Imperialism and Juvenile Literature* (Manchester and New York: Manchester UP, 1989), 173–94.
MERRIMAN, JAMES D., *The Flower of Kings: A Study of the Arthurian Legend in England Between 1485 and 1835* (Lawrence, Ka.: University of Kansas Press, 1973).
METCALF, THOMAS, *The Aftermath of Revolt: India, 1857–1870* (Princeton: Princeton UP, 1965).
—— *Ideologies of the Raj, The New Cambridge History of India*, III: 4 (Cambridge and New York: Cambridge UP, 1994).
MORGAN, PRYS, *The Eighteenth Century Renaissance: A New History of Wales* (Llandybïe, Dyfed: Christopher Davies, 1981).
NAIRN, TOM, *The Enchanted Glass: Britain and Its Monarchy*, new edn. (London: Picador, 1990).
NEAD, LYNDA, *Myths of Sexuality: Representations of Women in Victorian Britain* (Oxford and New York: Basil Blackwell, 1988).
NEWMAN, GERALD, *The Rise of English Nationalism: A Cultural History 1740–1830* (New York: St Martin's, 1987).
PALMER, D. J., *The Rise of English Studies: An Account of the Study of English Language and Literature from Its Origins to the Making of the Oxford English School* (London, New York and Toronto: Oxford UP, 1965).
PANAYI, PANIKOS, *Immigration, Ethnicity and Racism in Britain, 1815–1945* (Manchester: Manchester UP, 1984).
PARRINS, MARILYN JACKSON, 'Malory's Expurgators', in Mary Flowers Braswell and John Bugge (eds.), *The Arthurian Tradition: Essays in Convergence* (Tuscaloosa and London: University of Alabama Press, 1988), 144–62.

—— 'A Survey of Malory Criticism and Related Arthurian Scholarship in the Nineteenth Century', unpublished Ph.D. thesis (University of Michigan, 1982).

Pears, Iain, 'The Gentleman and the Hero: Wellington and Napoleon in the Nineteenth Century', in Roy Porter (ed.), *Myths of the English* (Cambridge: Polity, 1992), 216–36.

Perera, Suvendrini, *Reaches of Empire: The English Novel from Edgeworth to Dickens* (New York: Columbia UP, 1991).

Pittock, Murray G. H., *The Invention of Scotland: The Stuart Myth and the Scottish Identity, 1638 to the Present* (London and New York: Routledge, 1991).

Plasa, Carl, '"Cracked from Side to Side": Sexual Politics in "The Lady of Shalott"', *Victorian Poetry*, 30 (1992), 247–63.

Poovey, Mary, *Uneven Developments: The Ideological Work of Gender in Mid-Victorian England, Women in Culture and Society* (Chicago and London: University of Chicago Press, 1988).

Porter, Roy (ed.), *Myths of the English* (Cambridge: Polity Press, 1992).

Poulson, Christine, 'Arthurian Legend in Fine and Applied Art of the Nineteenth and Early Twentieth Centuries: A Catalogue of Artists', in Richard Barber (ed.), *Arthurian Literature IX* (Cambridge: D. S. Brewer, 1989), 81–142.

Rich, Paul B., *Race and Empire in British Politics* (Cambridge and New York: Cambridge UP, 1986).

Robbins, Keith, *Nineteenth-Century Britain: Integration and Diversity* (Oxford: Clarendon Press, 1988).

Roberts, David, *Paternalism in Early Victorian England* (London: Croom Helm, 1979).

Rubinstein, David, *Before the Suffragettes: Women's Emancipation in the 1890s* (Brighton: Harvester Press, 1986).

Samuel, Raphael (ed.), *Patriotism: The Making and Unmaking of British National Identity* (New York and London: Routledge, 1989).

—— and Thompson, Paul (eds.), *The Myths We Live By* (London and New York: Routledge, 1990), 1–22.

Schama, Simon, *Landscape and Memory* (London: HarperCollins, 1995).

Sedgwick, Eve Kosofsky, *Between Men: English Literature and Male Homosocial Desire* (New York: Columbia UP, 1985).

Shanley, Mary Lyndon, *Feminism, Marriage and the Law in Victorian England, 1850–1895* (London: I. B. Tauris, 1989).

Shires, Linda M., 'Rereading Tennyson's Gender Politics', in Thaïs E. Morgan (ed.), *Victorian Sages and Cultural Discourse: Renegotiating Gender and Power* (New Brunswick and London: Rutgers UP, 1990), 46–65.

Shires, Linda M., 'Patriarchy, Dead Men and Tennyson's *Idylls of the King*',

Victorian Poetry, 30 (1992), 401–19.
SHOWALTER, ELAINE, *Sexual Anarchy: Gender and Culture at the Fin de Siècle* (London: Bloomsbury, 1991).
SIMMONS, CLARE A., *Reversing the Conquest: History and Myth in Nineteenth-century British Literature* (New Brunswick, NJ, and London: Rutgers UP, 1990).
—— '"Iron-worded Proof": Victorian Identity and the Old English Language', in Leslie J. Workman (ed.), *Medievalism in England*, Studies in Medievalism, 4 (Cambridge: D. S. Brewer, 1992), 202–14.
SIMPSON, ROGER, *Camelot Regained: The Arthurian Revival and Tennyson*, Arthurian Studies, 21 (Cambridge and Wolfeboro, NH: D. S. Brewer, 1990).
SMILES, SAMUEL, *The Image of Antiquity: Ancient Britain and the Romantic Imagination* (New Haven: Yale UP, 1994).
SMITH, OLIVIA, *The Politics of Language 1791–1819* (Oxford: Clarendon Press, 1984).
STAINES, DAVID, 'Morris's Treatment of His Medieval Sources in *The Defence of Guenevere and Other Poems*', *Studies in Philology*, 70 (1973), 439–64.
—— 'Tennyson's "The Holy Grail": The Tragedy of Percivale', *Modern Language Review*, 69 (1974), 745–56.
—— 'Swinburne's Arthurian World: Swinburne's Arthurian Poetry and Its Medieval Sources', *Studia Neophilogica*, 50 (1978), 53–70.
STALLYBRASS, PETER, '"Drunk with the Cup of Liberty": Robin Hood, the Carnivalesque, and the Rhetoric of Violence in Early Modern England', in Nancy Armstrong and Leonard Tennenhouse (eds.), *The Violence of Representation: Literature and the History of Violence* (London: Routledge, 1989), 45–76.
SWIFT, ROGER, 'The Outcast Irish in the British Victorian City: Problems and Perspectives', *Irish Historical Studies*, 25 (1986–7), 264–76.
—— and GILLEY, SHERIDAN (eds.), *The Irish in Britain, 1815–1939* (London: Pinter, 1989).
—— and GILLEY, SHERIDAN (eds.), *The Irish in the Victorian City* (London: Croom Helm, 1985).
UMLAND, REBECCA, 'The Snake in the Woodpile: Tennyson's Vivien as Victorian Prostitute', in Martin B. Shichtman and James P. Carley (eds.), *Culture and the King: The Social Implications of the Arthurian Legend* (Albany: State University of New York Press, 1994), 274–87.
UNDERDOWN, DAVID, *Revel, Riot and Rebellion: Popular Politics and Culture in England 1603–1660* (Oxford: Oxford UP, 1985).
—— *A Freeborn People: Politics and the Nation in Seventeenth-Century England* (Oxford: Clarendon Press, 1996).
VICINUS, MARTHA, *Independent Women: Work and Community for Single Women 1850–1920* (London: Virago, 1985).
VINCENT, DAVID, *Literacy and Popular Culture: England 1750–1914* (Cambridge:

Cambridge UP, 1989).
WALKOWITZ, JUDITH R., *Prostitution and Victorian Society: Women, Class and the State* (Cambridge: Cambridge UP, 1980).
—— *City of Dreadful Delight: Narratives of Sexual Danger in Late-Victorian London* (London: Virago, 1992).
WALVIN, JAMES B., *Passage to Britain: Immigration in British History and Politics* (Harmondsworth and New York: Penguin, 1984).
WEINBROT, HOWARD D., *Britannia's Issue: The Rise of British Literature from Dryden to Ossian* (Cambridge: Cambridge UP, 1993).
WELLS, EVELYN KENDRICK, *The Ballad Tree: A Study of British and American Ballads, Their Folklore, Verse, and Music* (London: Methuen, 1950).
WHEELWRIGHT, JULIE, *Amazons and Military Maids: Women Who Dressed as Men in the Pursuit of Life, Liberty and Happiness* (London: Pandora, 1989).
WHITAKER, MURIEL, *The Legends of King Arthur in Art*, Arthurian Studies, 22 (Cambridge: D. S. Brewer, 1990).
WIENER, MARTIN J., *English Culture and the Decline of the Industrial Spirit, 1850–1980* (Cambridge: Cambridge UP, 1981).
WILSON, KATHLEEN, 'Admiral Vernon and Popular Politics in Mid-Hanoverian Britain', *Past and Present*, 121 (1988), 74–109.